글래드스턴과 아일랜드

이 저서는 2006년 정부(교육인적자원부)의 재원으로 한국학술진흥재단의 지원을 받아 수행된 연구임 (KRF-2006-812-A00010)

글래드스턴과 아일랜드

자치법안 정치사 연구

김기순 지음

머 리 말

20년 전 나는 학위논문에서 밀(John Stuart Mill)과 글래드스턴(William Ewart Gladstone)을 한데 엮어 중기 빅토리아 시대 영국 자유주의의 이론과 실천이 어떻게 조응하였는지 살폈다. 그것은 민주주의, 노동문제와 사회주의, 여성문제, 교육, 제국, 아일랜드 문제 같은 당대의 현안에 대해 그들이 견지한 입장의 유사성과 차이를 정치적 도덕성의 개념을 적용하여 검토한 것이었다. 그 때까지 나는 글래드스턴이라는 인물에 대해 거의 알지 못한 상태였다. 그러니 학위논문을 계기로 비로소 나는 글래드스턴의 세계에 발을 디딘 셈이었다. 그런데 그가 남긴 기록과 후대의 여러 연구자들의 학문적 성과는 엄청난 분량이어서 당시 나는 글래드스턴의 세계의 일각만을 살폈을 뿐이었다.

그럼에도 나는 글래드스턴이라는 인간과 글래드스턴의 정치의 의미가 매력을 갖고 있음을 어렴풋하나마 느꼈고, 그 매력은 부분적으로 한국의 정치와 정치가에 대한 암울한 경험과 대비됨으로써 더욱 강렬했다. 귀국 이후 영국사에 관한 논문들을 쓰면서 나는 언젠가 글래드스턴의 아일랜드 정책에 관한 단행본 연구서와 글래드스턴 전기를 쓰겠다고 다짐하였다. 지난 2년간 나는 글래드스턴의 아일랜드 정책의 정수에 해당하는 1886년의 자치법안을 검토하였다. 그런데 이 주제에 대해서는 이미 많은 연구 결과가 나왔으므로 나로서는 뭔가 새로운 연구 방향이 필요했다. 나는 의외로 연구자들이 자치법안 논쟁의 중심 무대였던 의회 토론을 본격적으로 다루지 않았음을 깨달았다. 그 결과 나는 『의사록』을 기본 자료로 삼아 의회에서의 자치 논쟁을 몇 가지 쟁점별로 분류하여 분석하였다. 이제 이 책의 출간으로 목표점의 절반에 이르렀으니 안도감을 느낀다. 더구나 올해는 글래드스턴 탄생 200주년이 되는 해이니 이 책으로 그를 기억하게 되어 나로서는 감회가 남다르다.

고전적인 『글래드스턴 전기』를 쓴 몰리(John Morley)는 자치법안에 관한 의회 토론을 서술하면서 토론이 의사 규칙을 준수하면서 합리적이고 논리적으로 전개되었다고 말하였다. 나는 이 연구를 위해 많은 분량의 『의사록』을 읽으면서 때로 지루함을 느꼈다. 작은 글자로 인쇄된 기록이었기에 더욱 그랬다. 그렇지만 19세기 영국 의회 토론의 격조와 몰리의 지적에 대한 공감이 이 지루함을 상쇄하였다. 그래서인지 한국 국회에서의 토론에 대한 나의 혐오감은 그만큼 더 컸다.

이 책 제3장과 제7장은 원래 『신념과 비전의 정치가 글래드스턴』에 수록된 내용이지만, 이번 기회에 내용을 대폭 수정·보완해서 개고하였음을 밝힌다.

끝으로 시장성을 염려치 않고 이 책의 출간을 도운 한림대학교 출판부에 고마운 마음을 전한다.

2009년 3월

김 기 순

목 차

서 론

1

생애 막바지인 1896년 글래드스턴(1809-1898)은 자신의 정치적 삶의 "가장 명백한 실책" 여덟 개를 기록하였다. 거기에는 국가를 교회의 수호자로 제시한 1838년의 저작, 1841-42년 필(Sir Robert Peel) 정부의 통상부 차관으로서 수입 곡물에 대한 관세율 조정에 관한 이견 때문에 사직하려고 했던 것, 1845년 로마 교황청과의 외교 관계 복원 제안, 1854년 크리미아 전쟁 초기에 전비 문제를 둘러싼 영국은행 및 시티(the City)와의 갈등, 1855년 크리미아 전쟁의 여파로 애버딘(Lord Aberdeen) 내각이 실각하자 뒤이은 휘그 내각에 참여하기를 거부한 것, 1862년 미국 남북전쟁 때 남부의 지도자 데이비스(Jefferson Davis)를 지지한 발언 따위는 있었지만, 아일랜드 자치는 거론되지 않았다.[1] 오히려 그는 자치 정책을 "정치적 통찰의 소산"으로 자부하였다. 자신의 정치적 경력을 전체적으로 조망한, 날짜 미상의 미완의 기록에서 그는 이 통찰력을 다음과 같이 설명하였다.

> 차분히 살펴보건대, 섭리가 나에게 괄목할만한 재능으로 불릴 수 있는 어떤 것을 주었다고는 전혀 확신할 수 없다. 그렇지만 만약 그런 것이

---

1) W. E. Gladstone, "Recorded Errors," John Brooke & Mary Sorensen ed., *The Prime Ministers' Papers: W. E. Gladstone*, v. 1 (London, 1971), p. 125.

> 나에게 주어졌다면, 그것은 특정한 정치적 사건들의 전반적 상황과 그 결과에 대한 인식이라고 부를 수 있는 것으로 나타났다. 이것은 여론이 마치 조류처럼 주어진 과업에 필요한 특정한 수위에 도달했다는 판단에 근거하여 단순히 여론을 받아들이는 것으로 간주해서는 안 된다. 그것은 특정한 시기의 사실들에 대한 통찰이자 그 사실들 간의 관계에 대한 통찰인데, 이 통찰은 여론을 형성하고 그것을 특정한 목적으로 이끌기 위한 자료들이 존재한다는 확신을 낳는 것이다.[2)]

주목되는 점은 글래드스턴이 자신의 통찰력을 "신의 선물"로 간주했다는 것이다. 글래드스턴은 신이 사회를 도덕적으로 통치하며 신의 권능은 사회의 도덕적 개선 속에서 발견된다고 믿었다. 그에게 정치는 신의 섭리의 작용을 추적하는 무대였다. 그는 도덕은 정치의 이념을 이끌고 정치는 도덕의 이념을 구현하는 변증법적 관계에 있다고 생각하였다. 그런데 그가 보기에 "정치적 사건들의 전반적 상황과 그 결과에 대한 인식"은 수동적인 성질의 것이 아니라 "여론을 형성하고 그 여론을 특정한 목적으로 이끄는" 능동적인 것이었다. 이로부터 글래드스턴의 자유주의의 원리는 "행동"을 의미하였다.[3)]

글래드스턴은 이 통찰의 예를 네 가지 들었다. 1853년 소득세 갱신, 1868년 아일랜드 국교회 폐지 결의안, 1886년 아일랜드 자치법안, 1894년 상원의 거부권에 대한 공격이 그것이다. 그런데 이 목록에서 언급된 조치 모두가 아일랜드 문제와

---

2) Gladstone, "General Prospect," *The Prime Ministers' Papers*, v. 1, p. 136.

3) Boyd Hilton, *The Age of Atonement: The Influence of Evangelicalism on Social and Economic Thought 1785-1865* (Oxford, 1988); id., "Gladstone's Theological Politics," Michael Bentley & John Stevenson ed., *High and Low Politics in Modern Britain* (Oxford, 1983), pp. 28-57. 글래드스턴은 이 복음주의적인 주장이 19세기 중엽 이후 쇠퇴했음에도 불구하고 여전히 도덕적 정부와 신과의 연관성을 지지하였다.

직접적으로 연관된 것들이다. 이는 글래드스턴 스스로 자신의 정치적 통찰이 대체로 아일랜드 문제와 결부되었음을 밝힌 것이다. 또한 그는 자신이 이루었거나 시도한 입법적 성과를 32개 열거한 적이 있는데, 이 가운데 "더 대규모"이자 "성취된 결과에만" 주목할 적에 중요한 업적으로는 1842-60년 관세 개혁, 1854년 옥스퍼드대학법, 1862년 우체국 저축은행법, 1869년 아일랜드 국교회 폐지법, 1870/1881년 아일랜드 토지법, 1884년 선거법 개혁이 거론되었다. 이 여섯 개의 업적 가운데 아일랜드 국교회 폐지, 아일랜드 토지법들, 선거법 개혁이 모두 아일랜드와 연관된다.[4)]

이처럼 아일랜드 문제는 글래드스턴의 정치의 핵심 주제였다. 그 가운데서도 아일랜드 자치법안 제안은 그가 실천한 이전의 모든 아일랜드 관련 개혁을 수렴하는 것이자, 1868년 이후 지속적으로 영국의 정치와 사회를 도덕주의가 가미된 자유주의 이념에 따라 개혁하고자 하였던 글래드스턴의 정치 세계의 특징을 여실히 보여주었다. 그의 개혁의 요체는 "특권"에 대한 반대로서, 개인과 집단 차원에서 비도덕적이고 불합리한 제도와 관행을 타파함으로써 영국 사회에 활력을 불어넣으려는 것이었다. 아일랜드 자치법안은 이 같은 글래드스턴의 개혁주의를 응집한 것이었다. 그것은 아일랜드에 자치를 부여함으로써 영국과 아일랜드 사이의 반목과 갈등과 투쟁의 오랜 역사를 종식시키고 영국-아일랜드 관계를 새로운 기틀 위에 항구적으로 정립하려는 시도였다.

---

4) Gladstone, "Chief Heads of Legislative Work," *The Prime Ministers' Papers*, v. 1, pp. 137, 138.

2

1886년 4월 8일 글래드스턴이 제안한 자치법안은 의회 안팎에서 치열한 논란거리가 되었다. 의회에서는 격렬하고 수준 높은 토론이 이루어졌고, 의회 밖에서는 언론, 지식인, 대중이 논설, 집회, 청원의 형태로 자치법안에 대한 깊은 관심을 표현하였다. 제안 이후 표결 때까지 아일랜드 문제는 의회에서 다른 모든 문제를 압도한 중차대한 사안이었다. 6월 8일 법안은 자유당의 합방주의 세력(하팅턴[Lord Hartington]이 이끈 휘그와 체임벌린[Joseph Chamberlain]이 이끈 급진파)이 이반함으로써 부결되었다. 그 결과 19세기 영국의 정치를 주도한 자유당은 분열하였고, 1906년 총선에서 자유당이 재집권할 때까지 거의 20년간 보수당의 독주를 초래하였다. 자유당 분열의 장기적인 후유증은 1920년대 이후 자유당이 한 번도 영국의 정치를 주도하지 못한 점에서도 나타났다. 이처럼 글래드스턴의 자치법안은 19세기 말-20세기 초 영국의 정치 구조를 변화시킨 중대한 사건이었다. 그러므로 역사가들이 이 주제에 큰 관심을 기울인 것은 당연하였다. 그 결과 수많은 논저들이 나왔지만, 이 주제에 관한 연구의 흐름을 보여주는 몇몇을 간략히 소개하면 다음과 같다.[5)]

몰리의 고전적인 『글래드스턴 전기』는 세속적인 자유주의 이념(자유, 자치, 개인의 존엄성, 정치와 계급과 국가들의 관계에서 도덕적 가치)의 위대한 구현자로서 글래드스턴을 묘사하였는데, 이 해석은 20세기 글래드스턴 연구의 토대가 되었

5) 나는 글래드스턴의 자치 정책에 대한 해석을 해먼드의 정통론, 수뇌부정치학파의 수정주의, 매튜의 신정통론으로 정리한 바 있다. 김기순, 『신념과 비전의 정치가 글래드스턴』(한울, 2007), 221-45쪽.

다. 몰리는 글래드스턴의 자치 시도를 "위대한 회심"의 결과이자 정치적 행동인(人)으로서 글래드스턴의 특성을 구현한 "영웅적 행위"로 파악하였다. 또한 몰리는 글래드스턴의 위선과 기회주의라는 세간의 비난을 전적으로 부인하면서, 오히려 솔즈베리(Marquis of Salisbury)를 도와 양당의 공조로 아일랜드 문제를 해결하려 한 글래드스턴의 한계를 정당정치가의 안목보다는 "애국적 열정"이 앞선 점에서 찾았다.[6]

몰리가 제시한 회심론을 계승하여 오랫동안 글래드스턴의 자치 정책에 관한 정통론의 지위를 고수한 것이 "신자유주의자" 해먼드의 기념비적 연구 『글래드스턴과 아일랜드 민족』이다. 해먼드는 글래드스턴의 자치 정책을 "아일랜드를 위한 정의"와 "인간의 자유에 대한 도덕적 의무의 천명"이라는 도덕주의적 견지에서 해석하였다. 그는 글래드스턴의 자치 정책을 권력욕의 산물이 아니라 아일랜드 문제에 대한 종교적 해법(1869년 아일랜드 국교회 폐지)과 경제적 해법(1870년, 1881년의 토지법)에 이은 원대한 정치적 해법으로 파악하였다. 그런데 몰리의 해석이 아일랜드 민족주의에는 별로 관심을 기울이지 않고 글래드스턴의 자유주의로부터 자치의 필연성이 내재적으로 발전한 측면을 드러내었다면, 해먼드의 해석은 아일랜드 민족주의에 대한 글래드스턴의 깊은 이해에 주목함으로써 특별히 합방주의의 "위선"과 인종주의에 대비되는 글래드스턴식의 국제주의와 정의감을 부각시켰고, 자유주의와 민족주의를 화해시킴으로써 자치는 영제국을 더 강력하게 만들었을 것이라고 보았다. 해먼드에게 1886년은 "잃어버린 황금의 기회"였다. 다만 그는 자치법안 부결의 중요한 원인으로 체임벌린

6) John Morley, *The Life of William Ewart Gladstone*, 2 vols. (London, 1908). 이 전기는 원래 1903년에 3권으로 출간되었다.

과 급진파의 이탈을 들면서, 글래드스턴이 "의도적으로" 체임벌린을 배제하는 실책을 저질렀다고 지적하였다.[7)]

자치법안 정국과 자유당의 분열에 관한 서술에서 급진파의 이탈은 오랫동안 주목을 받았다. 이들은 1870년대 이래 자유당의 노선을 국내의 사회개혁 쪽으로 돌리고자 함으로써 글래드스턴 및 휘그와 대립하였다. 이들이 보기에 글래드스턴은 도덕적 문제에 집착하는 온건개혁주의자였고 휘그는 지주계급의 이해를 대변하는 수구세력이었다. 그러나 자치법안 표결 결과를 보면 체임벌린이 이끈 급진파의 이탈은 수적으로 미미하였고, 대부분의 급진주의자는 자유당에 남았다. 급진파 다수는 1881년의 토지법이 지주-차지인 관계에 근거한 아일랜드 문제를 해결하지 못했고, 1885년 총선을 계기로 아일랜드 문제를 영국 정치에서 배제해야 할 필요성이 대두하였다고 판단하였다. 그 결과 그들에게 자치 이외에는 "대안"이 없었다. 반면 사회적·종교적 문제에 대한 입장에서 다수파 급진주의자와 다르지 않았던 체임벌린파는 무엇보다도 아일랜드인이 법과 질서를 위협하며 자치에 부적합하다고 보았다. 이 판단의 근저에는 아일랜드인의 인성(人性)에 대한 불신과 반가톨릭주의라는 편견이 있었다.[8)]

자치법안 표결에서 자유당 의원 93명이 반대표를 던졌고, 이 가운데 휘그는 61명이었다. 따라서 급진파보다 휘그의 이탈이 법안 부결에 더 결정적으로 작용하였다. 휘그는 글래드스턴을 급진주의의 대변자이자 영국의 전통적 가치와 재산권

7) J. L. Hammond, *Gladstone and the Irish Nation*, 2nd ed. (Hamden, 1964; 초판 1938).

8) T. W. Heyck, *The Dimensions of British Radicalism: The Case of Ireland 1874-1895* (Urbana, 1974).

을 위협하는 인물로 간주하였다. 이 때문에 자유당의 분열은 재산권에 대한 급진주의의 도전에 대해 지주계급의 권력에 토대한 휘그적 전통이 반발한 결과라는 해석이 있었다.[9] 그러나 1886년의 의회에서 142명의 휘그-온건파 가운데 세습 토지 귀족과 연계된 과반 정도만 합방주의자였고, 상당수 휘그가 자치법안을 지지하였으며, 따라서 자유당의 분열을 사회·경제적 견지에서 해석할 수 없다는 주장이 제기되었다. 루비노는 토지, 정치 개혁, 사회 정책, 외교, 제국에 관한 1886년의 의제들에서 휘그의 사회적 배경과 정치적 입장은 상관성을 보였지만 자치 문제에서는 계급과 이데올로기의 연관은 없었다고 지적하였다. 즉 자유당 내부에서 국교회 폐지 문제나 자치 문제 이외에서는 글래드스턴파와 합방파 사이의 이견은 종류보다는 정도의 차이였고, 따라서 사회적 차이가 아닌 정치적(이데올로기) 차이가 휘그의 이반의 원인이었다. 자유당의 분열도 온건파와 급진파의 대립에 따른 것이 아니었다. 두 집단은 사회정책 문제에서 고도의 유사성을 보였지만, 정치개혁 문제에서는 유사성이 적었다. 따라서 자치 문제에 대해 두 집단은 사회적 고려보다는 정치적 고려에 더 의존하였다.[10]

---

9) Donald Southgate, *The Passing of the Whigs 1832-1886* (London, 1962).

10) W. C. Lubenow, *Parliamentary Politics and the Home Rule Crisis: The British House of Commons in 1886* (Oxford, 1988); id., "Irish Home Rule and the Great Separation in the Liberal Party in 1886: The Dimensions of Parliamentary Liberalism," *Victorian Studies* 26 (1983), pp. 161-80; id., "Irish Home Rule and the Social Basis of the Great Separation in the Liberal Party in 1886," *Historical Journal* 28 (1985), pp. 125-42; id., "Radicals and Moderates in the Liberal Party in 1886: The Processes of Political Assimilation in the House of Commons," *Parliaments, Estates and Representation* 6 (1986), pp. 181-201.

해먼드의 해석이 정통론의 지위를 고수하던 1960년대 중반 이후 영국 정치사 연구에서 새로운 움직임이 등장하였다. 정치와 정치가에 대한 회의주의와 냉소주의라는 시대적 분위기를 반영한 이 “수뇌부정치”(high politics) 연구 경향은 정치에서 이념을 배제하고 정권이나 당권의 장악과 유지라는 측면에서 정치 현상을 연구하였다. 헤이머는 글래드스턴의 자치정책을 1870년대부터 두드러진 휘그와 급진파의 대립이라는 자유당 분파주의의 원심력에 대항해서 당 내부 질서를 유지하려는 전략적인 고려에서 나온 것으로 해석하였다. 자치는 글래드스턴에게 1868-69년 아일랜드 국교회 폐지와 1879-80년 디즈레일리(Benjamin Disraeli)의 제국주의에 대한 공격이 그랬던 것처럼 자유당을 결속하는 단일하고 중대한 통합적 이슈를 제공하였다. 필주의자(Peelite)였던 글래드스턴에게 자유당은 목적을 위한 수단이었다. 그는 자치라는 단일 이슈로 자유당 내부에서의 “숙청”을 통한 자유당 재건을 꾀했으며, 이를 위해 아일랜드 문제를 “속죄양”으로 삼았다. 결국 자유당은 휘그와 급진파가 이탈함으로써 규모는 작아졌지만 글래드스턴 개인의 리더십 아래 더 단합될 수 있었다.[11]

쿡과 빈센트의 공저 『지배의 열정』은 수뇌부정치 관점이 극명하게 반영된 연구이다. 이들은 글래드스턴의 자치 정책을 의회정치의 직접적이고 개인적인 맥락에서, 말하자면 외부의 영향 없이 의회라는 폐쇄된 공간에서 일어난 정파 결속의 문

---

11) D. A. Hamer, “The Irish Question and Liberal Politics 1886-1894,” *Historical Journal* 12 (1969), pp. 511-32; id., *Liberal Politics in the Age of Gladstone and Rosebery: A Study in Leadership and Policy* (Oxford, 1972); id., “Understanding Mr. Gladstone,” *New Zealand Journal of History* 6 (1972), pp. 115-28; id., “Gladstone: The Making of a Political Myth,” *Victorian Studies* 22 (1978), pp. 29-50.

제로 다루었다. 이 해석은 자유당과 보수당의 수뇌부가 자신의 권력을 위해 아일랜드 문제를 이용하였다고 주장하였다. 그러므로 글래드스턴의 아일랜드 정책은 "연속성, 의도, 자연스러운 발전"이 아니라 "뚜렷이 불연속적이고 우발적인 것이자 주도성보다는 상황에 대한 반응"의 산물로서, 어떠한 필연성도 갖지 않았다. 쿡과 빈센트는 글래드스턴이 아일랜드에 대한 관심이 적었으며 아일랜드인을 불신하였다고 지적하였다. 이런 상태에서 글래드스턴은 자치 정책을 통해 자유당을 자신의 이미지대로 보존하기 위해 휘그와 급진파를 "숙청"하였다. 따라서 글래드스턴의 아일랜드 정책은 "가짜"였고, 시간의 제약과 상원의 거부권을 고려하면 글래드스턴의 전략은 "비현실적"이고 "흥분" 상태에서 이루어졌기에 "애초부터 가망이 없었던" 시도로서 자유주의적 개혁 이념과는 무관하였다. 그 결과는 자유당의 분열이었고, 자유당의 리더십 장악이라는 글래드스턴의 개인적인 성공은 자유당에서 급진주의와 사회 개혁의 이념을 제거해버렸다.12)

수뇌부정치 학파의 연구는 변전을 거듭한 복잡한 정치의 현실을 보는 새로운 (그러나 우리에게 너무도 친숙한) 관점을 제공하였다. 그러나 이 학파는 대상과 맥락을 오로지 권력 추구의 관점에서만 단순화해서 파악하고, 정치에서 이념의 역할을 전적으로 무시하였다. 더군다나 글래드스턴의 자치 시도가 실패하고 영국의 정치가 자치 문제를 미결로 남겨둔 채 정권을 유지하려는 합방주의자의 수중에 넘어감으로써 오히려 "사회

---

12) A. B. Cooke & John Vincent, *The Governing Passion: Cabinet Government and Party Politics in Britain 1885-86* (New York, 1974); John Vincent, "Gladstone and Ireland," *Proceedings of the British Academy* 63 (1977), pp. 193-238.

적 정치"의 여지가 없어졌다는 점을 고려하면, 숙청론이나 사회개혁 포기론은 설득력이 떨어진다. 글래드스턴의 자치 정책은 아일랜드 문제 해결을 통해 연합왕국(United Kingdom)을 복수민족국가(multi-national state)로 재구축하려는 장기적인 전망에서 나온 것으로서 당권과 정권 투쟁의 맥락을 초월하였다. 그리고 비록 1886년 이후 다수 중간계급이 자유당에서 이탈하여 보수당으로 돌아섰지만, 1차 세계대전까지 노동계급은 여전히 자유당을 지지하였다.

글래드스턴은 1825-95년에 거의 매일 일기를 썼다. 그것은 자신의 나날의 삶을 신에게 고백하는 강렬한 종교적 동기의 산물이었다. 그런데 이 일기는 오랫동안 일반 독자에게 접근이 허락되지 않았다. 거기에는 공인(公人) 글래드스턴의 삶 못지않게 사인(私人) 글래드스턴의 삶, 특히 글래드스턴의 내면세계와 직접적으로 연관된 여성 교제 및 매춘부 구제사업과 그에 따른 성적 욕망의 조절 같은 상당히 민감한 내용들이 있었다.[13] 글래드스턴이 사망한 뒤 가족은 몰리에게 "공식적인" 전기 집필을 의뢰하였다. 그런데 무신론자였던 몰리는 일기를 비롯한 많은 미간행 자료들을 섭렵하면서도 종교와 여성 문제를 제대로 다루지 않았다.

글래드스턴의 『일기』는 1968-94년에 간행되었다. 그런데 수뇌부정치 학파를 대표하는 빈센트의 표현을 빌면, 글래드스턴 연구는 『일기』를 보지 않은 쪽과 본 쪽으로 나뉜다.[14] 그

13) 1927년 1월 법원은 글래드스턴이 "온갖 종류의 여성을 쫓아다니고 가지려고 했다"고 말한 라이트(Peter Wright)와 글래드스턴의 아들 허버트(Herbert Gladstone) 간의 명예훼손 소송에서 허버트의 손을 들어주었다.

14) Vincent, "Mr. Gladstone: A New Picture Takes Shape," *Nineteenth-Century Prose* 19 (1992), p. 128. 『일기』 출간이 새로운 연구를 대량생산한 계기가 된 것은 분명하다. 그런데 글래드스턴에 대해

『일기』의 편집자가 매튜였다. 매튜는 아일랜드 상황의 전개와 영국 정치의 추이를 글래드스턴의 사유의 전개와 결부시켜 세밀하게 연대기적으로 검토함으로써 수뇌부정치 학파에 대응하면서 글래드스턴의 자치 "이념"의 형성 과정을 설득력 있게 제시하였다. 매튜는 1880년대 아일랜드 문제에 대한 글래드스턴의 접근이 "연역주의"와 "역사주의"를 결합한 유연한 것이었다고 평가하였다. 매튜에 따르면 1868-86년에 "아일랜드를 평온케 한다"는 것은 글래드스턴의 일관된 소명이었다. 자치 정책은 탈중앙집중화에 대한 자유주의자의 갈망의 자연스러운 결과로서, 민족주의를 효율적으로 권한이양된 정부와 결합하는 것이었다. 그것은 인간과 세계의 본질에 대한 선험적 해석에서 나온 것이 아니라, 정부 운영의 "경험"과 대안 모색에서 나온 추론이자 1869년의 회심의 "추가적인 발전 혹은 결과"였다. 그것은 정신적 위기와 고통을 수반한 회심의 결과는 아니었다. 그래서 글래드스턴은 자치에 관한 자신의 입장을 "공개리에" 설명할 필요가 없었고, 따라서 그는 기회주의자가 아니었다. 동시에 그 정책은 무장 분리운동의 이념인 피니언주의(Fenianism)의 위협에 대응하여 토지개혁과 "아일랜드 사안에 관한 아일랜드의 자율성"에 의해서 사회질서를 회복함으로써 아일랜드 문제를 근본적으로 해결하려는 시도였다. 이 경우 자치와 토지개혁은 서로 뗄 수 없는 긴밀한 관계에 있었다. 그런데 해먼드의 주장과는 달리, 매튜는 글래드스턴이 "어떤

비판적인 윈스탠리는 글래드스턴의 일기와 편지를 이용한 근래의 연구들이 "자신의 삶과 시대에 대한 글래드스턴 자신의 해석"에 지나친 비중을 두었다고 지적하였고, 빈센트도 『일기』를 통해 얻은 새로운 지식이 "결정적 해석"에는 미흡하다고 주장하였다. Michael Winstanley, *Gladstone and the Liberal Party* (London, 1990), p 2; Vincent, "Mr. Gladstone," p. 131.

절대적인 의미에서 아일랜드 민족주의를 인정하지는 않았다"고 주장하였다. 그것은 다만 아일랜드가 연합왕국의 명백한 구성 부분임을 인정했을 뿐이다. 따라서 글래드스턴의 정책의 목표는 아일랜드의 "해방"이 아니라 "평온"이었다. 이런 이유로 매튜는 글래드스턴의 자치 정책을 보수적인 것이라고 평가하였다. 또한 그는 복지정치가 늦어진 것은 글래드스턴의 성공이 아니라 오히려 글래드스턴의 실패의 결과라고 주장하였다. 즉 글래드스턴의 패배는 자치 문제가 계속 "미완의 현안"으로 남아있어야 한다는 자유당 합방파와 보수당의 이해관계에 부합하였다. 이런 의미에서 매튜에게도 1886년은 "황금이 납으로 변한 순간"이었다.[15)]

매튜의 해석은 전체적으로 고도의 균형감과 섬세함을 드러냈지만, 글래드스턴의 사유 세계에 집중함으로써 글래드스턴의 동기를 "이상화"하거나 "정치적 실천의 자율성"을 배척하는 문제점을 내포하였다. 매튜처럼 섀넌도 글래드스턴의 정책이 "도덕적 의무" 혹은 "종교적 확신"의 결과라고 보았다. 섀넌은 글래드스턴의 아일랜드 정책이 일관성을 지녔으며, 섭리적 질서에 대한 신념에다가 자유주의 이념을 첨가, 수정, 적응시키는 것이었다고 해석하였다. 그것은 회심의 결과가 아니었다. 글래드스턴에게 1886년은 기회주의나 독신(瀆神)의 순간이 아니라 "선과 악의 영원한 대결"의 순간이었다. 글래드스턴은 아일랜드를 평온케 하고 만족케 하는 것이 신으로부터 받은 자신의 소명이라고 확신하였다. 따라서 섀넌이 보기에 글래드

15) H. C. G. Matthew, *Gladstone 1809-1898* (Oxford, 1997); id., "Gladstone, O'Connell and Home Rule," R. V. Comerford & Enda Delaney ed., *National Questions: Reflections on Daniel O'Connell and Contemporary Ireland* (Dublin, 2000), pp. 11-29.

스턴이 꾀, 인내심, 용인술이 부족했다는 주장(해먼드)이나 아일랜드 문제를 전혀 진지하게 고려하지 않았다는 주장(쿡과 빈센트) 모두 일방적이다. 오히려 글래드스턴의 자신감과 확신의 소산이라고 해야 한다. 그렇지만 섀넌은 글래드스턴이 계급과 대립하는 인민이 자기편이라는, 사실 관계가 불분명한 "무책임한" 생각을 가졌고, 글래드스턴의 "집중적이고 꽤 격앙된" 아일랜드 역사 읽기에도 문제가 있었으며, 체임벌린이나 하팅턴 같은 자유당 지도부와의 관계에서 적절치 못한 스타일을 보였다고 비판하였다.[16)]

글래드스턴의 보수주의를 근거로 그의 자치 정책을 비판하는 연구는 여럿이다. 오데이는 글래드스턴이 아일랜드를 영제국에 더 긴박하려는 보수주의자이자 합방주의자였다고 해석하였다. 그가 보기에 "아일랜드에 대한 정의"라는 글래드스턴의 주장은 허구였고, 자치법안은 대체로 시의 적절하지 못했으며 판단 착오였다. 법안은 제대로 준비가 되지 않았으며, 영국의 여론은 그러한 실험에 준비가 되어 있지 않았다. 글래드스턴의 자치법안과 토지법안 어느 것도 당시의 아일랜드의 질병에 대한 치유책이 아니었다.[17)] 러프린은 1886년이 잃어버린 위대한 순간이 전혀 아니었다고 보았다. 그는 주로 "정보론"에 근거하여 글래드스턴의 아일랜드 정책이 결함이 많았다고 다음과 같이 지적하였다. 주로 레키(William Lecky)와 버크(Edmund Burke)에 의존한 글래드스턴의 아일랜드 역사 이해는 1880년

16) Richard Shannon, "Gladstone and Home Rule, 1886," British Academy, *Ireland after the Union* (Oxford, 1989), pp. 45-59; id., *Gladstone*, v. 2 (Chapel Hill, 1999); id., *Gladstone: God and Politics* (London, 2007).

17) Alan O'Day, *Parnell and the First Home Rule Episode 1884-87* (Dublin, 1986); id., *Irish Home Rule 1867-1921* (Manchester, 1998).

대 아일랜드 상황에 어울리지 않는 "몰역사적인" 것이었다. 또한 그는 "부정확하고 빈약한 정보"에 근거해서 1885년 가을 아일랜드가 사회적·정치적 혁명의 전야에 있다고 오판하였다. 더구나 "역사적 사명감"에 압도된 글래드스턴은 아일랜드의 현실을 제대로 파악하지 못함으로써 얼스터 합방주의(Ulster Unionism)의 실체를 인식할 수 없었다. 그리고 재정, 토지, 사법에 관한 자치법안 조항들은 몹시 "모호하고 분열적인" 것이었다. 특히 정부가 이용할 수 있었던 재정 정보는 매우 제한된 것이었고, 아일랜드 대표를 웨스트민스터 의회에서 배제함으로써 어려움을 가중시켰다.[18)]

기존의 연구들과는 전혀 다른 각도에서 접근한 것이 크로스비의 심리학적 연구이다. 크로스비가 구사하는 "스트레스와 극복 이론"에 따르면, 글래드스턴은 강박관념과 과도한 활동성이라는 균일하지 못하고 격렬한 기질의 희생자로서 늘 안도와 통제를 필요로 하였다. 글래드스턴은 이를 나무베기, 종교적 전향, 도자기 수집, 책 정리 같은 비정치적인 일에 몰두하거나(후퇴[withdrawal]) 반대자에 대한 노염(anger)을 통해 극복하였다. 크로스비는 글래드스턴이 도덕적 십자군(moral crusade)으로서의 자치로 회심하였다는 주장이나 분열 상태의 자유당을 단합하기 위한 정치적 계산에서 자치를 선택하였다는 주장을 거부한다. 그가 보기에 글래드스턴은 "자치를 통해 아일랜드를 관리하고 통제하려는 심리적으로 경도된 상태에 있었다."[19)] 그런데 이러한 접근법은 스트레스가 일단 외부로

18) James Loughlin, *Gladstone, Home Rule and the Ulster Question 1882-93* (London, 1986).

19) Travis L. Crosby, *The Two Mr. Gladstones: A Study in Psychology and History* (New Haven, 1997).

부터 주어진 것임을 전제하므로 각 스트레스 간의 계기적 연속성을 제대로 포착하지 못한다. 따라서 글래드스턴 개인의 사유의 발전 "과정"을 놓치게 되고, 개별적으로 주어지는 스트레스를 인지하는 방식도 인상적인 느낌을 주며, 결국 글래드스턴의 자치 정책 전체를 조망할 적절한 틀을 제시하지 못한다.

3

이처럼 글래드스턴의 동기, 스타일, 정치적 수사, 이념과 독트린, 그리고 정책과 정치의 관계, 자치를 둘러싼 분열의 이유, 자치법안의 의의에 대해서는 다양한 해석이 제시되었다. 그렇지만 이들 연구에는 다음과 같은 미흡한 점이 있다.

첫째, 자치법안에 관한 연구들은 주로 정치권 수뇌부에 포진한 소수의 유력 정치가들과 정당 정치에 관심을 둠으로써 정작 법안이 논의되었던 의회에서의 논란을 깊이 있게 다루지 않았다. 특히 이 경향은 『의사록』같은 "공식적인" 기록의 사료적 자치를 부정하는 수뇌부정치 학파에서 현저하다. 그리고 이와는 다른 접근법을 취하는 연구도 의회 토론 자체를 다루지는 않았다. 1886년 자치 문제가 논의된 공간은 하원, 언론(신문과 잡지), 공공집회였다. 공공집회에 관한 연구는 전무하지만, 언론은 특히 법안 부결 이후 중요한 투쟁 공간이었다.[20] 그럼에도 법안 제안부터 표결까지 자치 정국의 중심은

20) O'Day, *Irish Home Rule*, pp. 110-11. 당대의 대표적인 잡지에 실린 논설과 자치법안 반대청원의 분석은 김기순, 『신념과 비전의 정치가 글래드스턴』, 317-97쪽.

의회였다. 글래드스턴의 표현대로 자치 문제는 의회에서 여타 의제들을 "삼켜버렸다." 나아가 의회 토론에서 제기된 쟁점들은 영국 헌정의 이론과 실제, 자치의 가능성, 아일랜드인에 대한 영국인의 태도, 연합왕국의 성격, 얼스터에 대한 동시대인의 인식이 어떠했는가를 극명하게 드러내었다. 따라서 의회 토론에 대한 연구는 그것 자체로서 중요하다.

둘째, 이 의회 토론은 글래드스턴이 법안 제안 연설에서 제기한 몇 가지 문제점을 중심으로 이루어졌다. 아일랜드 역사, 얼스터 문제, 식민지와 외국의 사례, 자치와 합방의 관계, 자치와 제국 통일성의 관계, 자치 의회와 웨스트민스터 의회의 관계, 연합왕국의 성격, 자치와 토지개혁을 위한 재정이 그것이다. 지금까지 자치의 역사적 정당성에 관한 논증이나 영국의 식민지와 외국에서의 자치 사례를 통해 아일랜드 자치의 정당성을 피력한 유비론에 대한 검토는 간과되거나 체계적으로 이루어지지 않았다. 다만 러프린이 역사적 논증의 의의에 주목하였지만, 그의 연구는 주로 글래드스턴의 아일랜드 역사 이해를 비판하는 데 치중하였고, 그 결과 유비론을 제대로 다루지 않았다. 또한 자치법안은 영국의 헌정 구조에 관한 다양한 견해가 표출되는 계기를 마련하였다. 제국의 통일성, 의회 주권론, 아일랜드의 대표성과 제국의회의 관계, 연방제를 둘러싼 논쟁이 그 예이다. 동시에 자치법안은 영국과 아일랜드의 "재정적 통일성"을 전제하였으므로 자치 재정에 관한 논란도 치열했다. 더군다나 자치법안과 거의 동시에 제안된 토지법안이 영국 정부의 신용을 이용하여 아일랜드 지주의 토지를 매수하고 이를 차지인에게 매각함으로써 아일랜드에서 자영농 체제를 확립하려는 것이었으므로 재정 논의는 더욱 치열하였다. 이들 쟁점들은 이미 많은 연구에서 개별적으로 다루어졌지만, 『의사록』 분석을 중심으로 체계적이고 종합적으로 다루어지지는 않았다.

이 연구는 이런 문제 인식에서 출발하여 『의사록』에 나타난 자치법안 쟁점들을 다음과 같이 범주화하였다. 글래드스턴의 아일랜드 역사 이해, 얼스터 문제, 식민지와 외국의 사례에 근거한 유비론, 제국의 통일성·의회 주권론·아일랜드 대표의 배제·연방제 같은 모두 영국 헌정의 변개 여부를 둘러 싼 논쟁, 자치 재정이 그것이다.

그런데 이 연구의 의의는 비단 학문적인 데에만 있지는 않다. 아일랜드가 아직도 남과 북으로 갈린 현실에서, 120년 전에 "하나의 아일랜드"를 상정하였던 글래드스턴의 자치 시도의 의미는 여전히 음미할 만하다. 19세기 말부터 20세기 초까지 자치는 아일랜드인의 정치적 삶에서 "유일하게 가장 중요한 특징"이자 영국 정치에서 "중요한 영향력"이었으며, 1차 세계대전 이후 합방주의가 지배한 북아일랜드에서는 "타락한 형태"의 자치가 지속하였고, 자치는 계속해서 아일랜드인과 영국인에게 "정서적 지배권"을 행사하였다.[21] 글래드스턴 이후 자치는 영국과 아일랜드의 정치의 핵심 주제였다. 더군다나 1998년 스코틀랜드와 웨일스가 자치를 획득함으로써 연합왕국의 역사에서 하나의 전환이 이루어졌다. 이 때 수상 블레어(Tony Blair)는 "자치가 연합왕국의 결속을 강화할 것"이라고 장담하였다. 그런데 이 말은 그대로 글래드스턴의 말이었다. "자율성"과 "통일성"을 제시한 글래드스턴의 시도가 또 다른 의의를 갖는 이유가 여기에 있을 것이다. 그러므로 이 연구는

21) Alvin Jackson, *Home Rule: An Irish History 1800-2000* (Oxford, 2003), pp. 3-5.

이미 지난 과거가 아니라 진행형인 현재를 이해하려는 시도이기도 하다.

1894년 글래드스턴을 이어 자유당을 이끌었던 로즈베리(Lord Rosebery)는 이렇게 말했다. "아일랜드 문제는 한 번도 역사 속으로 사라진 적이 없다. 왜냐하면 그것은 한 번도 정치 밖으로 나간 적이 없기 때문이다." 오늘의 북아일랜드 사태를 아일랜드 문제의 연장이라고 본다면, 아일랜드 문제는 아직도 역사 속으로 사라지기를 거부하고 있는 셈이다. 기계적으로 말한다면, 글래드스턴의 시도는 정당하였다. 왜냐하면 1922년 이후 아일랜드는 영국으로부터 분리하였기 때문이다. 1930년 국왕 조지 5세가 글래드스턴의 자치법안을 수용하지 않았던 영국인의 "어리석음"을 한탄하였듯이, 역사는 글래드스턴의 시도가 올바른 것이었음을 증명하였다.

그러나 이러한 결과론적인 판단보다 더 중요한 것은 의회와 여론의 거센 반대에도 불구하고 자치를 관철하려 한 글래드스턴의 "신념의 정치"의 중요성이다. 물론 신념이 주술(呪術)은 아니다. 올바르고 정당한 신념은 "소신주의"와는 다르다. 아일랜드 자치의 정당성에 관한 글래드스턴의 신념은 아일랜드 역사와 영국-아일랜드 관계에 대한 거시적인 이해에 근거하였고, 자율성과 통일성이라는 일견 상반된 원리를 조화시켜 연합왕국의 새로운 토대를 구축하려는 그의 구상은 영국 헌정에 대해 괄목할 정도의 유연성을 갖고 있었으며, 아일랜드에게 상당히 관대한 재정적 부담을 지우면서도 자영농 체제를 확립함으로써 아일랜드에서 항구적인 질서를 유지하려는 그의 계획은 야심찬 것이었다.

이 점을 감안하면, 글래드스턴의 시도가 현실성이 없었기에 실패하였다는 점보다는 오히려 글래드스턴의 시도의 근저에 있는 이상과 명분에 더 주목해야 한다. 역사에서 실패란 다반사이다. 그러나 "성공한 실패"도 적잖다. 글래드스턴의 시도는 20세기 초까지 아일랜드 문제를 자유당의 문제로 만들었고, 아일랜드 민족주의를 입헌주의·의회주의 틀 속에 정착시켰으며, 아일랜드 문제가 단지 아일랜드만의 문제가 아니라 영제국의 문제임을 각인시켰다. 그리고 북아일랜드 사태를 볼 적에, 적어도 현재까지 역사는 글래드스턴의 손을 들어주었다. 사실, 스스로 성공 가능성을 절대적으로 확신하지 못했던 글래드스턴이 아일랜드 자치법안으로 얻으려고 했던 실리란 무엇이었을까? 그것은 당권 유지였는가, 아니면 자유당 집권 유지였는가? 그도 아니면 단지 개인적 영웅심의 만족이었는가? 이런 것들이 실리라면, 솔즈베리, 처칠, 하팅턴, 체임벌린 같은 정치가들 역시 실리를 추구했다. 그렇다면 유독 글래드스턴을 비난할 이유도 없다. 그런데 글래드스턴의 경우는 현실적인 실리를 획득할 가능성이 더 낮았다. 그럼에도 불구하고 그는 자치 정책을 추진하였다. 내 생각에는 글래드스턴의 자치 정책을 현실주의와 실리의 관점에서 비판하는 것은 일방적이다.

우리는 흔히 정치에서 명분과 실리를 구분하고, 명분보다 실리가 더 우세함을 매번 경험한다. 이를테면, 병자호란 때 조선 조정이 주화파(主和派)와 척화파(斥和派)로 대립하였고, 주화파는 실리를 척화파는 명분을 추구했다고 한다. 그러나 주화파이든 척화파이든, 나름대로 주어진 현실을 각각 실리의 현실과 명분의 현실로 보았을 뿐이다. 마찬가지로 글래드스턴의 이상과 명분에 주목한다는 것이 곧 글래드스턴을 현실을 무시한 이상주의자로 보는 것은 물론 아니다. 내가 보기에 명분과 실리는 둘 다 "현실"이다. 실리는 현실이지만, 명분 또한 현실이다. 아일랜드에 자치를 부여하고 동시에 제국의 통일성을 유지함으로써 두 나라 사이의 오랜 반목과 갈등과 투쟁을 종식시킨다는 글래드스턴의 이상과 명분은 글래드스턴 자신은 물론이거니와 적어도 그를 지지한 세력에게는 가장 타당한 현실이었다.

1장 이념과 정책, 1880-1885

1879-94년의 자신의 정치적 역정을 회상하면서 글래드스턴은 이렇게 기록하였다.

> 아일랜드 문제는 제국의 심장에 몹시 근접해 있었기에, 그것이 합법적으로 만든 그 어떤 요구도 어떤 이유로든 무시될 수 없었다. 우리는 1881년의 토지법으로 문제의 근저에 도달하고자 노력했지만 핵심에 도달하지는 못했고, [아일랜드의] 민족적 갈망은 우리에게 "예" 아니면 "아니오"라는 답변을 진정으로 요구한다는 것을 발견했을 따름이었다. 1882년 벽두에 나는 원리에 대해 발언하였다. 1884-85년의 선거법에 의해 우리는 해결에 이르는 긴 여정을 시작하였는데, 왜냐하면 우리는 아일랜드 인민 전체더러 자신의 생각을 표출케 하였기 때문이다. 그 생각은 1885년 총선에서 너무도 명백히 표출되었다. 그리고 이윽고 아일랜드의 요구가 연합왕국의 헌정이 요구하는 한계에 의해 결박될 수 있음이 드러났다. 나는 토리 정부가 민족당에게 한 약속의 표현들의 실재성을 믿을 수밖에 없었다. 그리고 나는 과감한 조치를 취했는데, 오직 사안의 상황에 의해서만 정당화되는 그것은 적대적인 [보수당] 정부에게 내가 아일랜드 문제를 해결하기 위해 할 수 있는 모든 것을 바칠 태세가 되어 있음을 알리는 것이었다. 그래서 새로운 드라마가 열렸다. 1885-92년에 우리는 1876-80년 시기에 동방의 종속 민족들을 위해 싸운 것과 유사한 민족과 인민을 위한 싸움을 하였다.[1)]

글래드스턴의 이 회상은 아일랜드 문제의 긴급성, 기존 개혁의 한계, 1882년에 자신이 자치 원리에 도달했다는 것, 선

1) Gladstone, "1879-94," *The Prime Ministers' Papers,* v. 1, p. 114.

거법 개혁의 의미, 양당의 협조에 의한 문제 해결의 방안 제시, 자신의 자치 투쟁의 의미를 언급하였다. 그런데 글래드스턴의 자치 이념의 이 같은 전개는 진공 상태에서 이루어진 것은 아니었다. 그것은 예외적으로 복잡하고 유동적이었던 1885년 후반과 1886년 초의 정국과 맞물리면서 전개되었다. 그렇다고 글래드스턴의 자치 정책이 1885년 6월 실각 이후에 갑자기 등장한 것은 아니었다. 글래드스턴의 정치 스타일이 그렇듯이, 그것은 비교적 장기간의 사고 과정을 거친 것이며, 새로운 사태 전개에서 이전 정책들의 원리가 재검토되고 새로운 정책으로 나아간다는 의미에서 이전 시기의 아일랜드 정책들과 유기적인 연관성을 갖는 것이었다. 이 장과 다음 장에서는 글래드스턴이 아일랜드 "정책"을 담당하는 1차 내각 시기(1868-74)부터 자치법안을 마련하는 1886년 초까지 그의 다양한 아일랜드 정책들이 과연 어떤 "이념"에 근거하였으며, 정치적 여건의 변화와 맞물리면서 그의 아일랜드 자치 이념과 정책이 어떻게 "진화"하였는지 살펴보겠다. 글래드스턴의 말마따나 정치란 "의도에 관한 것인 만큼이나 타이밍에 관한 것"이기 때문이다.

1. 교회, 토지, 교육

1832년 토리로서 정계에 입문한 글래드스턴이 아일랜드 문제와 대면한 첫 계기는 메이누스(Maynooth) 문제였다. 1845년 보수당의 필 정부는 오커널(Daniel O'Connell)의 합방폐지운동(Repeal Movement)을 저지하기 위해 아일랜드 가톨릭 신학교인 메이누스 대학에 항구적인 보조금을 지급하는 법안을 제안하였는데, 이에 대해 의회 안팎에서 치열한 반대가 있었다. 비록 아일랜드 인구의 10%만이 아일랜드 국교회(앵글리카니즘)를 신봉하였지만, 법안 반대자들은 그 조치를 국교회주의 자체를 부정하는 것으로 인식하였다. 글래드스턴의 처녀작 『국가와 교회』(1838)에 피력된 국교회관을 맹렬하게 비판한 머콜리(T. B. Macaulay)의 표현대로, 당시 글래드스턴은 "완강하고 불굴의 의지를 가진 토리의 떠오르는 희망"이었다. 이 시기 그는 합방주의 보수주의자(Unionist Conservative)로서 정치적 스승인 필의 정책이 자신의 국교회주의를 근본적으로 위협한다고 생각하였다. 1845년 통상부장관이던 글래드스턴은 메이누스 법안을 반대해서 사직하였다. 특히 글래드스턴의 반발은 영국 국교회를 가톨릭주의로 전향시키려는 옥스퍼드 운동(Oxford Movement)에 따른 국교회 내부의 위기와 뉴먼(J. H. Newman)을 비롯한 그의 친구들의 가톨릭으로의 개종을 국교회의 실제적 위기로 인식한 결과였다. 그러나 그는 법안 표결에서는 찬성 투표하였다.

사직 이후 1846년 일시적으로 식민부장관으로 복귀한 것을 제외하면, 야당에 있었던 글래드스턴은 아일랜드 정책을 추진할 위치에 있지 않았다. 따라서 아일랜드 문제는 그의 생각과 행위의 중심을 차지할 수 없었다. 다만 1853년 휘그의 애버딘 내각 때 재무장관으로서 그는 그 때까지 면제된 아일랜드에 소득세를 확대하였다. 그것은 매우 합방주의적인 행위로서, 합방법(1800) 이래 연합왕국 전역에서 지속적으로 과세 기반을 마련하려는 경향과 일치하였다.[2] 1859년 그가 새로 출현한 자

---

2) Matthew, "Gladstone and Ireland," *Journal of Liberal Democrat History* 20 (1998), p. 23; Matthew Roberts, "Gladstone and the Irish Question," *Journal of Liberal Democrat History* 26 (2000), p. 3.

유당에 들어가기까지 그의 주된 관심은 자유무역과 유럽 차원의 민족문제(특히 이탈리아 문제)였다. 그러나 바로 후자의 견지에서 보자면 후일 그의 아일랜드 정책의 이념적 토대는 이미 형성되었다고 할 것이다. 글래드스턴은 불만이 일리 있고 정당하고 온전히 제기될 곳에서는 의회가 해법으로 대처해야 한다는 필의 1835년 탬워스 선언(Tamworth manifesto)의 정신을 지지하였으며, 아일랜드는 아일랜드인이 사는 곳이라는 러슬(Lord John Russell)의 "충격적인" 발언으로부터 아일랜드인은 잉글랜드인이나 스코틀랜드인과는 다르게 생각한다는 것을 깨달았다.[3)]

1860년대에 재정가로서의 명성과 대중적 지지 기반의 확대에 힘입어 글래드스턴은 점차 자유당의 지도자로 부상하였다. 1860년대 중엽 글래드스턴은 아일랜드 문제의 세 가지 국면에 진지한 관심을 기울였다. 아일랜드 민족성(nationality)의 실체, 아일랜드 지주 계급의 실패, 아일랜드 가톨릭교회의 세력 신장이 그것이다. 민족, 토지, 종교는 아일랜드 문제에 관한 글래드스턴의 사유 전개의 세 주제였다.

아일랜드 국교회 문제는 글래드스턴의 신념의 근본과 연관되는 문제였다. 그는 이제 더 이상 국교회가 국가의 정신적 지도자이고 오직 국교회 구성원만이 온전한 시민권을 갖는다는 생각을 지탱할 수 없었다. 그는 국교회가 세속적 지위를 포기하고 영적 사명을 완수하는 데 전념해야 한다고 보았다. 많은 연구자들이 글래드스턴의 입장의 "근본적인 전이"로 간

---

3) Matthew, "Gladstone and Ireland," p. 23. 글래드스턴은 1886년 자치법안 1독회 종결 연설에서 이를 언급하였다. Hansard's Parliamentary Debates, 3rd series, vol. 304 (4/13/1886): c. 1542. [이하 Hansard 권수 (월/일/년): 칼럼 숫자로 표기함]

주하는 이 현상은 1865년 3월 그가 아일랜드 국교회 폐지를 지지한 연설에서 극적으로 표현되었다. 그 때문에 그는 자신의 모교이자 지역구(1847-65)였던 옥스퍼드대학과의 오랜 유대를 끊었으며 비국교도(Nonconformists)와 화해하게 되었다. 물론 이 전이는 진심에서 나온 것이자 고통을 거쳐 다다른 "확신의 변화"의 결과였다. 그러나 이 원리를 실천하는 것은 동시에 정치적 조건을 고려한 것이었다. 즉 국교회 폐지를 행동으로 옮기는 것은 선거법 개혁 이후 자유당의 서로 대립하는 분파들을 결속하고, 더비(Earl of Derby)-디즈레일리 정부가 아일랜드 국교회에 관해 선제적 조치를 취하는 것을 방지하면서, 자유당 정부의 수상 러슬의 은퇴 이후 리더십을 잡으려는 것이었다.[4] 그것은 글래드스턴이 말한 "타이밍"을 포착하는 능력을 과시한 예이기도 하였다.

1866년 러슬 내각의 재무장관이던 글래드스턴은 선거법 개혁안을 제안하였다. 도시의 "체통 있는" 노동자에게 선거권을 확대하려 한 이 시도는 자유당 내부의 휘그를 중심으로 한 반대파(Adullamites)의 저항에 부딪혀 좌절하였다.[5] 이어 보수당 소수 내각이 들어섰고, 1846년 곡물법안 위기 때 글래드스턴의 정치적 스승인 필을 맹렬히 공격하였던 재무장관 디즈레일리가 정치적 기민성을 발휘하여 도시 노동자 가장에게 선거권을 부여하는(household suffrage) 법안을 관철시켰다(1867

4) Matthew, *Gladstone*, p. 146; E. J. Feuchtwanger, "Gladstone's Irish Policy: Expediency or High Principle?," *Modern History Review* 3:2 (1991), pp. 21-22.

5) 어덜럼은 구약성서(사무엘 상, 22장)에 나오는 동굴 이름인데, 사울을 피해 도망한 다윗이 불평분자들과 합류한 곳이다. 1866년 급진주의자 브라이트(John Bright)는 선거법 개혁법안을 반대한 로(Robert Lowe)를 비롯한 약 40명의 자유당 의원을 "어덜럼 동굴파"라고 비꼬아 불렀다.

년 2차 선거법 개혁). 글래드스턴은 정치적으로 큰 타격을 입었지만, 이듬해 그는 아일랜드 국교회 폐지 결의안을 관철하여 디즈레일리에게 복수하면서 보수당 내각을 무너뜨렸다. 뒤이은 총선에서 자유당은 승리하였다.

1868년 말 향리 하워든(Hawarden)에서 나무베기를 하다가 조각 위촉을 전해들은 자리에서 글래드스턴이 "나의 소명은 아일랜드를 평온케 하는 것이다"라고 말했을 때, 이것은 전혀 자치를 염두에 둔 것은 아니었다. 그것은 아일랜드에서 프로테스탄트 우위와 특권을 제거한다는 제한적인 수준의 것으로서 교회, 토지, 교육을 겨냥할 것이었다. 사실, 당시까지는 글래드스턴도 아일랜드에 대해서는 무지했다. 아일랜드 문제의 본질에 대한 미흡한 수준의 이해는 글래드스턴이 아직 아일랜드의 민족성을 제대로 인식하지 못했기 때문이다. 그는 아일랜드 문제를 해결한 다음 정계에서 은퇴하고 종교에 전념할 생각을 갖고 있었다.6)

글래드스턴 1차 내각은 아일랜드 문제와 더불어 시작하였고, 마찬가지로 그와 더불어 결정적으로 쇠퇴하였다. 이 시기 글래드스턴의 개혁의 요체는 특권과 독점의 타파라는 자유주의 이념이었다. 1차 내각 시기의 아일랜드 정책은 세 가지였다. 첫째, 아일랜드 국교회 폐지(1869)는 인구의 거의 90%를 차지한 가톨릭이 프로테스탄트 국교회를 부지하기 위해 십일세를 강제로 납부하는 "종교적 피정복" 상태를 종식시키는 특권 타파 정책이자 해방의 조치였다. 그 결과 국교회는 더 이상 아일랜드의 공식 종교가 되지 못했고, 대부분의 교회 재산은 몰수되어 일부는 학교와 병원에 대한 보조금으로 나머지는

---

6) Nicholas Mansergh, *The Irish Question 1840–1921*, 3rd ed. (Toronto, 1975), p. 141.

국교회의 재정적 자립을 위해 사용되었다.[7] 둘째, 이른바 1차 아일랜드 토지법(1870)은 토지 소유의 본질 및 농민의 불만과 직접 결부되는 더 중대한 것이었다. 1867년 피니언의 무장 저항이 아일랜드 문제에 관한 영국 여론을 환기하기 이전에도 소규모 차지농의 처지를 개선하려는 시도들은 있었다. 글래드스턴의 시도는 이보다 더 포괄적인 해법을 추구한 것이었다. 아일랜드 토지의 대부분은 영국계 아일랜드 지주의 몫이었는데, 이들 가운데 많은 수가 부재지주들이었다. 많은 토지가 임대되고 이 임대된 토지가 다시 소규모 토지로 재임대됨으로써 다수 차지인이 생계 수준에서 허덕이고 있었다. 또한 예측할 수 없고 빈번한 토지로부터의 추방과 임대기간에 차지인이 토지를 개선한 결과가 고스란히 인상된 지대에 추가된 것이 농촌 사회의 불만을 악화하였다. 글래드스턴의 토지법은 지주의 "터무니없는" 지대 수취를 방지하고, 자신의 보유지를 개선한 이후에 추방된 차지인에 대한 보상을 강제하도록 하였다. 이로써 그는 정치경제학의 원리와 계약의 자유에 대한 자신의 강력한 집착을 버렸고, 재산의 자유라는 당대의 가장 강력한 이념과 싸워야 했다. 특히 내각에서 휘그는 글래드스턴의 개혁이 이윽고 잉글랜드로 확산되고 지주의 재산과 정치적 지위에 대한 공격을 가속화할 것으로 우려하였다. 그러나 이 법은 더욱 근본적인 차지권(보유권)의 안정이라는 문제를 해결하지

7) 로버츠는 국교회가 오히려 합방에 불리하게 작용한다고 믿은 글래드스턴이 "역설적으로" 합방주의를 지속하려는 보수적 의도에서 국교회를 폐지하였다고 해석하였다. Roberts, "Gladstone and the Irish Question," p. 3. 그렇지만 글래드스턴의 의도에는 로버츠가 전가의 보도처럼 사용하는 합방주의/보수주의 개념으로는 파악할 수 없는 고통어린 "회심"이 있었다. 1868년 총선 직후 출간된 팜플렛 "A Chapter of Autobiography"에서 글래드스턴은 국교회에 관한 자신의 이념사와 국교회 폐지의 정당성을 공개적으로 피력하였다.

못함으로써 자의적인 지대 인상이나 추방으로부터 차지농을 보호하기에는 한계가 있었다.[8] 그럼에도 이 법은 재산권이 늘 어디서나 신성한 것은 아니라는 원리를 확립한 중요한 조치였다. 문제는 아일랜드 차지인은 역사적으로 자신에게 강제된 잉글랜드의 법이 무엇이든 "경작자=소유자"라는 관념을 고수한 데 있었다. 그 결과 아일랜드 토지동맹(Irish Land League) 같은 조직들이 3F를 요구하며 압력을 가했다.[9] 셋째, 아일랜드 가톨릭에게 고등교육의 기회를 확대하려는 1873년의 대학법안은 아일랜드 가톨릭교회의 반발과 영국의 보수 세력과 자유당 내부의 반대로 좌절하였다. 법안이 비종파적(undenominational) 교육을 규정하였기 때문이다. 이 무렵 잉글랜드 자유주의와 아일랜드 가톨릭 세력의 동맹은 이완되었고, 글래드스턴은 아일랜드 가톨릭의 지지를 상실하였다.

1차 내각 시기 글래드스턴의 아일랜드 정책은 근본에서는 합방주의적이었다. 그것은 의회의 입법으로 아일랜드를 평온케 하고 두 나라의 연계를 강화하려는 것이었다. 이 점에서 그것은 글래드스턴의 사고가 갑작스럽게 선회한 것이 아니었음을 뜻한다. 그렇지만 동시에 만약 의회에 의한 개혁이 충분치 않으면 논리적으로 한 단계 더 나아간 조치가 필요하다는 의미를 함축하였다.[10] 비록 불완전한 성공이었지만, 글래드스턴은 연합왕국의 한 부분인 아일랜드의 장래에 대해 낙관적이

---

8) Feuchtwanger, "Gladstone's Irish Policy," p. 22.

9) 3F란 공정한 지대(fair rent), 보유권의 고정(fixity of tenure), 토지 개선분의 자유로운 매매(free sale of improvements made by tenants)를 의미한다. 3F는 토지동맹 뿐 아니라 밀과 같은 영국의 급진주의자들도 줄기차게 주장하였다. 밀의 주장에 관해서는 김기순, 「J. S. Mill과 아이어랜드 토지문제」, 『서양사론』 37호 (1991), 75-102쪽.

10) Matthew, "Gladstone and Ireland," p. 23.

었다. 1877년 6월 버밍엄 자유당협회에서 그는 이렇게 말했다. “아일랜드를 위해 한 일들이 결실을 맺으리라는 것은 천체의 운행처럼 확실하며, 현재의 사소한 불편이나 부차적인 악들은 사라지고 잊혀질 것이므로 이제 합방이 견고한 토대에 머무르게 되었음은 의심의 여지가 없다.” 1870년에 출범한 자치당(Home Rule Party)이 아일랜드에서 자유당의 기반을 침식하는 상황이었지만, 1877년 가을 아일랜드를 방문했을 때 글래드스턴의 안도감은 변함이 없었다. 그는 아일랜드의 불만을 종교적이고 사회적인 것으로 간주하였고, 이것이 합방의 틀 안에서 해소될 것이라고 여겼다.[11)]

대학법안의 부결로 글래드스턴 1차 내각의 개혁 추동력은 결정적으로 쇠퇴하였다. 그렇지만 1차 내각 시기의 개혁의 원리가 곧 자치로 표현될 것은 아니었다. 법적 평등과 자유는 자치와는 다른 개념이었기 때문이다. 글래드스턴은 아직 아일랜드 민족주의와 그에 근거한 자치를 옹호할 지경에 이르지는 않았다. 이 상태에 이르기 위해서는 종전과 달리 더 극적인 사건들의 계기가 필요했다.

1874년 총선에서 패배한 글래드스턴은 자유당의 리더십을 포기하였고, 실질적인 정계 은퇴에 들어갔다. 자유당에서는 휘그와 급진파를 중심으로 당권 투쟁의 막이 올랐다. 그러나 불가리아 사태를 계기로 그는 정치 일선에 전면적으로 재등장하였다. 1876년 오스만 투르크가 정치적 자유를 요구한 예속민 불가리아인을 학살하는 사건이 일어났다. 글래드스턴은 러시아의 팽창을 견제하려는 디즈레일리 정부의 친투르크 정책이 학살을 방조함으로써 약소민족의 자유와 권리를 지지한 영국

---

11) Feuchtwanger, “Gladstone's Irish Policy,” p. 22.

의 전통적인 외교 노선을 파기하였고, 그 결과 슬라브인의 반영국 감정을 악화시켜 도리어 발칸에서 러시아의 팽창을 조장했다고 비난하였다. 그가 보기에 발칸에서 러시아의 팽창을 막는 가장 효과적인 길은 "투르크의 명목상의 종주권 아래 약소민족들의 자치를 허용하는 것"이었다. 그는 전제에 대항하는 가장 큰 힘은 "조약이나 장벽이 아니라 인간의 마음과 정신", 곧 "자유에 대한 신념"에서 나온다고 보았다. 글래드스턴의 이 논리가 후일 아일랜드 자치 문제에 그대로 적용되었음을 주목할 필요가 있다. 글래드스턴은 아일랜드에 자치를 부여하는 것이 잉글랜드와 아일랜드의 유대, 곧 제국을 유지하는 가장 효과적인 길이라고 보았기 때문이다.

2. 민족문제와 토지문제

"빅토리아 시대 영국 정치의 최대 드라마"인 1879년 11월-12월, 1880년 3월-4월의 미드로디언 유세(Midlothian campaign)에서 글래드스턴은 디즈레일리 보수당 정부의 제국주의와 재정낭비를 효과적으로 비판함으로써 자유당 집권과 자신의 권토중래의 기반을 마련하였다. 총선에서 승리한 글래드스턴은 1880년 4월 2차 내각(1880-1885)을 출범시켰다. 2차 내각 벽두에 글래드스턴은 전임 디즈레일리 정부의 유산인 남아프리카 문제와 동방(오스만 투르크)문제 및 이와 결부된 재정 문제에 관심을 집중하였지만, 아일랜드 문제는 글래드스턴 스스로 인정했듯이 "부지불식간에" 정부의 가장 중요한 업무가 되었다.[12] 따라서

12) Feuchtwanger, *Gladstone* (New York, 1975), p. 206; id., "Gladstone's Irish Policy," p. 22; Matthew, *Gladstone*, p. 436.

글래드스턴의 아일랜드 자치 정책은 아일랜드 상황의 전개와 맞물리면서 이루어진 것이지 이념적으로 예정되거나 고정된 것이 아니었다.

1840년대 중반의 대기근 이후 아일랜드에서는 상당한 정도로 토지 보유의 "재구조화"가 이루어졌다. 1849년의 저당토지법(Encumbered Estates Act)으로 토지 이전이 용이해지면서 보유자가 감소하고 보유지의 규모가 증가하였고 토지에 대한 자본 투자가 늘었다. 그러나 토지를 개선한 기존의 차지인에게는 보상이 주어지지 않았고, 특히 서부 아일랜드에서는 새로운 소유자가 토지 매입을 기회 삼아 차지인을 추방하였다. 이어 1850년대와 1860년대는 경작지로부터 목초지로의 전환 같은 경작 방법의 다양화를 통해 상대적인 번영을 이루었다. 그렇지만 동북부의 차지인들은 차지인의 관습적 권리(차지권)의 법적인 보장을 요구하였고, 남부와 서부의 차지인들은 "공정한" 지대를 요구하였다. 1850년에 결성된 차지인동맹(Tenant League)이 주도한 이 차지권운동(tenant right movement)에서 장로교와 가톨릭 성직자의 활약이 컸다. 그렇지만 3F를 요구한 이 운동은 1850년대 중반의 경제적 번영으로 그 힘이 위축되었다.[13)]

1870년대 후반 대불황기에 농산물 가격 하락, 지대 체납 누적, 빈번한 추방 때문에 아일랜드 농민의 경제적 상황, 특히

13) "얼스터 관습"으로 알려진 차지권은 3F의 하나로서 경작지로부터 떠나는 차지인이 매매 가능한 자신의 권리를 가장 유리한 조건을 제시하는 다른 차지인에게 팔 수 있는 권리를 말한다. 이 권리란 차지인이 이룩한 어떠한 개선이나 차지인이 실제 지불하는 지대(공정지대)와 시장에서 가격이 형성된 지대와의 차액이 될 수도 있었다. 따라서 지주가 낮은 지대를 징수하는 경우에만 차지권은 의미가 있었다. 물론 새로운 차지인에게는 큰 부담이 될 수 있었다. 1870년 토지법은 얼스터에서 이 차지권을 인정하였고, 1881년 토지법은 아일랜드 전역에서 이를 인정하였다.

지주-차지인의 관계는 과거 어느 때보다 더 악화하였다. 1880년에는 지대를 납부하지 못한 만 명 이상의 차지인이 토지에서 추방되었다. 1879년 10월 민족주의자이자 피니언의 일원이었던 다비트(Michael Davitt)가 아일랜드 민족토지동맹(Irish National Land League)을 결성하여 반지주운동인 토지전쟁(Land War, 1879-82)을 주도하였다. 토지동맹은 얼스터를 제외한 아일랜드 전역에서 조직을 확대하였다. 동맹의 목표는 농민 소유권의 확립이었지만, 현실적인 요구 수준은 지대 인하였다. 지주가 지대 인하를 거부하면 차지인은 지대 납부를 거부하였고, 지주가 이를 만회하려고 하면 다양한 방법으로 저항하였다. 합법적으로는 추방을 방해하거나 지주의 대리인이나 새로 들어오는 차지인을 "마치 문둥이처럼" 조직적이고 체계적으로 고립시키는 방식으로 저항하였고, (토지동맹이 공식적으로 승인한 것은 아니지만) 가옥과 건초 방화, 가축 불구 만들기, 지주와 그 대리인 살해 같은 폭력적인 방법이 동원되었다. 합법적인 저항의 대표적인 희생자가 메이오 군의 지주의 대리인이었던 캡틴 보이코트였고, 이로부터 보이코팅(boycotting)이란 용어가 유래하였다. 지주에 대한 저항은 아일랜드에서의 지주제의 합법성을 부정하거나 지주제가 영국에서 들여온 것이라는 선전을 통해 강화되었다. 토지전쟁은 지주의 통제력을 무너뜨렸을 뿐 아니라 아일랜드 정부 구조에 대한 근본적인 도전이었다. 특히 1860년대 이래 무장 투쟁과 테러를 주도한 피니언 조직이 토지전쟁의 배후에 건재하고 있었다.[14)]

19세기 아일랜드 민족주의는 아일랜드가 본질적으로 "식민지" 상황에 있다는 생각, 특히 (스코틀랜드나 웨일스에는 없

---

14) 상세한 연구로는 Samuel Clark, *Social Origins of the Irish Land War* (Princeton, 1979).

는) 별개의 아일랜드 행정부가 웨스트민스터 의회(실질적으로는 잉글랜드 의회)의 통제를 받는 비정상적인 상태에 있다는 인식에 토대를 두고 있었다. 그래서 1870년대 이래 아일랜드 민족주의의 정치적 표현을 대표한 것은 아일랜드 의회 설치와 아일랜드 행정부가 이 의회에 책임을 지는 것, 즉 "자치"였다.

아일랜드 자치 이념의 역사적 기원인 1840년대 오커넬의 합방폐지운동은 아일랜드의 독립을 추구한 것이 아니라 아일랜드 사안을 다룰 아일랜드 의회의 복원을 요구한 것이었다.[15] 합방을 폐지하는 것은 합방의 전제였던 영국과 아일랜드 "의회"의 통합을 폐지하는 것이었고, 그것은 바로 "역사적 아일랜드 의회"의 복원을 의미했기 때문이다. 오코널 시대에 개념상 느슨했던 이러한 자치 이념은 1870년 프로테스탄트 변호사이자 보수당 의원을 역임한 버트(Isaac Butt)가 자치정부협회(Home Government Association)를 결성하면서 개념적으로 더 명확해졌고 지지층도 확대되었다. 그것은 무장 투쟁으로 독립을 달성하고 공화국을 수립하려는 피니언의 급진적 민족주의와 비교하면 분명 온건한 노선이었다. 버트에게 자치는 아일랜드 사안에 대한 자율성(아일랜드 의회 수립)과 연방제의 연합왕국 체제를 의미하였다. 특히 중요했던 점은 그가 교육에서 가톨릭교회의 역할을 확대해야 한다고 함으로써 가톨릭 성직자와 그들의 영향력을 강하게 받았던 농민층의 지지를 확보한 점이었다. 그런데 이 시기에 아일랜드 유권자들이 자치운동을 지지한 것은 연방주의를 수용해서가 아니라 다만 자치를 지지한 후보자들이 가톨릭주의와 차지권을 옹호했기 때문이었다.[16]

15) Jackson, *Home Rule*, p. 15.

1874년 총선에서 자치당은 아일랜드 의석 103석 가운데 59석을 확보하였다.[17] 그러나 이 정도로는 영국의 자유당이나 보수당을 설득하기에는 역부족이었고, 아직 선거권을 갖지 못한 가톨릭 농민은 자치라는 정치적 해법보다는 경제적 불만에 더 큰 관심을 기울였다. 1879년 10월 프로테스탄트이자 버트보다 더 급진적이었던 서른이 채 안 된 파넬(Charles Stewart Parnell)이 아일랜드 자치당의 지도자가 되었다. 파넬과 버트는 모두 의회주의자이자 "사회적" 보수주의자였다. 그리고 자치 체제에서 지주와 신교도의 역할에 집착하였다. 그러나 파넬은 아일랜드가 영국과 동등한 협력자가 되기를 원했지만 버트는 하위 협력자이기를 바랐다.

중요한 점은 토지전쟁이 자치라는 정치적 목표를 가진 민족주의 운동과 결부된 데 있었다. 종전과는 달리 이 무렵 아일랜드 위기는 단순히 토지와 농촌의 위기만은 아니었다. 인구 대다수를 차지한 농민의 물질적 불만은 그것 자체로서 기존 체제를 위협할 수 있었지만, 여기에 정치적 불만이 결합됨으로써 미증유의 파괴력을 얻게 되었다. 더욱이 자치당과 토지동맹의 인적 통합과 토지전쟁은 아일랜드 국내의 서로 다른 민족주의 세력 뿐 아니라 조직과 자금을 제공한 미국의 아일랜드인의 적극적인 지원을 받은 점에서 "더 근본적인 통합"을 반영하였다. 그것은 사회·경제적 운동을 아일랜드에서의 민족의식 고양의 수단으로 사용하려는 이른바 "새로운 출발"(New Departure)이었다. 토지전쟁은 파넬과 자치당이 아

16) Jackson, *Home Rule*, pp. 29-30.

17) 자치정부협회는 1873년 자치동맹(Home Rule League)이 되었고, 1882년 자치동맹은 민족당(Irish Nationalist Party)이 되었다. 민족당은 1922년까지 존속하였다.

일랜드 민족주의 세력, 농민, 가톨릭교회의 지지를 확보할 수 있었던 중요한 계기였다. 그 결과 아일랜드에서 자유당의 입지가 급속하게 쇠퇴하였다. 총선에서 자치당의 의석 확보의 추이가 이를 반영한다.[18]

이렇듯 1880년대 전반 아일랜드에서 민족주의와 농민 투쟁, 정치적 불만과 경제적 불만이 결합하였다. 이것은 과거 어느 때보다 더 아일랜드 위기의 심각성을 드러내었다. 1880년 이전 민족주의와 농민투쟁은 별개의 운동이었다. 파넬에 의해 이 두 운동이 결합되지만, 그렇다고 파넬의 근본적인 관심이 농업과 토지에 있었던 것은 아니었다. 그는 입법적 독립, 곧 자치를 원했다. 그에게 토지문제는 그것이 정치적인 이슈가 되는 한 중요했다. 그는 토지동맹을 자신의 정치적 자산인 자치라는 목표를 달성하기 위한 수단으로 간주하였다. 파넬은 자치라는 새로운 체제 안에서 전통적 엘리트의 애국적 유산과 정치적 재능을 더 광범한 공동체와 결합시킴으로써 토지문제가 배태한 사회적 갈등을 극복할 수 있다고 보았다. 바로 이 점에서 파넬과 글래드스턴의 사고의 접점이 있었다.[19] 그렇지만 파넬 자신의 공식 언명은 급진적인 것으로서 이는 영국 보수당에 큰 경각심을 불러일으켰다. 1879년 가을 파넬은 "이 나라의 토지는 이 나라의 인민이 그 소유자가 아니라면 경작될 수 없다"고 하였고, 부당한 지대를 거부할 것을 촉구하였으며, 아일랜드 의회를 잉글랜드 의회로부터 아일랜드인의 수

18) 자치당 결성 이후 첫 총선이 치러진 1874년 59석, 1880년 61석, 1885년 86석, 1886년 85석을 확보하였다. 반면 자유당 의석은 각각 10석, 15석, 0석, 0석이었다.

19) Michael Partridge, *Gladstone* (London, 2003), p. 190; Jackson, *Home Rule*, p. 42.

중에 가져오겠다고 공언하였다.

3. 당근과 채찍

아일랜드 농촌 소요를 다스리기 위한 글래드스턴 2차 내각의 첫 시도는 대증적(對症的)이었지만 근본에서는 영국인의 재산관을 위협하는 요소를 포함하고 있었다. 대불황과 토지전쟁의 와중인 1880년 7월 글래드스턴 정부는 아일랜드의 불만을 교정하기 위한 조치를 취했다. 추방보상법안(Compensation for Disturbance Bill)은 지주의 농민 추방에 대처하려는 것이었다. 아일랜드장관 포스터(W. E. Forster)가 주도하고 통상부장관 체임벌린이 지지한 이 법안은 1881년 말까지 한시적으로 적용될 것으로서, 지대를 납부하지 않아서 추방된 농민이 흉작 때문에 지대를 납부하지 못했다는 것과 지주가 정당한 조건을 거부하였음을 증명할 경우 추방에 따른 보상을 요구하도록 하였다. 그러나 그 적용 지역은 아일랜드 일부 지역이었고, 연수 30파운드 이하의 차지인에게만 적용되었다. 그럼에도 이 제한적인 조치에 대해 내각에서 랜스다운(Lord Lansdowne)이나 아가일(Duke of Argyll)을 비롯한 휘그의 강력한 반발이 있었다.[20] 하원 2독회에서 자유당 의원 20명이 법안을 반대하고 50명이 기권하였다. 하원을 통과한 이 법안은 8월 상원에서 부결되었다. 글래드스턴은 이 결과를 묵인하였다. 이어 정부는

---

20) 보상법안 뿐 아니라 2차 내각 시기의 재산 관련 입법들(맥아세 폐지, 수렵법, 고용주책임법)에 대한 휘그의 저항은 강력했다. 그것은 자유당의 이질성을 반영하면서 또한 모든 아일랜드 조치들에 대해 휘그가 갖고 있던 편견과 재산권 이념을 드러내었다. J. P. Parry, *The Rise and Fall of Liberal Government in Victorian Britain* (New Haven, 1993), p. 244; Feuchtwanger, *Gladstone*, p. 206.

1870년의 토지법 시행 현황과 농촌 소요 상태를 조사하기 위해 조사위원회(Bessborough Royal Commission)를 임명하였다.

보상법안이 논의되던 때 글래드스턴은 농촌 소요를 다스리기 위해 하는 수 없이 포스터의 강압 조치 요구를 수용하였다.[21] 내각은 이 문제로 분열하였다. 보상법안의 주무자인 포스터와 휘그 각료들, 특히 하팅턴이 강압을 지지하였지만, 급진주의자 브라이트와 체임벌린은 반대하였다. 이렇듯 아일랜드 문제는 2차 내각에서 급진파와 휘그가 대립한 주제였다. 재판을 거치지 않은 투옥을 규정한 이 강압법을 글래드스턴은 "전도된 이념"으로 간주하였는데, 그는 강압이 정반대인 화해의 정책과 병행해야 한다고 보았다. 2차 토지법은 이러한 사고의 표현이었다.

1880년 가을이 되자 글래드스턴 정부는 아일랜드 위기의 심각성을 깨닫게 되었다. 자치당의 의사방해 전술에 대해서 글래드스턴은 처음에는 이를 대수롭지 않게 여겼고, 파넬의 세력을 과소평가하고 있었다. 글래드스턴은 의회 안에서의 자치당의 도전을 꺾을 조치를 취했다. 1881년 벽두에 자유당 정부는 글래드스턴의 반대에도 불구하고 인신보호법을 유예하고 아일랜드장관에게 큰 권한을 부여한 법안을 통과시켰다. 인신과 재산 보호법안(Protection of Person and Property Bill)이 그것이다. 법안을 둘러싼 논란에서 자치당은 고의로 의사일정을 방해함으로써 의회의 업무를 거의 마비 지경으로 몰고

21) 강압법(Coersion Acts)은 1833-77년에 아일랜드 농촌 소요를 진압하기 위해 제정된 여러 법들을 총칭한다. 이 법에 따라 총독은 소요 지역을 선포하고 재판 없이 인신을 구속하거나 약식재판으로 범법자를 처벌할 수 있었고, 야간 통행금지 같은 여러 제약을 강제할 수 있었다.

갔다. 이 전술은 아일랜드 의원들이 예전에도 구사하였지만, 파넬에 의해 자치당의 특징이 되었다. 이 때문에 하원은 1881년 1월 31일부터 2월 2일까지 무려 41시간이나 토론을 하였으며, 결국은 의장이 토론을 종결함으로써 끝났다. 즉 "길로틴" 혹은 제한시간제의 도입이었다.[22)]

그러나 "이 시점에서 글래드스턴은 아직 아일랜드 민족의식의 실체나 파넬이 본질적으로 이 민족의식의 보수적인 대변자라는 사실을 충분히 파악하지 못하고 있었다."[23)] 이 상태에서 글래드스턴은 일단 또 다른 토지법으로 아일랜드의 질서를 회복하고자 하였다. 1880년 12월 아일랜드 토지조사위원회의 보고서는 이른바 3F를 추천하였고, 글래드스턴은 자신의 성향이나 시장 원리를 거슬러 대규모의 토지 개혁을 추진하였다. 많은 연구자들이 지적하듯이, 글래드스턴은 사회적 보수주의자였다. 토지 문제에서 이는 지주-차지인 관계에 대한 국가의

---

22) 토론의 자유를 중요한 가치로 여긴 글래드스턴에게 길로틴 제도의 도입은 단순히 정치적 기술의 문제가 아니라 자신의 정치적 이념의 일관성이나 순수성과 직결되는 민감한 사안이었다. 글래드스턴은 이를 "어미를 살해하는 것처럼 고통스러운 필요성"이라고 하였다. 후일 자치법안 지지자 다수가 자치 자체를 지지해서가 아니라 자치법안이 아일랜드 대표를 웨스트민스터 의회에서 배제하고자 하였으므로 법안을 지지하였다고 실토한 데서 알 수 있듯이, 글래드스턴 2차 내각 시기에 민족당의 의사 진행 방해전술에 대한 자유당 의원의 반감은 컸다. 글래드스턴도 자치법안 제안 연설에서 법안 제안의 배경으로 아일랜드 민족주의의 득세와 민족당의 의사진행에 따른 웨스트민스터 의회의 업무 정체를 들었다. 그가 법안에서 많은 난점에도 불구하고 아일랜드 대표를 제국의회에서 배제한 데는 이런 까닭도 있었다. 크로스비는 자치당의 의사 진행 방해전술이 글래드스턴에게 "스트레스"로 작용하였고, 이 스트레스를 해소하기 위해 글래드스턴이 아일랜드 의회를 설립하고 아일랜드 대표를 웨스트민스터 의회에서 배제하는 자치 정책을 제시하였다고 해석하였는데, 이는 심리학적 해석의 단순성을 잘 보여준다. Crosby, *The Two Mr. Gladstones*, p. 198.

23) Feuchtwanger, *Gladstone*, p. 208.

간섭과 지주 세력의 약화를 거부하는 것이었다. 그는 어떤 토지 개혁도 1870년 토지법의 노선과 토대 위에서 이루어져야 하고 차지인에게 차지권의 "고정"보다는 차지권의 안전 증대를 도모해야 한다고 보았다. 글래드스턴이 3F를 혐오한 것은 그것이 지주의 재산 처분의 권리를 제거하고 지주를 단순한 짐으로 만듦으로써 사회적 조화라는 "신성한 원리"를 파괴한다고 보았기 때문이다.[24] 그래서 그는 처음에는 지주이든 차지인이든 어느 한 쪽이 지대에 관해 무리한 요구를 할 경우 다른 편에 벌금을 지불한다는 복잡한 보상 체제(롱필드[M. Longfield]안) 정도로 만족하였다. 그가 이런 종류의 조치를 지지한 것은 이 조치가 지주-차지인 관계에 아무런 직접적인 간섭을 내포하지 않으며 무엇보다도 두 편의 협력을 도모하는 것이었기 때문이다.[25] 그래서 그는 롱필드안이 효력이 없을 것이라는 베스버러 보고서도 무시하였다. 그러나 결국 내각에서 글래드스턴은 지주의 재산권과 계약의 자유에 대한 자신의 신념을 꺾었다.

1881년 4월에 제안된 토지법안의 원리는 1870년대 이래 아일랜드 농민의 주요한 요구 사항이었던 3F를 부여하는 것이었다. 그 내용은 이렇다. ①차지인은 독립적인 토지법원이 산정하는 오직 "공정한 지대"만을 납부한다. ②차지인은 "보유권의 고정"을 보장받는다. 즉 지대를 납부하는 한 차지인의 지위에 남을 수 있다. ③차지인은 자신의 차지권을 누구에게나 자신이 원하는 어느 때나 "자유롭게 매각"할 수 있다. ④토지를 매입하려는 차지인에게 매입가의 75%까지 대부한다. 이 조

24) Roberts, "Gladstone and the Irish Question," p. 6.

25) Roberts, "Gladstone and the Irish Question," p. 6.

치는 토지에 대한 실질적인 “이중적 소유권”을 수립하는 것이었다. 포이트방거는 이 정책이 지주와 차지인 양편으로부터 “가능한 최악”을 얻는 것이었다고 하였지만,[26] 사실 3F 어느 것도 특별히 반감을 살 것은 아니었다. 지주는 여전히 지대를 받을 수 있고, 만약 못 받는 경우라면 지대를 납부할 다른 차지인을 찾을 수 있었다. 다만 지주는 빈곤한 농민이 납부할 수 없을 정도의 비합리적인 지대를 요구할 수 없었고 만약 지대가 걷히지 않으면 그 농민을 추방하고 다른 더 여유 있는 차지인을 찾을 수 없게 되었다. 그렇지만 반대는 거셌다. 글래드스턴은 법안 통과를 위해 전력투구해야만 했다. 결국 56회의 토론 끝에 법안은 통과되었다. 또한 이 법은 글래드스턴 개인에게도 상처를 주었다. 그는 개혁이 테러에 대한 굴복이자 재산권의 침해라는 이유로 강력히 반발하였던 오랜 동지이자 유력한 휘그였던 아가일과 결별하였다.[27]

재산과 자유에 관한 개인주의 이념을 견지한 글래드스턴은 2차 토지법이 3F를 승인하지 않았고 시장의 자유로 복귀하는 여지를 남겼다고 주장하였다. 아무튼 이 토지법은 글래드스턴 개인 차원에서 보자면 복잡한 사안을 처리하는 능력과 “그렇게 하는 것이 지적으로 건전하다는 확신이 섰을 때에는 71살

26) Feuchtwanger, *Gladstone*, p. 207.

27) 듀이는 글래드스턴의 2차 토지법을 1870년대 이래 등장한 “공리주의에 대한 역사주의의 반발”이라는 사상사적 관점에서 다루었다. 1860년의 토지법(Landlord and Tenant Act)은 관습적 차지권을 폐지함으로써 지주-차지인 관계를 자유로운 시장의 힘에 의해 결정되도록 하였지만, 1881년의 토지법은 그 관계를 농촌의 관습에 따라 결정토록 하였다. 글래드스턴은 아일랜드 농촌 관습과 토지 보유 관념이 “역사성”을 갖는다고 인정함으로써 아일랜드 토지 문제에 대한 영국식 접근을 배제하였다. Clive Dewey, "Celtic Agrarian Legislation and the Celtic Revival: Historicist Implications of Gladstone's Irish and Scottish Land Acts 1870-1886," *Past and Present* 64 (1974), pp. 30-70.

의 나이에도 기존의 관념들을 폐기할 수 있음을 보여주는 것" 으로서 글래드스턴의 "가장 위대한 의회 업적들 가운데 하나" 였다.[28] 물론 일부 연구자는 2차 토지법은 "도움이 가장 절실했던" 지대 체납자와 정기차지농(leaseholder)을 배제하였고, 토지 매입 조항에서 차지인이 상당한 금액을 미리 예치할 것을 규정함으로써 차지인이 자신이 경작하는 토지를 매입하는 것을 가급적이면 배제하려고 한 점에서 한계를 지녔다고 지적하였다. 그렇지만, 이를 글래드스턴이 사회적 보수주의라는 "낡은 원리"에 집착한 결과이고 "시들어가는 지주의 권력을 북돋우려고 한 것"이며 따라서 글래드스턴은 단지 보수주의자가 아니라 심지어 "반동자"였다는 로버츠의 비판은[29] 지나치다. 나아가 로버츠는 글래드스턴이 매입을 혐오함으로써 아일랜드 문제를 해결할 "잠재적으로 효력 있는" 조치를 지체시켰다고 주장하였다. 즉 토지동맹을 약화할 더 효과적인 조치는 3F가 아니라 매입이었다. 로버츠는 이 점에서 매입보다 3F에 대한 거부감이 더 강했던 "반동적인" 휘그가 아일랜드에서 지주의 지배력이 쇠퇴한 현실을 글래드스턴보다 더 정확히 파악하였다고 주장하였다.[30] 그러나 비록 토지동맹의 목표가 (매입을 통해 가능한) 자영농 체제의 수립이었지만, 현실적으로 그들이 요구한 것은 지대 인하와 차지권의 고정이었음을 염두에 두어야 한다.

강압과 병행한 토지법은 단기적으로는 아일랜드 농촌 소요를 진정시키고 토지동맹을 와해시켰다.[31] 파넬에게는 토지법

---

28) Feuchtwanger, *Gladstone*, p. 207.

29) Roberts, "Gladstone and the Irish Question," pp. 6-7. 1881-85년에 토지법에 따라 토지 소유자가 된 차지인은 733명이었다.

30) Roberts, "Gladstone and the Irish Question," p. 7.

이 의표를 찌른 조치였다. 그래서 그는 아일랜드 차지인들이 토지법을 "시험"해야 한다고 촉구하였다. 이 정도의 발언도 포스터가 보기에는 인신과 재산 보호법에 따라 체포할 만한 것이었고, 글래드스턴도 파넬을 극단파로 여기고 있었다. 토지동맹의 저항이 지속하자 글래드스턴은 파넬이 토지법을 무력화한다고 판단하였다. 1881년 10월 리즈 연설에서 글래드스턴은 파넬에게 이렇게 경고하였다. "한편에서는 법과 다른 한편에서는 순전한 무법 사이의 최후의 대결이 아일랜드에 여전히 남아있다면 ····· 저는 주저하지 않고서 여러분께 문명의 자원은 아직 고갈되지 않았다고 말씀드리겠습니다." 이에 파넬은 "이 가면 쓴 기사(騎士), 아일랜드를 제외한 모든 다른 민족들의 권리의 챔피언인 듯이 말하는 자"라고 글래드스턴을 비난하였다. 공세를 강화한 글래드스턴 정부는 강압법에 의거해서 파넬과 토지동맹 집행부를 킬메이넘(Kilmainham) 감옥에 투옥하였다. 옥중에서 이들은 "지대 거부"(No Rent) 선언서를 발표하였다. 1881년 10월 토지동맹은 불법단체로 규정되었다. 파넬은 아일랜드에서 인기를 얻었고, 글래드스턴은 잉글랜드에서 인기를 얻었다.

31) 그러나 1882년 토지동맹은 아일랜드 민족동맹(Irish National League)으로 재조직되었다. 그러므로 입법에 의해서 아일랜드의 농촌 문제들이 해결된 이후에도 토지문제에 의해 민족주의 정치에 투입된 그 추동력은 계속해서 존속하였다. 1885년 무렵 민족동맹은 1,200개의 지부를 가진 매우 중앙집중적인 조직으로 성장하였고, 3차 선거법 개혁 이후 아일랜드에서의 선거를 지배하는 세력이 되었다. 파넬은 민족동맹의 지방 조직들에서 종파를 막론하고 성직자들을 참여시킴으로써 일반 조직원들을 통제할 수 있었다. David Powell, *Nationhood and Identity: The British State since 1800* (New York, 2002), pp. 64-65.

4. 자치 이념의 등장

1882년 회기 벽두부터 글래드스턴 정부의 아일랜드 정책은 사방에서 공격 받았다. 강압법 시행에도 불구하고 소요는 그치지 않았고, 파넬의 투옥은 행정권의 남용이라고 비난받았다. 그런데 이 무렵 2차 토지법을 통해 아일랜드 민족주의를 다스릴 수 있다고 본 글래드스턴의 사고가 점차 자치 이념 쪽으로 움직이고 있었다. 이것은 글래드스턴의 사유에서 중대한 변화가 나타났음을 뜻한다. 이제 글래드스턴은 아일랜드의 민족적 요구에 대처하려면 더 효과적인 자치정부에 관한 조치가 필요하다고 여기게 되었다. 이미 1880년 말 그는 그러한 조치가 또 다른 대규모의 토지법을 시작하는 것보다 "더 나은 수순"임을 느끼고 있었다. 1880년 10월 의사진행 방해와 권한이양에 관한 비망기에서 글래드스턴은 의사진행 방해를 제압하고 지대 체납 농민에 관한 조치를 취한 것 이외에도 권한이양은 아일랜드의 정치적 요구에 대처하는 수단으로서 "이상적으로는(in bonam partem) 지방정부로, 그리고 나쁘게는(in malam) 자치로 불리는 것"이라고 적었다.[32] 글래드스턴의 이 생각은 "하나의 돌로 적어도 두 마리 새를 잡으려는" 것이었다.[33] 즉 이미 포화상태인 의회 일정에서의 의사방해와 아일랜드를 포함한 연합왕국 다른 부분들에서의 선거제 지방정부에 대한 요구 양자를 해결하는 방법인 것이다. 그는 이제 피트(William Pitt)의 합방법이 실책이었고, 그래튼(Henry Grattan) 의회와 비슷한 어떤 것으로 돌아가는 것이 바람직하다고 보기에 이르

---

32) H. C. G. Matthew ed., *The Gladstone Diaries with Cabinet Minutes and Prime-Ministerial Correspondence*, v. 9 (Oxford, 1986), p. 599. [이하 *Diaries*로 표기함]

33) Feuchtwanger, "Gladstone's Irish Policy," p. 23.

렸다. 그러나 내각에 회람된 이 비망기는 별다른 관심을 끌지 못하였고, 내각은 2차 토지법 제정에 몰두하게 되었다. 1882년 초 글래드스턴은 권한이양된 행정부 수립과 함께 연합왕국의 세 부분을 다룰 하원대위원회(Grand Committee of the House of Commons) 체제를 내각에 제안하였다. 내각이 반대하자 그는 곧 이를 철회하였다. 비록 구체화하지 못한 것이었지만, 글래드스턴은 이 무렵 아일랜드 문제를 단순히 토지 문제의 해결로만 간주하지 않았다. 매튜에 따르면, 비망기에 나타난 글래드스턴의 사고는 "정치적·헌정적 주도권과 해법" 쪽으로 "자연스럽게" 움직이고 있었다.[34)]

따라서 글래드스턴의 자치 정책은 1885년 말의 갑작스런 회심의 결과가 아니었다. 1885년 12월 글래드스턴은 자신의 비서 해밀턴에게 보낸 편지에서 "1881년 이전은 아니고 1883년 이후도 아닌, 아마 1882년에 자치 문제가 하원에서 제기되었고, 나는 그것이 무엇을 뜻하는지 알고 싶다는 의미에서, 그리고 아일랜드에 자유를 확대한다는 의미에서 발언하였다"고 하였다.[35)] 이는 1882년 2월 민족당의 스미스(P. J. Smyth)가 국왕의 개회 연설에 대한 수정안을 발의하면서 자치를 언급한 데 따른 글래드스턴의 답변을 말한다. 그러나 만약 제국이 손상을 입지 않고 제국 사안이 웨스트민스터에서 결정된다면 자신은 "아일랜드의 입법적 사안들을 다룰 아일랜드의 기구"에 어떤 반대도 있을 것으로 생각하지 않는다고 말한 글래드스턴의 답변은 큰 물의를 야기하였다. 특히 아일랜드 사안과 제국 사안을 구별하기 어려운 점이 있지만, 이 무렵 그가 자치 문

34) Matthew, *Gladstone*, p. 441.

35) Gladstone to E. W. Hamilton (12/16/1885), *Diaries* 11 (1990), p. 449. [이하 날짜는 (월/일/년)으로 표기함]

제가 진지한 고려의 가치가 있다고 생각한 것은 분명하였다. 그러므로 그가 이미 2차 토지법의 시행 과정에서 자치라는 근본적인 해법의 필요성을 인지하고 있었다고 보아야 할 것이다. 결국 2차 토지법은 실제로 아일랜드 정부 문제를 입헌적으로 해결하는, 그리고 영국이라는 국가의 전체적인 통일성을 교란하지 않는 "기회의 창"을 만들었다.[36] 글래드스턴의 자치 정책의 직접적인 맥락은 물론 1885년 총선 정국이지만, 이미 1882년에 글래드스턴의 구상은 지방정부 개혁 수준을 넘어서고 있었다. 물론 이 구상은 아직 구체화하지는 않았으며, 그가 주위 사람들에게 자신은 곧 은퇴할 것이라고 하였으므로 글래드스턴의 의도가 무엇인지 정확히 알 수는 없다.

그런데 글래드스턴의 자치 사유는 순전히 정치적인 것만은 아니었다. 그 근저에는 종교적인 사유가 있었다. 글래드스턴은 민족 정체성의 본질은 민족적 교회(national church) 형태로 제도화한다고 보았다. 글래드스턴은 민족정체성과 종교적 민족감정을 동일시하였다. 그는 연합왕국에서 이것의 "세속적인" 표현은 아일랜드 자치가 될 것이라고 보았다. 따라서 대다수 동시대인과 달리 글래드스턴은 아일랜드 민족성이 존재한다고 인정할 태세가 되어 있었다. 그렇지만 그는 그 같은 민족성이 반드시 별개의 국가를 정당화한다고는 여기지 않았다. 글래드스턴에게 이러한 사고의 선례는 불가리아 사태 때 제시되었다. 그는 발칸인들에게 종교적 민족성이 존재한다고 인정하였는데, 그가 보기에 이들은 비록 필연적으로 더 큰 오스만 투르크 제국으로부터의 "독립과 분리는 아닐지라도" "자치정부와 자율"을 요구할 자격이 있었다. 즉 글래드스턴

36) Feuchtwanger, "Gladstone's Irish Policy," p. 23.

은 불가리아 사태와 아일랜드 자치 사이에 유비관계가 있다고 보았다. 나아가 민족성에 대한 이런 느낌은 이른바 글래드스턴의 "유럽적인 감각", 말하자면 유럽의 민족들이 기독교 문명이라는 공통의 유대에 의해 결합되어 있고, 그들의 행위를 규제하고 일정 범위 안에서 그들의 구분을 유지해야 한다는 믿음의 표현이었다. 아일랜드 민족성의 독자성에 대한 글래드스턴의 이러한 인식은 아일랜드의 불만이 연합왕국의 틀 안에서 가장 잘 치유될 수 있다는 자신감과 충돌하지 않았다.[37)]

그러나 스미스의 수정안에 대한 글래드스턴의 답변은 곧 또 다른 아일랜드 사태에 의해 압도되었다. 1882년 4월 아일랜드 상황은 유동적인 국면에 처해 있었다. 체임벌린은 민족당 의원이자 파넬의 대리인을 자처한 오세이(Capt. William O'Shea)를 통해 파넬과 접촉하고 있었다. 오세이에게 보낸 편지에서 파넬은 만약 글래드스턴 정부가 토지법을 수정하는 조치를 취함으로써 추방 전에 차지인이 체납 지대를 변제할 수 있도록 돕는다면 민족당은 법과 질서를 "공개적으로 온전히" 지지하겠다고 선언하였다. 파넬의 제안은 민족동맹에 대한 자신의 통제력을 유지하고 오세이의 부인이자 자신의 정부(情婦)인 키티(Katherine; "Kitty") 오세이와 지내고 싶은 사적인 이유에서 나온 것이었다. 물론 그는 지대 거부 선언이 효력이 없음을 알고 있었다. 체임벌린을 만난 오세이는 파넬이 불법을 종식해야 한다는 아주 진솔한 생각을 갖고 있음을 알리려고 애썼

37) Richard Shannon, *Gladstone and the Bulgarian Agitation 1876*, 2nd ed. (Hassocks, 1975), pp. 274-81; Feuchtwanger, "Gladstone's Irish Policy," p. 23. 글래드스턴의 유럽적인 감각에 대해서는 K. A. P. Sandiford, "Gladstone and Europe," Bruce L. Kinzer ed., *The Gladstonian Turn of Mind* (Toronto, 1985), pp. 177-96; Hammond, *Gladstone and the Irish Nation*, pp. 49-66.

다. 글래드스턴 자신도 정상 상태로의 회복을 간절히 바라고 있었다. 5월 2일 내각은 파넬과 다른 두 명의 민족당 의원을 킬메이넘에서 즉각 석방하고, 다른 모든 구금자들의 기록을 검토하고 강압법 시행을 종식할 것을 결정하였다.

글래드스턴은 종종 "킬메이넘 협약"은 협약(treaty)이 아니었다고 주장하였다. 그것은 단지 정부쪽에서는 파넬을 석방해도 질서 유지에 더 이상 어려움이 없을 것이라는 충분한 정보를 갖고 있었다는 것, 따라서 아무런 죄목도 없이 특정인을 더 이상 계속 투옥할 수 없다는 것이었다. 당시 의회에서는 글래드스턴과 파넬이 비열하고 부적절한 거래를 했다는 비난이 거셌다. 포스터는 파넬이 오세이를 통해 자신, 체임벌린, 글래드스턴에게 전달한 편지를 폭로하였고, 개인적으로는 글래드스턴 가족과 가까웠던 밸퍼(A. J. Balfour)도 그 "거래"는 영국의 정치사와 의회사에서 "그 오명이 유일한 경우"라고 비난하였다. 그러나 일부 보수당 의원들이 파넬과 그 동료들의 석방을 건의하였으며 보수당과 파넬파 사이의 모종의 화해가 고려되고 있었음을 고려한다면[38] 비열한 거래라는 비난은 일방적이다. 다만, "글래드스턴과 그의 동료들에 대한 결연한 믿음을 갖지 않는 한 트집을 잡지 않을 수 없는 상황"이었으므로 이 같은 비난과 파넬을 신뢰하는 것에 대한 우려를 정당화할 만했다.[39] 그렇다면 이 조치가 토지 매입 뿐 아니라 민족당과 보수당의 제휴를 차단하려는 고려에서 나온 것으로서 "자신의 원칙에 반하는 조치를 회피하기 위해서라면 글래드스턴이 어느 정도까지 갈 태세였는가를 보여주는" 것이었다는

38) Feuchtwanger, *Gladstone*, p. 211.

39) Feuchtwanger, *Gladstone*, p. 211 재인용.

로버츠의 비판은 지나친 감이 있다.[40] 분명 파넬의 석방과 관련된 거래는 있었다. 즉 파넬의 석방과 강압의 종식 이외에도, 토지법에서 다루지 않았던 10만 명의 농민과 관련된 체납 지대와 정기차지농 문제를 다룰 것이라는 점, 그리고 이에 대해 파넬은 지대 거부 선언을 철회하고 아일랜드에서의 질서 유지에 협조한다는 것이었다. 그렇지만 "그것은 부끄러워해야 할 거래가 아니었으며, 이후 이 사건을 반역자들과의 거래이자 역겨운 정치적 밀거래로 묘사한 치열한 당파적 열정에 대항해서 전혀 정당화할 필요가 없는 것이었다."[41]

킬메이넘 협약에 대한 항의 표시로 아일랜드 총독 카우퍼(Lord Cowper)가 사직하고 이 자리를 글래드스턴의 오랜 지지자인 스펜서(Earl Spencer)가 대신하였다.[42] 아일랜드 장관 포스터도 사직하였다. 사실 포스터는 파넬과의 교섭을 충분히 알고 있었고 이를 반대하지 않았지만, 협약은 그가 추구한 강경 노선과 일치하지 않았다. 이 자리는 글래드스턴의 피후견인이었던 캐븐디시(Lord Frederick Cavendish)가 채웠다. 글래드스턴의 개인 비서를 지낸 그는 글래드스턴에게는 처조카의 남편(글래드스턴의 아내 캐서린의 여동생 메리의 딸의 남편)이자 자신과는 불편한 관계에 있던 하팅턴의 친동생이었다.

보수당과 휘그의 우려에도 불구하고 킬메이넘 협약은 아일랜드 정책에서 이정표가 될 수 있었지만, 뜻하지 않은 사건으로 무색해졌다. 파넬이 아직 감옥에 있던 1882년 5월 초 신임 총독 취임식이 끝난 직후 더블린의 피닉스 공원에서 무적단

40) Roberts, "Gladstone and the Irish Question," pp. 7-8.

41) Feuchtwanger, *Gladstone*, p. 210.

42) 스펜서는 턱수염 색깔 때문에 "적수 백작"(Red Earl)으로 불렸다. 그는 다이애나 왕세자비의 방계 조상이다.

(The Invincibles)으로 알려진 일단의 피니언 테러리스트들이 총독 캐븐디시와 총독부의 행정 부장관 버크(T. H. Burke)를 암살하였다. 이 사건은 글래드스턴 개인 뿐 아니라 영국 사회에 큰 충격을 주었지만, 아일랜드를 위한 구제책이 필요하다는 글래드스턴의 신념을 꺾지는 못했다.

암살 사건의 와중에 강압법안과 체납지대법안이 제안되었다. 피닉스 공원 암살 사건의 효과는 당시 겉보기와는 달리 그렇게 위해로운 것은 아니었지만, 그것이 세간에 큰 파문을 일으켰으므로 글래드스턴은 체납지대법안에 앞서 강압법(인신보호법의 유보)을 도입하였다. 이는 토지문제를 헌정틀 안에 넣으려는 파넬로 하여금 정부를 공격하는 빌미를 줌으로써 아일랜드에서 파넬의 지위를 더욱 강력하게 만들었다. 파넬은 킬메이넘 협약, 피닉스 공원 암살 사건, 민족진영(토지동맹) 내부의 분열, 강압법 도입을 이용하여 "사회적으로는 더 보수적이고 직접적으로는 더 민족적인" 의제를 추구할 기회를 포착하였다. 그것은 아일랜드 민족동맹으로 나타났다.[43] 더욱 중요했던 것은, 글래드스턴에게 파넬은 이제 극단주의자나 모험가가 아니라 아일랜드 문제를 해결하기 위한 상대로 인식된 것이다.[44] 이어 글래드스턴은 파넬에게 약속한대로 체납 지대를 변제하기 위해 아일랜드 국교회의 잉여에서 자금을 전용하는 체납지대법(Arrears Act)을 제정하였다. 파넬로서는 자신의 지지 기반을 크게 확충할 수 있었고, 글래드스턴으로서는

43) Jackson, *Home Rule*, p. 46.

44) Gladstone, "Conversations with Captain O'Shea," *The Prime Ministers' Papers*, v. 4 (1981), p. 59. 피닉스 공원 암살 사건을 비난한 파넬은 자신이 극단적인 민족주의자의 공격 목표가 될지 모른다고 믿었다. 그래서 그는 런던에서는 코트 주머니에 권총을 소지하고 다녔다.

파넬의 환심을 사면서 농촌 소요를 무마할 수 있었다. 그러나 이 조치는 추방보상법안의 경우처럼 국가 권력이 사유 재산권을 침해하는 것으로 비난받았고, 일부 각료와 보수당은 여전히 강압을 주장하였다. 그러나 "아일랜드 상황이 요구하는 것이 무엇인가에 관한 그[글래드스턴]의 견해는 억압을 주장한 인사들의 견해보다 훨씬 더 현실적이었다."[45] 체납지대법 제정 이후 농촌 범죄는 퇴조하였고, 파넬은 입헌주의를 견지했으며, 의회에서 민족당의 공세는 이완되었다. 파넬의 노선은 이제 명확히 자치를 중심으로 전개되었다.

5. 선거법개혁과 실각

토지를 중심으로 하는 글래드스턴의 아일랜드 정책들 못지않게 향후 자치 정국 형성에 결정적으로 작용할 개혁이 글래드스턴 2차 내각 시기에 있었다. 이것이 바로 1884-85년의 3차 선거법 개혁이었다. 매튜는 이 조치를 아일랜드 문제의 "완전한 해결"을 위한 3단계 수순(선거법 개혁→자치법안→토지법안)의 첫 단계로 보았다.[46] 영국에서는 선거구 조정이

---

45) Feuchtwanger, *Gladstone*, p. 212.

46) Matthew, "Gladstone and Ireland," p. 24. 새로운 정치 구도를 형성한 또 다른 입법이 있었다. 1883년의 부정선거방지법(Corrupt and Illegal Practices Act)은 매우 엄격하게 유세와 투표에 관한 부정을 단속하였다. 예컨대 위법자는 어떤 공직이든 이후 7년간 담당할 수 없도록 하였고, 해당 선거구에서 영구히 출마할 수 없게 하였다. 그 결과 선거 비용이 크게 감소하였고 선거 매수 관련 고발건수가 거의 사라졌다. 이 법은 근대적인 정당제도의 발달에 매우 중요한 작용을 하였다. 자금이 많은 후보자라도 이를 자유롭게 쓸 수 없게 되었기에 해당 선거구의 선거 운동원의 활동, 당 기구의 역할, 유권자에 대한 이데올로기의 호소가 더욱 중요해졌다. 상세한 연구로는 C. O'Leary, *The Elimination of Corrupt*

장기적으로는 아주 중요한 결과를 초래하지만, 아일랜드에서는 선거권 확대를 핵심으로 하는 선거법 개혁이 결정적으로 중요한 기능을 수행하였다. 이 법은 자치법안 정국의 가장 중요한 구도를 제공하였다.

1883년 가을 무렵 글래드스턴은 선거법 개혁의 시점이 도래했다고 판단하였다. 왜 글래드스턴이 이 시점에 개혁을 판단했는지는 명확치 않다. 선거법 개혁에 대한 대중의 요구도 없었기 때문이다. 글래드스턴이 체임벌린의 세력을 제압하고 급진주의의 사회개혁론으로부터 자유당의 관심을 돌리기 위해서 선거법 개혁을 단행하였다는 해석이 있지만, 이는 1885년 무렵 급진주의의 도전이 약해졌다는 사실에 근거한 결과론적인 판단으로 보인다. 매튜에 따르면, 글래드스턴은 전부터 선거법 개혁이 추가로 필요하다고 인식하였으며, 이미 1881년 초에 입법을 위해 일 년 정도의 시간을 (이를테면 1884년 쯤) "자유롭게" 남겨두는 것이 좋다고 여기고 있었다.[47]

1883년 9월 글래드스턴은 스칸디나비아를 여행하면서 영국 정치의 미래에 대해 성찰할 시간을 얻었다. 귀국 후 그는 의회 개혁에 관한 세 가지를 핵심 사항을 제안하였다. ①새로운 선거권 자격 규정, 특히 1867년의 가장선거권 원리가 카운티에서도 적용될 것, ②선거구 조정(의석 재분배)이 있을 것, ③영국 전역을 포괄할 것이 그것이다. 그는 이 세 가지를 담는 단일 법안이 제안되어야 한다고 결심하였다. 1883년 11월과 12월에 걸쳐 글래드스턴은 선거법 개혁안을 준비하였다. 11월 하순 내각에서 이 제안이 논의되자 체임벌린과 하팅턴 사이의

Practices in British Elections 1868-1911 (Oxford, 1962).

47) Matthew, *Gladstone*, p. 174.

대립은 글래드스턴도 추스르기 어려울 정도였다. 하팅턴은 선거권과 선거구를 결합하지 말 것과 아일랜드를 제외할 것을 주장하였다. 하팅턴은 선거권 확대로 아일랜드에서 민족당이 득세할 것이라고 우려하였지만, 스펜서는 이미 아일랜드 유권자는 민족당을 지지하므로 차이가 없다고 주장하였다.[48] 연말에도 이 문제는 명확히 해소되지 않았다. 12월 31일 글래드스턴은 하팅턴에게 만약 합의가 도출되지 않으면 자신은 사임해야만 한다고 경고하였다. 또한 그는 하팅턴의 주장대로라면 즉각적인 혹은 조만간 당의 파멸과 이후 체임벌린파에 의해 당이 재조직될 수 있다는 점, 아일랜드를 정치적 불평등으로 묶는 "악"이야말로 아일랜드를 진정 위험하게 만든다는 점을 지적하였다.[49] 결국 타협이 이루어져 1884년 1월 3일 내각에서 선거권을 확대하고 아일랜드를 포함하되 의석 재분배는 1884년 회기 후반에 별도 법안으로 제안하기로 결정하였다.

1884년 2월에 제안된 인민대표법안(Representation of the People Bill)은 6월에 하원을 무난히 통과했으나,[50] 7월 솔즈베리가 이끈 보수당이 다수파였던 상원은 이를 거부하였다. 그들은 법안이 광범한 의석 재분배안과 함께 다루어져야 한다고 주장하였다. 글래드스턴은 상원의 거부를 인민의 의지를 거부하는 것이라고 분노하였으나 의회를 해산하지는 않았다. 그는 하여간 선거권 확대를 관철할 심사였다. 여름 산회 기간에 체임벌린은 "귀족 대 인민" 캠페인을 조직하였다. 대중의

---

48) Gladstone, "1884-5 Household Suffrage in Counties," *The Prime Ministers' Papers*, v. 1, p. 104.

49) *Diaries* 11 (12/31/1883), p. 89.

50) 글래드스턴은 여성참정권을 삽입하자는 수정안을 반대하였다. 그 경우 상원이 선거법 개혁안 전체를 거부하는 구실을 갖게 되기 때문이다.

지지를 업고서 글래드스턴은 10월에 법안을 다시 상정하였다. 그러나 11월에 막후교섭이 진행되어 상원이 선거권법안을 통과시키면 의석 재분배는 양당에 의해 별개 사안으로 논의될 것이고 재분배도 대규모로 한다는 타협이 이루어졌다. 12월 합의안이 상원을 통과하였고, 재분배안은 1885년 6월에(글래드스턴은 이미 사임한 때였다) 법이 되었다.[51)]

3차 선거법 개혁의 골자는 카운티(군) 선거권과 버러(도시) 선거권의 구분을 없애 단일하고 통일된 선거권을 수립하고, 1867년에 도입된 가장선거권 원칙을 적용하는 것이었다. 또한 소선거구제(1인 1선거구제; first-pass-the-post)의 도입으로 선거구의 규모가 균등해졌고(15,000명 이하의 선거구는 폐지되고 50,000명 미만의 선거구는 1명 선출), 이에 따라 의석 재분배가 이루어졌다. 이 개혁의 결과 250만 명 정도의 유권자가 순식간에 550만 명으로 늘었다. 비록 민주주의를 확립했다고는 볼 수 없지만, 1891년을 기준으로 성인 남자 유권자 수가 30.3%에서 61%로 증가하였다. 개혁의 효과가 가장 두드러진 곳은 아일랜드였다. 얼스터 이외 지역에서 이 대규모의 유권자는 파넬과 아일랜드 민족주의에 충성하였다. 하원에서 아일랜드 의석수는 여전히 100여석이었는데, 이는 인구 비례로 보자면 상당한 과잉 대표성이었다.[52)] 그러나 자치 정국 형

51) 선거구 조정을 둘러싼 정당 교섭에 대해서는 Mary E. J. Chadwick, "The Role of Redistribution in the Making of the Third Reform Act," *Historical Journal* 19 (1976), pp. 665-83.

52) 선거법 개혁으로 영국의 대의제의 기반이 근본적으로 변화하였다. 이제 대의는 더 이상 다양한 구역과 연결망을 가진 지역공동체가 아니라 인위적 구분에 따른 개인이 단위가 되었다. 보수당의 장기 집권의 맥락에서 보자면, 소선거구제와 의석 재분배는 선거권 확대보다 더 중요하였다. 138석이 재분배되었는데, 주로 잉글랜드에 배정되었다. 특기할 점은 런던은 종래 22석에서 62석으로 증가하였고, 나머지는 북부의 산업도시(리

성과 관련해서 보자면 더 중요한 결과는 아일랜드에서 자유당의 몰락과 민족당의 석권이었다. 그 결과 글래드스턴은 선거법 개혁 이후 처음 치러진 1885년 11월-12월 총선 결과에 대해 아일랜드 인민이 "발언"하였다고 판단하게 된다.

1885년 초 아일랜드 문제는 다시금 내각의 중심 주제가 되었다. 시효가 임박한 강압법에 대해 자유당 내부에서는 아일랜드 행정부가 최소한 약간의 강압 권한을 유지해야 한다는 스펜서와 이를 반대한 체임벌린-딜크(Sir Charles Dilke) 세력이 크게 대립하였다. 체임벌린은 아일랜드 지방정부의 권한을 제고하는 계획으로 대응하려고 했다. 체임벌린은 오세이를 통해 파넬과 교섭하고 있었다. 이 중앙위원회안(Central Board scheme)은 아일랜드에서 지방별로 선거에 의한 참사회를 설치하고, 각 참사회는 대표자를 중앙위원회에 보내고, 이 중앙위원회가 아일랜드 중앙 정부의 각 부서를 감독하는 책임을 갖도록 하자는 것이었다.

더블린의 총독부는 당연히 이를 달가워하지 않았다. 체임벌린의 구상은 사실상 총독부를 폐지하는 것을 뜻했기 때문이다. 내각은 이를 너무 급진적이라는 이유로 거부하였다. 정치적

버풀, 버밍엄, 맨체스터, 셰필드, 리즈)들에 배정되었다. 이곳에서는 보수당이 화이트칼라 노동자 사이에서 세력을 얻게 되었다. 균등한 선거구제는 팽창하는 대도시 근교에 살았던 보수화한 중간계급이 도시선거구와 분리된 근교 선거구 뿐 아니라 재산이 위치한 도시 선거구에서 복수투표권을 행사하여 선거의 결과를 좌우할 수 있게 하였다. 특히 런던과 잉글랜드 남동부 지역은 보수당의 아성이 되었다. 반면 시골선거구에서 자유당의 강세는 일시적이었다. Michael Bentley, *The Climax of Liberal Politics: British Liberalism in Theory and Practice 1868-1918* (London, 1987), pp. 30-38; Martin Pugh, *The Making of Modern British Politics 1867-1939*, 2nd ed. (Oxford, 1993), pp. 41-46; Hugh Stephens, "The Changing Context of British Politics in the 1880s: The Reform Acts and the Formation of the Liberal Unionist Party," *Social Science History* 1 (1977), pp. 486-501.

견지에서 글래드스턴은 여전히 아일랜드가 전면적인 민족주의보다는 "지방적 애국주의"를 요구한다고 믿었다. 그러므로 그의 정부가 헌정적 방법으로 아일랜드에 줄 수 있는 최대치는 지방위원회(provincial councils) 혹은 지방정부의 기능을 갖는 중앙위원회였다. 글래드스턴 자신은 비록 이를 강력히 지지하거나 내각에서의 통과에 진력하지 않음으로써 "이상하게도" 수동적인 입장을 취했지만, 대체로 체임벌린의 구상에 공감하는 입장이었다.

그러나 자유당 내부의 이견 못지않게 중요했던 상황은 파넬이 결국은 중앙위원회안을 받아들이지 않았다는 점이다. 그는 선거법 개혁에 따른 자신의 영향력 강화와 영국의 두 당 가운데 어느 당이든 자신의 지지를 필요로 하는 쪽과 교섭할 기회가 있음을 감지하고 있었다. 파넬의 최소 요구는 1885년 1월 21일 "아일랜드의 민족적 자치정부라는 거대한 문제"에 관한 코크에서의 연설에 나타났다. 그는 이렇게 선언하였다. "영국 헌정 아래서 우리는 그래튼 의회의 복원 이상의 것을 추구할 수는 없다. 그러나 누구도 민족의 행진의 범위를 정할 수는 없다. 누구도 이 나라에 대해 '그 정도까지만 가고 더 이상 가지 마라'고 말할 권리는 없으며, 우리는 아일랜드의 민족체의 진보에 한계점을 설정한 적도 없고 앞으로도 그러지 않을 것이다."

파넬의 이 발언 때문에 1886년 자치법안에 관한 의회 토론에서 합방주의자는 줄곧 파넬과 민족당의 진의를 의심하였고, 자치를 아일랜드 문제의 최종 해결로 받아들이지 않았으며, 의회 설립 이후의 예상 사태를 들어 법안을 거부하였다. 그러나 파넬로서는 일차적으로 아일랜드 민족주의 세력의 결속이 필요했고, 이 때문에 그는 외견상 강경한 발언이 필요했다. 파넬은 이를 근거로 아일랜드 의회 수립을 얻어내고 이 의회에 책임지는 행정부를 민족당이 장악해야 한다고 생각하였다. 이 경우 파넬과 민족당의 최대 관심사는 자치 이후 아일랜드 인민에 대한 과세와 재정 부담을 최대한 줄이는 것이었다. 이는 민족당이 영속적으로 아일랜드를 통치할 가장 효과적인 길이었다. 자치라는 도덕적 요구에서 나아가 자치 이후 필요한 것은 물질적 필요의 충족이었고, 이런 이유로 파넬은 글래드스턴과의 협상에서 제국 유지비 분담 문제를 집요하게 거론하였던 것이다. 따라서 파넬과 민족당이 자치 이후 결국 분리로 나아갈 것이라는, 자치법안에 관한 의회토론에서 반대자들이 누차 제기한 주장은 추측에 불과하였다. 파넬과 민족당 스스로 이를 부인했을 뿐더러, 만약 이것이 면피용이었다면 이들이 분리로 나아갈 실질적 조건이 가능했는지도 의문이다. 그것은 재정복이나 전쟁을 감수해야 할 것이다. 아일랜드의 입헌적 민족주의는 글래드스턴의 공적이자 파넬파의 노선이기도 했다. 그것은 1916년 이후의 공화주의 노선과 다른 것으로서, 당시에 이 사태로의 변화를 예언하기란 불가능하였다.

1885년 5월 내각에서 중앙위원회안이 부결되었다. 이것은 심각한 파장을 몰고 왔다. 특히 체임벌린은 자신의 구상이 실패한 것은 글래드스턴의 미온적인 태도 때문이라고 생각하였다. 그러나 글래드스턴 자신은 선거법 개혁으로 지친 상태에서 은퇴를 심각하게 고려하고 있었다. 더욱이 그는 북아프리카의 수단 사태로 체임벌린의 구상을 위해 전력을 다할 여유가 없었다. 지방위원회안 부결 이후 한 달 간 체임벌린과 딜크는 사직하겠다는 압박을 가하고 있었다. 그들은 자신들이 장차 자유당을 이끌 것으로 믿었고, 이미 총선을 겨냥해서 급진주의 이념을 반영한 비공식강령(Unauthorised Programme)을 마련한 상태였다. 그들은 총선 이후 휘그는 소수파가 될 것이고 일단 글래드스턴이 은퇴하면 그를 계승할 것이라고 자신하고 있었다. 따라서 내각으로부터 자유롭게 되는 것[사직]이 결국은 득이 될 것이었다. 반면 총선 이전에 글래드스턴과 결별하는 것으로 비치지 않는 것, 당이 단합해서 총선을 치르도록 확실히 하는 것(오직 글래드스턴의 지도 아래에서만 그렇게 할 수 있었다)이 필요했다. 5월에 글래드스턴은 은퇴 결심을 굳힌 상태였지만, 주위 사람들은 글래드스턴의 은퇴는 필연적으로 휘그와 급진파의 분열이라는, 자유당에 "치명적인" 결과를 초래한다면서 만류하였다.[53)]

1885년 6월 8일 글래드스턴 정부는 "아주 갑자기" 무너졌다. 글래드스턴은 1885-86년에 400만 파운드의 재정 적자가 있을 것으로 예상하였고, 아프가니스탄과 수단에서의 군사 작전을 위한 1,100만 파운드가 추가로 필요하다고 판단하였다. 글래드스턴은 예산안 때문에 정부가 패배할 가능성이 있다고 지적하였는데, 이는 그대로 들어맞았다. 보수당의 힉스-비치(M. Hicks-Beach)가 제안한 예산안 수정안이 가결되었다. 대부분의 아일랜드 의원과 6명의 자유당 의원이 찬성하였지만, 자유당 의원 다수(76명)가 기권함으로써 보수당과 민족당의 연합표가 12표차로 예기치 않게 승리한 것이다. 1885년 회기 시작 이후 줄곧 보수당과 파넬 사이에는 교섭이 있었고, 회기 대부분에 걸쳐 민족당은 자유당에 적대적이었다. 더군다나 보

53) 수뇌부정치 학파는 물론이고 포이트방거도 은퇴하겠다는 글래드스턴의 "위협"은 그 자체로서 동료들에 대한 통제를 유지하는 수단이었다고 지적하였다. Feuchtwanger, *Gladstone*, p. 226.

수당이 집권하면 강압법을 갱신하지 않을 것이라는 명확한 징조가 있었고, 이에 따라 민족당은 보수당과의 제휴가 가능하다는 판단을 하게 되었다. 자유당 의원들의 기권은 내부 갈등의 결과였다. 다음날 글래드스턴은 사임하였다. 여왕은 물론 기뻐하였다. 지루한 협상 끝에 6월 23일 보수당의 솔즈베리는 소수파 내각을 구성하였다.

2장 이념과 정책, 1885-1886

1. 실각에서 총선까지, 1885년 6월~12월

다음 총선은 1887년에 예정되어 있었지만, 보수당 소수내각의 존립은 자유당과 민족당의 인내와 아일랜드 문제에 달려 있었다. 보수당 정부는 새로운 동맹자인 파넬의 지지를 유지하기를 원했다. 시효가 임박한 1882년의 강압법을 갱신하지 않을 것이라는 선언은 이런 고려에서 나왔다. 보수당 정부는 또한 애쉬번 토지법(Ashbourne Act)을 제정하였다. 이것은 500만 파운드를 확보하여 차지인에게 낮은 이자로 대부함으로써 그들로 하여금 자신이 경작하는 토지를 구매토록 하는 것이었다. 토지 구매의 견지에서 보자면, 애쉬번 토지법은 글래드스턴의 이전 토지법들보다 더 효과가 있었다. 또한 8월에 아일랜드 총독 카나번(Earl Carnarvon)은 사적으로 파넬을 만났고, 파넬은 보수당으로부터 자신이 원하는 것(자치)을 얻을 수 있을 것으로 짐작하였다.[1)] 그러나 보수당은 기본적으로 아일랜드에 대해 강경한 입장이었으므로 보수당과 민족당의 밀월은 불안정하였다.

---

1) 이런 상황에서 파넬은 영국의 정당들을 표로 매수할 수 있다는 생각을 갖게 되었다. 그가 "민족적 독립"을 언급한 것도 이 때문이다. 1885년 총선에서 파넬이 마지막까지 자유당과 보수당 가운데 어느 당이 더 많은 대가를 지불할 것인가를 저울질하다가 보수당 지지를 호소한 것도 정치적 계산의 결과였다. 그에게는 영국의 정당 가운데 어느 당이 더 도덕적인가는 중요하지 않았다. Mansergh, *The Irish Question*, pp. 145-46.

실각하자마자 그에게 백작의 작위를 제의한 여왕의 처신에서 보듯이 (수락할 경우 글래드스턴은 하원을 떠나게 된다) 당시 75살이던 글래드스턴이 공적 삶을 마감하리라는 일부의 기대감은 강했다. 그러나 글래드스턴은 "하원에서 여왕을 위해 할 일이 더 있다"는 이유를 들어 이 제의를 정중히 거절하였다. 8월 8일부터 9월 1일 사이의 노르웨이 여행에서 글래드스턴은 활력을 되찾았다. 이 여행이 중요한 것은 이로부터 글래드스턴이 지방정부안 대신에 별개의 의회를 전제하는 자치로의 결심을 굳히기 때문이다.

실각 이후 글래드스턴은 두 가지 문제를 의식하고 있었다. 하나는 2차 내각에서 현저해진 자유당의 분열상을 극복하고 당의 단합을 유지해야 한다는 판단, 다른 하나는 다가올 총선에서 아일랜드에서 민족당이 압승함으로써 자치 문제가 전면적으로 등장할 것이라는 예상이었다. 자유당의 단합과 "그 자체 선한 정책"인 자치를 통해 아일랜드 위기를 해결하려는 것은 몰리의 지적대로 "두 개의 불가능들" 사이의 길을 택하는 어려운 작업이었다.

생애 막바지의 회고에 따르면, 글래드스턴은 이미 1885년 의회 해산 시점에 선거법 개혁의 결과 대다수 아일랜드인이 자치를 지지할 것을 "도덕적 확실성"으로 간주하고 있었다. 그래서 그는 노르웨이 여행 중에 다가올 총선을 염두에 두고서 자유당을 위한 지침을 마련하였고, 이를 9월에 출간하였다.[2)]유세 연설용으로 작성한 팜플렛 『자유당에 관하여』는 온건 자유당원의 지지를 확보하고 국교회 폐지와 아일랜드 문제에 대한 급진파의 강령에 대항해서 당의 단합을 의도한 것으

2) Gladstone, "Third Cabinet, 1885-6," *The Prime Ministers' Papers,* v. 1, pp. 107-108.

로서[3] 아일랜드 문제에 관한 구체적인 입장을 표명한 것이 아니었다. 그렇지만 이 무렵 아일랜드 문제에 관한 글래드스턴의 구상의 핵심은 자치였다. 이미 7월에 글래드스턴은 중앙위원회안에 대한 대안으로 언급되던 의회 설립은 "합방법의 폐지를 의미하거나, 아니면 오스트리아-헝가리 체제를 의미하거나, 아니면 아일랜드는 캐나다처럼 중요한 식민지임을 의미할 수 있다"고 지적하였다.[4] 사실, 파넬도 독립과 자치 사이에서 오락가락하고 있었다. 의도적이었는지는 확실치 않지만, 1885년 1월 그래튼 의회의 복원이 민족체의 진보의 첫걸음이라고 한 파넬의 연설은 모호한 것이었고, 당시 그가 자치를 최종 해결로 여겼는지도 불확실하다.

일단 자치를 아일랜드 문제의 해법으로 확신한 글래드스턴으로서는 우선 파넬과 민족당이 무엇을 원하는지를 파악해야만 했다. 8월 4일 글래드스턴은 직접 오세이 부인과 접촉해서 중앙위원회에 대한 명확한 답변을 요청하였다. 이 편지는 보수당 정부에 의한 자치 정책이 불가능은 아니라고 믿었던 파넬과 카나번의 8월의 비밀회동 직후에 쓰인 것으로서, 글래드스턴은 회동 사실을 모르고 있었다. 파넬 역시 카나번의 보고를 받은 솔즈베리가 내각에서 이를 일체 언급하지 않았음을 모르고 있었다. 오세이 부인[실제로는 파넬]은 글래드스턴에게 군행정위원회(county council)는 있을 수 없고, 식민지와 유사한 모종의 헌정이 부여되기를 바란다고 답신했다. 그러나 파넬의 아일랜드 헌정 초안(Proposed Constitution for Ireland)은 동봉되지 않았다. 오세이 부인의 편지도 파넬-카나번 회동 직후

3) Matthew, *Gladstone*, p. 476.

4) Gladstone to Lord Derby (7/17/1885), *Diaries* 11, p. 372.

에 쓰였으므로, 이 회동의 결과를 기다리는 상황이었다. 결국 글래드스턴은 1885년 8월에 이르러서야 아일랜드 쪽의 의견이 중앙위원회 수준을 훨씬 넘어서는 것으로 알게 되었다.[5]

그런데 이미 9월 초에 글래드스턴은 유비론을 염두에 두고 있었다. 하팅턴에게 보낸 편지에서 그는 선거법 개혁으로 아일랜드 인민이 "강력한" 권력을 쥘 것으로 짐작하면서, 오스트리아-헝가리의 "전혀 새로운 경험"이 아일랜드 문제에 대한 "전반적" 입장을 재고토록 한다고 말하였다. 덧붙여 그는 파넬이 영국이 "특혜로 부여하는" 아일랜드 헌법을 고려하고 있다고 짐작하면서 이를 "약간의 희망"의 소지라고 생각하였다.[6] 이튿날 자신의 미드로디언 유세에 관해 체임벌린에게 보낸 편지에서 글래드스턴은 자유당이 아일랜드 문제를 다루어야 한다고 하였고, 이에 체임벌린은 글래드스턴의 자유당 리더십 유지를 환영하면서 하팅턴파의 "상당히 전향적인" 태도를 전제로 총선에서의 공조를 언급하였다.[7] 그렇지만 하팅턴과 체임벌린은 각각 다른 이유에서 글래드스턴이 자기편이라고 생각했거나 자기편으로 끌어들이려고 하였다.

총선을 예상하면서 체임벌린은 글래드스턴으로 하여금 자유당 정부의 구성에 관한 의견을 제시해 달라고 요구하였는데, 그의 관심은 급진주의 이념을 구현할 수 있는지 여부였다. 반면 하팅턴은 글래드스턴이 체임벌린파의 급진주의를 수용할지 모른다고 우려하고 있었다. 글래드스턴은 한편으로는 자유당의 정책으로 의사일정, 지방정부, 토지, 선거인등록을 제시함

---

5) Matthew, *Gladstone*, p. 221.

6) Gladstone to Lord Hartington (9/8/1885), *Diaries* 11, p. 393.

7) Gladstone to J. Chamberlain (9/9/1885), *Diaries* 11, p. 394.

으로써 체임벌린에게 대응하고, 다른 한편으로는 아일랜드는 제국의 통일성과 양립하는 모든 것을 가질 수 있고, 이는 자신의 이전에 종종 언급한 것을 “단순히 확대하고 적응시키는” 것이며, 당면 과제는 총선이라고 함으로써 하팅턴에게 대응하였다. 이것은 글래드스턴이 하코트(Sir William Harcourt)와 더비(Lord Derby)에게 말했듯이, 그가 좌파, 우파 어느 쪽도 화나게 하지 않으려는 것이자 격랑이 이는 물길을 가장 안전하게 가는 것이었다.[8)]

9월 17일 글래드스턴은 군행정위원회 구상과 체임벌린의 중앙위원회 구상을 비판한 오브라이언(E. W. O'Brien)의 글을 읽었다. 후일(1890년) 그는 이 독서를 “자치 결정의 중대한 순간”으로 회상하였다.[9)] 『일기』는 이 무렵부터 글래드스턴이 아일랜드 역사와 자치에 관해 집중적으로 독서하였음을 보여준다. 그 가운데서 합방과 관련된 기록, 다이시(A. V. Dicey)와 버크의 저술이 중요했다. 다이시의 영국 헌정에 관한 저술은 의회 주권론과 관련되며, 버크의 글은 영제국 안에서의 지방적 자율성이라는 개념 정립과 직결되었다. 그래튼의 회고록을 비롯한 아일랜드 역사에 관한 독서를 통해 글래드스턴은 “오랫동안 의심해 왔던” 합방을 “중대한 실책”으로 판단하게 되었다. 동시에 그는 1840년과 1867년의 캐나다법을 검토하기 시작하였다.[10)] 그러나 당시 글래드스턴의 이념은 아일랜드 사

8) Gladstone to J. Chamberlain (9/11/1885), *Diaries* 11, p. 396; Gladstone to Lord Hartington (9/11/1885), *Diaries* 11, p. 397; Gladstone to Sir W. V. Harcourt (9/12/1885), *Diaries* 11, p. 398; Gladstone to Lord Derby (9/14/1885), *Diaries* 11, p. 400.

9) *Diaries* 11 (9/17/1885), p. 401, n. 5.

10) Gladstone to Lord Lorne (9/17/1885), *Diaries* 11, p. 402; *Diaries* 11 (9/19/1885), p. 403; Gladstone to Lord Grosvenor (10/9/1885),

안은 아일랜드가 관장한다는 상당히 일반적인 수준의 자치론에 머물러 있었다. 별개 의회와 민족의회, 아일랜드 역사로부터의 도덕적 교훈과 유비, 그리고 식민지 및 외국과의 유비의 가능성 정도였다.

또한 글래드스턴은 파넬이 아일랜드 문제에 관해 어떤 대안을 제시할 경우도 염두에 두고 있었다. 그가 체임벌린에게 피력한 이 예상은 물론 자유당이 총선에서 다수파를 확보하고, 민족당이 아일랜드 의석을 석권하며, "제국의 통일성을 위한 적절한 안전판을 포함하는 계획"을 제시하는 경우였다.[11] 글래드스턴은 또한 "제국 문제가 명확히 유보된다는 가정에서" 아일랜드 입법부와 행정부가 관세, 물품세, 얼스터에서의 교육을 포함하는 아일랜드 사안에 대해 "완전한 권위"를 가질 수 있다고 본 칠더스(H. C. E. Childers)의 견해에 동감하였다. 그러나 글래드스턴은 이 "상당히 포괄적인 틀"을 더블린에 의회를 설치하는 정도로만 이해하였고, "가장 어려운 문제는 토지와 재산 소유자에 대한 모종의 방어적 조항을 마련하는 일"이라는 단서를 달았다. 그렇지만 그가 보기에 "제국 사안을 제외한 모든 사안을 다룰 입법부 개념은 크게 진척된 것"이었다.[12]

11월 총선에서 파넬파가 득세할 것임은 거의 확실하였다. 그러나 선거전 기간에 아일랜드 문제는 핵심 이슈가 아니었다. 오히려 체임벌린과 급진파의 비공식강령에 따른 자유당 내부의 휘그와 급진파의 대립이 "진정한" 대립이었다.[13] 11월 9일

Diaries 11, p. 411.

11) Gladstone to J. Chamberlain (9/26/1885), *Diaries* 11, pp. 405-406.

12) *Diaries* 11 (9/28/1885), pp. 406, 407.

글래드스턴은 미드로디언 유세에서 아일랜드 문제에 관해 발언하였다. 그는 자유당이 다수파를 확보하면 이 문제를 다룰 것이며, "아일랜드에 부여될 지방정부의 특권들이 그 나라의 특별한 상황에 부합해야 하며, 그 용어의 통상적인 의미에 국한되어서는 안 된다"고 주장하였다.[14] 그것은 말하자면 "더 근본적인" 지방정부 개혁으로서, 제국의 통일성과 양립하는 "최대한도의" 아일랜드 자치의 필요성을 뜻했다. 이를 "중요한 진전"으로 평가한 파넬은 이튿날 리버풀 유세에서 글래드스턴에게 더 명확한 입장을 표명할 것을 요구하였고, 오세이 부인을 통해 글래드스턴에게 자치 초안을 마련해 달라고 요청하였다. 그러나 글래드스턴은 야당 지도자가 공중에게 상세한 구상을 제시할 수 없고, 현 정부가 자치안을 제시해야 하며, 지난 자유당 정부와 민족당의 비우호적인 관계 때문에 자유당 내부의 생각을 전혀 알 수 없게 되었으며, 수용될 수 있는 자치의 원리와 근거는 이미 유권자에게 명확히 말했고, 이 시점에서 자치안을 만드는 것은 다른 사람을 침해하고 채택 가능성의 희망도 없애는 것이라는 이유를 들어 파넬의 요청을 거부하였다. 글래드스턴은 "지각변동"을 초래할 아일랜드 입법부 설치는 "명확하고 합헌적으로 표현된, 한 민족의 갈망에 마땅히 주어져야 할 것에 대한 공평하고 성숙한 고려"에서만 성공할 수 있다고 보았다. 그는 "충분히 독립적인 자유당 다

13) George Hamilton, *Parliamentary Reminiscences and Reflections 1886-1906* (London, 1922), pp. 2-3. 글래드스턴도 자유당을 분열시킬 수 있는 주제로 사회주의, 상원, 국교회를 들었지만, 아일랜드 문제는 언급하지 않았다. Gladstone to Lord Southesk (10/27/1885), *Diaries* 11, p. 418.

14) Gladstone, "Third Cabinet, 1885-6," *The Prime Ministers' Papers*, v. 1, p. 108.

수파 확보"와 "자유당의 단결"을 본질적인 조건으로 간주하였다.[15)]

11월 1일 글래드스턴은 오세이 부인을 통해 파넬의 문건(아일랜드 헌정 초안)을 받았다. 11월 14일 그는 자신의 초안을 세 개 작성하였다. 이 초안은 비교적 구체적인 것이었다. 그 골자는 아일랜드 사안을 다룰 아일랜드 회의체(chamber) 설립, 아일랜드 대표는 현재처럼 제국 사안을 논의하기 위해 웨스트민스터 의회에 유지됨, 고정된 비율로 제국 분담금을 공평하게 배분, 소수파 보호, 아일랜드에서 모든 문민적 사안에 대한 제국 권위의 정지, 아일랜드 행정부의 영국 당국으로부터의 독립과 아일랜드 회의체와의 관계 등이었다.[16)] 글래드스턴이 의도한 바는 웨스트민스터 의회처럼 국왕의 동일한 대권 아래 모든 아일랜드 사안을 다룰 아일랜드 의회를 설치하되 국채 부담은 공유한다는 것이다. 또한 국방이나 외교 정책 같은 주제들은 "제국적" 사안으로 간주되어 웨스트민스터 의회에서 다룬다. 국채 부담을 제외하면, 본질적으로 이 구상은 1867년 영국령 북아메리카법[캐나다법]에 의해 새로 연방을 이룬 캐나다에 부여된 권한과 유사하였다.

그러면서도 글래드스턴은 여전히 파넬에게 자신의 구상을 제시하기를 거부하였다. 초안이 작성된 이후에도 그는 자치가

---

15) Gladstone to Lord Rosebery (11/13/1885), *Diaries* 11, pp. 427, 428.

16) *Diaries* 11 (11/14/1885), p. 429. 매튜는 초안이 작성된 11월 14일에 글래드스턴의 자치 사고가 "정책"으로 전환하였다고 평가하였다. Matthew, *Gladstone*, p. 480. 그런데 파트리지는 이처럼 "꽤 이른" 시점에 이미 글래드스턴이 "얼스터 문제"를 의식하고 있음이 주목된다고 지적하였다. Partridge, *Gladstone*, p. 200. 그러나 글래드스턴이 언급한 "소수파"는 얼스터가 아니라 아일랜드 지주였다. 지주는 얼스터 뿐 아니라 나머지 아일랜드에서도 소수파였다.

제국 통일성과 일치하면서 아일랜드 사안에 대해 재량권을 갖는 것이라는 공개적인 발언 이상을 피력하기를 거부하였으며, 보수당과 민족당의 주도를 요청하였다. 이 생각은 그가 자유당 지도부와 오세이 부인에게 일관되게 피력한 것이었다. 이에 파넬은 글래드스턴에게서는 얻을 것이 없다고 판단하였고, 자유당을 "불성실하고 배신적이고 무능한" 부류라고 비난하면서 영국의 아일랜드 유권자들에게 선거에서 자유당을 반대하라고 촉구하였다. 파넬은 자유당이 다수파를 형성할 것으로 예상하였다. 그래서 그는 표차를 가능한 한 적게 함으로써 자신이 균형을 쥐는 것이 건전한 전략이라고 판단하였다.[17)]

글래드스턴은 자치에 관해 언급하기를 극도로 삼갔다. 당내 노선 대립 상황을 감안한 그는 가급적이면 아일랜드 문제가 자유당의 이슈가 되는 것을 경계하였던 것이다. 적어도 이 문제는 보수당과의 공조를 통해서 해결해야 할 것이었다. 이 "초연함을 통한 리더십"(leadership by detachment)[18)]은 물론 휘그와 급진파 모두 자신을 필요로 하고 있었던 상황에서 표현된 것이었다. 그러나 글래드스턴이 자신의 존재의 필요불가결함을 강조하기 위해 휘그-급진파의 대립을 이용하였다는 주장은 과장된 것이다. 그의 은퇴 욕구는 진실이었다. 오히려 휘그와 급진파 모두 당권 장악의 적절한 때를 기다리면서 한 시적으로 글래드스턴의 리더십을 요청하였다고 보는 것이 더 타당할 것이다. 오직 그를 통해서만 자유당의 단합과 두 세력의 균형이 가능했다. 그는 하팅턴의 우파나 체임벌린의 좌파 어느 쪽과도 갈등을 일으키지 않으려고 주의하였다.

---

17) Feuchtwanger, *Gladstone*, p. 231.

18) Feuchtwanger, *Gladstone*, pp. 229-30.

그런데 글래드스턴에게 치명적이었던 것은 두 진영이 아일랜드 문제에 관해서만은 제휴할 여지가 있었고, 실제 그러한 방향으로 사태가 진행된 점이었다. 하팅턴은 원래부터 아일랜드 자치 자체를 거부하였고 보수당 못지않게 강압을 주장하였다. 반면 중앙위원회안을 비롯해서 여러 개혁 조치를 제시하였던 체임벌린은 객관적으로 보자면 아일랜드 자치에 그리 적대적일 이유는 없었다. 그러나 파넬이 중앙위원회안을 거부하자 굴욕감을 느낀 체임벌린은 이제 명확히 아일랜드에 대한 양보를 거부하게 된다. 결국 하팅턴과 체임벌린 두 진영의 제휴의 토대는 자치 반대였고, 양자 모두 자치보다는 지방정부의 확대를 자유당의 원리로 간주하고 있었다.[19] 실제 자치법안이 제안되자 의회 토론에서 하팅턴과 체임벌린은 자치가 아니라 지방정부 개혁을 대안으로 제시하게 된다.

그러나 이 무렵 글래드스턴은 이미 자치(독자적 입법부의 창설)와 웨스트민스터 의회의 수위권이라는 개념을 확고히 정립한 상태였다. 그렇지만 그는 자유당이 주도권을 장악하는 "커다란 책임"은 아직 때가 이르다고 여기고 있었다. 그는 아일랜드 문제가 자유당의 이슈가 되고 그 결과 당의 분열 가능성이 농후해지는 것을 원치 않았다. 더군다나 보수당이 상원을 지배하는 상황도 글래드스턴에게는 자신이 직접적으로 정국을 주도할 수 없게 만드는 구조적인 제약이었다. 오히려 그는 보수당의 일련의 행동들이 보수당 주도에 관한 자신의 판단을 뒷받침한다고 여겼다. 그는 카나번의 행동과 선거에서 아일랜드 표를 얻기 위한 "너무 많은 계획된 의도의 증거들"이 있는 상황(토리와 파넬의 밀월, 토리의 강압 포기 천명, 애

19) J. P. Parry, "Liberalism and Liberty," Peter Mandler ed., *Liberty and Authority in Victorian Britain* (Oxford, 2006), pp. 83-85, 86.

쉬번 토지법의 제정, 아일랜드 총독 카나번과 파넬 사이의 교섭 진행, 보수당의 스펜서 공격)에서 솔즈베리 정부로 하여금 아일랜드 문제를 해결하라고 촉구하는 것을 자신의 "의무"로 간주하였다. 그는 보수당의 전향적인 정책을 기대하면서 자신이 가급적이면 침묵하는 것이 보수당을 돕는 길이라고 판단하였다. 이 의무감은 또한 자유당과 보수당이 아일랜드 표를 얻기 위해 각축하는 것이 영국 정부의 통합을 크게 해치는 것이라는 판단에서 나왔다. 그는 1829년 가톨릭 해방, 1846년 곡물법 폐지와 "본질적으로 유사하게" 자치를 보수당이 주도하고 자유당 다수가 지지하면 성공할 것이라고 간주하였다.[20] 글래드스턴은 보수당의 주도와 자유당의 지원이 최선의 길이라고 여겼고, 공조가 무산되어 설사 자유당이 자치를 추진하더라도 보수당의 협조는 가능할 것으로 판단하였다. 포이트방거는 "순진하게" 보이는 글래드스턴의 이러한 입장은 사실 자치라는 대의를 떠안기 이전에 "다른 모든 선택지들이 종결되었음"을 확신해야 할 필요에서 나온 것이라고 해석하는데,[21] 당시 글래드스턴이 자치를 자신이 떠맡을 것으로 확신한 것 같지는 않다. 오히려 그는 짐을 지지 않기를 바랐다.

20) Gladstone, "Third Cabinet, 1885-6," *The Prime Ministers' Papers*, v. 1. pp. 108-109; Hammond, *Gladstone and the Irish Nation*, p. 403; Mansergh, *The Irish Question*, p. 150.

21) Feuchtwanger, *Gladstone*, pp. 232-33.

2. 총선에서 조각까지, 1885년 12월~1886년 2월

1886년 11월-12월의 총선 결과 자유당 335석, 보수당 249석, 민족당 86석으로 민족당이 캐스팅 보트를 쥐게 되었다. 이 결과는 보수당과 민족당 의석의 합계보다 자유당 의석이 더 많을 것이라는 일반적 예상이나 글래드스턴 자신의 기대와는 다른 것이었다. 파넬의 선언의 효과를 정확히 계산할 수는 없지만, 동시대인은 30석 정도로 보았다. 1885년 총선의 "최대 경이"는 아일랜드에서 민족당의 압승이었다. 민족당이 동부 얼스터를 제외한 아일랜드 전역을 석권함으로써 이제 자치에 대한 아일랜드의 요구를 추호도 의심할 수 없게 되었으며, 아일랜드가 중대한 사안이라는 글래드스턴의 "본능적인" 판단이 사실로 드러났다.[22)]

글래드스턴이 보기에 선거 결과는 "기대에 상당히 부합"했지만, 보수당-민족당의 공조라는 "음모"에 대항할 "주도권이 가능한 자유당 다수파" 형성은 아니었다. 그래서 당시 글래드스턴은 "웨스트민스터 의회의 수위권에 종속하는 아일랜드 의회를 구성할 자치 조치"를 낙관하지 못했다.[23)] 몰리는 이보다

22) Gladstone to J. Chamberlain (10/25/1885), *Diaries* 11, p. 417. 그렇지만 총선에서 파넬과 민족당의 영국 아일랜드 이민자에 대한 호소의 효과에 대해서는 다른 견해도 있다. 영국의 아일랜드인 이민자는 민족당의 주장에 "열의 없는 지지"를 보냈을 뿐이고, 아일랜드인 조직 내부의 알력과 갈등으로 이들의 선거에서의 영향력은 보잘 것이 없었다. "아일랜드 표"는 반아일랜드 감정을 고무한 이들이 발명한 "허깨비"였고, 민족당이나 반대자 모두 이들의 힘을 과장하였다. David Fitzpatrick, "A Curious Middle Place: The Irish in Britain 1871-1921," Roger Swift & Sheridan Gilley ed., *The Irish in Britain 1815-1939* (London, 1989), pp. 38-39.

23) Gladstone, "Third Cabinet, 1885-6," *The Prime Ministers' Papers*, v. 1, p. 108.

더 비관적으로 진단하였다. 몰리에 따르면, 글래드스턴의 선택지는 세 가지였다. 첫째, 자유당이 독자적으로 다수파를 형성하는 것이 최선이다. 둘째, 자유당의 협조로 보수당이 아일랜드 문제를 해결하는 것이 차선이다. 셋째, 파넬이 자유당과 보수당의 평형을 확보하여 캐스팅 보트를 쥐는 것이 최악이다. 총선 결과는 글래드스턴이 가장 우려하였던 최악의 상황으로 나타났다.[24]

총선 결과는 보수당 정부의 정책이 나올 때까지 기다린다는 글래드스턴의 생각을 굳혔다. 그는 보수당 정부가 계속 유지되면서 주도권을 행사하고 "적절하고 안전한" 조치를 취할 경우 그것을 "진심으로" 지지할 것이지만, "만약 그렇지 않다면, 그리고 선을 행할 수 있다면 그 같은 최고의 순간에 나의 차례를 잡아야 할 것이다"고 다짐하였다.[25] 12월 8일 로즈베리, 스펜서와의 "장시간의 흥미로운" 대화에서 글래드스턴은 향후 정국의 추이에 대한 더 구체적인 판단을 제시하였다. 글래드스턴의 생각은 만약 보수당이 파넬과 제휴하고 완벽한 안을 제시하면 그들을 지지해야 하지만 그렇지 않을 경우 지체 없이 반대해야 하며, 아일랜드를 언급하지 않은 채 내각을 불신임하는 것이 최선이고, 만약 아일랜드를 언급해야 한다면 불신임안은 자유당 지도부에 의해 발의되어야 하며 파넬이 발의해서는 안 된다는 것이었다.[26] 이것은 글래드스턴이 점차 보

---

24) Morley, *The Life of William Ewart Gladstone*, v. 2, p. 358.

25) Gladstone to Lord Spencer (12/4/1885), *Diaries* 11, p. 441.

26) *Diaries* 11 (12/8/1885), p. 443. 나흘 뒤에 작성된 비밀 메모에서도 그는 자치 정책의 토대는 연합왕국 구성 부분들의 완전한 정치적 평등, 제국 분담금의 공평한 분할, 소수파 보호, 아일랜드 당국에 의한 입법과 행정상의 아일랜드 사안 운영이라고 언급하면서, 보수당과 민족당이 결별할 경우를 가정하였다. *Diaries* 11 (12/12/1885), p. 446. 12월 10일 오

수당의 주도권 행사의 가능성에 대해 회의적으로 되었음을 뜻한다. 가능성은 각각 반반이었다.

당시 아일랜드 문제의 긴박성과 이 문제의 초당적 해결의 필요성을 글래드스턴과 공유한 인물이 카나번이었다. 카나번은 캐나다법 제정 당시에는 식민부장관이었고 남아프리카 식민지를 연방제로 수립하는 데 기여한 인물이었다. 카나번과 솔즈베리 내각 구성원 대다수 사이의 차이점은 카나번이 제국의 강화가 자치, 결속, 화해의 상황에서 이루어질 수 있다는 믿음, 따라서 아일랜드의 경우 합방이 유지되는 상태에서 지방의회를 배제하지 않는다고 확신한 데 있었다.[27] 사실, 보수당 내부에서는 아일랜드 문제에 관해 각축이 있었다. 처칠(Lord Randolph Churchill), 카나번, 힉스-비치, 더블린 토리들은 온건한 전향적 입장으로서 합방을 상호간에 이득이 되는 동업과 동맹으로 간주하였다. 그들은 범죄법 거부, 교육·토지 개혁, 버크식 권한이양 같은 화해 조치를 통해 자치를 좌절시키고자 하였다. 반면 솔즈베리가 이끈 보수당 우파는 자치를 중심으로 정치를 양극화하여 보수당 내부에서 중도파

세이 부인은 파넬의 구상에 대한 글래드스턴의 의견을 알려달라고 촉구하면서 조만간 파넬과 카나번의 회동이 있을 것임을 알렸다. 비밀 메모를 작성한 같은 날(12일) 오세이 부인에게 보낸 답신에서 글래드스턴은 파넬과 카나번의 회동을 지지한다면서 파넬의 구상이 전체 아일랜드를 대상으로 하는지, 연합왕국 구성 부분들의 완전한 평등을 전제하는지, 제국 분담금을 공정하게 배분하는지, 소수파를 적절히 보호하는지, 제국 사안과 구별되는 아일랜드 사안에 관한 입법권과 행정권의 부여인지 물었다. Gladstone to Mrs. O'Shea (12/12/1885), *Diaries* 11, p. 446. 이에 파넬은 글래드스턴이 언급한 토대를 인정하였다. 그는 자신이 보낸 아일랜드 헌정 초안은 최소치의 요구이며, 만약 실행된다면 그 제안이 아일랜드에서 최종 타결로 수용되도록 애쓸 것이고, 자신은 수용될 것으로 믿는다고 하였다. *Diaries* 11 (12/12/1885), p. 446, n. 3.

27) Mansergh, *The Irish Question*, p. 147.

입지를 무너뜨리려고 하였다.[28]

카나번이 솔즈베리에게 글래드스턴으로부터 지원을 얻는 것이 가능하다는 보고한 다음날인 12월 20일 글래드스턴은 밸퍼를 만났다. 이날 글래드스턴이 밸퍼에게 보낸 편지에는 보수당이 아일랜드 문제를 맡는다면 전폭적인 지원을 할 것이고, 이를 솔즈베리에게 보고해도 좋다고 하였다.[29] 이 과정에서 글래드스턴은 자유당 지도부와 상의 없이 행동하였고, 이것이 체임벌린이나 하팅턴으로 하여금 의혹을 갖게 만들었다. 처칠을 제외한 보수당 지도부의 반응 역시 글래드스턴의 위선을 문제 삼았다. 그러나 당시 정치권 수뇌부에서 정보는 서로 간에 차단되어 있었다. 오직 글래드스턴만이 아일랜드 문제를 맡을 적임자라고 본 파넬은 여러 차례 글래드스턴의 생각을 알고자 하였지만, 글래드스턴은 거듭 파넬이 먼저 보수당과 직접 접촉해서 보수당의 의중을 확인해야 한다며 거절하였다. 총선 결과가 나온 뒤에도 글래드스턴은 향후 일정에 대해서 역시 같은 입장을 견지하였다. 즉 민족당과 보수당의 동맹이 지속하는지 먼저 확인되어야 한다는 것이다. 절차상으로 보더라도, 총선에서 파넬이 보수당 지지를 선언함으로써 야기된 어려움이 먼저 극복되어야 한다는 글래드스턴의 판단은 납득할 만했다.

이처럼 글래드스턴은 아일랜드 문제를 초당적인 사안으로 인식하였지만, 문제는 그가 솔즈베리와 보수당이 이미 12월

28) Jeremy Smith, "Conservative Ideology and Representations of the Union with Ireland 1885-1914," Martin Francis & Ina Zweiniger-Bargielowska ed., *The Conservatives and British Society 1880-1990* (Cardiff, 1996), pp. 18-35.

29) Gladstone to A. J. Balfour (12/20/1885), *Diaries* 11, p. 455.

14-15일에 자치를 포기한 사실을 모르고 있었다는데 있었다.[30] 솔즈베리 내각은 글래드스턴과 접촉한 카나번의 제안을 만장일치로 거부하였던 것이다. 1885년 후반기에 솔즈베리는 오직 당리만을 추구함으로써 양당의 협조로 아일랜드 문제를 해결하자는 글래드스턴의 제의에 대해 지극히 냉소적인 생각을 갖고 있었다. 그는 글래드스턴과 자유당으로 하여금 스스로 제 무덤을 파게 하였다.[31] 개인적으로는 파넬도 보수당이 자신의 자치안을 지지한다고 착각하였다. 그러나 이제 민족당의 환심을 사려는 보수당의 정책은 폐기되었고, 보수당의 선택지는 강압뿐이었다. 이를 감지한 파넬은 더 이상 보수당과의 관계에서 자신의 역할이 없음을 알았다. 그렇다면 문제는 과연 글래드스턴과 타협할 수 있느냐는 것이었다. 사실 파넬은 자유당과 보수당 어느 쪽이든 실각시킬 수 있었다. 그렇지만 그는 오직 자유당만을 집권시킬 수 있었다. 선거 결과 아일랜드 인민이 발언하였다고 본 글래드스턴은 또한 파넬에 대해서도 긍정적으로 평가하게 되었다. 하팅턴에게 보낸 서간에서 그는 "파넬당"과 "분리당 혹은 내란당"을 구분하고 파넬을 도와 내란을 모면해야 한다고 생각하였다.[32]

---

30) Hammond, *Gladstone and the Irish Nation*, p. 442.

31) Hammond, *Gladstone and the Irish Nation*, p. 437. 글래드스턴의 "환상"과 솔즈베리의 "냉철함" 대비는 Jackson, *Home Rule*, pp. 54-55.

32) 잭슨에 따르면, 파넬-민족동맹과 글래드스턴-자유당의 친화성이 내재적이었던 것은 아니다. 1886년에 결성되고 사실상 1918년까지 지속한 자유당과 자치운동의 동맹은 1880년대 초의 정치 상황에서 가능했던 귀결일지는 모르지만, 그것이 자동적인 귀결이었던 것은 아니다. 오히려 민족당에게는 자유당보다는 보수당이 더 유리한 제휴자가 될 수 있었던 근거가 있었다. 글래드스턴 2차 내각 실각, 파넬과 카나번의 접촉, 총선에서 파넬의 보수당 지지가 그것이다. Jackson, *Home Rule*, pp. 49-50. 그렇지만 이 주장은 카나번의 보고를 들은 솔즈베리는 이를 내각에 알리지 않았고 자치 문제를 계기로 자유당과 보수당의 입장을 양극화함으로써

자유당과 보수당 모두 내부적으로 리더십의 위기를 경험하였고, 정국은 매우 불안정하고 불확실했다. 글래드스턴은 자신의 입장을 구체적으로 밝히기를 거부하였지만, 당내 반대파가 아일랜드 문제를 폐기하고 자신을 토사구팽하는 것을 용인할 태세는 아니었다. 특히 체임벌린이 보수당 정부를 유지함으로써 글래드스턴을 제거하려고 하였고, 12월 12일 딜크가 첼시에서 같은 취지의 연설을 하였다. 글래드스턴파는 "음모"의 낌새를 느꼈다. 이 때 몰리가 지적한 "가장 극적인 사건"인 하워든 연 사건이 일어났다.[33] 12월 15일 글래드스턴은 밸퍼를 만났다. 같은 날 막내아들 허버트가 런던으로 갔다. 허버트는 아버지가 작성한 초안을 알고 있었고, 선거 기간에 아일랜드 자치를 공공연히 지지하였으며, 아일랜드 인민 다수가 자신의 사안을 다룰 의회를 갖기를 원한다면 그렇게 하는 것이 정의와 지혜에 합당하다는 의견을 피력하였다. 물론 반대파는 아들 배후에 아버지가 있음을 의심치 않았다.

12월 14일 『리즈 머큐리』의 편집인이자 체임벌린의 적수였던 리드(Wemyss Reid)와 "누구에게나 말하고 누구에게나 편지 쓰고 모두를 배신하는" 라부셰(Henry Labouchere)가 자유당 우파와 좌파 모두 아일랜드 문제를 사장시킴으로써 아버지를 제거할 음모를 꾸미고 있다고 허버트에게 경고하였다. 허버트는 "사태의 진상을 알아보기 위해 아버지와 상의 없이"

자신과 보수당의 지위를 강화하려고 하였음을 간과하였다. 나아가 파넬이 요구한 수준의 자치를 보수당의 솔즈베리는 말할 것이 없고 처칠도 수용했으리라고 추측할 아무런 근거도 없다. 다만 자치가 보수당에게 더 친화성이 있다고 볼 정도로 당시의 상황은 매우 유동적이었다.

33) "하워든 연" 사건이 사소한 것이지만 역사가 움직이는 방향을 결정하였다는 해석은 M. R. D. Foot, "The Hawarden Kite," *University of Leeds Review* 29 (1986/7), p. 79.

런던에 갔고, 리드, 연합 뉴스(National Press Agency)의 로저스(Dawson Rogers)와 대담하였다. 허버트는 솔즈베리 정부가 아일랜드 문제를 공정하고 철저하게 처리하면 자유당은 도울 것이고, 공식적으로 아버지가 정부를 맡기 이전에는 어떤 구상도 아버지로부터 나오지 않을 것이며, 민족당과는 어떠한 협상도 진행된 것이 없다고 말했다. 대담 내용은 모두 오프더레코드였지만, 당시 32살이던 허버트는 대담 내용이 기사화할 적에 그 기사를 자신이 미리 검토한다는 것을 확인하지는 못한 실수를 저질렀다.[34)]

12월 16일 글래드스턴은 오세이 부인에게 보낸 "일급비밀" 편지에서 보수당 정부만이 아일랜드 문제를 "안전하고 신속히" 해결할 수 있고, 보수당이나 자유당과 교섭해서 "최선의" 결과를 얻으려는 파넬에게서 아무런 결함도 발견할 수 없으며, "보수당이 반응을 보이기 이전에 파넬과 협상을 통해 타결하면" 실패할 것이며, 보수당이 "호기"를 맞고 있다고 지적하였다.[35)] 다음날 오세이 부인은 "나는 정당하게도 파넬의 생각은 현 정부와의 어떤 교섭도 무용지물이며 ····· 현 정부는 아일랜드 문제를 해결할 수 없다는 것이라고 말할 수 있다"고 답신하였다.[36)] 이날 "연"이 떠올랐고 모든 신문의 머리기사 제목을 장식하였다. 기사 내용은 허버트의 예상을 훨씬 넘어서는 것이었다. 즉 집권하면 글래드스턴이 합방법으로 폐지된 "더블린 의회의 복원"을 제시할 것이고, 그 내용은 "제국 통일성 유지, 왕권, 제국의회의 우위, 국내 사안 다룰 아일

34) Foot, "The Hawarden Kite," p. 86.

35) Gladstone to Mrs. O'Shea (12/16/1885), *Diaries* 11, p. 449-50.

36) *Diaries* 11 (12/17/1885), p. 450.

랜드 의회 설치, 소수파 보호, 제국 유지비용 분담" 이라는 보도였다. 결국 허버트의 사적인 대담은 신문 보도에서는 공식 정책이자 글래드스턴의 발언으로 둔갑해 있었다.

보도를 접한 글래드스턴이 보기에 이것은 보수당 정부로 하여금 초당파적으로 자치 문제를 해결하려는 자신의 희망을 물거품으로 만드는 것이었다. 글래드스턴은 황급히 여기저기 보낸 편지와 전보에서 보도 내용은 자신의 견해를 정확하게 대변한 것이 아니라 "추측"에 불과하며, 자신이 알지 못한 채 자신의 허락 없이 된 것이고, 자신의 공개적인 언명 이상의 것이 아니라고 하였다.[37] 그렇지만 누구나 아들이 날린 연은 아버지가 준비한 것이라고 믿었다. 다른 한편 그것은 자유당이 아일랜드 문제와 글래드스턴을 배제하는 가능성을 무산시켰고, 보수당으로 하여금 아일랜드 문제를 떠맡지 않게 만들었고, 자유당이 민족당에게 우호적이라는 인상을 줄 수 있었다.[38] 연 사건은 아일랜드 문제에 관한 영국의 정당들의 모호한 입장에 종지부를 찍었다. 그것은 암중모색의 정국을 더욱 모호하게 만들었다기보다는 암중모색의 정국을 종식시킨 것이었다.[39] 그런데 글래드스턴이 노르웨이 여행에서 돌아온 이후 그의 마음이 명확한 자치 정책으로 움직이고 있었으므로, 연 사건은 외견상, 그리고 언론의 보도라는 조건에서 충격적인

---

37) *Diaries* 11 (12/17/1885), p. 450 & n. 3.

38) 푸트는 "하워든 연" 사건은 물론 허버트 자신의 일이라고 강조하면서 "허버트가 아니었더라면 자치는 강보에 싸인 채 질식사했을 것"이라고 평가하였다. Foot, "The Hawarden Kite," p. 90. 이 반사실적 가정은 자치 정국이 허버트의 연 사건으로 결정되었음을 강조하기 위한 것이다. 그렇지만 민족당과 보수당의 공조가 항구적일 가능성은 희박하였으므로 글래드스턴이 어떤 식으로든 자치 문제를 떠맡을 가능성은 상당히 컸다고 할 수 있다.

39) Jackson, *Home Rule*, p. 56.

것으로 보일지라도, 아일랜드에 자치를 부여함으로써 문제를 근본적으로 해결할 수 있다는 신념이 좀 극적으로 표현된 것이었을 뿐, 이 무렵 글래드스턴이 갑자기 자치로 선회한 것이라는 주장의 근거는 될 수는 없다.[40)]

글래드스턴에 대한 체임벌린과 하팅턴의 위구심은 연 사건으로 증폭되었다. 연 사건에 경악한 자유당 지도부는 글래드스턴에게 지도부 회합을 요구하였지만, 글래드스턴은 자치에 대한 자신의 입장이 바뀌지 않았다는 이유로 거절하였다. 그는 여전히 보수당의 주도가 유일한 방책이며 자신은 이를 도울 것이라는 입장을 고수하였다. 그러나 당 지도부는 글래드스턴이 솔즈베리와 접촉하였고 허버트가 파넬과 소통하였음을 이미 알고 있었다. 체임벌린은 글래드스턴의 자치 구상은 자신의 중앙위원화안보다 훨씬 더 과격한 제안을 통해 급진파의 지지를 확보하려는 선제공격이라고 의심하였다.

특히 글래드스턴에게 치명적이었던 점은 글래드스턴이 아일랜드 문제에 관해 가능한 한 유연하게 붙잡아 두려고 애쓴 하팅턴이 이제 자치 거부를 명백하게 천명한 것이었다. 글래드스턴은 하팅턴에게 소문이 사실무근이라고 강조하면서, 보수당 정부가 "지체 없이" 문제 해결에 나섬으로써 민족당이 각각 보수당과 자유당에 도박하는 것을 막아야 한다고 지적하였다. 그는 제국 사안과 구별되는 아일랜드 사안에 관한 아일랜드 입법부를 구성하는 "수용할만한 구상"의 조건을 제시하였다. 즉 [이전에는 언급하지 않았던] 제국 통일성과 의회 수위권, "난제"인 소수파 보호, 제국 분담금의 공평한 분배, [이전에는 언급하지 않았던] 그래튼 의회의 복원보다 더 낫고 안전

40) Hammond, *Gladstone and the Irish Nation*, p. 404.

한 법적 토대가 그것이다.[41] 그러나 하팅턴은 자유당의 선제 행동을 거부한 글래드스턴의 입장은 소문과 일치하지 않는다면서, 보수당의 주도권 행사에 관한 글래드스턴의 생각은 사람들이 알지 못한다고 답변하였다.[42] 이에 글래드스턴은 하팅턴의 생각이 자신의 생각과 다르지 않음을 확인함으로써 하팅턴의 반대를 무마하려고 하였다. 지난 "14년간" 자신이 제국 통일성과 의회 수위권에 종속하면서 지방사에 대한 자치에 관한 아일랜드의 요구가 우호적으로 고려되어야 한다고 말했으며, 하팅턴도 1882년에 유사하게 말했다는 것이다.[43]

보수당의 주도에 관한 글래드스턴의 생각은 일관되었다. 그는 오세이 부인과 그랜빌에게 파넬이 지금까지 보수당과 동맹하였고 자유당에 반대했기에 자유당과의 교섭은 문제가 있으며, 현 정부가 답변하기 이전에 자신의 생각을 피력하면 자신과 자유당 모두에게 치명적이고, 자신과 파넬의 교섭은 민족당과 보수당을 이간시키려는 술책으로 받아들여질 것이며, 따라서 민족당과 보수당의 동맹의 지속 여부를 먼저 확인해야 한다고 강조하였다.[44] 또한 그는 지방정부청장관 밸퍼에게도 현 정부가 아일랜드 문제에 관해 "강력하고 신속한 결정"을 내리는 것이 좋으며, 이 문제가 정파 갈등에 빠진다면 공적

41) Gladstone to Lord Hartington (12/17/1885), *Diaries* 11, p. 451.

42) *Diaries* 11 (12/19/1885), p. 453, n. 4.

43) Gladstone to Lord Hartington (12/19/1885), *Diaries* 11, pp. 453-54. 1882년 2월 하팅턴은 연합왕국의 모든 부분들에게 "자신의 사안에 관한 가능한 한 많은 자기통제와 운영권"을 확대하는 것을 지지하지만 더블린에 "독립" 의회를 설치하는 것은 반대한다고 하였다. *Diaries* 11 (12/19/1885), p. 454, n. 1.

44) Gladstone to Mrs. O'Shea (12/19/1885), *Diaries* 11, p. 454; Gladstone to Lord Granville (12/21/1885), *Diaries* 11, p. 457; Gladstone to Mrs. O'Shea (12/21/1885), *Diaries* 11, p. 457.

파멸이기에 "현재의" 정부가 행동을 취해야 하고 이를 솔즈베리에게 알려도 좋다고 하였다.[45)]

이처럼 글래드스턴은 현재의 보수당 정부만이 해결안을 제출할 자격이 있다는 입장을 고수하면서도, 보수당과 민족당의 공조가 와해되는 계기를 기다리는 선택지만 남겨두고 있었다. 그런데 자유당 내의 자치 반대 세력 때문에 보수당의 실각을 주도하기는 어려웠다. 자유당은 파넬이 보수당의 정책에 대해 찬성표를 던지지 않는 경우에만 보수당을 실각시킬 수 있었다. 동시에 만약 자유당이 집권한다면 민족당의 지지에 의존해야 하며, 파넬은 지지의 대가를 원할 것이었다. 글래드스턴으로서는 대가(자치)를 지불할 태세였지만, 그는 이것을 신속히 지불해야 했다. 따라서 글래드스턴으로서는 당내 알력을 회피하면서 보수당을 실각시킬 방안을 찾아야 했다. 그는 이것이 아일랜드 문제를 계기로 이루어지는 것을 바라지 않았다. 그 문제는 자신의 자유당에게 너무나 예민한 것이었기 때문이다. 12월 24일 자신의 구체적인 생각과 행동 여부를 물은 오세이 부인에게 글래드스턴은 정부와 민족당의 태도가 어떤지를 모르는 것이 "본질적" 요인이라면서 거부의 이유를 거듭 확인하였고, 자신은 "쇠사슬"에 묶인 몸이라고 토로하였다.[46)] 그렇지만 글래드스턴이 보수당-민족당의 공조가 곧 와해될 것이라고 보았음은 분명하다. 그는 보수당-민족당의 공조가 최선이지만, 공조가 결렬되면 내각이 하원의 신임에 따라 구성된다는 규칙이 적용되어야 하며, 이것의 구체적인 형태는 국왕의 개

---

45) Gladstone to A. J. Balfour (12/20/1885), *Diaries* 11, p. 455. 글래드스턴은 이 사실을 하팅턴에게 알렸다. Gladstone to Lord Hartington (12/20/1885), *Diaries* 11, p. 456.

46) Gladstone to Mrs. O'Shea (12/24/1885), *Diaries* 11, pp. 460-61.

회 연설에 대한 수정안 제출이 될 것이라고 예상하였다.[47] 사실, 파넬 스스로 보수당이 타결책을 제시할 가능성이 거의 없다고 판단하고 있었다. 그렇지만 수정안 제출에 대해서는 과연 자유당이 단합할 수 있을지는 의문이었다. 그러므로 수정안은 아일랜드 문제와 직접적으로 관련되어서는 안 되었다.

1886년 1월 개원 무렵 보수당의 주도에 관한 글래드스턴의 희망은 사라졌다. 그는 여전히 오세이 부인을 통해 파넬과 연락하였지만, 직접 접촉은 거부하면서 정부의 공식 입장 이전에는 자신의 입장을 밝힐 수 없음을 재확인하였다. 또한 그는 "정부를 담당하지 않을 경우 내각은 없다"는 이유로 "예비내각" 모임도 거부하였다. 1월 1일 글래드스턴을 저지하기 위한 체임벌린, 하코트, 딜크, 하팅턴의 회합이 성과 없이 끝났다.

원내총무 그로스버너(Lord Richard Grosvenor)는 파넬이 아일랜드 의회에 관한 결의안을 제안할 것이고, 만약 거부되면 민족당 의원 전원이 사퇴할 것이며, 처칠과 민족당의 지도자 힐리(T. M. Healy)의 조정이 있었으나 내막은 모른다고 전했다. 이에 글래드스턴은 공조가 개회 연설 이전에는 없을 것, 전원 사퇴는 가장 가공할만한 사태로서 파넬이 현명하다면 정부의 사퇴를 택할 것이고, 어떤 이유로도 내각을 "아일랜드 정부와 결부된 이슈"로 삼아서는 안 된다고 강조하였다.[48] 그는 여전히 민족당과의 협상은 어떤 아일랜드 조치에도 "치명적"이라고 보았고, 이 때문에 벨파스트 대표단의 접견 요청도 거절하였다.[49]

---

47) *Diaries* 11 (12/26/1885), pp. 462-63.

48) Gladstone to Lord Grosvenor (1/7/1886), *Diaries* 11, p. 475.

49) Gladstone to Mrs. O'Shea (1/9/1886), *Diaries* 11, p. 476; Gladstone to Sir E. J. Harland (1/16/1886), *Diaries* 11, p. 480. 하랜드는 벨파

정부 실각의 표준적인 방법의 하나는 정부 정책의 윤곽을 제시하는 국왕의 개원 연설에 대한 수정안을 통과시키는 것이었다. 전환점은 오히려 "파넬을 자유당의 품으로 던져버린" 보수당으로부터 왔다. 1886년 1월 21일 의회가 개원하였고, 국왕의 연설이 "협박적인 방식으로" 아일랜드의 소요를 언급했고 합방을 분명히 지지하였기 때문에 글래드스턴은 "극도로 근심스러운" 밤을 보냈다.[50] 1월 23일 오세이 부인의 편지는 파넬이 보수당 정부를 실각시키는 데 협조할 것이고, 그 조건은 글래드스턴이 수상이 되는 것이며, 하팅턴-체임벌린 내각이라면 현 정부를 지지할 것임을 알렸다.[51]

보수당 상원 의원 해밀턴의 회고에 따르면, 보수당 의석은 자유당과 민족당의 합보다 훨씬 적었지만, 자유당 내부의 적대감이 우심하였으므로 보수당으로서는 "자유당의 항구적인 분열을 확실히 하기 위해 아일랜드에서의 권위 회복이라는 의도를 천명하기만 하면 되었다."[52] 이 계산의 결과가 바로 1886년 1월 26일 개회 연설에서 카나번의 사임에 뒤이은 새로운 강압법 천명이었다. 1885년 가을 솔즈베리는 선거에서 보수당과 민족당이 승리할 경우 아일랜드 자치에 관한 상당한 정도의 양보가 가능하다는 추측을 불러일으킨 발언을 하였다. 선거 결과는 그 전제와 어긋났고, 솔즈베리는 강압이라는 임

스트 시장이었다.

50) Gladstone, "Third Cabinet, 1885-6," *The Prime Ministers' Papers*, v. 1, p. 109.

51) Diaries 11 (1/24/1886), p. 482, n. 6. 이 편지에서 파넬은 글래드스턴을 배제한 내각 구성에 관한 체임벌린의 제의를 자신이 거부하였다고 밝혔다.

52) Hamilton, *Parliamentary Reminiscences and Reflections*, p. 9.

기응변으로 대처하였다. 그것은 일종의 함정이었다. 이는 글래드스턴이 우려한 최악의 사태보다 더 나쁜 사태였다. 보수당의 강압 선언은 "카나번의 임무와 관련된 모든 희망과 기대에 종지부를 찍었다." 아일랜드가 실질적으로 보수당으로부터 어떤 희망도 기대할 수 없게 된 것이다. 그래서 글래드스턴은 "행위의 규칙들은 즉각 바꾸었고" "모든, 어떤 합법적 기회를 잡아서라도 현 정부를 제거하기로 결심했다."[53] 1897년 글래드스턴은 이렇게 회상하였다.

> 나는 [자치에 대한] 자유당의 지지를 확보할 수 있다고 자신하지 못했다 ····· [보수당과 민족당의 공조 상황에서] 나는 솔즈베리 정부로 하여금 아일랜드 문제를 해결토록 고무하는 것이 나의 의무라고 생각했다 ····· 토리에 의한 문제 해결은 분명 나의 최종 답변이었다. 문제는 내가 자유당의 지지에 의존할 수는 없지만, 토리 정부가 제안하면 1829년 가톨릭 해방이나 1846년 곡물법 폐지처럼 자유당의 지지 확보가 확실하다는 점이었다 ····· 따라서 그들이 문제를 떠맡는 것에 대한 희망이 있는 한, 그리고 그들이 상황을 악화시키지 않는 한 나는 670명 가운데 다만 250명의 지지를 받는 토리 정부를 실각시키려고 노력하지 않았다 ····· [그러나] 국왕의 개회 연설은 협박조로 아일랜드에서의 소요를 언급하였고, 입법적 합병을 지지함을 명확히 천명하였다 ····· 올바르게 이해된 자치는 과연 합방법의 조건을 변개하지만, 제국의회의 수위권이라는 원칙은 고수하는 것이었다. 그렇지만 우리가 도달한 이 시점에서 그 어떤 실질적인 선언이라도 그 도덕적 효과에서는 자치를 반대하는 기존 의회를 폐쇄하는 것을 뜻했다. [그런데 이 방향으로 수정안을 제안하는 것을] 자유당이 채택하는 것은 도덕적으로 치명적이라고 나는 판단하였다.[54]

53) Gladstone, "Third Cabinet, 1885-6," *The Prime Ministers' Papers*, v. 1, p. 110.

54) Gladstone, "Third Cabinet, 1885-6," *The Prime Ministers' Papers*, v. 1, pp. 109-110.

그렇다면 어떻게 보수당 정부를 즉각 실각시키는가? 글래드스턴은 누차 아일랜드 문제가 보수당 실각과 직접적으로 결부되어서는 안 된다고 생각하였다. 1월 21일 자유당 지도자들이 참석한 회합에서 체임벌린의 심복인 콜링스(Jesse Collings)가 제안한, 농업노동자에게 "3에이커 토지와 소 한 마리"를 주어야 한다는 구절을 국왕 연설에 삽입하는 수정안을 지지하기로 결정하였다. 이 결정은 체임벌린이 하코트, 딜크와 합의해서 이루어졌다. 콜링스의 수정안은 아일랜드와 관련해서 자유당 내부에서 의견이 백출하는 것을 방지하면서 효과적으로 보수당 정부를 패배시키는 수단이었다.[55] 글래드스턴은 비록 "현명하게" 정부를 패배시켰다고 하면서도 "위기는 도래하였다"고 적었다.[56] 1월 28일 수정안 표결 결과는 찬성 329표 대 반대 250표였지만, 민족당 대다수(74명)가 찬성한 반면 브라이트를 포함한 자그마치 76명의 자유당 의원이 기권하였고, 하팅턴, 고셴(G. J. Goschen)을 포함한 휘그와 헨리 제임스(Sir Henry James) 등 18명은 반대하였다. 보수당의 패배보다 더 중요했던 것은 이 표결에서 자유당의 분열상이 극명하게 드러난 점이었다. 보수당의 정치적 계산이 그대로 들어맞은 셈이었다.

1월 29일 솔즈베리는 사임하였고, 2월 1일 글래드스턴은 3차 내각을 구성하였다. 당시 글래드스턴이 자치를 추진하려는 생각은 매우 단호했다. 보수당 실각 직후 하코트와의 회동에서 글래드스턴이 자신의 구상을 밝히자 하코트는 하팅턴이나

55) Matthew, *Gladstone*, p. 485.

56) *Diaries* 11 (1/26/1886), p. 483.

체임벌린 없이도 추진할 수 있느냐고 반문했지만 글래드스턴은 그렇다고 답변하였다. 당시 그는 "비록 실제로 그렇게 말하지는 않았을지라도 마음속으로는 어느 누구도 없이 혼자 나아갈 태세가 되어 있다고 말하고자 했다." 왜냐하면 그가 판단하기에 "이것은 그 같은 결단을 요구한 중차대한 제국 사안들 가운데 하나였기" 때문이다.57)

3. 조각에서 법안 제안까지, 1886년 2월~4월

탄식하면서 솔즈베리를 해임한 여왕은 1월 29일 밤 결국 글래드스턴에게 조각을 위촉하였다. 글래드스턴은 이를 "즉각 수락하였다." 동료들에게 입각을 요청하면서 글래드스턴은 자신의 정책의 토대를 이렇게 지적하였다. "아일랜드에서 광범하게 퍼져있고, 103명의 대표자 가운데 85명을 선출함으로써 증명된 요구에 부응하여, 더블린에 자리 잡고 제국의 통일성을 부지하고 강화하는 방식으로 제국 사안과 구별되는 아일랜드 사안을 다룰 입법체에 관한 법령을 제정하는 것이 실제적인가(feasible)를 검토하는(examine)" 것이다.58)

그러나 조각은 "매우 어려운" 일이었다. 자유당의 주요 인사들 다수가 글래드스턴의 자치 구상을 이미 기정사실로 하고

57) Gladstone, "Third Cabinet, 1885-6," *The Prime Ministers' Papers*, v. 1, pp. 110-11; D. George Boyce, "Gladstone and Ireland," Peter Jagger ed., *Gladstone* (London, 1998), p. 117.

58) 이 메모는 1월 30일 작성되었고, 나중에 여왕에게도 보내졌다. 여왕은 이를 "이상한 비망기"라고 생각하였다. *Diaries* 11 (1/30/1886), p. 485, n. 4. 며칠 뒤 여왕은 "검토"의 의미가 "무엇인지 분명하게 말하라"고 다그쳤다. 여왕의 독촉 편지는 글래드스턴의 복통의 한 원인이었다. *Diaries* 11 (2/4/1886), p. 489.

서 이를 적극적으로 반대한다는 이유에서 내각 참여를 거부하였기 때문이다. 그러나 실질적인 이유는 다양하였다. 하팅턴은 자치 반대라는 표면적인 이유 외에도 글래드스턴의 시도가 실패하면 자신이 단합된 자유당을 이끌 것이라는 희망에서 참여를 거부하였다.[59] 하팅턴 외에 고센, 더비, 노스브룩(Lord Northbrook), 셀번(Earl Selborne)[모두 휘그], 브라이트, 칼링퍼드(Lord Carlingford), 헨리 제임스도 참여를 거부하였다. 자치에 대한 믿음이 없는 상태에서 참여한 인사는 하코트(재무장관), 트리벨리언(G. O. Trevelyan; 스코틀랜드장관)이었고, 그랜빌(Lord Granville; 식민장관), 스펜서(추밀원의장), 킴벌리(Lord Kimberley; 인도장관), 리폰(Lord Ripon; 육군장관), 로즈베리(외무장관), 허셀(Sir F. Herschell; 대법관), 칠더스(내무장관)는 조건을 달지 않았다. 아일랜드 장관에 임명된 몰리만이 적극적으로 자치를 주장하였다. 딜크는 이혼 소송 당사자로서 참여할 처지가 아니었다.

체임벌린은 추후 자신은 완전한 행동의 자유를 갖는다는 조건을 달면서 현재로서는 자치 가능성을 믿지 않은 상태에서 참여하였다. 그러나 체임벌린이 조각 과정에서 크게 홀대를 받은 것은 사실이었고, 이것이 자치 정책 실패의 "가장 큰 이유"라는 주장도 있다.[60] 이 사건은 글래드스턴이 나이 들면서

59) Feuchtwanger, *Gladstone*, p. 235.

60) Feuchtwanger, *Gladstone*, p. 235. 애초에 글래드스턴은 체임벌린에게 해군장관직을 제의하였는데, 체임벌린은 자신은 적임자가 아니라면서 거부하였다. 글래드스턴이 "그러면 어떤 자리를 더 원하느냐"고 묻자 체임벌린은 식민부라고 답변하였다. 이에 글래드스턴은 "아, 국무위원직 말인가"라고 대꾸했는데, 포이트방거에 따르면 "이 생각 없이 내뱉은 말"로 글래드스턴은 체임벌린의 진지한 소망을 일축하였다. 글래드스턴은 이미 그랜빌에게 식민부장관직을 준 상태였다. 원래 글래드스턴은 지기(知己)인 그랜빌에게 외무부장관직을 주려고 했으나 여왕의 강력한 반발에 부

점차 자기중심주의적으로 되어 대인 관계가 원만하지 못했고 그 결과 중대한 정치적 판단 착오를 한 사례로 종종 지적된다.[61] 체임벌린은 내심 재무장관직을 원했지만(글래드스턴은 체임벌린이 재무장관이 되는 것은 아일랜드에게 전쟁을 선포하는 것이라고 생각하였다), 결국 제의받은 해군장관직을 거절한 뒤 지방정부청장관이 되었다. 조각 과정에서 글래드스턴이 체임벌린을 좋아하지도 신뢰하지도 않았음을 알 수 있다. 나아가 글래드스턴은 체임벌린의 야심에 추가로 찬물을 끼얹었다. 굴욕감을 의도한 것은 아닐지라도 아일랜드 장관(국무위원)에 몰리를 임명한 것이다.[62]

2월 3일 조각이 완료되었다. 하코트는 "우리 누구도 글래드스턴의 계획을 믿지 않는다. 그러나 우리는 대안을 제시할 수 없다. 글래드스턴은 마치 풍선을 타고 교통 신호등을 넘을 계획을 갖고 있는 듯하다. 하팅턴과 제임스는 공개적으로 풍선을 믿지 않는다고 천명하였다. 체임벌린과 나는 풍선이 있다는 것을 인식한다. 그래도 과연 글래드스턴의 풍선이 작동하는지 두고 보자는 입장이다"고 하였다. 그러나 글래드스턴의 목적이 연합왕국의 통일성을 강화하려는 것이라고 본 해밀턴

뒷히자 이 자리를 로즈베리에게 주었다.

61) Hamilton, *Parliamentary Reminiscences and Reflections*, pp. 13-14; Feuchtwanger, *Gladstone*, p. 236.

62) 몰리와 체임벌린은 기질적으로나 지적으로도 달랐지만 오랫동안 가까운 친구이자 정치적 동지관계에 있었다. 그렇지만 글래드스턴이 몰리에게 장관직을 제의했다는 소식을 들은 체임벌린은 낯빛이 아주 창백해졌다. 더욱이 몰리의 입각이 체임벌린에게는 의원이 된 지 겨우 3년 밖에 안 된 후배 동지가 자신의 직위보다 더 중요한 직위에, 그것도 자신이 수년간 노려왔던 자리를 차지한 것이었기에 몹시 불만이었다. 첫 각료 회의에서 체임벌린이 몰리에게 의례적인 인사도 하지 않은 것은 이런 심정을 드러낸 것이었다.

은 그것이 "분명 아일랜드 역사에서 중차대한 것"이자 "향후 오랜 기간 아일랜드에게는 마지막 찬스일 것"이라고 기록하였다.63)

그런데 총선 이후 조각까지의 기간에 민족당 내부에서는 자치에 관한 본격적인 논의가 없었다. 파넬도 단원제, 보호관세, 신교도 대표의 비율 외에는 구체적으로 생각하지 않았으며, 더구나 관세권 문제에서는 다비트와 의견이 달랐다. 글래드스턴은 이 상황에서 자치 논의의 주도권을 쥐었다. 그는 1886년 1월 오브라이언(R. Barry O'Brien)으로 하여금 자치의 대강(大綱)을 『19세기』에 게재토록 주선하였다. 그것은 아일랜드 국내 사안을 관장할 의회 설치, 토지 문제와 경찰권 이양을 골자로 한 외에는 구체적인 의회 구성, 웨스트민스터에의 참석 여부, 관세 문제는 부차적인 것으로 본 점에서 글래드스턴의 구상과 대동소이하였다. 글래드스턴은 오브라이언의 구상이 파넬의 초안 뿐 아니라 브라이스(James Bryce)의 보고와 일치한다고 봄으로써 고무되었다. 즉 아일랜드의 요구가 제국의 통일성과 일치한다는 판단이었다.64)

아일랜드 의회 설립 못지않게 농민이 지주의 토지를 몰수하지 못하게 해야 한다고 강조한 몰리에게 글래드스턴은 토지 문제 해결이 "논리적으로" 우선이지만 토지는 "사회질서, 자율[자치]"과 함께 삼부작을 구성한다고 하였다.65) 따라서 글

---

63) "E. W. Hamilton's Account of the Formation of WEG's Third Ministry, 29 January-6 February 1886," *The Prime Ministers' Papers*, v. 4, App. 2, p. 116. 글래드스턴 자신도 여왕 알현 때 자신의 임기가 단기간일 것이라고 예감하였다. *Diaries* 11 (2/1/1886), p. 487.

64) Loughlin, *Gladstone, Home Rule and the Ulster Question*, pp. 54-55.

65) Gladstone to J. Morley (2/2/1886), *Diaries* 11, p. 458.

래드스턴은 조각 이후 토지와 자치를 동시에 다루게 된다. 그는 재무장관 하코트에게 아일랜드 문제를 다루는 데 대규모의 재원이 필요하고, 영국 재정력의 불필요한 확대를 원치 않지만 도덕적으로 재정력의 "최대치"를 이용해야 한다고 주문하였다. 그것은 추가 과세가 아니라 공채 발행의 방식으로 시장의 균형을 유지하려는 것이었다. 그는 토지 조치 없이는 자치 조치는 무용이라고 인식하였다.[66] 이는 스펜서도 같은 생각이었다. 스펜서는 진정한 자치 없이는 어떤 토지 매입도 작동하지 못할 것으로 보고서 지주들의 권리를 사들여야 한다고 지적하였다.[67]

2월 중순부터 3월 중순까지 글래드스턴은 주로 토지와 재정 관련 독서를 하였고, 자치 재정에 관한 자료가 준비 되는 대로 자치안을 만들 생각이었다. 2월 23일 무렵 글래드스턴은 토지법안 초안을 거의 마련한 듯하다. 이 초안에서 국가당국(State Authority)의 존재, 법의 효력 기한, 정리공채 규모, 구매 대금액(1억 2천만 파운드), 적용 대상, 지대 결정 소관, 구입 기간(20년), 상환 기간(30년), 지대 결정 기준 시점, 영국 신용 이용이라는 개념, 지대 개념들, 집행 비용이 언급되었다.[68] 3월 13일 글래드스턴은 토지법안 초안을 내각에 회람시켰다. 체임벌린과 킴벌리는 정치적 타결안의 내용을 모른 채 대응물인 토지 타결안을 논의할 수는 없다고 했으나, 글래드스턴은 우선 토지안을 제시하고 이전 구상을 더 가다듬어 자치안을 제시하겠노라고 설득할 수 있었다.

66) Gladstone to Sir W. V. Harcourt (2/12/1886), *Diaries* 11, p. 494.

67) Gladstone to Lord Spencer (2/13/1886), *Diaries* 11, p. 496 & n. 1.

68) *Diaries* 11 (2/23/1886), App 2, pp. 668-71.

글래드스턴이 보좌관들과 토지 개혁에 대해 "아주 어려운" 검토를 하는 동안 체임벌린과 트리벨리언의 사직 소식이 전해졌다. 글래드스턴은 내각에서 논의된 아일랜드 정부와 토지 관련 문건에 대해 체임벌린이 단편적으로 알고 있고, 문건이 구체적이지 않아 이를테면 "벽돌과 서까래"로서 그 자체는 집이 아니며, 자신에게는 최소한의 시간이라도 필요하고, 내각에서 결정할 때까지 사직은 시기상조라면서 만류하였다. 이에 체임벌린은 보류하겠다고 답변하였다. 글래드스턴은 토지 구매, 영국과 아일랜드의 재정 관계, 별도 아일랜드 의회 제안 모두를 반대한 트리벨리언에게도 정부와 토지에 관한 구체안이 아직 마련되지 않았으니 사직은 시기상조이고 "[수상의] 의도, 그것도 아직 정리되지 않은 의도에 대한 사직은 본 적이 없다. 그리고 발생할 사태에 대한 순전한 예상을 이유로 사직해서는 안 된다"고 만류하였다. 트리벨리언도 사직 의사를 철회하였다.[69]

그러나 그들은 머잖아(3월 26일) 사임하였다. 트리벨리언은 글래드스턴이 아일랜드 의회와 행정부에게 경찰권과 법 집행에 대한 통제권 넘겨주고 지주의 토지를 매입하려는 "불가능"을 제안한다는 이유를 들었다. 체임벌린은 글래드스턴이 아일랜드 대표를 웨스트민스터 의회에서 배제하고, 아일랜드 의회가 완전한 과세권을 장악하고 판사를 임명하며, 아일랜드 정부가 할 수 있는 사안을 제시하기보다는 해서는 안 되는 사안을 제시할 뿐더러 토지 매입을 시도한다는 이유를 들었다. 두 사람 모두 아일랜드 의회의 새로운 권위에 대해 불만이었다. 글래드스턴은 분명 아일랜드 문제로 체임벌린과의 영속적인

69) Gladstone to J. Chamberlain (3/15/1886), *Diaries* 11, p. 510; Gladstone to G. O. Trevelyan (3/15/1886), *Diaries* 11, p. 511.

합의란 불가능함을 확신하였다. 그러나 이들과 경쟁하던 하팅턴은 부분적으로 협조적이었다. 2월 18일 하팅턴과 "민족스러운" 대화를 한 글래드스턴에게 하팅턴은 의사일정 "이전에" 글래드스턴이 업무 일정을 제시하고 아일랜드에 대해 자유당이 어떤 조치 취할 것이라는 희망을 주는 게 좋다면서 기꺼이 아일랜드 지주에 관한 정보를 입수하는 것을 돕겠다고 하였다.[70]

몰리와 포이트방거의 지적대로, 글래드스턴은 각료들의 사직이라는 어려운 상황에서 "불굴의 용기"를 갖고서 "의무"를 수행하였고, "고도의 기술과 전략적 솜씨"를 발휘하여 자신의 노선을 관철하였다.[71] 다만, 글래드스턴이 자유당을 배제함으로써 당을 "교육할" 시간을 갖지 못했으며, 또한 의회 외부에서 대중 연설을 통해 자신의 입장을 선전하는 데 소홀했음은 지적되어야 한다. 그가 오브라이언의 논설을 『19세기』에 게재토록 후원하였지만, 이 또한 공공의 토론이 뒤따르지 못했다. 공중의 교육이 필요했던 이 시기에 그는 진화론에 관한 논설을 준비하는 데 시간을 집중적으로 투자하고 있었다. 법안이 부결된 이후에야 글래드스턴의 "팜플렛 전쟁"이 도래한 것이다.[72] 조각 이후 불과 2개월 만에 글래드스턴은 자치법안을 제안하였다. 따라서 글래드스턴이 좀 더 시간을 갖고 다른 사

---

70) *Diaries* 11 (2/18/1886), p. 499. 한 달 뒤, 아일랜드의 대지주였던 하팅턴은 아일랜드 지주들이 20년치 법정 지대에 해당하는 토지가격을 수용할 것이고 지주가 매각한 토지를 차지인이 강제로 매입토록 하는 조치를 지지한다고 전했다. Gladstone to Lord Hartington (3/16/1886), *Diaries* 11, p. 511, n. 5.

71) Morley, *The Life of William Ewart Gladstone*, v. 2, p. 407; Feuchtwanger, *Gladstone*, p. 236.

72) Matthew, *Gladstone*, pp. 488-90.

안을 먼저 다룬 뒤에 자치 문제를 다루었어야 했다는 지적은 어느 정도 일리 있다.

글래드스턴은 자치법안을 거의 혼자서, 그리고 오직 몰리와 상의하면서 준비하였다. 3월 20일 자치법안 초안이 마련되었다. 입법체 명칭, 입법권의 영역과 제외영역들, 행정부의 위치, 입법부의 구성이 그 내용이었다.[73] 3월 23일 몰리, 하코트, 스펜서, 그랜빌이 참석한 회의에서 자치안을 먼저 다루기로 결정하였다. 또한 아일랜드 의회가 지주를 공정하게 다루리라는 것이 의심스러우므로 지주에게 토지 매각의 선택권을 부여하는 것은 정치적 타결을 용이하게 할 것이라고 합의하였다.[74] 3월 20일 이후 내각의 논의와 글래드스턴의 비망기는 주로 토지법안과 자치법안의 세부사항에 대한 검토들로 이루어졌다. 구매 대금 액수의 축소(1억 2천에서 6천만으로), 관세와 물품세 관할 문제, 지대 징수기관 문제, 얼스터 문제, 제국분담금 비율, 판사와 경찰 문제, 입법체 명칭 문제, 배제 사안과 금지 사안, 아일랜드 양원의 구성 조건, 아일랜드 대표의 배제 문제 등이 그것이다. 4월 6일 아침에야 관세와 물품세 부과권을 제국의회에 둔다는 중요한 변화가 결정되었다. 전날 글래드스턴, 파넬, 몰리의 회동에서 파넬은 관세권과 웨스트민스터 의회에서의 대표성을 포기하는 대가로 아일랜드의 재정부담을 줄일 것을 요구하였다. 권리 포기 대가로 더 많은 현금을 확보하려는 파넬에 대해 글래드스턴은 파넬이 "아주 영리하다"고 생각하였다. 그 결과 제국 유지비 분담금 비율이 1/14에서 1/15로 축소되었다. 3월 31일 자치 재정에 관한 초

---

73) *Diaries* 11 (3/20/1886), App. 2, pp. 671-74.

74) *Diaries* 11 (3/23/1886), p. 516.

안이 마련되었다. 영국과 아일랜드 재무부의 권한 규정, 징수총감직, 아일랜드 공채기금에서 나가는 제국 유지비 분담액, 분담 기간(30년), 전시와 제국 유지비가 감소할 경우에 관한 규정, 징수총감과 징수인의 관계, 회계총감직, 공무원 봉급 규정이 그것이다.[75)]

이처럼 글래드스턴의 아일랜드 문제 해법은 두 부분으로 이루어졌다. 하나는 아일랜드 "정부"에 관한 것으로서, 이원제 의회를 설치해서 국방, 외교, 통상 같은 문제를 제외한 사안들을 다루고, 동시에 아일랜드 대표를 웨스트민스터 의회에서 배제하였다. 또한 아일랜드가 관세권을 포기하고 제국 유지비의 1/15을 부담토록 하였다. 다른 하나는 아일랜드 "토지"에 관한 것으로서, (애초에는 1억 2천만 파운드였으나) 영국 재무부가 공채 발행을 통해 5,000만 파운드를 마련하고, 국가당국이라는 기구를 설치하여 매각을 원하는 아일랜드 지주의 토지를 구입하며, 차지인이 이를 재매입토록 하였다. 자영농이라는 새로운 계급의 창출은 아일랜드에서의 질서 회복과 결부되었고, 지주의 매각 선택권은 그들의 사회적 역할 유지와 결부되었다.

1886년 4월 8일 글래드스턴은 자치법안을 제안하였다. 3시간 이상 계속된 제안 연설은 오후 4시 30분이 되어서야 시작하였지만, 정오 전에 이미 의석은 만원이었다. 그것은 일찍이 볼 수 없었던 광경이었다. 좌석이 부족하여 처음으로 의사당 마루에 의자를 준비할 정도였고, 다수 의원이 이미 전날 밤부터 자리를 선점하기 위해 좌석에서 새우잠을 자기도 하였다. 방청석은 각국의 외교 사절들로 붐볐다. 몰리는 "합방 이후

75) *Diaries* 11 (3/31/1886), App. 2, pp. 674-76.

처음으로 아일랜드 사안이 생존한 가장 강력한 잉글랜드인에 의해 역설되었고," "관록의 율리시즈"로서 글래드스턴의 연설은 "정치적 웅변은 말이 아니라 행동"임을 보여주었고, 그 연설은 또한 행동, 개성, 의지, 확신, 목적, 인격을 과시한, 영국 의회사에서 드문 "영웅적 순간"이었다고 기록하였다.[76] 해밀턴에게도 그 날은 "실로 괄목할 만한 날"이자 "위대한 경력에서의 위대한 날"이었고, "그처럼 흥분되는 날"은 없었다. 그리고 연설이 끝나자 "찬사의 폭풍이 일어났다."[77] 반대파도 의사당 모습을 "최대의 장관"으로 표현하였다. 그러나 그들에게 글래드스턴의 연설은 "배열, 언어, 제스처에 관한 한 거의 완벽"했지만, "말이 사실을 지배하고, 고답적 표현을 통해 서로 경쟁하는 종족, 종교, 이해관계의 치유할 수 없는 차이를 해소하게끔 만들려는 최상의 노력"에 불과했다.[78] 글래드스턴 자신도 이날의 모습을 "의회 안과 밖에서 비상한 광경"이었다고 적고서 "일찍 잠자리에 들었다."[79]

제안 연설에서 글래드스턴은 잉글랜드-아일랜드 관계의 오랜 역사, 이 역사와 다른 나라/민족의 경험과의 비교, 폭력적 정책의 무용성, 모든 민족의 자결권과 자주권을 언급한 뒤, 법안의 내용을 조목조목 설명하였고, 마지막으로 "정의와 화해"라는 근본 개념으로 압축되는 자신의 시도에 대한 의회의 협조를 호소하였다.

자치법안의 골자는 다음과 같다. 제국 문제와 구별되는 아

---

76) Morley, *The Life of William Ewart Gladstone*, v. 2, pp. 413-14.

77) Dudley Bahlman ed., *The Diary of Sir Edward Walter Hamilton 1885-1906* (Hull, 1993), pp. 33-34.

78) Hamilton, *Parliamentary Reminiscences and Reflections*, p. 24.

79) *Diaries* 11 (4/8/1886), p. 526.

일랜드 문제만을 다룰 입법체(Irish Legislative Body; 글래드스턴은 "의회"라는 표현을 피했다)를 더블린에 설치한다. 입법체는 심의와 표결을 함께 하는 단원(unicameral)이다. 제1원은 선출 의원과 귀족 의원 103명으로 구성하고, 제2원은 선출 의원 204명으로 구성한다. 국왕의 대리인으로서 총독은 행정부의 수반이다. 아일랜드 대표는 제국의회에서 배제된다. 그러나 국왕의 판단에 따라 아일랜드 대표를 제국의회 상원과 하원에 소환할 수 있다. 아일랜드 입법체는 왕위, 전쟁과 평화, 조약, 군대, 작위, 반역, 교역과 항해, 체신, 주화, 저작권과 특허에 관한 법을 제정할 수 없고[배제규정], 자치법, 국교회, 종교적 차별과 종파 교육, 관세와 물품세에 관한 법을 제정할 수 없다[금지규정]. 경찰권은 총독과 입법체가 분점한다. 아일랜드는 국채 이자, 군대 · 경찰 · 제국 공무원 유지비로 424만 2천파운드를 연합왕국 정리공채기금에 납부한다.

많은 연구자들이 자치법안의 보수적인 성격을 강조하였다. "겉보기에는 과감했으나 실제로는 훨씬 덜 과감했다"는 해석, "생각보다 더 온건하였다" 주장, 1800년의 합방법을 폐지하는 것이 아니라 수정하려는 것이었다는 지적, 지방적 자율성을 인정한 "건전한 보수적인 논증"이었다는 설명, 글래드스턴의 목적은 "질서 유지와 법에 대한 존경심의 회복"으로서 자치는 수단에 불과했고 지주의 지도력 회복은 가톨릭에 대한 글래드스턴의 "심대한 불신"의 소산이었다는 평가가 그것이다. 사실, 글래드스턴 스스로 자신의 구상이 보수적인 것이라고 하면서 자치 거부자야말로 진짜 분리주의자라고 주장하였다. 그것은 절대적인 의미에서 아일랜드 민족주의를 인정한 것이 아니라 아일랜드를 연합왕국에 더 긴박하려는 시도였다.[80]

---

80) D. George Boyce, *The Irish Question and British Politics*

그러나 글래드스턴의 자치법안은 급진적이면서 보수적이었다. 아일랜드 의회 설치 자체는 당시의 상황에서 보자면 파천황적인 것이었지만,[81] 또한 권한이양을 통해 아일랜드를 더욱더 연합왕국에 긴박하려는 것이었기 때문이다. 그런데 이 매우 보수적인 해법을 파넬은 수용하였다. 그는 자치법안을 마련하는 과정에서 완전히 배제되었지만, 전적으로 입헌주의적 견지에서 사고하였다. 아마도 비혁명적인 방식으로 아일랜드 문제를 해결할 마지막 기회일 수 있다는 것은 글래드스턴의 구상의 가장 강력한 요소의 하나였을 것이다. 파넬이나 글래드스턴 누구도 이 타결이 장기적으로 아일랜드를 나머지 연합왕국으로부터 분리하지 않을 것을 보증할 수 없었지만, 하여간 그것은 항구적인 "마음의 결합"을 창출할 좋은 기회였다.[82] 민족주의 요구 인정과 제국의 통일성 수립이라는 목표를 제시한 자치 이념은 더 구체적으로 말하자면 지금까지 살핀 아일랜드 문제의 두 차원, 즉 정치와 경제, 정부와 토지가 긴밀히 연관되었음을 보여주었다. 자치는 토지 문제 해법의 논리적 연장이자 지방정부 개혁의 논리적 연장이었다. 글래드스턴은 이를 "샴 쌍둥이"(Siamese twins)로 표현하였다.

1868-1986 (New York, 1988), p. 30; id., "Gladstone and Ireland," p. 117; Matthew, *Gladstone*, p. 501; Vernon Bogdanor, *Devolution in the United Kingdom* (Oxford, 1999), p. 20; O'Day, *Parnell and the First Home Rule Episode*, pp. 185, 186.

81) 법안을 반대한 고센은 "프랑스혁명을 제외하고 이처럼 입법과 행정을 아우르는 혁명적 변화는 없었다. 단지 정치적 혁명일 뿐 아니라 행정적, 사회적 혁명이다"라고 주장하였다. Hansard 304 (4/12/1886): 1470.

82) Feuchtwanger, *Gladstone*, p. 237.

《부록》 자치법안

4월 8일 제안되고 4월 13일 1독회 종결 이후 인쇄된 자치법안은 두 부분으로 구성되었다. 전문(前文)에 이어 1부는 입법부(1-6조), 행정부(7-8조), 입법체의 구성(9-11조), 재정(12-20조), 경찰(21조)에 관한 것이다. 2부는 국왕의 대권(22조), 법안 부결과 제국의회에서 아일랜드 대표자의 배제(23-24조), 헌정에 관한 이의 판결(25조), 총독(26조), 판사와 공무원(27-30조), 경과 조치(31조), 기타 보완 규정(32-41조)에 관한 것이다.

1조. 국왕과 아일랜드 입법체(Legislative Body)로 구성되는 입법부(Legislature)를 설치한다.

2조. 아일랜드 입법체의 조언에 따라 국왕은 합법적으로 평화, 질서, 아일랜드 정부에 관한 법을 제정하며 아일랜드에서 어떤 법도 개폐한다.

3조. 아일랜드 입법부는 왕위와 왕위 계승, 전쟁과 평화, 육군·해군·국민군·의용군, 조약 체결, 작위, 전리품, 국제법과 조약 위반, 반역과 귀화, 교역과 항해, 체신, 등대와 항해 표지, 주화, 저작권과 특허에 관한 법을 제정할 수 없다. [배제규정]

4조. 아일랜드 입법부는 국교회 수립과 보조금 지급, 종교적 차별, 종파 교육, 종파 단체 수립, 칙허장과 의회법에 따른 기존 법인체의 권리와 재산과 특권, 관세와 물품세, 자치법 변개에 관한 입법을 할 수 없다. [금지 규정]

5조. 국왕은 아일랜드 입법체의 소집, 정회, 해산에 관한 대권을 갖는다.

6조. 아일랜드 입법체의 회기는 5년이다.

7조. 아일랜드 행정부는 국왕에게 속하고, 국왕을 대신하는 총독이 관장하며, 총독은 국왕을 대신하여 아일랜드 입법체가 제정한 법을 보류 또는 재가하며, 아일랜드 입법체의 소집·정회·해산에 관한 대권을 행사한다.

8조. 추밀원의 결정에 의거해서 국왕은 아일랜드에 왕령지를 아일랜드 정부가 관장하게 한다.

9조. 아일랜드 입법체는 제1원과 제2원으로 구성한다. 어느 한 원이 별도의 표결을 원할 경우를 제외하고 두 원은 심의와 표결을 함께 한다. 만약 표결 결과 두 원이 합의하지 않은 것으로 나타나면 의안은 부결된 것으로 본다.

10조. 아일랜드 입법체의 제1원은 103명의 의원으로 구성되며, 그 가운데 75명은 선출 의원이고 28명은 귀족 의원이다. 선출 의원은 연수 200파운드 이상의 부동산 소유자 혹은 4,000파운드 이상의 동산 소유자이다. 선출 의원은 각 선거구별로 명부에 등록된 연수 25파운드 이상의 토지 혹은 주택의 소유자 혹은 점유자로서 해당 선거구에서 1년 거주한 성인 선거인에 의해 선출된다. 선출 의원의 임기는 10년이다. 매 5년마다 선출 의원 37명 혹은 38명이 은퇴하며 공석은 선거로 채운다. 은퇴 의원은 재선 없이 가장 오래 재임한 의원이다. 귀족 의원은 30년 안에 사망 혹은 사임으로 공석이 될 경우 다른 귀족으로 충원된다. 귀족 의원의 임기는 종신 혹은 30년이다. 제1원의 의원의 임기는 입법체의 해산에 의해 공석이 되지 않는다.

11조. 아일랜드 입법체의 제2원은 204명의 의원으로 구성한다. 제2원의 의원은 현행 아일랜드 선거구에 따라 각 2명씩 선출된다. 코크 시티는 2개 선거구에서 각 2명씩 선출한다. 현재의 하원에서 아일랜드 선거구를 대표하는 의원은 자동적으로 아일랜드 입법체 제2원의 의원이 된다. 동일인이 두 원에 선출되었을 경우 그 가운데 하나를 선택한다. 왕립아일랜드대학은 최대 2명의 대표를 제2원에 추가 선출할 수 있다.

12조. 아일랜드 입법부는 관세와 물품세 이외의 과세권을 갖는다. 관세와 물품세 부과권은 제국의회만이 갖는다. 연합왕국의 정리공채기금과는 별도의 아일랜드 정리공채기금을 설치한다. 아일랜드 입법부가 부과하는 모든 과세와 아일랜드 정부가 관장하는 모든 세수는 아일랜드 정리공채기금에 납부된다.

13조. 매 재정회기마다 아일랜드는 연합왕국 정리공채기금에 아일랜드 몫의 국채 이자와 운영 기금으로 146만 6천 파운드, 연합왕국의 육군과 해군 지출비로 166만 6천 파운드, 연합왕국의 제국공무원 유지비 11만 파운드, 아일랜드 경찰과 더블린 경찰 유지비용 100만 파운드를 납부한다[도합 424만 2천 파운드]. 이 부담금은 향후 30년간 증액할 수 없으나, 감소 혹은 중단될 수 있다. 변개되지 않는 한 30년 이후에도 이 부담금은 계속된다. 아일랜드의 국채 부담액은 4,800만 파운드로서 매년 36만 파운드씩 감채기금으로 납부된다. 만약 연합왕국의 육군과 해군 혹은 제국공무원 비용 지출이 당초 부담액의 15배보다 적으면 그 부담액의 1/15을 매년 부담액에서 공제한다. 아일랜드 왕령지 수입에서 연합왕국의 정리공채기금에 납부되는 액수는 아일랜드 정부에 귀속한다. 만약 아일랜드 경찰과 더블린 경찰에 관한 지불이 예상보다 적으면 그 차액만큼 부담금에서 공제한다.

14조. 관세와 물품세로 징수한 액수를 재무부는 별도의 계정으로 관리하며, 다음과 같은 용도로 지출한다. 총액의 4%를 초과할 수 없는 징수와 운용 비용, 연합왕국 정리공채기금 납부, 국채 지불, 관세와 물품세에서 지불되는 액수, 감채기금 납부.

15조. 아일랜드 정치공채기금으로부터 다음과 같은 항목에 지출한다. 관세와 물품세에서 아일랜드 공공 세수에 우선하여 지급될 것으로 정한 비용, 아일랜드 정부에 귀속하는 모든 부채(이자, 운용, 감채기금), 총독을 제외한 아일랜드 공무원 급여, 최고 법원과 군 법원의 판사의 급여. 아일랜드 입법부는 아일랜드 정리공채기금에 부과되는 액수를 충족시켜야 한다.

16조. 아일랜드 교회 재산에서 납부되는 모든 부담금이 완납될 때까지 아일랜드 토지위원회는 존속한다. 교회 재산에서 지불되지 않을 경우 토지위원과 관리의 급여는 관세와 물품세에서 지불하며, 만약 부족할 경우에는 아일랜드 정리공채기금에서 지불한다. 교회 재산은 아일랜드 정부에 속한다.

17조. 아일랜드 정부는 공공사업 대부위원회 혹은 공공사업위원회의 기존 대부금의 원금과 이자를 떠맡는다. 아일랜드 정부는 관세와 물품세에서 이 대부금 원금과 3% 이자를 매년 2회 연합왕국 정리공채기금에 상환하며, 부족할 경우 아일랜드 정리공채기금에서 납부한다.

18조. 전시에 아일랜드 입법부는 아일랜드 정리공채기금, 과세 또는 대부를 통해 전비를 조달할 수 있다. 이 액수는 연합왕국 정리공채기금에 귀속한다.

19조. 아일랜드 입법체는 총독의 건의 없이는 공공재정, 조세, 부과금에 대한 표결, 결의, 청원, 법안 제안을 할 수 없다. 그러나 추밀원의 건의를 받은 국왕의 재가에 의해서는 할 수 있다.

20조. 고등법원의 재무분과는 세수 사안에 대한 재무법정의 지위를 계속 갖는다. 재무분과 판사는 제국의회의 요청에 따라 국왕만이 경질할 수 있다.

21조. 더블린 경찰은 향후 2년간 총독이 관할하며, 이후 아일랜드 입법부의 입법으로 변개할 수 있다. 아일랜드 근왕민병대는 계속해서 총독이 관할한다. 아일랜드 입법부는 지방 당국이 관장하는 카운티 경찰과 버러 경찰을 수립할 수 있다.

22조. 육군과 해군의 목적을 위한 요새, 화약창, 병기창, 부두 축조 권한과 이를 위한 용지 수용 권한은 국왕에게 유보된다.

23조. 입법체의 양원이 합의하지 못해 법안이 부결될 경우 의회 해산 이후 혹은 3년 뒤에 법안은 재심의된다. 그 법안이 제2원에 의해 가결되나 제1원에 의해 부결되었을 경우 법안은 입법체 합동회의에 회부되며 합동표결 결과 다수결로 결정된다.

24조. 아일랜드는 선출 귀족 의원을 [제국의회] 상원에 보낼 수 없고 제2원 의원을 [제국의회] 하원에 보낼 수 없다.

25조. 아일랜드 입법부에 부여된 권한에 관한 문제는 다음과 같이 결정된다. 아일랜드 입법체가 통과시킨 법안에 대해 이의가 제기되면 총독은 이를 추밀원에 회부한다. 아일랜드 입법부에 관해 이의 제기가 있으면 당사자는 추밀원 결정에 진정할 수 있다. 그 밖의 이의에 대해서는 총독이나 아일랜드 장관이 추밀원에 회부한다. 이의들은 추밀원 사법위원회 소관이며, 그 결정은 최종적이다.

26조. 종교적 신념과 관계없이 누구나 총독이 될 수 있다. 총독의 급여는 연합왕국 정리공채기금에서 지출한다. 현행 아일랜드 장관의 모든 권한은 총독이 갖는다. 아일랜드 입법부는 총독에 관한 법을 제정할 수 없다.

27조. 최고 법원과 군 법원의 판사는 입법체의 두 원이 별도의 표결에 의해 국왕에게 요청하지 않는 한 경질될 수 없고, 급여와 연금을 보장받는다.

28조. 최고 법원과 군 법원의 판사는 제국의회 양원이 국왕에게 진정하는 경우에만 경질될 수 있다. 연합왕국 정리공채기금에서 급여를 받는 판사와 공무원의 신분과 급여 및 연금은 보장되며, 이 비용은 관세와 물품세 혹은 아일랜드 정리공채기금 혹은 연합왕국 정리공채기금에서 지출된다.

29조. 기타 아일랜드 공무원의 직위와 급여는 보장된다. 그 비용은 관세와 물품세 혹은 아일랜드 정리공채기금에서 지출된다.

30조. 판사와 공무원의 기존 연금과 퇴직금은 관세와 물품세 혹은 아일랜드 정리공채기금 혹은 연합왕국 정리공채기금에서 계속 지불된다.

31조. 권한이양에 관한 부칙은 이 법과 동일한 효력을 갖는다.

32조. 체신과 우체국저축에 관해 아일랜드 입법부가 입법할 경우 재무부가 이를 집행한다.

33조. 연합왕국 재무부와 정리공채기금에 대한 감사권은 아일랜드 재무부와 정리공채기금에 대해서도 적용된다.

34조. 아일랜드 입법체와 그 구성원의 특권, 면책, 권한은 [제국의회] 하원의 그것을 초과할 수 없다. 하원 의원과 그 선출에 관한 현행법과 관례는 아일랜드 입법체 제1원의 선출 의원과 제2원 의원에게 적용된다. 아일랜드 입법체의 첫 해산 이후 아일랜드 입법부는 이에 관한 법과 관례를 변개할 수 있다.

35조. 아일랜드 총독은 입법체의 소집, 의장 선출, [제국의회] 하원의 의사규정에 따른 입법체의 의사규정, 선출 귀족 의원, 입법체의 두 원의 구성원 선출에 관해 규정할 수 있다. 입법체의 의사규정 변개는 그 입법체의 내부규정 혹은 아일랜드 입법부의 내부규정으로 가능하다.

36조. 추밀원의 결정 사안 이외의 사안에 대한 [제국의회] 상원의 사법적 권한은 영향 받지 않는다.

37조. 아일랜드 입법체가 입법할 수 없거나 폐기할 수 없다고 명시한 사안에 대한 권한은 오직 제국의회만이 갖는다.

38조. 이 법에 명시되지 않은 한, 아일랜드에서의 모든 법, 사법권, 관직, 위원회, 조세, 허가권 등은 지속한다. 내국세위원회와 관세위원회는 관세와 물품세가 적용되는 모든 재산과 물품에 대한 권한을 유지한다.

39조. 아일랜드 입법부가 변개할 수 있다고 규정된 사안 이외의 사안은 제국의회의 입법과 그에 대한 아일랜드 입법체의 동의에 의해서만 변개할 수 있다. 또한 아일랜드 입법체 제1원의 귀족 의원을 [제국의회] 상원에 소환함으로써, 그리고 아일랜드 입법체 제2원의 각 선거구에서 1명씩 [제국의회] 하원에 소환함으로써 제국의회가 제정한 법에 의해 변개할 수 있다. 추밀원의 명령에 따라 국왕은 필요하다고 판단할 경우 아일랜드 대표를 각각 [제국의회] 상원과 하원에 소환할 수 있다.

40조. 이 법은 1887년 3월 31일 이후부터 효력을 발휘한다.

41조. 이 법은 아일랜드정부법(1886)으로 표기한다.

3장 역사적 논증

의회에서 자치법안과 관련된 얼스터 문제, 식민지 및 외국과의 유비 문제, 제국의 통일성 해체 여부, 자치와 합방법과의 관계, 제국의회의 수위권 문제, 아일랜드 대표를 웨스트민스터 의회에서 배제하는 문제, 자치와 관련된 재정 문제를 중심으로 치열한 논쟁이 이루어졌다. 대개 법안이 상정 절차의 완료와 더불어 1독회가 종결되던 관행과는 사뭇 다르게 자치법안은 4월 8일 제안 당일부터 격렬한 논쟁을 초래하였다. 자치법안은 2독회가 종결되던 6월 7일까지 열엿새의 기간에 140명 이상이 발언하였다.

그런데 『의사록』을 보면 의회에서의 논쟁이 법안의 구체적인 내용을 둘러싼 것이었을 뿐 아니라, 그에 못지않게 법안의 원리와 관련해서 글래드스턴이 구사한 역사적 논증을 중심으로 이루어진 것이었음을 알 수 있다. 당시 의회에서는 역사적 논증의 문제가 커다란 논란거리가 되었지만, 후대의 수다한 연구에서는 이 문제가 주마간산 식으로 언급되거나 거의 다루어지지 않았다. 오직 러프린의 저작에서 글래드스턴의 아일랜드 민족주의 이해가 "몰역사적"이었다는 견지에서 상세히 분석되고 비판받았을 뿐이다.[1)]

"역사주의적" 접근이 글래드스턴의 아일랜드 문제 이해의

1) Loughlin, *Gladstone, Home Rule and the Ulster Question*, pp. 172-96.

핵심이라고 본 러프린에 따르면, 글래드스턴은 "심오한" 역사적 감각을 가졌고 자신의 정치적 행위를 늘 역사적 선례를 제시하여 정당화하였다.[2] 자치법안이 하원에서 부결되고 수개월이 지난 뒤, 글래드스턴은 자치 반대의 이론적 선봉장인 옥스퍼드대학 법학교수 다이시에게 보낸 편지에서 아일랜드 자치의 정당성에 관한 자신의 "역사적 논증"(historical argument)의 본질을 다이시가 전혀 파악하지 못했다고 지적하면서, 자신이 의회 토론에서 자치의 정당성에 관한 역사적 논증을 "더 많이" 이용하지 않은 실수를 했다고 언급하였다. 그러면서 그는 "역사적 논증은 합방법에 대한 우리의 논증들에서 가장 중요한 사법적 연관성을 갖는다····나는 역사적 사실들에 대해 나의 최선의 능력껏, 그리고 내 생각에는 어떤 다른 정치가보다 더 열심히 공부했다"라고 주장하였다.[3] 1893년 두 번째 자치법안을 제안하면서도 글래드스턴은 자치의 원리를 역사적 논증을 통해 천명하였는데, 그 내용은 대동소이하였다. 글래드스턴은 아일랜드 자치의 역사적 정당성에 관한 신념을 시종일관 견지하였다. 따라서 역사적 논증의 문제는 글래드스턴의 자치 정책을 이해하는 데 매우 중요하다.

1. 아일랜드 의회

자치법안의 핵심은 아일랜드 사안에 관한 입법권을 갖는 아일랜드 의회의 설치였다. 글래드스턴은 이 제안의 역사적 선

---

2) Loughlin, *Gladstone, Home Rule and the Ulster Question*, pp. 172, 175.

3) Gladstone to A. V. Dicey (11/12/1886), *Diaries* 11, p. 628.

례를 18세기 말 아일랜드의 독자적 의회에서 찾았다. 따라서 그의 역사적 논증을 이해하기 위해서는 먼저 아일랜드 의회의 역사를 중심으로 잉글랜드(영국)-아일랜드 관계를 살필 필요가 있다.

대륙의 나라들과 비슷하게 아일랜드 의회는 13세기에 등장하였지만, 튜더-스튜어트 시대의 정복과 식민을 거치면서 잉글랜드 의회가 실질적으로 아일랜드를 지배하였다. 1494년 아일랜드 총독 포이닝스(Edward Poynings)는 과거에 잉글랜드 의회가 제정한 모든 법이 아일랜드에 적용되며 아일랜드 의회가 제정한 법이 잉글랜드 의회의 승인을 받아야만 효력이 있다고 규정하였다. 1534년 헨리 8세의 정복 이래 아일랜드는 잉글랜드의 종주권 아래 있었다. 잉글랜드 국왕은 동시에 아일랜드 국왕이었다. 조지 1세 때인 1720년 영국 의회는 선언법(Declaratory Act)을 제정하여 아일랜드 상원이 가졌던 상소 법정의 지위를 박탈하고 영국 의회가 아일랜드에 대해 직접적인 입법권을 갖도록 규정하였다. 이 선언법의 구체적인 명칭은 "영국 왕권에 대한 아일랜드 왕국의 종속을 더 잘 확보하기 위한 법"이었다. 이로써 영국 의회의 입법적 우위가 명확히 선언되었다.

이에 아일랜드의 프로테스탄트 젠트리와 상인층 중간계급은 입법적 자유를 요구하며 반발하였다. 성직자이자 작가였던 스위프트(Jonathan Swift)는 "피통치자의 동의가 없는 정부는 바로 노예제이다"라고 비난하였고, 1750년대에 아일랜드는 잉여 재정을 런던에 이전하기를 거부하였다. 이러한 "애국주의" 열기는 1763년 7년전쟁의 종식 이후 북아메리카에서의 사태 변화에 크게 고무된 것이었다. 그러나 그것은 분리주의의 표현은 아니었다. 1770년대 후반부터 아일랜드 의회에서 "애국자들"을 이끈 그래튼(Henry Grattan)은 아일랜드가 브리튼 제도(諸島)의 한 부분이라는 특수한 상황을 인정함으로써 아일랜드는 식민지와 다르다고 인식하였다. 그래튼은 "해협은 합방을 금지하고 대양은 분리를 금지한다"고 지적하였는데,[4] 그것은 아일랜드가 입법적 독립을 확보하면서도 분리가 아니라 영제국의 한 부분으로 존속해야 한다는 입장을 표현한 것이었다.

미국의 독립혁명으로 제국이 위기에 처하자 영국은 아일랜드의 이 같은 프로테스탄트 애국주의에 양보하였고, 이로써 아일랜드 의회는 영국 의회의 지배에서 벗어나 입법적 독립을 이루게 된다. 1779년 아일랜드는 영국의 식민지와의 통상의 자유를 확보하였다. 1782년 초 아일랜드에서 헌정 변화를 요구한 대규모 집회가 열렸고, 영국에서 휘그의 로킹엄(Marquis Rockingham) 내각이 성립하였으며, 이어 4월 아일랜드 하원에서 국왕의 개회 연설에 대해 아일랜드의 헌정적 권리를 주장한 그래튼의 수정안이 만장일치로 통과되었다. 6월 선언법이 폐지되었고, 7월 옐버튼법(Yelverton's Act)이 제정되었다.

---

4) 글래드스턴이 축약한 그래튼의 경구는 "아일랜드는 대양이 분리에 반대하는 항의 소리를 듣는다. 그러나 아일랜드는 해협이 합방에 반대하는 항의 소리를 듣는다. 그러므로 똑같이 부자연한 분리와 합방이라는 두 상황에 반대해서 항의할 적에 아일랜드는 자신의 물리적 목적지를 따른다"이다. 그 의미는 이렇다. 영국과 아일랜드는 60마일의 해협(St. George's Channel)에 의해 분리되어 있다. 따라서 이 거리는 두 나라의 합방을 금지하는 지리적 근거이다. (글래드스턴은 의회에서 영국과 프랑스를 분리하는 해협은 20마일에 불과하다고 지적하였다.) 그런데 대서양(Atlantic Ocean) 저편에 멀리 떨어진 영국의 북아메리카 식민지는 독립혁명으로 분리되었다. 분리의 지리적 근거인 이 대서양을 기준으로 본다면 영국과 아일랜드를 구분하는 해협은 두 나라의 분리의 지리적 기준이 되기에는 너무 가까운 거리이다. 따라서 두 나라는 분리되어서는 안 된다.

포이닝스법을 수정한 이 법으로 영국 추밀원은 입법 제안권과 수정권을 상실하였다. 이제 아일랜드 양원이 통과시킨 법은 잉글랜드로 송부되고, 이 법이 국왕의 재가를 받아 효력을 발휘하게 되었다. 아일랜드 사법권의 독립과 아일랜드 상원이 최종 상고법원이 되는 조치도 뒤따랐다. 넓게 보아 18세기 말 대서양 양안(兩岸)에서 광범하게 일어난 "대서양 민주혁명"의 아일랜드판(版)이라고 할 수 있는 이 "1782년의 타결"에 따르면, 아일랜드 의회는 아일랜드 사안에 대한 입법권을 가졌을 뿐만 아니라 (비록 실제로 행사되지는 않았지만) 제국 사안에 대해서도 입법권을 가졌다. 그래튼은 1782년의 타결로 "이제 아일랜드는 민족이 되었다"고 선언하였다.

그러나 흔히 그래튼 의회(Grattan's Parliament, 1782-1800)로 불리는 이 체제는 몇 가지 중요한 한계를 갖고 있었다. 영국-아일랜드의 헌정적 관계는 여전히 애매했고, 외교·통상·왕권에 대한 아일랜드 의회의 역할도 불확실했다. 비록 선언법을 폐기하고 포이닝스법을 수정함으로써 입법적 독립은 확보하였지만, 영국 추밀원은 여전히 아일랜드 의회가 제정한 법에 대한 국왕의 재가를 거부할 수 있었으며, 아일랜드 의회는 총독이 수반인 행정부에 대한 통제권을 갖지 못했고, 대의제는 가톨릭과 비국교도(장로교도)가 배제된 협소한 것이었다. 그래튼 의회는 잉글랜드 의회와 아일랜드 의회의 관계에서의 변화였을지언정 "아일랜드 의회와 아일랜드 인민의 관계"에서의 변화는 아니었다. 행정부에 대한 의회의 통제가 거부된 점에서 그것은 영국 헌정의 전통과는 달랐다. 더군다나 그래튼 의회에서 애국주의자들은 의회 개혁 문제를 둘러싸고 급진파와 보수파로 분열되었으며, 행정부는 후원제를 이용하여 의회를 효과적으로 조종할 수 있었다. 총독부의 권한과 간섭 때문에 아일랜드 의회는 아일랜드를 위한 입법권을 제대로 행사할 수 없었다.

그래튼 의회는 프랑스혁명과 시간적으로 일부 중첩되었고 합방 직전의 아일랜드 의회였다는 점에서 아일랜드 역사에서 매우 중요한 현상이었다. 이 시기에 아일랜드는 통상조약 좌절(1785), 섭정 위기(1789), 가톨릭구제법(1793), 총독 피츠윌리엄(Earl Fitzwilliam)의 소환(1795), 봉기(1798), 합방(1800)이라는 격동을 경험하였다.

1784년 영국 토리 정부의 수상 피트는 영국과 아일랜드 간의 통상에서 관세를 줄이거나 폐지하는 결의안을 관철시켰다. 나아가 피트는 아일랜드로 하여금 제국 방위비를 분담케 함으로써 두 나라의 연계를 강화하고자 하였다. 그는 또한 선박과 관련한 영국의 입법을 아일랜드 의회가 똑같이 다시 제정할 것을 제안하였다. 그러나 그래튼이 이끈 애국자들은 이런 요구들이 아일랜드의 “입법적 독립”을 침해한다는 이유를 들어 거부하였다. 아일랜드 의회에서 통상법안은 가까스로 부결되었지만, 잉글랜드-아일랜드 연계의 취약함에 대한 피트의 우려는 강해졌다.

1788년 10월 국왕 조지 3세의 정신 질환으로 왕권의 위기가 나타나자, 영국에서는 왕세자를 섭정으로 삼으려는 휘그와 이를 저지하려는 토리의 갈등이 전개되었다. 1789년 2월 아일랜드 의회에서 그래튼은 유예기간을 갖고 국왕의 병세에 관한 보고서를 검토하자는 제안을 부결시켰다. 이어 아일랜드 의회는 왕세자로 하여금 아일랜드 섭정직을 맡아 “완전한” 왕권을 행사토록 요청하는 결의안을 채택하였고, 이 결의안을 전달할 대표단을 런던에 파견하였다. 그러나 이들이 런던에 도착했을 때 국왕은 이미 회복되어 있었다. 왕권과 관련된 문제에서 아일랜드 의회가 나름대로 행동함으로써 영국의 정치가들은 아일랜드 의회의 입법적 독립이 잉글랜드-아일랜드 연계의 취약한 고리임을 절감하였다.

명예혁명 이후 잉글랜드(1707년 이후로는 영국)는 일련의 법(penal laws; popery laws, 1695-1727)을 제정하여 아일랜드의 가톨릭을 체계적으로 차별하였다. 이 "차별법"으로 가톨릭은 예배의 자유를 박탈당하고, 선거권을 갖지 못했으며, 의회와 공직에서 배제되었고, 프로테스탄트로부터 토지를 구입하거나 상속받을 수 없었다. 그러나 이후 점차 차별을 완화하는 조치들이 있었다. 충성을 서약한 가톨릭에게 토지 유증 허용, 999년간의 임차권 허용, 가톨릭에게 토지 매입 허용, 가톨릭교도의 교육과 성직자에 대한 제약 제거, 가톨릭에게 법률직 개방이 그것이다. 이어 가톨릭위원회(Catholic Committee)[5]의 계속된 압력에 따라 제정된 1793년의 가톨릭구제법(Catholic Relief Act)은 가톨릭 자유토지보유농에게 선거권을 부여하고 대부분의 문민 관리직을 허용하였다. 법안 반대자들의 격렬한 반가톨릭 선전과 영국 정부로부터 배신당했다는 프로테스탄트

5) 가톨릭위원회는 더블린 경제인들의 이해를 대변하기 위해 1756년에 조직되었다. 1791년 급진파가 이 조직을 장악하면서 통합아일랜드인협회와 연계되었고, 1792년 월프 톤(Wolfe Tone)이 총무가 되었다. 가톨릭위원회는 1793년의 구제법 제정 이후 해산하였다가 1795년 피츠윌리엄 임명을 계기로 다시 등장하였다. 한편 통합아일랜드인협회는 월프 톤의 주도로 1791년 벨파스트와 더블린에서 결성되었다. 주로 중간계급이 주축을 이루었지만, 종파적으로 벨파스트협회에는 장로교도가, 더블린협회에는 가톨릭과 프로테스탄트가 모두 참여하였다. 이 협회는 휘그의 개혁주의, 애국주의, 프랑스혁명의 급진주의를 내세우면서 의회개혁 및 가톨릭과 프로테스탄트 전체를 통합하는 공화국 수립을 목표로 삼았다.

의 반감은 종교적 갈등을 증폭시켰다. 그러나 구제법에도 불구하고 가톨릭은 여전히 의회에 진출할 수 없었고, 총독을 비롯한 고위 관직도 맡을 수 없었다. 또한 그들은 국왕자문회의, 판사, 치안판사, 군장교직에서도 배제되었다. 그럼에도 구제법이 가톨릭 득세의 발판을 마련하고 완전한 가톨릭 해방의 길을 열었다는 프로테스탄트의 위구심은 강했다. 그 결과 얼스터에서 가톨릭과 프로테스탄트의 종파 대립이 격화하였다.

1795년 잉글랜드 휘그의 보수파가 피트 내각에 참여하는 과정에서 제시된 타협에 따라 휘그인 피츠윌리엄이 아일랜드 총독으로 임명되었다. 아일랜드에서는 피츠윌리엄의 임명을 계기로 새로운 체제의 도래에 대한 기대감이 고조되었다. 1795년 1월 부임한 피츠윌리엄은 가톨릭에 대한 일체의 차별을 철폐할 것을 요구한 가톨릭위원회를 통해 가톨릭 여론을 확인한 뒤, 총독부의 실세이자 반가톨릭주의를 대표한 베레스퍼드(John Beresford)와 그 일파를 경질하였고, 그래튼의 가톨릭해방법안에 대한 영국 정부의 지지를 요구하였다. 결국 1795년 2월 영국 정부는 총독 소환을 결정하였다. 피츠윌리엄의 소환은 가톨릭과 프로테스탄트 개혁가들에 의해 광범하게 비난받았으며, 신임 총독의 강경책에 대한 불만은 1798년 봉기로 귀결되었다.[6)]

피츠윌리엄의 소환 이후 그래튼은 수차례 가톨릭의 완전한 해방(의회 진출, 고위 공직 허용)과 보통선거권을 시도하다 뜻을 이루지 못하고 결국 정계에서 은퇴하였다. 1793년 프랑스

---

6) 글래드스턴에게 피츠윌리엄의 소환은 "그래튼 의회의 역사에서 가장 중대한 사건"이었다. 그것이 소환→종교적 파벌 득세→테러→봉기→합방이라는 연쇄적인 파장을 몰고 왔기 때문이다. Gladstone, "Ingram's History of the Irish Union," *Nineteenth Century* 22 (Oct. 1887), p. 449.

혁명전쟁의 발발에 고무되어 아일랜드 독립을 위한 비밀 결사의 활동이 활발해졌다. 피츠윌리엄의 소환 이후 아일랜드인의 대동단결, 분리주의, 공화주의를 표방한 통합아일랜드인협회(Society of United Irishmen)의 장로교도는 반귀족, 반국교회, 반영국, 반의회 노선으로 나아갔다. 월프 톤이 제시한 "혁명적 민주주의"를 기치로 내건 협회는 1797년 여름 독자적인 봉기 계획이 누설되자 프랑스의 도움을 요청하기에 이르렀다. 그러나 1798년 벽두부터 얼스터 뿐 아니라 렌스터와 먼스터에서 협회의 세력이 급속히 확산되었다. 이어 5월에서 8월에 걸쳐 웩스퍼드, 더블린, 킬데어, 미스, 얼스터, 코노트에서 봉기가 폭발하였다. 통합아일랜드인협회의 혁명운동의 절정에 해당하는 이 봉기에서 3만 명 이상이 희생되고, 봉기 진압 이후 1,500명이 처형·유형·태형에 처해졌으며, 남동부에서 "충성파"에 의한 비공식적인 보복이 뒤따랐다. 17세기 이래 아일랜드 역사에서 가장 참혹했던 이 사건은 외견상 가톨릭 성직자가 이끈 반프로테스탄트 운동으로 변질됨으로써 프로테스탄트 애국주의와 프로테스탄트 급진주의 양자를 붕괴시켰다.

"1798년 봉기"는 아일랜드의 혁명 전통의 효시가 되었지만, 공화국 수립을 목표로 삼은 이 운동은 의회주의·입헌주의 노선과는 뚜렷이 구분되는 소수파의 움직임이었다. 영국 수상 피트는 봉기를 기화로 영국과 아일랜드의 합방을 단행하였다. 그래튼은 아일랜드 의회의 종식을 의미하는 합방에 강력히 저항하였지만, 아일랜드 의회에서 다수파는 "매수와 부패"에 굴복하였다. 영국 정부는 가톨릭 해방과 의회 개혁을 약속하였다. 1800년에 제정된 합방법으로 헨리 8세 이래의 아일랜드 왕국과 더불어 13세기 이래의 아일랜드 의회가 종식되었다. 영국과 아일랜드 의회는 통합되었고, 아일랜드 대표는 웨스트민스터 의회의 상원과 하원에 자리 잡았다. 영국과 아일랜드의 국교회는 하나로 합쳐졌다. 의회와 국교회는 "합방의 본질적이고 근본적인 부분"으로 규정되었다. 연합왕국의 지출은 15:2로 각각 영국과 아일랜드가 분담하였다.

그러나 1800년의 합방 이후 아일랜드의 역사는 합방의 약속이 실현되지 못했음을 보여주었다. 피트가 약속한 가톨릭 해방과 의회 개혁은 각각 1829년과 1832년까지 지연되었다. 합방에 대한 아일랜드인의 불만은 1830년대에 오코널의 합방 폐지운동으로 격화하였고, 1840년대 후반 대기근에 따른 대규모 인구 감소와 이민은 영국의 아일랜드 통치가 실패하였음을 보여주었다. 19세기 중엽에는 영국-아일랜드 관계에 대한 오코널의 헌정주의적 노선을 거부하고 무장 투쟁으로 영국의 지배를 종식시키려는 피니언운동이 일어났으며, 이는 아일랜드계 미국인의 조직적인 지원을 받았다. 1868년 집권한 글래드스턴은 아일랜드 국교회를 폐지하고 토지법을 제정함으로써 아일랜드의 종교적·경제적 불만을 무마하려고 했지만, 1870년 이후 아일랜드에서 자치운동이 전개되면서 그 의의가 퇴색하였다. 덧붙여 1870년대 말부터 대불황의 여파로 아일랜드 농촌 위기가 심화하였다. 1879년 말 자치운동의 새로운 지도자로 떠오른 파넬은 반지주운동을 주도한 토지동맹과 다양한 성향의 민족주의자들을 자치당(1882년 이후 민족당[Irish Nationalist Party])에 규합하여 1880년대에는 의사진행 방해 연설이라는 의회 전술로 영국 정부를 괴롭혔다. 농촌 위기에 대처하기 위해 글래드스턴 정부는 강압법을 시행하고 또 다른 토지법을 제정하였다. 1884-85년의 선거법 개혁은 아일랜드에서 민족당이 압승하는 계기를 마련하였다. 특히 아일랜드 전체 의석 103석 가운데 자치당이 86석을 확보한 1885년 말의 총선은 아일랜드 민족주의의 대승이었고, 이에 따라 아일랜드에서 자유당은 몰락하였다.[7] 1885년의 총선은 1884년의 선거법 개혁에 따라 아일랜드 유권자수가 대폭 증가한 이후의 첫 번째 총선이었기에 그 정치적 의의는 심대하였다.

2. 역사적 논증

글래드스턴은 다이시 같은 합방주의자의 역사인식과는 전혀 다른 관점에서 역사를 이해하였다. 다이시는 독자적 학문으로서의 역사학의 타당성을 부인하였고, 역사는 현안에 무관하며 오히려 과거에 무지해야만 현재를 불편부당하게 고찰할 수 있다고 주장하였다. 그는 자신이 아일랜드 역사에 대한 식견이 없음을 자랑스럽게 여겼다. 무지를 객관성과 동일시한 다이시는 역사란 예측불가하며 "판례" 같은 선례를 제시할 수 없기에 역사에 기대에 현재를 고려하는 것은 아무런 실제적인 도움이 되지 못한다고 보았다. 그러면서도 그는 역사의 유일한 효용은 "도덕적 교훈"이라고 보았다. 그러나 이 교훈은 영국-아일랜드 관계의 역사에서 폭력의 무익함, 아일랜드 역사는 현재의 자치 논의에 부적합하다는 것, 역사는 당시 상황에 의

7) 1870-1910년 시기의 자치당(민족당)의 의석은 다음과 같다. 59석(1874), 61석(1880), 86석(1885), 85석(1886), 80석(1892), 82석(1895), 82석(1900), 83석(1906), 82석(1910, 1월), 84석(1910, 12월). 이 수치는 민족당이 1884년 3차 선거법 개혁 이후 아일랜드 의석을 사실상 석권하였음을 보여준다. 1885년에는 86석 가운데 17석이 얼스터에서 확보되었다.

해 형성되므로 후대인은 과거에 대해 관대한 판결을 해야 한다는 일종의 "합리주의적 숙명론"과 결부된 것이었다. 이로부터 다이시는 아일랜드 민족주의를 무시하고 아일랜드 문제의 농업적 본질을 강조하면서(농촌 불만은 합방 이후 지속된 것이고 민족주의는 이 불만에 하등 힘을 더한 적이 없다는 주장), 토지동맹이 자치운동을 만들었지 그 반대가 아니라는 주장으로 나아갔다. 그는 아일랜드에서 요구되는 유일한 개혁은 영국 정부의 주도 아래 토지법을 제정하여 자영농을 육성하는 것이라고 주장하였다. 이 관점에 따르면 아일랜드 역사는 합방의 유지라는 문제에 간여할 수 없었다. 그러므로 "아일랜드의 과거는 죽었다."[8]

반면 글래드스턴은 현재의 정치적 문제에 대해 아일랜드의 역사가 갖는 가치, 말하자면 "과거의 유용성"에 관심을 가졌다. 그것은 선(善)으로 간주된 특정한 정치적 노선을 최대한 지지해주는 역사적 사실을 선택함을 뜻했다. 글래드스턴은 학문적 동기와 정치적 동기에서 역사에 큰 관심을 가졌다. 그는 역사적 진실의 중요성을 자각하면서도 어떤 역사적 사실은 다른 사실보다 더 가치가 있다고 보았다.[9] 궁극적으로 글래드스턴의 역사관은 학문적 초연함보다는 정치적 개입에서 나온 것이었지만, 동시에 그는 가능한 한 정확성과 철저한 연구를 중요시했다. 그래서 그는 사실에 대한 다른 해석이 있을지 모르지만 과거를 악의적으로 조작해서는 안 된다고 하였다. 결국 글래드스턴은 과거는 현재까지 살아있다는 관점에서 아일랜드

---

8) Richard A. Cosgrove, "The Relevance of Irish History: The Gladstone-Dicey Debate about Home Rule 1886-87, *Éire-Ireland* 13:4 (1978), pp. 18-21.

9) Cosgrove, "The Relevance of Irish History," p. 14.

의 역사를 이해하였다. 그는 정복과 차별 및 합방 이후의 역사적 경험으로부터 아일랜드에 민족감정이 일어나고 그것이 현재의 자치운동의 근저에 있는 힘이라고 봄으로써 현안에 대한 역사적 이해의 가치를 인정하였다.[10]

자치법안 제안 연설 모두(冒頭)에서 글래드스턴은 토지와 정부가 아일랜드에서 사회질서의 두 채널이며 양자는 분리할 수 없다고 지적하였다.[11] 그에게 아일랜드 문제를 "근본적으로" 해결하는 것은 바로 사회질서의 회복을 의미했다. 그는 우선 아일랜드에서 이 사회질서의 붕괴가 합방 이후 영국의 아일랜드 통치가 실패함으로써 초래되었다고 지적하였다. 합방 이후의 만성적 불만, 소요, 반란은 두 나라 사이의 유대를 약화하였고, 그 결과 아일랜드에서는 "외국풍의 치장"(foreign garb)으로 불신 받은 "법의 지배"에 대한 존경심이 사라졌다는 것이다. 그는 특히 1833-85년에 오직 2년간을 제외하고 영국은 줄곧 강압법으로 아일랜드를 통치하였지만 결국 사회 질서를 유지할 수 없었고, 그 결과 강압법은 아일랜드에서 "관행적으로" 되었다고 주장하였다. 글래드스턴이 보기에 이는 영국의 도덕적 위신의 추락을 의미하였다. 그는 전제정치나 공공사에서 비밀주의가 지배하는 경우에나 해당하는 강압에 의한 통치는 "도덕적으로" 낡은 것이 되었으므로 이제 영국의 입장에 대한 "주의 깊고도 엄밀한 조사"를 통해 "근본적인 해결"을 통해 아일랜드의 불만을 "전면적으로"(neck and crop, root and branch) 제거할 필요성이 대두하였다고 지적하였다. 그것은 "역사의 거대한 무게"를 인식한 결과였다. 글래드스턴은 강

10) Cosgrove, "The Relevance of Irish History," p. 16.

11) Hansard 304 (4/8/1886): 1037. [이하 별도로 표기하지 않으면 연도는 1886년임]

압의 대안으로 제시된 자치는 "법으로부터 외국풍의 치장을 없애고 자국 실정에 맞는 특성을 부여하는 비교적 자연스럽고 단순한 방편"이라고 주장하였다.[12)]

그러나 자치 반대자들은 "치유적인 입법과 억압적인 법의 혼합 체제"(mixture of remedial legislations and coercive laws)에 의해서 효율적으로 아일랜드를 통치하는 일이 가능하며, 영국의 아일랜드에 대한 권력의 오용은 먼 과거의 일이었고 합방 이후에는 불만을 교정한 시기였다고 주장하였다. 이에 글래드스턴은 불만의 교정도 1829년의 가톨릭 해방에서 보듯이 강제되어 마지못해 양보한 것이었다고 반박하였다. 그는 아일랜드에서 지주-차지인 관계와 농민의 상태를 조사한 1843년의 디번위원회(Devon Commission)도 영국의 아일랜드 통치의 전반적 실패를 지적하였음을 환기시켰다.[13)]

글래드스턴은 각별히 피니언운동을 우려하였다. 그는 이전 시대의 아일랜드 민족주의가 "정치적 상황"에 대한 반응이었던 데 반하여 피니언운동은 "분리운동"으로까지 나아간 것이라고 평가하였다. 그는 자치가 근본적으로 이 같은 분리를 방

12) Hansard 304 (4/8):1038-43; 305 (5/10): 599. 글래드스턴 스스로 2차 내각 시기의 아일랜드 정책은 "양보와 강압의 적절한 혼합"이었다고 평가하였다. 자치 정책은 너무도 중차대한 사안이므로 "실험"의 대상이 아니라는 비판에 대해 글래드스턴은 "정치에서의 실험은 중대한 원인 없이 중대한 변화를 제안하는 것인데, 자치는 이에 해당하지 않는다"고 반박하였다. Hansard 305 (4/13): 580, 577. 그렇지만 퍼거슨(Sir J. Fergusson)은 강압법과 일련의 법들이 공포의 산물이라는 글래드스턴의 주장을 배격하였다. 그는 강압법은 법과 질서를 유지하려는 "의무감"에서 나온 것이고 오히려 자치법안이 공포심에서 나왔다고 하였다. 알렌(W. S. Allen)도 범죄와 소요에 대처하는 강압과 "정당하고 현명한" 법의 강압을 구분하면서, 모든 법은 강압의 원리에 근거하므로 강제력 행사를 주저해서는 안된다고 역설하였다. Hansard 304 (4/8): 1099; 304 (4/9): 1225-26.

13) Hansard 306 (6/7): 1231.

지하고 아일랜드 인민이 자신의 일을 스스로 책임지게 만들려는 시도라고 강조하였다. 글래드스턴은 그 원리를 "제국의 통일성을 입법의 다양성과 화해시키는 것"으로 파악하고, 이 원리의 정당성을 역사에서 찾았다.[14)]

글래드스턴이 자치 원리의 역사적 선례로 거론한 것이 바로 그래튼 의회였다. 글래드스턴은 "해협은 합방을 금지하고 대양은 분리를 금지한다"는 그래튼의 경구를 제국의 통일성을 유지하면서 의회를 분리하는 것이 가능하다는 자신의 제안을 뒷받침한다고 해석하였다. 그는 그래튼의 이 말이 단순한 "수사"가 아니었으며, 그것은 영국보다 더 어려운 처지의 다른 국가들도 했던 바이고, 더구나 아일랜드가 과거 수세기 동안 별개의 의회를 가졌던 "반박할 수 없는 사실"에 근거한다고 주장하였다. 또한 그는 그래튼 의회 시절에 비록 두 나라 사이에 불화가 있었지만, "의회의 분리"가 인민의 마음을 연결함으로써 제국의 통일성은 파괴되지 않았다고 주장하였다.[15)]

그런데 글래드스턴이 보기에 그래튼 의회는 웨스트민스터 의회와 동격(equal and co-ordinate)의 의회로서, 권위의 견지에선 세계의 여타 입법부처럼 독립적이었다. 그러나 글래드스턴은 자신의 의도는 또 다른 동격의 입법부를 요구하는 것이 아니며, 합방을 폐지하는 것이 아니라 "수정"하려는 것임을 강조하였다. 왜냐하면 자치법안상의 아일랜드 의회는 아일랜드 자체의 사안을 다루지만, 제국의회에 광범한 권한을 부여하고 있을뿐더러, 제국 문제에 대해서는 논의할 수 없었기

14) Hansard 304 (4/8): 1045.

15) Hansard 304 (4/8): 1045; 304 (4/13): 1539.

때문이다.[16]

법안 반대자들은 우선 글래드스턴의 자치 정책이 유권자의 의견 수렴을 거치지 않았다고 비판하였다. 사실, 1885년 총선에서 아일랜드 자치 문제가 쟁점이 된 적이 없었다. 이를테면 하팅턴은 글래드스턴이 미드로디언 유세에서 언급한 것은 의사 절차, 지방정부, 토지법, 선거법 개혁으로서 자치 문제는 거론되지 않았다고 강조하였다.[17] 이에 글래드스턴은 어떤 조치의 여부가 선거를 통해 판정받아야 한다는 규정은 어디에도 없다고 반박하였다. 그는 이렇게 되물었다. "그렇다면 강압법은 강압을 하라는 위임의 결과인가?" 나아가 "법을 유지하기 위한 억압 조치에 위임이 필요 없다면, 인민의 심정적 유대를 강화하는 조치에 더더욱 무슨 위임이 필요하겠는가?"[18]

---

16) Hansard 304 (4/8): 1048-49. 1887년에 발표된 논설 『18세기 아일랜드 역사의 교훈』에서 글래드스턴은 그래튼 의회의 역사적 의미를 "공식적으로 아일랜드 민족성을 인식한" "위대한 과업의 시작"으로 이해하였다. 그래튼 의회의 세 과제는 의회 개혁, 가톨릭에 대한 차별 철폐, 입법권-행정권 간의 적합한 관계의 형성이었다. 그런데 글래드스턴이 보기에 그래튼 의회를 제거하고 의회 개혁과 차별 철폐를 무산시킨 "정치적 해악"은 총독부가 주도한 것으로서 이는 의회와 총독부 간의 관계 설정에 실패했기 때문이었다. 이 맥락에서 피츠윌리엄의 소환은 "잉글랜드에게는 불명예, 아일랜드에게는 불행"의 시작이었다. 즉 아일랜드 의회로 하여금 초기의 협소한 토대에 수립된 특권을 위한 투쟁으로부터 자유를 위한 진정한 투쟁으로 발전케 만든 것이 바로 점증하는 민족성 의식이었다. 그것은 아일랜드인이 자신의 나라를 가졌다는 자연법 이념(조국의 이념)의 구현으로서 종교적 완미함의 정치와 대립하였다. 글래드스턴은 18세기 아일랜드 역사의 교훈에 대해 이렇게 단언하였다. "1886년에 18세기 말의 종교적 완미함을 환기함으로써 아일랜드의 분열을 유지하려는 시도가 있었다. [18세기 말의 종교적 완미함이라는] 저주가 새로운 것이 아니라 옛날의 것이라면, 치유 역시 옛날의 것이어야 한다." Gladstone, "Lessons of Irish History in the Eighteenth Century," *Special Aspects of the Irish Question: A Series of Reflections in and since 1886* (London, 1892), pp. 129, 132-34.

17) Hansard 304 (4/9): 1241.

보수당의 처칠은 예의 단순한 방식으로 자치의 정당성을 부인하였다. 1882년의 강압법(범죄법)은 글래드스턴 정부가 제정하였고, 86명의 아일랜드 대표가 584명의 대표를 지배할 수 없으며, "합방 폐지"의 "가장 독창적인 근거"인 해협의 거리도 통신의 발달로 좁혀졌고, 영국의 법이 아일랜드에서는 불신 받는 "외국풍의 치장"이라는 "가장 과감하고도 감상적인 근거"는 지난 25년간 글래드스턴 스스로 두 나라 사이의 차이를 없애려고 했으므로 "가장 처절하고 절망적인 실패의 고백"이며, 자치법 또한 외국풍의 치장으로 거부될 것이다.[19]

그렇지만 의회 논쟁의 핵심은 역사적 논증이었다. 글래드스턴의 역사적 논증에 대해 자치 반대자 다수가 프로테스탄트 그래튼 의회와 자치의 정당성 사이에는 어떤 유비(analogy)도 성립하지 않는다고 비판하였다. 이 반론은 두 가지 방식으로 이루어졌다. 우선, 반대자들은 아일랜드에 의회가 존재한 적이 없다고 주장하였다. 그들이 보기에 지난 500년간 아일랜드 의회는 하등 의회의 성격을 갖지 못한 것이자 잉글랜드의 발명품에 불과했고, 포이닝스법을 폐지하기 전까지 아일랜드에는 독립적이고 자유로운 의회는 없었다. 아일랜드 의회가 독립적이었던 유일한 시기는 그래튼 의회 시기뿐이며 그것도 영국이 강성해진 시기도 아니었다.[20] 더욱 중요한 반론은 그래튼 의회와 자치 의회는 "다르다"는 것, 따라서 유비가 성립할 수 없다는 것이었다. 그런데 이 경우 반대자들이 강조한 것은 양자가 과연 "같은지"(parallel) 여부로서, 유비론의 핵심을 지적

18) Hansard 304 (4/13): 1546.

19) Hansard 304 (4/12): 1334-38. 고센도 대의정치에서는 소수 의견을 따를 수 없다고 하였다. Hansard 304 (4/13): 1460-61.

20) Hansard 304 (4/8): 1086; 304 (4/8): 1138.

한 것이라고 보기는 어렵다. 같다면 유비 자체가 무의미하기 때문이다. 그러나 자치 반대자들은 1782년 이후 아일랜드에서 "유일한" 입법적 권위였던 그래튼 의회와 오직 "제한적인" 권한만 갖는 자치법안상의 의회는 전적으로 다르며, 그래튼 의회가 "황금" 의회라면 자치 의회는 "종이" 의회이고, 따라서 아일랜드 스스로 자치 의회를 거부할 것이라고 주장하였다.[21] 그런데 이들은 권위의 강약이라는 기준 외에도 성분의 차이를 거론하였다. 벨파스트의 존스턴(W. Johnston)은 그래튼 의회는 1793년까지 프로테스탄트 의회였다고 하면서도, 그래튼 의회가 가톨릭구제법을 제정한 사실을 들어 오히려 그래튼 의회는 미래의 자치 의회의 모델이 될 수 없다고 하였다. 왜냐하면 존스턴에게 그래튼 의회의 결말은 1798년의 반란이었기 때문이다. 이런 논리로 그는 자치가 주어지면 가톨릭이 프로테스탄트를 살육하는 일이 재현될 것이라고 예측하였다.[22] 사실, 부분적으로 이런 주장은 글래드스턴이 환영할만한 것이었다. 그는 자치법안에서 제시된 아일랜드 의회가 그래튼 의회와는 달리 제국의회(웨스트민스터 의회)와 동격의 의회는 아니라고 하였기 때문이다. 물론 반대자들은 신설될 아일랜드 의회가 동격의 의회이기를 바라지 않았다.

"그래튼 의회=프로테스탄트/충성파 의회", "자치 의회=가톨릭/분리주의자 의회"라는 도식은 하팅턴에 의해 더욱 논쟁거리가 되었다. 하팅턴은 자치가 그래튼 의회의 복원이 "아니다"라고 하였다. 하팅턴에 따르면, 아일랜드 의회의 복원은 합방 이전으로의 복귀가 아니라 "전혀 새로운 상태"로서 프로테

21) Hansard 304 (4/13): 1464-65; 305 (5/13): 952-55; 304 (4/8): 1086.

22) Hansard 304 (4/9): 1229.

스탄트, 국교회, 지주 지배의 의회와는 구조와 제도가 다른 결과를 초래할 것이었다. 말하자면 자치가 주어질 경우 아일랜드에서 이룩될 상태는 명목상으로는 아일랜드 의회의 복원이지만 효과와 실제에서는 그래튼이 생각했던 것과는 "정반대"의 상태가 될 것이다. 왜냐하면 국교회는 이미 폐지되었고, 가톨릭 성직자의 정치적 영향력은 거대해졌고, 지주의 토지 통제권이 박탈되고 정치적 영향력도 상실되었기 때문이다.[23] 나아가 하팅턴은 그래튼 의회가 존속했더라면 많은 아일랜드 문제들이 해결되었을 것이라는 글래드스턴의 주장은 "증명"될 수 없다고 비판하였다. 그는 영국 의회가 너무 오랫동안 가톨릭 해방을 지연시켰고, 너무 오랫동안 프로테스탄트의 지배를 지속시켰으며, 너무 오랫동안 제국의회의 토지 입법이 지주계급의 이해에 맞춰지고 아일랜드 농민의 이해를 무시했음을 인정하였다. 그러나 그는 제국의회가 해야 할 필요가 있었던 개혁들을 그래튼 의회가 주도하고 수행했으리라고 주장함은 증명의 가능성을 넘어선다고 주장하였다. 제국의회가 소집되어 그래튼 의회가 했을 것을 할 수도 있었을 것이라고 말하는 것도 역시 정당하기 때문이다. 하팅턴은 마찬가지로 어떤 정부 혹은 의회도 합방 이래 아일랜드가 겪은 어떠한 악들도 피할 수 있었을 것이라고 증명하기란 불가능하다고 주장하였다.[24]

---

23) Hansard 304 (4/9): 1249-51.

24) Hansard 304 (4/9): 1248-49. 그런데 영국의 실정을 인정한 하팅턴과는 달리, 일부 자치 반대자는 영국의 지배에서 교육의 확대, 질서와 법의 유지, 사법 시행, 농민에게 이익 제공, 지주의 재산 감소 대신에 농민의 부 증대, 통신 개선 및 기타 물질적 진보가 있었다고 주장하였다. Hansard 304 (4/8): 1097. 물론 민족당과 글래드스턴은 합방이 아일랜드 농촌문제를 더욱 악화시켰고, 역으로 그래튼 의회 시절이 농촌문제를

그러나 글래드스턴은 하팅턴이 아일랜드인에게 자치를 부여할 수 없다는 근거로 든 "지대 거부" 선언에 대해 아일랜드 아닌 어느 곳에서 그처럼 "비탄스럽고 비난할만한 역사"가 있었느냐고 반문하였다. 또한 그는 아일랜드인에게는 치유할 수 없는 사악함이 있다는 하팅턴의 주장에 대해서도 아일랜드인의 인내심과 고통 감수를 언급한 디번위원회의 보고서를 인용하면서, 아일랜드인의 잘못된 인성도 영국의 지배와 억압의 결과이지 그 역이 아니라고 하였다. 그가 보기에 "치유책의 좌절과 수세기 동안 누적된 고통이 역사에 흔적은 남기면서도 동시에 고통 받는 자의 본성과 성향에 아무런 표식도 남기지 않을 수는 없었다."[25] 글래드스턴의 이 답변은 실제 아일랜드에서 폭력과 범죄 행위가 빈발했음을 부인한 것은 아니었다. 문제는 그런 현상의 원인이었다. 하팅턴을 비롯한 자치 반대자들이 아일랜드인의 불변의 인성을 거론하였다면[26] 글래드스

개선할 호기였다고 보았다. 이러한 주장은 20세기 중반까지도 정설이었다. 그러나 1970년대 이후 수정주의 연구들은 그래튼 의회 시절에 아일랜드가 경제적 번영을 이루었다는 통설을 부정하였다. 이 주장에 따르면, 아일랜드 농촌의 번영은 그래튼 의회 이전인 1770년대에 목축에서 작물 중심으로 농업 경영이 전환하면서 이루어진 것이고, 인구 증가도 1780년대 이전부터 나타났다. 나아가 이들은 자치정부와 경제발전의 상관성을 가설로 치부하면서, 그래튼 시대는 오히려 경제적 실정의 시대였다고 주장하였다. Joseph Lee, "Grattan's Parliament," Brian Farrell ed., *The Irish Parliamentary Tradition* (Dublin, 1973), pp. 151-54. 이러한 수정주의 연구는 또한 합방 이후의 시기에도 적용되어 많은 성과를 거두었다. W. E. Vaughan, *Landlords and Tenants in Ireland 1848-1904* (W. Tempest, 1984); id., *Landlords and Tenants in Mid-Victorian Ireland* (Oxford, 1994); Joseph Lee, *The Modernisation of Irish Society 1848-1918* (Dublin, 1973); Paul Bew, *Land and the National Question in Ireland 1858-82* (Atlantic Highlands, 1979).

25) Hansard 304 (4/13): 1540-42.

26) Hansard 305 (5/10): 643; 304 (4/8): 1093. 솔즈베리는 "저격과 단도

턴은 역사적으로 조건 지워진 인성을 언급하였다. 쇼-르페브르(G. J. Shaw-Lefevre)도 합방이 아일랜드의 만성적인 불만의 주요인이며, 합방의 성패를 가늠하는 기준은 그것이 과연 민족감정을 인정하고 만족시키는 것이었는지에 달려 있다고 보았다.[27] 한편 파넬의 오른팔이었던 딜론(John Dillon)은 비록 1782년 이전에 아일랜드 의회가 프로테스탄트·지주의 의회였지만, 그래튼 의회는 처음부터 "통일된" 아일랜드 민족의 의회를 지향하였다고 주장하였다. 그 근거로 그는 차별법의 폐지를 추진하던 당시 그래튼이 "문제는 지금 여러분이 프로테스탄트 정착자로 계속 남기를 원하느냐, 아니면 아일랜드

에 익숙한" 아일랜드인에게 자치를 허용하는 것은 힌두인과 호텐토트인에게 자치정부를 주는 격이라고 비난한 적이 있었다. 이는 당시 아일랜드 자치를 반대한 여론의 근저에는 아일랜드인의 인성 자체를 불신하는 편견과 고정관념이 강했음을 뜻한다. 아일랜드인이 자치 능력이 없다는 편견은 지식인들에게도 흔했다. 아일랜드 출신 역사가 레키와 영국의 역사가 프루드의 논쟁이 그 예이다. 프루드가 아일랜드적인 모든 것을 혐오하고 선동적이고 무제약적인 편견을 피력했다면, 레키는 불편부당하고 초연한 아일랜드 애국자였다. 이들은 그래튼 의회에 대한 평가에서 크게 대립하였다. 프루드에게 그래튼 의회는 아일랜드인이 자치에 부적합하다는 점을 증명하는 "우스운 일화"에 불과했지만, 레키에게 그래튼 의회는 아일랜드 역사의 "가장 영광스러운"시기였다. 그러나 레키는 재산을 소유한 엘리트 위주로 역사를 봄으로써 대중에 대한 이해가 결핍되어 있었는데, 이 점에서 두 역사가는 공통점을 보였다. 레키와 프루드 모두 "일반 아일랜드인"에 대한 편견을 갖고 있었다. 그들은 켈트계 아일랜드인을 자치 능력이 없는 "2등 잉글랜드인"으로 보았다. 따라서 이들이 내란 혹은 성직자의 독재에 함몰되지 않으려면 권위가 필요했다. 레키는 "군사 독재"를, 레키는 "젠트리의 가부장적 지배"를 요구하였다. 비록 아일랜드의 과거를 다룬 이들의 연구는 19세기 후반 자치 정국의 맥락에서는 부적합했지만, 그보다 훨씬 더 중요했던 점은 "미천한 아일랜드인"은 자치 능력이 없다는 이들의 공통된 주장이었다. Anne Wyatt, "Froude, Lecky, and 'the Humblest Irishmen'," *Irish Historical Studies* 19 (1975), pp. 283-85. 글래드스턴은 레키에 기대어 자치를 주장하면서도 프루드나 레키가 견지한 편견에서 자유로웠다.

27) Hansard 305 (5/18): 1302, 1303.

민족이 되느냐이다. 차별법이 있는 한 우리는 위대한 민족이 전혀 될 수 없다"라고 주장한 사실을 들었다.[28)]

더욱 중요한 점은, 글래드스턴의 유비에 의한 역사적 논증의 목적은 자치 원리의 "추론"에 있었지, 하팅턴이 요구하듯이 그래튼 의회가 존속했더라면 이루어졌을 것들이나 자치가 주어지면 아일랜드 의회가 그래튼 의회와 동일할 것이라는 점을 "증명"하는 데 있지 않았다는 것이다. 글래드스턴은 그래튼 의회의 복원을 제시하지 않았다. 글래드스턴의 자치법안은 오히려 1782년 그래튼이 "거부했던" 영국 로킹엄 내각이 안과 유사하였다. 그 안에 따르면, 제국 사안은 웨스트민스터 의회가 담당하고, 아일랜드는 제국 유지비용을 분담하며, 웨스트민스터 의회가 관세와 물품세를 관장하고, 제국의회에서 아일랜드 대표를 배제하였다.[29)] 글래드스턴이 애초에 관세와 물품세 관장권을 자치 의회에 주려고 하였다가 실제 법안에서는 이를 제국의회의 소관으로 규정한 점이 다를 뿐이다. 그러므로 자치법안이 그래튼 의회의 복원이라는 자치 반대자들의 주장은 무엇보다도 사실관계가 달랐다.

글래드스턴은 영국 의회가 영국 인민의 의사를 대표자를 통해서 표현하듯이 아일랜드 의회 또한 아일랜드 인민의 의사를 대변해야 한다고, 그리고 1884년의 선거법 개혁으로 아일랜드 인민의 의사를 표현하는 토대가 마련되었다고 강조하였다. 파넬도 자치법안에 따른 아일랜드 의회가 그래튼 의회보다 제국의 통일성 유지에 더 유리하다고 지적하였다. 왜냐하면 법안에 제시된 아일랜드 의회의 권한은 제한되고 제국의회에 종속

---

28) Hansard 305 (5/13): 1002-1003.

29) Loughlin, *Gladstone, Home Rule and the Ulster Question*, pp. 103-104.

적이지만, 그래튼 의회와의 매우 중요한 차이점은 행정부의 지위였기 때문이다. 파넬은 입법과 행정이 분리되면 어떠한 정부체제도 완전하지 않다고 말한 18세기 말 휘그의 지도자 폭스(Charles James Fox)를 인용하여 자치법안의 가장 유용한 부분은 아일랜드 질서 유지의 권한을 아일랜드 의회에 부여한 점이고, 이것이 아일랜드 문제 해결의 최선책이라고 강조하였다.[30)]

그렇다면 자치 반대자들의 대안은 무엇인가? 자치법안은 "국내 문제"에 관한 아일랜드 의회의 권위를 상정하였다. 이러한 주장에 대해 자치 반대자들은 아일랜드 행정부를 민주적으로 재조직함으로써 불만을 달랠 수 있으리라 생각하였다. 그러나 글래드스턴은 민주적인 행정부는 근본적으로 민족의회(national parliament)가 아니라고 지적하였다. 그것은 아일랜드 인민의 의사와는 무관한 것이기 때문이다. 글래드스턴에게 독자적이고 "토착적인" 의회의 존재는 자치의 근본 조건이었다. 이런 이유로 그는 단순히 아일랜드 행정부를 재조직하는 방법으로는 문제를 해결할 수 없다고 보았다. 국내적인 입법부가 없다면 행정부의 재구성이란 무의미하고, 아일랜드 의회 없이는 아일랜드 행정 체계가 아일랜드적인 것이 될 수 없기 때문이다. 그가 보기에 수혜자인 아일랜드인이 거부하는 개혁이나 반대자가 또 다른 양보의 전초가 된다고 여기는 개혁보다는 의회 설립만이 "최종적인" 해결이었다.[31)] 글래드스턴의 이 주장은 말할 것도 없이 체임벌린이나 하팅턴이 제시한 행정적 권한이양을 거부하는 것이었다. 글래드스턴에게 민

30) Hansard 306 (6/7): 1171-73.

31) Hansard 304 (4/8): 1050-51.

족성의 표현은 의회였다. 그것이 아일랜드 사안에 대한 아일랜드 인민의 의사를 대변하기 때문이다. 즉 순서는 의회가 먼저이고 행정은 그에 따르는 것이어야 했다. 글래드스턴 자신도 누차 강조하였듯이, 따라서 자치법안은 그래튼 의회를 복원하려는 것이 아니었다. 글래드스턴의 자치법안은 아일랜드 사안에 관한 독립적 입법권을 아일랜드 의회에 부여할 뿐 아니라 아일랜드 행정부가 이 의회에 책임을 지도록 함으로써 영국이 식민지에 허용했던 이른바 "책임정부"(responsible government) 이념을 구현하려고 하였다. 이런 까닭에 그는 의회가 행정부를 통제하지 못했던 1782년의 타결은 결함이 있었다고 지적하였다.[32]

트리벨리언은 구체적으로 두 가지 대안을 제시하였다. 하나는 법과 질서를 유지하기 위해서 제국 정부를 존속시키는 것이다. 트리벨리언은 이 방법이 아일랜드 지주를 매수하려는 "절대로 해결되지 않는" 해법을 불필요하게 만든다고 지적하였다. 다른 하나는 선거를 통해 구성된 지방 차원의 기구를 통해 지방정부를 감독하고 과세권을 행사하며 구빈과 아일랜드 경제 발전을 담당케 하는 것이다. 그렇지만 트리벨리언은 이 기구가 행정권을 가져서는 안 된다고 덧붙였다.[33] 따라서 트리벨리언이 제시한 양보는 자치와는 전혀 다른 구상이었다. 하팅턴도 지방정부의 확대를 대안으로 제시하였다. 그런데 그는 이 개념이 "현재 통용되는 의미의" 것이라고 하였다. 그것은 아일랜드 의회에게 "생명, 자유, 재산"과 관련된 법 집행을 위임한다는 의미는 아니었다.[34] 자신은 한 번도 "자치"를 반

---

32) Hansard 304 (4/8): 1061-62.

33) Hansard 304 (4/8): 1122-23.

대한 적이 없었다는 체임벌린은 자치는 제국의회의 우위 및 제국의 통합과 일치하는 "가능한 최대치의 지방정부"라는 글래드스턴의 규정에 동의하였다. 그러나 그는 연합왕국의 다른 지역에도 역시 자치를 허용하지 않고서는 아일랜드에만 자치를 부여할 수는 없다는 글래드스턴 자신의 말을 상기시키면서 자치법안은 이 발언과 불일치한다고 지적하였다. 글래드스턴이 대안을 요구하자 체임벌린은 먼저 강압과 무력 없이 어떻게 자치 계획을 실천할 수 있느냐고 반문하면서 토지개혁과 연방제를 제시하였다.[35)]

이처럼 자치 반대자들의 대안은 제각기였다. 글래드스턴도 이를 지적한 바 있었다. 민족당의 힐리의 표현을 빌면, 자치 반대자들의 의견 불일치는 마치 "G 샤프와 B 플랫으로 음조를 고르는 격"이었다.[36)] 이를테면 법무장관 러슬이 지적했듯이, 체임벌린 자신의 입장도 시기마다 달랐다. 1874년에 체임벌린은 자치를 지지하였고, 자치가 시행되면 의사일정이 신속해지고 만약 아일랜드 대표가 제국의회에서 사라지면 이 속도가 증가한다고 주장하였다. 그러다가 1885년에 체임벌린은 군행정위원회안과 중앙위원회안을 제시하였다. 자치법안이 제안되자 이제 그는 "거대한 안"으로서 연방제를 들고 나왔다. 그런데 체임벌린의 대안인 연방제에 대해서는 연방은 연방할 "입법부"를 전제한다고 누차 지적되었다. 따라서 러슬이 보기에 자치법안은 체임벌린의 구상을 방해하는 것이 아니라 오히려 돕는 것이었다.[37)]

---

34) Hansard 305 (5/10): 609.

35) Hansard 304 (4/9): 1185, 1200, 1202-1206.

36) Hansard 304 (4/9): 1220.

3. 글래드스턴과 아일랜드 민족주의

그래튼 의회와의 유비에 근거한 역사적 논증으로 자치의 정당성을 추론한 다음, 글래드스턴은 자신의 제안이 어떤 의미에서 아일랜드 문제의 “진정한” 해결인지를 역설하였다. 그는 1782년의 타결은 진정한 해결이 아니었다고 주장하였다. 그 이유는 “아일랜드인이 방해했기 때문이 아니라, 프로테스탄트의 요구를 수용한 영국 정부의 잘못된 정책 때문”이었다. 더욱이 그래튼 의회는 협소한 선거권에 입각하고 종교적 배타성에 기반을 두면서 연금수령자와 엽관으로 채워진 의회였다. 그러나 글래드스턴은 그래튼 의회를 부정적으로만 평가하지는 않았다. 그는 그래튼 의회에서 “진정한 애국심”의 기미를 포착하였다. 그것은 그래튼 의회가 아일랜드 가톨릭의 해방을 시도한 사실이었다.[38]

제안 설명을 마무리하면서 글래드스턴은 합방 이후 영국 정부가 아일랜드에 좋은 법을 부여하려고 노력했음을 인정하였다. 그러나 글래드스턴이 보기에 이 법들은 “공포”에서 나온 것이었다. 그에게 더욱 중요한 점은 법을 제정하려는 노력이나 통과 여부 못지않게 “적합한” 사람에 의해서 법이 제정되어야 한다는 것이었다. 즉 영국이 아일랜드를 위해 좋은 법을 만들 태세가 되어 있다고 말하는 것으로는 충분치 않고, 아일랜드를 위한 법은 좋은 법이어야 할 뿐 아니라 “그들 자신의 법”, 말하자면 “같은 성질의 토착적 원천으로부터” 나와야 했다. 글래드스턴은 이것이 아일랜드에만 예외적으로 해당하는 것이 아니라 영국의 식민지 통치의 방법을 혁명적으로 변화시

37) Hansard 306 (5/25): 55.

38) Hansard 304 (4/8): 1054.

킨 원리였다고 강조하였다.[39] 러슬은 합방 당시 폭스가 한 말을 인용하여 글래드스턴의 이 주장을 뒷받침하였다. 폭스는 이렇게 말했다. "우리가 아일랜드보다 더 잘 아일랜드인을 위해 입법할 수 있다는 그릇되고 역겨운 가정은 가장 거만한 전제와 폭정에 토대를 둔 원리이다. 인간과학의 가장 명료한 공리는 인간이 스스로 자신의 통치자이며 자신을 위해 입법해야 한다는 것이다 ····· 따라서 인민의 입법부는 인민 자신으로부터 나와야 하고 동일시되어야 한다."[40]

글래드스턴은 종종 빅토리아 시대의 개인주의를 대변하는 인물로 이해되었다. 그러나 글래드스턴에게 개인은 사회와 유리된 존재가 아니라 사회적 맥락 속의 존재였다. 베빙턴에 따르면, 글래드스턴적 자유주의(Gladstonian Liberalism)의 특징은 개인주의(자유)와 공동체주의(사회)의 결합이다. 글래드스턴은 가족, 교회, 자치시, 국제사회와 더불어 민족을 공동체의 한 형태로 파악하였다. 그가 보기에 민족의 구성요소는 종족, 종교, 언어, 역사, 그리고 민족 감정이었다. 그런데 글래드스턴은 아일랜드가 "자신의 의회를 갖는 한" "하나의 공동체" 라고 보았다. 달리 말하자면, 합방 이전에 아일랜드를 공동체이자 "독특한 정치적 존재"로 만든 것은 아일랜드 의회였다. 따라서 글래드스턴에게 민족 공동체의 특성인 민족성은 애국심과 동일하였다. 그는 이 의회가 합방법으로 사라졌다고

---

39) Hansard 304 (4/8): 1080-81; 306 (6/7): 1232. 1850년대 무렵 캐나다, 오스트레일리아, 뉴질랜드 같은 영국의 식민지에서는 권한이양(devolution) 체제가 진행되고 있었다. 그것은 중앙 의회의 주권, 특정한 권한의 이양, 이 영역에서의 자치라는 홈룰(Home Rule)의 형태를 띠었다. John Kendle, *Ireland and the Federal Solution: The Debate over the United Kingdom Constitution 1870-1921* (Montreal, 1989), p. 6.

40) Hansard 304 (4/12): 1351-52.

보았다.[41)]

글래드스턴은 민족의식 혹은 민족성을 "이성에 의해서 시험받고 역사에 의해서 충분히 확인된 집단적 개성"으로 정의하였다. 그는 영국이 이 민족주의와 대면하고 있는 사실을 부인할 수 없다고 보았고, 아일랜드 민족주의는 아일랜드 문제에 관한 완전한 자치정부를 원한다고 지적하였다. 글래드스턴의 판단으로는 아일랜드인이 요구하는 "지방적 자율성"은 "지울 수 없는" 해협과 대양에 의해 규정된 것으로서 악도 공포의 대상도 거부할 것도 아니며, "어떤 필연성이 주어질 때까지 기다릴 성질의 것도 아니며, 그것이 정당한 요구라면 거기에 부응하는데 늦을 이유가 없고, 필연성이 도래할 때까지 기다리다 결국 굴복해서도 안 되는 것"이었다. 그런데 그는 이 요구가 합헌적이어야 한다고 강조하였다. 그는 이 합헌성이 아일랜드 유권자 다수가 민족당을 선택함으로써 명백히 입증되었다고 인식하였다.[42)]

이 주장에 대한 자치 반대자들의 주장은 때로 견강부회로 나타났다. 얼스터 합방주의자 손더슨(Edward Saunderson)은 아일랜드인은 자유를 얻기 위해 분투한 적이 없었고, 어떤 인종도 자유로울 권리를 갖는다는 것은 절대적으로 부정되므로 아일랜드인이 천부권으로 주장하는 자유도 근거가 없다고 역설하였다. 그는 "역사는 우리 편"이라면서 "어떤 인종도 자유롭기 위해 충분히 강하고 용맹하기 전에는 자유롭지 않다. 잉글랜드는 자유롭기 위해 싸웠기에 자유롭다. 강하지 않았더라

---

41) David W. Bebbington, *The Mind of Gladstone: Religion, Homer and Politics* (Oxford, 2004), pp. 269, 274-78.

42) Hansard 304 (4/8): 1080-81, 1092; 304 (4/13): 1535-36; 305 (5/10): 576-77.

면 우리는 지금 노예일 것이다. 아일랜드는 아직 자유롭지 않고, 자유로울 만큼 충분히 강력하지 않으면 절대로 자유롭지 못할 것"이라고 강변하였다.[43] 강대함이 원인이고 자유가 그 결과라는 이 주장은 본말이 전도된 것이었다.

그러나 글래드스턴이 보기에 자치는 아일랜드 민족의 요구이자 무절제한 것도 불안한 것도 아니기에 중단될 수 없는 것이었다. 왜냐하면 "역사적으로 강한 민족과 약소민족 사이의 관계가 오래 지속할 적에, 그리고 이 관계가 잘못되어 갈 적에 그 책임과 죄는 약자보다는 주로 강자에게 있기" 때문이다.[44] 따라서 그에게 중요한 문제는 자치를 부여할 "시간과 상황", 그리고 "방식"이었다. 그는 자치가 역사에서 드물게 다시 돌아오는 "황금의 순간"이자 필연이라고 보았다. 자치를 양보하는 것은 제국을 약화하거나 불구로 만드는 길이 아니라 통일성을 강화하는 것으로서, "마음과 정신의 결합"을 도모할 것이었다.[45] 글래드스턴은 자신이 "항상 아일랜드에 관한 논의에서 의지"하였던[46] 버크에 기대어 이렇게 말했다. "자유와

---

43) Hansard 304 (4/12): 1394. 자치와 스스로의 운명을 결정하는 것을 "신으로부터 받은 권리" 라고 보는 대극적인 입장은 Hansard 306 (5/31): 539, 542.

44) Hansard (4/13): 1542.

45) Hansard 304 (4/8): 1084-85. 법무장관 러슬은 처칠을 비판하면서 1800년 합방 당시 휘그의 지도자 그레이(Earl Grey)의 예언적 연설을 들어 글래드스턴과 유사하게 합방의 진정한 의미를 환기시켰다. 그레이는 "나는 두 나라의 합방을 진심으로 기원한다. 합방이란 의회의 합방이 아니라 마음, 애정, 이해관계의 합방으로서 영제국의 일반적 복리를 위한 활기, 열정, 열의의 합침이다. 오직 이런 합방만이 제국의 실질적 힘을 강화하며 모든 위험으로부터의 안전을 보장한다"고 하였다. Hansard 304 (4/12): 1348.

46) Gladstone to Matthew Arnold (7/8/1881), *Diaries* 10 (1990), p. 92.

위엄에 따라 부여하고 이를 감사히 받는 것은 강요에 따라 주는 것과 근본적인 차이가 있다 ····· 영국으로부터 오는 모든 것은 유혈과 가혹한 필연의 잔인한 손아귀에서 오는 것이라기보다는 관대와 자선의 선물이어야 한다."[47] 또한 그는 아일랜드에 대한 양보를 영국의 명예, 인간성, 정의, 속죄의 문제로 인식하였다. 그가 보기에 "자유를 더 많이 그리고 더 잘 소유할수록 그것을 더 얻으려는 헛된 시도를 하지 않는다. 아일랜드 자치가 잉글랜드와 스코틀랜드가 원하는 방식으로 제한 받는 것은 정의가 아니다. 그리고 아일랜드 대표 스스로 더 이상의 양보를 요구하지 않을 것이라고 공언하였다. 오히려 ····· 조금씩 양보하면 영국 의회에 고통을 주는 추가 요구의 길을 열 것이다."[48]

그런데 글래드스턴은 영국의 구성 부분 각각에 대한 애국심을 강조한 만큼이나 "연합왕국"에 대한 애국심을 강조하였다. 글래드스턴은 합방 이전의 아일랜드 역사, 특히 아일랜드 출신으로 당시 영국의 대표적인 역사가 반열에 있던 레키의 『18세기 잉글랜드사』를 읽고서 합방으로 사라진 아일랜드 의회의 역사에서 "충성심과 병행한 민족성"(nationality with loyalty)이라는 개념을 발견하였다. 아일랜드의 입법적 독립이 영제국

47) Hansard 306 (6/7): 1237-38. 스코틀랜드 휘그의 지도자 아가일은 1885년 12월 글래드스턴에게 보낸 편지에서 글래드스턴이 버크를 연구하는 것을 비판한 적이 있었다. 그가 보기에 스코틀랜드인의 지성과 아일랜드인의 열정은 어울릴 수 없었다. 아가일은 1886년의 상황과 조지 3세와 식민지 관계라는 상황 사이에는 어떠한 유사성(parallelism)도 심지어 유비(analogy)도 도출될 수 없다고 주장하였다. 글래드스턴은 아가일이 "아일랜드와 아메리카에 관한 지혜의 불멸의 기념비적인 저작인" 버크에 대해 언급한 것을 유감으로 여겼다. Gladstone to Duke of Argyll (4/20/1886), *Diaries* 11, p. 535.

48) Hansard 304 (4/13): 1545, 1546.

의 통일성과 양립하였다는 것이다. 글래드스턴은 자신의 자치법안이 이 이념을 실현한다고 주장하였다. 글래드스턴에게 자치는 민족성의 표현이면서 연합왕국에 대한 애국심과도 양립할 수 있었다. 연합왕국에 대한 애국심을 강조한 점에서 글래드스턴은 합방주의자였다. 그러나 그 경우 소문자 합방주의자(unionist)이지 대문자 합방주의자(Unionist)는 아니다.[49)]

자치법안 비판에 대한 글래드스턴의 반론은 이 원리에 토대를 두었다. 자치가 두 나라 사이의 알력을 초래할 것이라는 반론에 대해서 글래드스턴은 그래튼의 "고매하고 심오한 경구"를 들었다. 그는 "해협은 합방을 금지하고 대양은 분리를 금지한다"는 말을 "아일랜드 의회의 굴복을 반대하면서 동시에 아일랜드 의회의 존재가 두 나라의 통일성을 방해하지도 않는다"로 해석하였다. 그런데 반대자들은 종종 두 나라를 가르는 60마일의 거리가 대수롭지 않다고 하였다. 그들에게 이 거리는 합방의 지리적 근거였다. 그러나 글래드스턴은 해협은 부인될 수 없다고 보았다. 그는 영국과 프랑스 사이의 20마일의 거리를 예로 들어 이 거리가 영국사의 과정에 지대한 작용을 하였음은 부인할 수 없는 "사실"이라고 반박하였다. 또한 그는 영국과 아일랜드의 이해관계가 너무 긴밀하기에 자치를 허용할 수 없다는 하팅턴의 반론에 대해 "만약 그게 진실이라면, 아일랜드인이 두 나라의 그 같은 긴밀한 관계를 무시하고서 완전히 독립적으로 행동할 수 있을까?"라고 반문하였다.

49) 재무부 재정 담당 차관 파울러(Henry H. Fowler)는 "인민에 대한 신뢰", "아일랜드인에 대한 신뢰"를 주문하면서 글래드스턴이 했을 말을 하였다. "나는 합방주의자이다. 그러나 사기와 부패에 의한 합방도, 인민을 분열시키는 합방도 주장하지 않는다. 상호적 권리, 이해, 존경, 신조에 토대를 둔 합방을 주장한다는 의미에서 나는 합방주의자이다." Hansard 306 (5/31): 522-23.

따라서 지방적 자치는 통일성을 약화하거나 손상하는 것이 아니라 오히려 강화하고 공고화하는 것이었다.50)

추밀원 부의장 플레이페어(Sir Lyon Playfair)도 자치 반대자들이 우려하는 아일랜드의 불충은 합방 이후 아일랜드의 "억압된 민족성"에서 나왔다고 주장하였다. 그는 역사적 사례를 들어 아일랜드인이 원래는 영국에 충성하였음을 지적하였다. 이를테면 1715, 1745년의 자코바이트(Jacobite) 반란과 7년전쟁 시기의 스코틀랜드 반란 때 아일랜드는 특별히 영국에 충성하였다. 또한 1782년 독립적 의회를 제안한 그래튼이 "왕권과 헌정이 [두 나라의] 연계이다. 어디서나 왕은 얻을 수 있다. 그러나 잉글랜드는 여러분이 자유로운 헌정에 참여하는 유일한 나라이다"고 했을 때 이는 불충을 의미하지 않았다. 플레이페어가 보기에 불충이 운위된 것은 피츠윌리엄의 소환과 가톨릭 해방에 관한 피트의 위약(違約)이 있었던 18세기 말이고, 그 결과 1798년의 봉기가 이어졌다. 그런데 플레이페어에게는 합방 이후 영국 정부가 아일랜드의 저항을 다스리면서 "아일랜드는 무력에 의해 진압된다는 교훈"을 얻은 것이 더 우려스러웠다. 그래서 그는 "무력으로 유지하느니 완전 분리를 지지한다"는 폭스의 말을 인용하면서 "현명한 의사는 질병을 치료하기 위해 폭력적인 치유책을 쓰지 않는다. 그는 병의 원인을 찾아내고 대안을 모색하는 법"이라고 당부하였다.51)

그러나 합방주의자들은 아일랜드가 독특한 민족적 집단임을 강력히 부정하였다. 그들은 설사 아일랜드인이 민족이라고 하

---

50) Hansard 304 (4/8): 1082; (4/13): 1541; (4/8): 1083.

51) Hansard 305 (5/18): 1366-67.

더라도 오직 프로테스탄트만이 그렇다고 생각하였다. 이 주장은 양면적 공격성을 갖는데, 하나는 민족의회를 부정하는 것이고, 다른 하나는 "가톨릭이 지배하는 의회와 정부에 참여할 수 없다"는 것이었다. 심지어 그들은 아일랜드가 정치적 · 지적인 실체가 아니라고 주장하였다. 그러나 이 주장은 모순이었다. 왜냐하면 이 주장은 아일랜드인의 민주적 자결권을 인정하기를 거부하면서도 줄곧 아일랜드인은 민주주의 원리를 갖지 못한다고 보기 때문이다. 합방주의자들이 제국의 통일성을 강조하면서도 후진 민족이 자치에 대비하고 문명화하는 것을 제국의 이상으로 삼았기 때문에, 사실 이런 강변은 그들의 사유의 딜레마를 반영한 것이기도 하였다. 글래드스턴은 이런 모순을 예리하게 지적한 바 있었다. 그는 제안 연설에서 합방 이후 영국의 아일랜드 통치가 실패했다는 점을 들어 자치를 정당화하였다. "아일랜드가 수세기 동안 잉글랜드와 접촉하고 영향을 받으며 지배당한 뒤에도 아직도 [자치에 부적합한] 야만 상태에 있다면 이는 영국의 정책과 행정을 심판하는 셈"이기 때문이다.[52)]

자치 반대자들은 또한 자치 이후 두 나라의 알력이 심해지고 결국은 분리로 나아갈 것이라고 우려하였다. 그들은 민족당의 지도부를 불신하였고, 자치 이후 보이코팅의 재현, 종교적 대립과 박해를 예측하였다. 이에 힐리는 자치법안상의 의

52) Daniel T. Dorrity, "Monkeys in a Menagerie: The Imagery of Unionist Opposition to Home Rule," *Éire-Ireland* 12:3 (1977), p. 13. 보수 논객 골드윈 스미스(Goldwin Smith)는 잔혹함, 무모함, 악마성, 테러, 공화주의, 공산주의, 게으름, 자발성 결여, 독립심 결여, 사기성 같은 아일랜드인의 인성은 "영국의 실정"의 결과가 아니라 아일랜드인의 "본성"에서 나왔다고 주장하였다. 합방주의자들은 아일랜드인이 자치에 부적합하다는 주장에 인성까지도 더했다. ("Monkeys in a Menagerie," pp. 15-20.)

회는 아일랜드 국내 문제에 대해서만 자치권을 가지므로 자치가 아일랜드를 "외국"으로 만든다는 비판은 근거가 없으며, "그래튼의 예언을 제외하면" 미래의 불행을 아무것도 알 수 없고, "당신은 예언자로서 주장할 수 없다. 당신은 오직 그를 불신할 수 있을 뿐이다"고 반박하였다.[53] 체임벌린이 자치 이후 상황에 대해 비관적으로 언급하자 섹스턴(Thomas Sexton)이 이를 "악의 예언자"라고 하면서 지혜, 위엄과 더불어 "좋은 믿음"이라는 개념으로 응수한 것도 마찬가지였다.[54]

사실, 자치 이후 아일랜드의 충성 혹은 불충에 관한 논란은 증명의 문제가 아니었다. 자치 반대자는 낙관적인 상태는 증명할 수 없다고 하였는데, 그렇다면 비관적인 상태 또한 증명할 수 없는 것이다. 문제는 불신이냐 아니면 신뢰냐는 것이었다. 글래드스턴은 최선의 가장 확실한 토대는 인민의 애정, 확신, 의지에 의해서 마련되며, 이것이 제국의 사회적 평화, 명성, 힘, 항구성을 확보케 한다고 지적하였다.[55] 이처럼 글래드스턴은 민족주의와 제국 통일성의 "순기능적" 연관을 인식하였다. 이 점에서 글래드스턴은 아일랜드와 아일랜드인에 대한 당대 영국인의 편견, 고정관념, 관습을 타파하려고 했다. 이에 반해 자치가 강압에 대한 대안임을 거부하면서 "법을 지키는 사람들에게는 강압은 실재가 아니라 이름에 불과하다"고 주장한 것은 억설이었다.[56]

53) Hansard 304 (4/9): 1219; 306 (5/25): 116.

54) Hansard 306 (6/1): 721.

55) Hansard 304 (4/8): 1084-85.

56) Hansard 304 (4/8): 1087.

4. 글래드스턴의 역사주의

글래드스턴의 자치 사유에서 역사적 인식이 매우 중요한 요소였음을 지적한 러프린은 그래튼 의회에 대한 글래드스턴의 인식이 오류이며 몰역사적이라고 비판하였다. 왜냐하면 글래드스턴은 그래튼 의회가 충성심과 민족의식을 결합한 것이라는 입헌적 민족주의(constitutional nationalism)의 견지에서 인식했기 때문이다.[57] 달리 말하자면, 글래드스턴은 아일랜드 민족의식의 기원과 발달을 엄격히 "의회 틀 속에" 위치시켰다는 것이다. 러프린의 해석에 따르면, 글래드스턴은 아일랜드 민족주의의 주체를 "자연스런 사회질서의 주체인" (프로테스탄트이든 가톨릭이든) 지주와 동일시함으로써 전체 민족과 구별하였고, 그 결과 자치를 통해서 지주의 권력이 "복원"될 수 있다고 믿었다. 말하자면 아일랜드 민족주의자들을 결속한 요인이 자치였기에, 자치가 주어지면 단결의 요인[민족주의]을 제거하는 셈이 되며, 따라서 자치는 지주에게 통치의 지위를 부여함으로써 그들의 권력을 복원하는 포괄적 실험인 셈이다.[58]

나아가 러프린은 글래드스턴의 아일랜드 문제의 본질에 대한 통찰이 매우 "추상적"이었고, 그의 아일랜드 민족주의 개념은 아일랜드 역사에 대한 협소한 이해와 "실제적" 타당성이 거의 없는 역사적 선례에 토대를 둔 것이었으며, 농촌 문제와 유리되고 그래튼 의회의 선례에 의존한 "정신적" 견지에서 아

57) Loughlin, *Gladstone, Home Rule and the Ulster Question*, pp. 58-59, 181.

58) Loughlin, *Gladstone, Home Rule and the Ulster Question*, pp. 183, 184-85.

일랜드 민족감정을 개념화하였다고 비판하였다.[59] 달리 말하자면 글래드스턴의 민족주의 인식이 추상적 수준에 머물렀던 것은 그가 어떤 특정한 민족의 독특한 역사적 경험에서 "어떻게" 그 민족주의가 등장하였는가에 대해서 철저히 인식하지 못했고, 따라서 아일랜드 민족주의에 대해서는 아일랜드 민족의회(national parliament)에 근접한, "정치적" 해법으로서의 자치를 허용하면 족하다고 보았기 때문이라는 것이다. 이 판단에 따르면, 글래드스턴은 토지문제와 민족문제를 확연히 구별함으로써 토지문제와 농촌의 불만이 아일랜드 민족의식 문제의 핵심임을 간과했다.[60]

의회 토론에서도 이런 주장이 제기되었다. 고센은 의회가 민족감정만을 다룰 이유가 어디에 있는가라고 반문하면서, 아일랜드의 난점은 민족 문제일 뿐 아니라 농업 문제라고 지적하였다. 토지와 계약과 공정한 지대에 대한 아일랜드의 관념은 다른 나라들과 전혀 다르므로, 아일랜드의 불만이 외국풍의 치장인 법에만 있지는 않다는 것이었다.[61] 채플린(Henry Chaplin)도 아일랜드 문제의 진정한 난점은 정치적인 것이 아니라 농촌 문제라고 강조하였다. 그는 문제의 핵심이 토지의 부족과 산업의 부재라고 지적하면서, 지난날 글래드스턴이 제정하였던 토지법은 오히려 농촌을 피폐하게 만들었으며 따라서 아일랜드 문제를 해결하는 방안은 자치가 아니라 토지의 집중과 겸병 및 이민이라고 주장하였다.[62] 이 처방은 아일랜

59) Loughlin, *Gladstone, Home Rule and the Ulster Question*, p. 196.

60) Loughlin, *Gladstone, Home Rule and the Ulster Question*, p. 177.

61) Hansard 304 (4/13): 1462-64.

62) Hansard 305 (5/18): 1328.

드에서의 토지관의 역사주의적 특성을 무시한 것이자 아일랜드에 영국식 토지 소유제를 확립하자는 것이었다. 리밍턴(Viscount Lymington) 또한 아일랜드 "질병"을 정치적인 것으로 본 글래드스턴의 진단은 오류라고 주장하였다. 그가 보기에 난점은 사회적인 것으로서, 그 뿌리는 기후, 관습, 토지였다. 그러므로 그는 토지와 재산에 관한 규정이 없이 의회라는 정치적 기구를 제시한 자치법안은 아일랜드 문제를 다룰 수 없다고 강조하였다.[63)]

러프린은 글래드스턴의 접근 방법이 매우 "비역사적"이라고 비판하였다. 1780년대의 민족주의가 1886년에 재창조될 수 있다는 생각은 두 시기 민족주의의 매우 상이한 정치적 실체와 이념뿐 아니라 더욱 중요하게는 사회적·경제적 결정인들의 차이을 파악하지 못한 것으로서, 주로 아일랜드 역사의 도덕적이고 정치적인 교훈에만 관심을 보인 것이었다. 러프린은 이 결함은 글래드스턴이 레키를 "오독"한 결과라고 주장하였다. "합리주의적이고 현실적인" 레키는 역사가 실제 정치에 직접적으로 적용될 수 있는 어떠한 교훈이나 처방도 제공하지 않는다고 보았지만, 글래드스턴은 이를 깨닫지 못했다는 것이다.[64)]

그러나 러프린은 레키가 나아가 역사의 실제적이고 "철학적"인 가치를 다음과 같이 주장했음을 간과하였다. 역사는 당대의 상황을 판단하기 위한 존경할 만한 학문 분야이자 실제적 삶을 위한 최선의 "추론"의 학교이다. 왜냐하면 이 수준에서의 추론이란 선험적 방법이 아니라 오직 실제(practice)에

63) Hansard 306 (5/25): 46, 48.

64) Loughlin, *Gladstone, Home Rule and the Ulster Question*, pp. 188, 194.

의해서만 가르쳐질 수 있기 때문이다. 따라서 역사는 비록 정치적 "지침"을 제공할 수 없을지라도 정치적 기술 발달과 사회의 폭넓은 "이해"에 매우 가치 있다. 나아가 탐구의 영역이 무엇이든 역사의 가장 가치 있는 교훈은 언제나 "도덕적 교훈"이다.[65]

물론 글래드스턴은 아일랜드 문제를 입헌적 민족주의의 견지에서 해결하려고 했다. 구체적으로 그것은 자치 의회의 설립과 이 의회에 책임지는 행정부의 구성이었다. 그런데 이 입장이 아일랜드 민족주의를 순전히 정치적·헌정적 견지에서 바라 본 것은 아니었다. 우선, 글래드스턴은 그래튼 의회의 재현이 가능하다고 믿지 않았다. 그가 그래튼 의회라는 역사를 언급함으로써 거의 100년 전의 제도의 복원을 꾀했다는 것은 상식적으로 납득이 되지 않는다. 역사에 대한 언급에서 글래드스턴이 도출하려고 한 것은 과거의 복원이 아니라 아일랜드 의회의 자율성이라는 측면, 즉 "원리"의 문제인 것이다. 더욱이 글래드스턴의 제안은 아일랜드 의회의 수립과 "그 의회에 종속하는" 아일랜드 행정부의 구성이었기에 그래튼 의회와는 다르다.[66] 글래드스턴은 그래튼 의회를 "이상화"하지 않았

65) Norman Pilling, "Lecky and Dicey: English and Irish Histories," *Éire-Ireland* 16:3 (1981), p. 53.

66) 글래드스턴은 제안 연설에서 책임정부를 주장하였지만, 그리고 파넬도 이 점에서 글래드스턴의 제안이 그래튼 의회보다 더 나은 것이라고 인정하였지만, 실제 자치법안에서는 책임정부에 관한 규정을 넣지 않았다. 이 때문에 워드는 영국 정부가 총독을 통해 아일랜드의 입법 과정에 개입하도록 하였다고 지적하였고, 잭슨은 자치법안상의 행정부는 아일랜드의 요구에 크게 못 미치는 것이었다고 평가하였다. 그런데 일단 총독이 아일랜드에서 국왕의 대리인으로서 각료 임면, 의회 소집과 해산에 관해 국왕의 대권을 행사한다고 했으므로 글래드스턴으로서는 법안에 책임정부 개념을 명시하기는 쉽지 않았을 것이다. 파넬은 관세권과 제국 유지 분담금과 더불어 총독제의 폐지를 요구하였다. Alan J. Ward, *The Irish*

다.[67)]

또한 글래드스턴이 자치의 성공적 수행의 전제로 토지 매입에 관한 법안을 자치법안과 동시에 제안한 것도 러프린이 언급한 몰역사적 사고의 결과가 아니었다. 토지법안은 2차 토지법의 한계를 극복하고 지주-차지인 관계의 재정립 위에 아일랜드 사회를 구축할 필요성을 절감한 결과로서, 자치는 이 사회적 재구성을 정치적 차원에서 뒷받침하는 것이었다. 토지법안은 오히려 19세기 후반의 변화한 아일랜드 상황을 고려한 역사주의적 사고의 산물이었다. 글래드스턴은 자영농의 육성을 통해 아일랜드에서 사회질서를 유지하려고 했다. 그런데 글래드스턴에게는 자치법안과 토지법안 모두가 사회질서의 유지에 필수적이었다. 질서라는 개념은 글래드스턴의 보수주의를 드러낸다. 그러나 글래드스턴은 아일랜드 사회 질서의 붕괴의 책임을 지주에게 돌렸지(토지법안에서 그는 지주를 "탄핵"한다는 표현을 썼다) 농민에게 돌리지 않았다. 매튜의 해석

Constitutional Tradition: Responsible Government and Modern Ireland 1782-1992 (Washington, DC, 1994), pp. 63-64; Jackson, *Home Rule*, pp. 57-58, 59-60.

67) 리는 그래튼 의회가 "자유주의적"이고 자발성에 입각한 "진보적" 기구였다는 "환상"과 통합아일랜드인협회가 아일랜드인을 통일했다는 "환상"은 그래튼 의회의 "독립성"에 대한 역사적 재구성에서 작용하였다고 주장하였다. 그가 보기에 합방법이 아일랜드인의 정신에 끼친 "가장 큰 상처"는 "합방이 아일랜드 의회를 웨스트민스터 의회로 대체함으로써 의회를 내적 개혁을 위한 투쟁이 아니라 민족독립을 위한 투쟁과 결부시켰다"는 점이다. "그리하여 합방은 민족주의자들로 하여금 [아일랜드의] 모든 내부 문제가 웨스트민스터 의회가 초래한 해악의 산물이라고 주장함으로써 아일랜드 사회의 실제와 대결하는 책임을 회피하도록 만들었으며, 아일랜드 근대사에서 가장 유혈적인 억압 기구인 그래튼 의회를 이상화하게끔 만들었다." 이런 해석에서는 글래드스턴이야말로 그래튼 의회에 대해 "환상"을 가진 인물이 된다. Lee, "Grattan's Parliament," pp. 158-59.

을 따르면, 이론상 지주는 아일랜드에서 질서를 유지하기 위해 보존되어야 하지만, 실제에서는 지주가 "무질서의 원인"이자 "알력의 요체"였다. 그러므로 지주를 유지하는 것은 강압법을 통해 런던으로부터의 지배를 강화할 뿐이고, 지주를 유지하기 위해 강압을 지속하는 것은 아일랜드에서 자유당의 이념의 몰락을 의미하였다.[68)]

더군다나 글래드스턴 스스로 자치법안 제안 설명에서 자치와 토지 양자가 불가분리의 관계에 있고 토지 문제의 해결이 자치 성공의 본질적 조건임을 지적하였다는 점을 감안하면, 글래드스턴이 정치적 해법과 경제적 해법을 별개의 것으로 파악하였다는 러프린의 주장은 설득력이 떨어진다. 비록 두 법안을 분리해서 제안한 것은 글래드스턴의 전략상의 큰 실수이겠지만,[69)] 러프린의 비판처럼 글래드스턴의 아일랜드 문제 인식 자체가 추상성의 한계를 가졌거나 글래드스턴이 토지 문제의 해결 자체는 민족감정을 만족시키는 것과는 구별되는 문제로서 인식한 것은 아니었다.[70)] (1893년 2차 자치법안에서도 글래드스턴은 자치법안에 토지 문제를 통합하지 않았다.) 토지법안은 아일랜드 의회를 거부하는 지주는 아일랜드에 있는 자신의 토지를 매각할 수 있고, 이 경우 그의 차지인은 매각 토지를 "구입해야" 한다고 규정하였다. 매튜에 따르면, 1870년과 1881년의 토지법은 정치적 변화에 대한 "대안"인데 비해, 1886년의 토지법안은 자치를 "촉진"하려는 것이었다. 전자가 지주-차지인의 법적 관계를 변화시키려 했다면, 후자는 영국

68) Matthew, *Gladstone*, p. 444.

69) Matthew, *Gladstone*, p. 500.

70) Loughlin, *Gladstone, Home Rule and the Ulster Question*, p. 177.

재정의 신용을 이용하려는 데 토대를 두었다. 토지와 자치라는 이 "샴 쌍둥이"는 아일랜드의 유산계급을 위한 보증이 자치에 통합됨을 의미하였고, 따라서 토지법안은 자치법안의 통과를 전제한 것이었다.[71]

러프린은 글래드스턴의 최대 약점은 그래튼 시대의 민족주의와는 무관한, 1880년대 아일랜드 민족주의의 추동력인 농민투쟁을 간과한 데 있었다고 주장하였다. 그러나 1879-82년의 토지전쟁은 자치당에 새로운 영감을 주었고, 파넬이 자치당뿐 아니라 전체 아일랜드에 대한 리더십을 장악하는 데 도움을 주었다.[72] 파넬파의 자치 요구는 토지전쟁이 2차 토지법으로 약해지자 아일랜드인 대다수를 차지한 가톨릭 농민의 정치적 힘을 자치라는 정치적 이슈 속에 통합하였기 때문이다. 따라서 양자는 본질이 서로 다른 것이라기보다는 동일한 민족주의의 양면이었던 것이다.

그렇다면, 글래드스턴은 "지주가 지배하는 자치 아일랜드"를 구상한 것인가? 글래드스턴의 자치법안과 토지법안을 글래드스턴의 "사회적 보수주의"라는 잣대를 적용하여 비판하는 연구는 매우 많아서 거의 정설로 받아들여지고 있다. 러프린은 글래드스턴이 버크의 역사관(사회 유기체론, 귀족=통치계급, 국가는 위대한 정신적 실체)에 동의하였음을 강조하였고, 로버츠는 글래드스턴의 아일랜드 정책은 그 자신의 편견과 선입견[보수주의] 때문에 실패하게끔 정해진 것이었다고 주장하였으며, 오데이도 글래드스턴을 아일랜드 문제 "자체"의 해결에 관심을 가진 것이 아니라 오히려 아일랜드에서 법의 지배

71) Matthew, *Gladstone*, p. 497.

72) D. George Boyce, *Nationalism in Ireland*, 2nd ed. (London, 1991), p. 205.

와 질서 회복에 집착한 보수주의자로 이해하였고, 윈스탠리는 국가의 도덕적 목적을 지지한 "종교적 정치가"로서의 글래드스턴, 개인의 자유와 책임 및 자유무역과 최소정부 이념을 강조한 "최소국가론자"로서의 글래드스턴에 왕정, 귀족제, 국교회의 유지 및 위계적인 사회질서를 신봉한 "공리주의적 전통론자"로서의 글래드스턴을 추가하였다.[73] 그러나 이들 주장처럼 글래드스턴의 아일랜드 정책이 보수주의라는 이념적 동기에서 나온 것이고, 그 때문에 결함이 많았고, 나아가 실패할 수밖에 없었던 것이라면, 도대체 왜 글래드스턴은 아일랜드 문제를 해결하려고 시도하였단 말인가? 정치가의 정책을 모조리 그 정치가 개인의 이념에 환원시키는 것은 특정한 때에 특정한 문제를 해결하기 위해 특정한 정책을 추진하는 정치적 행위의 역사성을 무시하는 것이다.

더 나아가 러프린은 아일랜드 민족주의에 대한 글래드스턴의 인식이 "사실"과 불일치했던 이유는 글래드스턴의 "자기기만" 능력의 결과라고 설명하였다. "온당한" 사회적 위계질서에 대한 글래드스턴의 신념이 아일랜드 지주의 정치력 상실을 생각할 수 없게 만들었다는 것이다. 그러나 이 주장은 글래드스턴의 제안 연설과 일치하지 않으며, 토지법안의 핵심과도 일치하지 않는다. 글래드스턴이 별도의 토지법안을 통해 지주의 이해관계를 보호하려 한 것은 사실이지만, 이 목적이 지주지배(landlordism)의 복원은 아니었다. 토지법안은 지주의 매각의사를 전제한 것으로서(매각을 원치 않는 지주는 여전히 아일

73) Loughlin, *Gladstone, Home Rule and the Ulster Question*, pp. 179, 181; Roberts, "Gladstone and the Irish Question," pp. 3-10; O'Day, *Parnell and the First Home Rule Episode*, pp. 185-86, 229; Winstanley, *Gladstone and the Liberal Party*, pp. 3-17.

랜드에 남는다), 그 경우 지주가 아니라 차지인이 토지 소유자가 된다. 글래드스턴은 다수의 지주가 남을 것으로 가정하였다. 그렇지만 이로부터 토지법안이 지주본위제를 복원하려는 것이었다는 일방적인 주장은 성립할 수 없다.

토지 문제는 그것이 아일랜드에서의 영국의 지배에 대항하는 더 광범한 투쟁의 부분으로서 제시되었을 적에 대중의 지지를 확보할 수 있었다.[74] 자치운동을 영국의 지배에 대한 투쟁으로 간주한 아일랜드 농민은 민족당의 자치론자를 자신의 대표로 선출하였다. 파넬 지도하의 아일랜드 민족당은 반지주당이었다. 물론 파넬 자신은 지주였지만, 그는 반지주주의(anti-landlordism)라는 대중적 노선과 대의에 저항할 수 없었다. 그러나 파넬은 "의회 없는" 토지 문제의 해결을 두려워하였다. 왜냐하면 농민에게서 일반적으로 토지 소유와 충성심은 분리할 수 없기 때문이다. 따라서 토지 문제는 압제에 대한 민족적 저항이라는 전반적인 운동과 통합되었던 것이다. 의회주의·입헌주의 견지에서 아일랜드 문제를 본 점에서 파넬과 민족당은 그 이전이나 이후를 막론하고 아일랜드의 어느 정치집단보다도 더 영국적 정치 전통에 근접해 있었다. 그러므로 파넬 당시에 그들이 자치에 이어 완전 독립으로 나아갈 것이라는 반대자들의 공격은 기우였다고 할 수 있다. 그들은 적(敵)의 스타일과 전통에서 의회에 나아가고 행동하고 투표했던 것이다.[75]

---

74) Boyce, *Nationalism in Ireland*, p. 196.

75) Boyce, *Nationalism in Ireland*, pp. 214, 215. 오데이도 영국 "안"에서의 동등함과 자율성을 추구한 아일랜드 민족주의의 자치 주장이 영국 문화의 이데올로기나 영국의 지배 어느 것과도 불일치하지 않았다는 점에서 아주 독특한 성격을 지닌 것이었다고 지적하였다. O'Day, *Parnell and the First Home Rule Episode*, p. 231. 1886년 의회 개원 직전 아

****

보수당과 자유당 합방파는 아일랜드의 역사에 대해 거의 알지 못했고 관심이 적었다. 반면 어느 역사가가 "시지프스의 노력"으로 평가한[76] 글래드스턴의 자치 투쟁은 아일랜드 역사에 대한 동정적인 이해에 근거하였다.[77] 그는 자치를 혁명 또는 제국의 파괴라고 두려워한 합방주의자들보다 더 명확히 아일랜드 상황을 파악했으며, 동시대의 대부분의 정치가들보다 더 투철한 역사의식을 갖고 있었다. 그는 아일랜드 역사에서 통일성과 다양성이라는 언뜻 모순되는 두 개념의 조화를 발견하였다. 비록 그것이 백열등 같은 감정의 흥분 상태에서 이루어졌다 하더라도, 그리고 그의 추론이 완전히 정확한 사실에 근거한 것만은 아닐지라도, 적어도 추론된 원리 자체는 타당하였다. 그리고 "장기적인 견지에서 역사의 판결은 글래드스턴의 손을 들어주었다."[78] 글래드스턴의 역사적 논증은 역사가 단지 지나간 과거가 아니라 현재에 살아 있어서 현안에 대한 판단에 유용함을 증명하였다.

일랜드 문제로 장시간 대담한 몰리는 글래드스턴 자신도 파넬이 "잉글랜드 스타일"의 진지하고 책임감 있는 당 지도자라는 인상을 갖고 있었다고 기록하였다. *Diaries* 11 (1/15/1886), p. 479, n. 7.

76) Feuchtwanger, *Gladstone*, p. 268.

77) 런던데리의 가톨릭 민족주의자 힐리는 "글래드스턴은 최초로 아일랜드의 피억압자의 편에서 다수 반대자와 투쟁하였다. 그는 동정심의 견지에서 아일랜드를 이해하였다. 그는 쉽게 강자의 편에 설 수 있었지만 이를 거부하였다. 그는 아일랜드인의 영혼 속에 기억될 것이다"고 칭찬하였다. Hansard 304 (4/9): 1215.

78) Feuchtwanger, *Gladstone*, p. 269.

또한 글래드스턴은 아일랜드 민족주의를 입헌적 차원에서 명확히 규정하였다. 그것은, 피니언운동과 공화주의를 제외한다면, 1830년대의 오코널의 합방폐지운동의 시기부터 1922년 독립 시기까지 계속된 아일랜드 민족운동의 틀이었다. 아일랜드 문제에 대한 글래드스턴의 이 같은 "근대적 규정"은 지극히 영국적 정치 전통에 충실한 것이었다. 그것은 아일랜드 문제가 의회 정치의 틀 안에서 "입법"으로 다루어져야 한다는 "입헌적 민족주의"의 인식이었다.[79] 글래드스턴은 민족의 독특성에는 헌정적 인정이 주어져야 한다고 보았고, 동시에 자치를 통해 제국의 통일성을 유지하고자 했다. 그것은 고전적인 자유주의적 제국관이었다.

사실, 역사적으로 아일랜드는 영국의 정치체 속으로 들어온 "골치 아프고 낯선 돌입"이자 "짐"이었다. 19세기에 아일랜드 문제는 다른 어떤 문제보다 더 자주 영국 내각의 진퇴를 결정한 요인이었다. 특히 민족당의 의사진행 방해 전술로 웨스트민스터 의회에서 아일랜드 문제는 다른 어떤 문제보다 더 많은 시간을 차지하였고, 글래드스턴 자신도 여러 차례 의회의 업무 정체를 법안 제안의 배경으로 거론하였다. 글래드스턴은 아일랜드 문제가 해결되어야 영국 정치가 가능하다고 믿었다. 동시에 그는 아일랜드 문제가 제국의 문제임을 지적하였다.[80] 그것은 문자 그대로 문젯거리였으며, 글래드스턴 당

---

79) Boyce, *The Irish Question and British Politics*, p. 18; Feuchtwanger, *Gladstone*, p. 268.

80) Hansard 304 (4/8): 1037; 304 (4/13): 1549, 1550. Boyce, *The Irish Question and British Politics*, p. 17; Margaret O'Callaghan, *British High Politics and a Nationalist Ireland: Criminality, Land and the Law under Forster and Balfour* (Cork, 1994), p. 103; H. V. Brasted, "Irish Nationalism and the British Empire in the Late

대에는, 그리고 오늘날에도 완전히 해결되지 못한 문젯거리이다. 몰리에 따르면, 글래드스턴의 자치법안은 영국의 정치적 성공의 비결은 탁월한 "탄력성과 다양성"에 있었고 오직 아일랜드만이 예외적인 지역임을 인식한 점에서 그 깊이를 가진 것이었다. 즉 영국은 제도의 통일성 원리를 유지하지 "않음으로써" 오히려 성공하였다. 그런데 아일랜드에서만 잉글랜드적 종교, 교회, 토지제도, 교육, 행정이 유지된 것이다. 이 탄력성과 다양성에 의해서 글래드스턴은 수수께끼 같은 "아일랜드 스핑크스"를 평화적으로 역사 속으로 되돌려 보내고자 하였다.[81]

Nineteenth Century," Oliver MacDonagh, W. F. Mandle & Pauric Travers ed., *Irish Culture and Nationalism 1750-1950* (London, 1983), pp. 83-103.

81) Hansard 306 (6/3): 951, 957.

4장 얼스터 문제

글래드스턴은 아일랜드 의회 설치의 "필수적인 조건"을 들었다. 제국 통일성 보존, 전체의 안전과 복지가 부분의 것보다 우선할 것, 제국 구성 부분들의 완전한 평등성, 제국 유지비용의 균등한 부담, 소수파 보호가 그것이다.[1] 이른바 얼스터 문제(Ulster Question)는 소수파 보호라는 조건과 결부된다. 그런데 글래드스턴이 언급한 소수파는 무엇보다도 지주였다. 지주는 얼스터 뿐 아니라 나머지 아일랜드에서도 소수파였다. 그런데 이 지주는 거의 프로테스탄트였다. 이 프로테스탄트는 아일랜드 전체에서는 소수파이지만 얼스터에서는 반드시 그렇지는 않았다. 글래드스턴은 얼스터가 아니라 아일랜드 전체의 프로테스탄트 지주를 소수파로 간주하였다. 글래드스턴에게 난제는 얼스터가 아니라 지주였다.

그런데 얼스터 문제는 비교적 근자에 대두하였다. 1885년까지 얼스터의 대표성은 자유당과 보수당으로 양분되어 있었지만 1885년 총선을 계기로 아일랜드 전역에서 자유당은 몰락하였다. 이후 아일랜드에서 민족당과 합방주의가 정치 세력을 대표하게 되었고 얼스터는 합방주의의 근거지가 되었다. 1886년 2월 처칠은 벨파스트에서 이른바 "오렌지 카드" — "얼스터는 싸울 것이고 얼스터는 정당할 것이다"(Ulster will fight and

---

1) Hansard 304 (4/8): 1052.

Ulster will be right) ― 를 꺼냄으로써 얼스터 합방주의를 자극하였다. 3월에 그는 글래드스턴의 정책에 불만을 품은 자유당원을 포함하여 모든 자치 반대 세력을 지칭하는 합방당(Unionist Party)이라는 말을 만들었다. 얼스터 문제는 글래드스턴의 자치법안이 부결된 이후 오히려 더 심화하였다. 얼스터에서는 얼스터 합방당(Ulster Unionist Party)이 조직되었고, 글래드스턴의 2차 자치법안에 대한 의회 토론에서는 이 문제가 아주 큰 논란거리였으며, 1912-14년 3차 자치법안 위기 때는 공공연한 무장투쟁을 시도할 정도로 세력이 커졌다. 그리고 아일랜드가 분할된 이후 얼스터에서는 합방주의 세력이 권력을 장악하였다. 물론 1886년에 얼스터의 존재가 이후의 사태 변화를 예고했는가에 대해서는 논란이 분분하다.

글래드스턴이 얼스터의 중요성을 온전히 인식하지 못했고, 그 결과 자치 정책이 실패하였다는 비판은 당시부터 지금까지 계속되었다. 글래드스턴이 얼스터가 별개의 존재임을 거의 의식하지 못했고, 비록 역사의 판결이 글래드스턴의 손을 들어주었지만 "오직 얼스터에 대해서만 글래드스턴의 비전은 결함이 있었다"는 평가,[2] 영국의 합방주의자가 얼스터에 관심을 가진 것은 얼스터 문제가 자치론에서 "가장 취약한 지점"이자 자유당을 반대하는 투쟁에서 "유용한 동맹 세력"이 될 수 있다는 "전략적" 고려의 결과로서, 이들에게 얼스터는 "영제국의 보루"였다는 지적,[3] 글래드스턴이 아일랜드 문제를 의회정치의 산물로 만들었지만, 얼스터 합방주의를 아일랜드 민족주의의 지역적 변종이자 소수파로 간주한 점이 한계였다는 주

2) Feuchtwanger, *Gladstone*, pp. 237, 269.

3) Patrick Buckland, *Ulster Unionism and the Origins of Northern Ireland 1886-1922* (Dublin, 1973), pp. 42-43.

장,[4] 1886년은 얼스터 정체성 형성의 기점으로서, 글래드스턴은 아일랜드 민족주의의 본질에 대한 인식과 비전에서 "아주 옳았지만" 얼스터 프로테스탄트의 저항이라는 특별히 중요한 점에서는 "아주 틀렸다"는 판단,[5] 글래드스턴은 자치법안에서 프로테스탄트를 보호하는 장치를 전혀 배려하지 않았고 얼스터 합방주의는 대표성 없는 오렌지단이 만든 것이라는 파넬의 견해에 동조함으로써 얼스터를 간과하였는데, 이는 "글래드스턴의 시도에서 가장 중대한 그릇된 생각이었다"는 서술이[6] 그렇다.

의사록 50쪽 정도의 제안 연설 가운데 글래드스턴이 소수파와 얼스터를 직접 언급한 내용은 3쪽에 채 미치지 못했다. 2독회 종결 연설에서도 얼스터와 충성파를 언급한 분량은 1쪽 남짓하였다. 연설 분량만으로 본다면 글래드스턴이 얼스터 문제를 비중 있게 다루지 않은 것은 부인하기 어렵다.[7] 그렇지

---

4) Boyce, "Gladstone and Ireland," pp. 118-19.

5) Edward Pearce, "Times and Tides," *History Today* 47 (Oct. 1997), p. 6.

6) John Davis, *A History of Britain 1885-1939* (New York, 1999), p. 34. 1793년 가톨릭구제법 제정으로 얼스터 경계 지역에서 가톨릭 비밀결사인 "방어자들"(Defenders)과 프로테스탄트 조직인 "피프 어브 데이 보이즈"(Peep of Day Boys) 사이의 종파 대립이 격화하였다. 국교도의 조직인 오렌지단(Orange Order)은 "피프 어브 데이 보이즈"의 지파인 "오렌지 보이즈"가 1795년 아르마 군의 다이어먼드 전투에서 "방어자들"을 격파한 데서 유래하였다. 그 명칭은 명예혁명으로 영국의 국왕이 된 윌리엄(William of Orange)의 이름에서 나왔다. 오렌지단은 1880년대 이후에는 아일랜드 민족당에 대항한 얼스터 합방당(Ulster Unionist Party)의 주축을 이루었고, 오늘날에도 북아일랜드에서 합방주의를 대표하는 정치 집단이다.

7) 사실, 글래드스턴은 얼스터에 관해 상반된 정보를 갖고 있었다. 얼스터 출신인 외무차관 브라이스는 법안에 규정된 전(全)아일랜드 의회에 대한 얼스터의 반대와 얼스터 자유당원들이 보수당과 제휴할 위험성을 경고하였다. 반면 가톨릭 아일랜드인이었던 법무장관 러슬은 얼스터를 별개로 취급

만 얼스터 문제의 성격에 대한 글래드스턴의 입장이 더 중요하다. 그가 소수파 간주한 대상은 구체적으로 아일랜드의 지주 계급, 행정부 관리, 프로테스탄트였다. 그는 관리는 큰 문제를 야기하지 않는다고 하였지만, 얼스터에서 "지배적이며 활력 있는" 공동체인 프로테스탄트를 염두에 두었다. 그래서 그는 자치에 대한 소수파의 위협이 존재함을 인정하였고, 이 위협의 원천이 얼스터 프로테스탄트의 공포심이라고 보았으며, 이를 위해 자치법안에서 "타당한" 조치를 마련하였다. 국교회 수립, 종교적 차별, 종파 교육, 재산권, 관세와 물품세, 자치법 변개에 관한 금지규정(4조), 상원 규정(10조), 상원과 추밀원이 하원의 입법권에 갖는 제약(23조와 25조)이 그것이다. 특히 그가 자치법안과 별도로 제안한 토지법안은 프로테스탄트 지주의 이해를 보전하려는 것이었다. 결국 글래드스턴은 얼스터를 무시한 것이 아니고 다만 얼스터에 관한 별도의 규정이 필요치 않다고 보았을 뿐이다.

글래드스턴은 얼스터를 자치에서 제외해야 한다는 주장, 얼스터에 대해서는 별도의 자율성이 보장되어야 한다는 주장[자치 안의 자치], 교육 같은 특정 사안에 관한 특정한 권리는 일정정도 아일랜드 지방위원회(Provincial Councils)에 남겨두어야 한다는 주장[자치권 일부의 탈중앙집중화] 어느 것도 장점을 갖거나 여론의 지지를 받음으로써 법안에 포함될 정도로 정당화되지 않는다고 주장하였다. 그는 이들 구상이 의회에서 다수의 지지를 받을 경우라면 진지하게 고려될 것이라고 하였다.[8] 그러나 글래드스턴은 이 문제에 대해 아일랜드가 현재

함은 가장 프로테스탄트적인 지역에서조차 정당하지 않다고 조언하면서 그 근거로 인구 통계를 제시하였다. Feuchtwanger, *Gladstone*, pp. 237-38.

"명백하고 헌정적으로" 발언하였다고 지적하였다. 왜냐하면 합법적으로 선출된 아일랜드 대표자의 5/6가 이 문제에 대해 한 목소리이기 때문이다. 글래드스턴에게 이 한 목소리는 물론 얼스터 프로테스탄트를 별도로 취급해서는 안 된다는 것이었다. 그래서 그는 얼스터의 프로테스탄트가 아일랜드 전체 차원의 문제를 지배할 수 없다고 보았다.[9)]

만약 글래드스턴이 법안에서 얼스터에 관해 특별한 조치를 규정했다면, 이는 그가 얼스터 문제를 자치의 "원리"와 결부되는 문제로 인식했음을 뜻한다. 의회 토론에서 퍼거슨(Sir James Fergusson)이 소수파 보호가 법안의 "제1원리"가 되어야 한다고 주장한 것이나 힉스-비치가 얼스터 문제가 세부사항에 관한 것이 아니라 원리의 문제라고 주장한 것과 동일할 것이다.[10)] 그렇지만 글래드스턴에게 원리란 아일랜드인 대다수의 의견이었고, 이 다수파 의견은 얼스터를 별도로 취급하는 것을 반대하였다. 글래드스턴에게 얼스터는 자치가 합의되기 "이전에는" 해결될 수 없는 문제로 인식되었다.[11)] 그것은 말을 마차 앞이 아니라 뒤에 매는 셈이기 때문이다. 글래드스턴이 1독회 종결 연설과 2독회 제안 연설에서 역사적 논증, 유비론, 헌정론, 재정론에 관한 반론들에 답변하면서도 얼스터

---

8) Hansard 304 (4/8): 1053-54.

9) Hansard 304 (4/8): 1053. 형식 논리로 보자면, 다수결 원리에 근거해서 민족당의 자치 요구를 거부한 고센과 처칠은 글래드스턴의 이 주장을 거부할 수 없었을 것이다.

10) Hansard 304 (4/8): 1098; 306 (6/7): 1211.

11) Hammond, *Gladstone and the Irish Nation*, p. 517. 쇼-르페브르도 얼스터 문제는 "중요하지만 부차적인 문제"로서 "주요 원리의 해결 이전에는 어느 것도 이루어질 수 없다"고 하였다. Hansard 305 (5/18): 1302.

를 언급하지 않았다는 사실은 그가 이 문제를 자치 원리와 관련되는 것으로 파악하지 않았음을 의미한다.

그러나 자치 반대자 다수가 얼스터 문제를 거론하였다. 이들은 우선 법안에 얼스터에 관한 별도의 규정이 없음을 지적하였다. 처칠은 충성파, 프로테스탄트라는 용어 대신에 "진보적이고 부유한 얼스터"라는 개념을 구사하면서 얼스터는 "아일랜드의 심장"이라고 하였다. 그는 글래드스턴이 얼스터 문제를 차후의 고려 대상으로 남긴 것은 자치법안이 얼스터 문제를 해결할 수 없다는 "절망"의 표현이라고 공격하였다.[12] 반면 힉스-비치는 소수파에 대한 안전책을 자치법안에 삽입한 것은 글래드스턴이 아일랜드 입법부를 "불신"했기 때문이라고 주장하였다.[13] 이는 역발상의 논리였다. 만약 글래드스턴이 아일랜드인을 신뢰했다면 굳이 소수파에 대한 안전책을 마련할 이유가 없었다고 보는 것이다. 한편 체임벌린은 글래드스턴이 얼스터 문제를 미결로 남긴 것은 옳다고 하면서도, 법안이 아일랜드인에게 만족스럽지 않다면 최종적일 수 없으며 아일랜드인 다수가 찬성하거나 아일랜드 대표들이 수용하는 것도 아니기에 최종적인 해결이 아니라고 주장하였다.[14]

이보다 더 중요한 반론은 자치가 주어지면 수적 다수파인

12) Hansard 304 (4/12): 1333.

13) Hansard 304 (4/13): 1530. 이 주장이 후대의 역사가들에 의해서도 그대로 반복된다는 것이 흥미롭다. 이를테면, 오데이는 자치법안이 아일랜드인에 대한 불신의 소산이라고 주장하였다. O'Day, *Parnell and the First Home Rule Episode*, p. 185. 그러나 글래드스턴은 법안에서 제시된 안전책은 자신이 아일랜드인을 불신한 결과가 아니라 다른 사람들[자치 반대자]이 아일랜드인을 불신한 데 따른 것이라고 반박하였다. Hansard 304 (4/13): 1535.

14) Hansard 306 (6/1): 690-91.

가톨릭이 소수파 프로테스탄트, 특히 얼스터 프로테스탄트를 지배할 것이라는 우려였다. 자치를 가톨릭 지배와 동일시한 (Home Rule=Rome Rule) 이런 주장은 의회 토론에서 빈번히 제기되었다. 자치가 얼스터 충성파를 배신한다는 주장, 자치가 얼스터를 연합왕국의 한 부분이 아니라 식민지로 전락시킨다는 주장, 얼스터는 경제적으로 다른 지방과 다르므로 자치에 포함되어서는 안 된다는 주장, 아일랜드는 두 민족이므로 자치를 받아들일 수 없다는 주장, 가톨릭이 프로테스탄트를 지배할 것이라는 주장, 소수파 아일랜드가 영국을 방해하듯 얼스터 소수파는 아일랜드를 방해함이 정당하고 따라서 자치를 위해서는 이들의 동의를 얻어야 한다는 주장, 자치가 얼스터의 무장 저항을 초래하고 아일랜드의 무질서는 결국 영국의 개입을 초래할 것이라는 주장이 그것이다.[15)]

반가톨릭주의는 여전히 호소력을 갖고 있었다. 물론 자유당 자치론자와 민족당은 이런 주장의 타당성을 부인하였다. 자치 법안에서는 자치 의회가 국교회를 수립할 수 없음을 명시하였던 것이다. 역설적인 점은, 아일랜드 가톨릭 쪽에서는 이러한 규정이 자치 아일랜드에서 성직자의 영향력을 제약할 것으로 우려하였기에 완전히 만족스런 규정은 아니었다는 사실이다. 그렇지만 이 규정 때문에 적어도 자치를 지지한 영국 프로테스탄트는 가톨릭에 대한 공포심을 갖지 않았다. 그럼에도 얼스터 합방주의 뿐 아니라 영국의 합방주의자의 자치 반대론의

---

15) Hansard 304 (4/8): 1089; 304 (4/8): 1093-94; 304 (4/8): 1122; 304 (4/9): 1231-32; 304 (4/8): 1091-92; 304 (4/9): 1098; 305 (5/17): 1249. 1886년 전반기에 『벨파스트 뉴스레터』에 게재된 얼스터 합방주의자들의 연설에서 언급된 자치 반대 이유도 동일하였다. Loughlin, *Gladstone, Home Rule and the Ulster Question*, App 2, table 9, p. 296.

중심에는 영국과 아일랜드 프로테스탄트의 뿌리 깊은 반가톨릭주의가 있었다. 그런데 이 반가톨릭주의는 이른바 "두 민족론"과 결부되었다. 체임벌린은 아일랜드는 동질의 사회가 아니라 두 개의 국민과 종교로 나뉘며, 가톨릭이 자치에 대해 어떤 반응을 보이든 프로테스탄트는 분명 반대할 것이라고 주장하였다. 그에게 얼스터 프로테스탄트는 번영, 근면, 진취적이고, 가톨릭은 무법의 불충자들이었다.[16)]

이 두 민족론과 밀접하게 연관된 특이한 주장이 제기되었다. 자치가 주어지면 얼스터는 "이중적으로" 식민지로 전락한다는 것이다. 예컨대 얼스터 합방주의자 맥네이튼(E. Macnaghten)은 자치법안이 오코널이 주장한 합방폐지보다 "더 완벽한" 합방 폐지라고 보았다. 그는 법안의 금지규정과 배제규정을 근거 삼아 아일랜드는 식민지로 전락할 것이라고 하였다. 말하자면 아일랜드 대표가 현재 제국의회에서 권한이 강대하므로 별개 의회 설치는 아일랜드를 식민지로 전락시키고, 나아가 얼스터의 충성파 소수를 아일랜드 의회에 맡기는 셈이다.[17)] 이 주장에서 보자면, 자치는 아일랜드를 식민지로 만들고 또한 아일랜드 안에서 얼스터를 식민지로 만든다는 점에서 얼스터는 이중의 식민지로 전락하게 되는 것이다.

그러나 법안 지지자들은 반가톨릭주의와 두 민족론에 대해 다양한 방식으로 반론을 전개하였다. 얼스터가 부유하고 번영을 누린다는 주장에 대해서 그것이 나머지 아일랜드인이 빈곤함을 승인하는 것이 될 수는 없다는 반박이 다소 감상적이었다면,[18)] 얼스터에서 종파적 다양성과 경제적 번영의 조건을

16) Hansard 304 (4/9): 1200-1201.

17) Hansard 304 (4/8): 1091-92.

따진 반론은 더 정교하였다. 러슬은 얼스터는 인종과 종교에서 전혀 다른 사람이 사는 곳이 아니라 프로테스탄트, 장로파, 가톨릭 등 "다양한" 인종이 사는 곳이며, 얼스터에서 다운과 앤트림만이 가톨릭이 다른 종교 집단을 능가하지 않는 곳이라고 하였다. 나아가 그는 프로테스탄트와 오렌지단이 아일랜드의 번영을 이룩하였기에 얼스터는 특별히 고려되어야 한다는 주장에 대해서 얼스터는 주로 정착에 의해 새로운 주민이 들어선 곳이며, 얼스터 산업은 영국과 경쟁하지 않는 린넨 산업에서 부흥한 것이고, 벨파스트도 스코틀랜드의 번영 덕분이라는 세 가지 이유를 들어 얼스터의 "예외적인" 번영을 설명하였다. 그렇다면 자치가 주어질 경우 가톨릭 또한 얼스터의 번영에 기여하지 말란 법은 없을 것이다.[19] 한편 힐리는 얼스터에서 지주에 대한 프로테스탄트 차지인의 불만을 들어 문제의 근원을 지주본위제로 돌렸다.[20] 이 주장은 얼스터 프로테스탄트 내부의 계급적 대립을 언급한 것이었다. 힐리는 더 나아가 아일랜드에서 자치운동이 오히려 프로테스탄트 오렌지단에 의해 시작되었다고 강조하였고,[21] 섹스턴은 영국에 충성한 적이 없는 [얼스터의] 소수 충성파가 도리어 위협거리라고 주장하였으며,[22] 오브라이언(J. F. X. O'Brien)은 앤트림과 다운 이외 지역에서는 오렌지 민족성은 없다고 함으로써 얼스터 민족성 자체를 부인하였다[23]

18) Hansard 306 (5/25): 81.

19) Hansard 304 (4/12): 1359-61.

20) Hansard 304 (4/9): 1212, 1213.

21) Hansard 306 (5/25): 120-21.

22) Hansard 306 (6/1): 723.

두 민족론에 대해 역사적 논증을 구사한 반론도 더해졌다. 후일 민족당의 지도자가 될 레드먼드(John Redmond)는 가톨릭구제법 제정에서 보듯이 오히려 프로테스탄트 의회가 아일랜드 민족운동을 이끌었고 가톨릭 해방의 길을 마련하였다고 지적하였다.[24] 쇼-르페브르도 아일랜드에서 지주 지배에 따른 억압의 결과 계급 대립이 일어나고 그 결과 프로테스탄트-지주 소수파는 잉글랜드의 지원에 의존하게 되었으며 "탈민족화"와 "분파주의"가 초래되었다고 주장하였다. 그가 보기에 합방 이전 프로테스탄트와 지주는 합방을 반대한 아일랜드 민족주의 세력의 중심이자 통합아일랜드인협회의 선봉이었으며, 가톨릭구제법에서 보듯이 자신이 독점한 아일랜드 의회 권력을 가톨릭과 기꺼이 공유하고자 하였다. "따라서 아일랜드는 두 개의 민족이 아니다." 그런데 아일랜드 자치 정부를 억압한 합방이 민족과 계급을 분열시켰다면 치유책은 오직 자치정부의 복원이어야 한다.[25] 플레이페어는 오히려 두 민족의 존재를 인정하면서도 합방이 그 주범이라고 하였다. 과거에 아일랜드에 두 민족은 존재하지 않았지만 현재는 두 민족이 존재하고 있으며, 이는 합방법의 오욕이므로 자치를 통해 인종과 종교에 따른 두 민족을 극복하고 물질적·감정적 유대를 강화해야 한다는 주문이었다.[26]

이렇듯 자치 지지자에게 얼스터 문제는 "완전히 근거 없는 공포"에 불과했다.[27] 6월 7일 2독회 종결 연설에서 글래드스

---

23) Hansard 305 (5/21): 1704.

24) Hansard 305 (5/13): 972.

25) Hansard 305 (5/18): 1308-1309.

26) Hansard 305 (5/18): 1377, 1380.

턴은 2독회는 법안의 "원리"를 검토하는 단계임을 주지시킨 다음, 다시 역사적 논증을 구사하여 얼스터의 독자성을 부정하였다. 그는 아일랜드 프로테스탄트에겐 충성심이 "내재적"이지만 다른 이들에게는 불충이 내재적이라는 벨파스트의 합방주의자 존스턴의 "경건한 확신"을 문제 삼았다. 글래드스턴이 보기에 이러한 주장은 아일랜드 역사 전 기간에 걸쳐 마치 프로테스탄트와 비프로테스탄트 사이에 구분이 있었던 것처럼 주장하는 것이었다. 그는 주민의 대다수인 가톨릭에 관한 한 18세기가 끝날 때까지도 정치에 참여하지 못했으므로 그들을 충성파 혹은 불충파로 부르는 것 자체가 "우스꽝스러운 일"이라고 주장하였다.[28] 이어 글래드스턴은 버크의 편지를 인용하였다. 버크는 18세기 말에 영국에 대한 아일랜드 프로테스탄트 하층·중간 계급 대다수의 불충은 원리와 관습에 깊이 뿌리내리고 있으며 이들과 섞인 가톨릭 일부가 "오염"되었다고 말하였다. 글래드스턴은 버크의 이 말을 다음과 같이 해석하였다. "불평할 고통을 갖지 않았던 프로테스탄트는 충성파가 되었지만, 많은 경우에 가톨릭은 그들[프로테스탄트]의 충성의 원리에 의해 자극을 받아 도발할 수 있다." 글래드스턴이 보기에 버크는 충성을 증진하기 위한 길이 무엇이고 충성심을 파괴하는 길이 무엇인가를 보여주었다. 충성을 증진하는 길은 불만과 고통을 제거하는 것이다.[29]

종교적 다양성, 인구 규모, 자치를 지지한 프로테스탄트 세력을 감안하면 일방적으로 "얼스터=프로테스탄트=자치 반대"

27) Hansard 306 (5/25): 62.

28) Hansard 306 (6/7): 1220.

29) Hansard 306 (6/7): 1221.

라고 할 수 없을 것이다. 이 때문에 당시에도 그랬지만 오늘날에도 자치 반대자들과 글래드스턴 비판자들은 정량적인 개념 대신에 “프로테스탄트 정체성”이라는 정성적인 개념을 구사하였다. 그 결과 종종 얼스터 문제는 프로테스탄트 정체성 문제와 동일시되기에 이르렀다. 그렇지만 이 얼스터 프로테스탄트 정체성이 무엇인가에 대해서는 의론이 분분해서 쉽게 결론이 나지 않는다. 얼스터 민족주의가 자치 위기 때 벨파스트 부르주아지에 의해 형성되었고, 이는 종전에 프로테스탄트 공동체를 대변한 지주 계급을 대체한 것이라는 맑시스트 해석(Peter Gibbon), 얼스터 민족주의 개념보다는 얼스터 프로테스탄트의 영국에 대한 “충성심”이 영국과의 “제한적인 계약” 관계에 있고 (따라서 만약 자신들의 이익에 반해서 계약이 수행되면 계약을 철회할 권리를 갖는다는 것) 그 충성의 대상은 단지 영국이 아니라 왕권과 제국이었던 “특수한 사례”라는 주장(D. W. Miller), 얼스터에서는 영국의 국민정체성을 대체하는 개념으로서 “제국적 정체성”이 있었는데, 이 정체성은 자신을 영국과 완전히 동일시하였으므로 “얼스터 민족주의는 없었다”는 주장(James Loughlin), 얼스터 정체성은 영국 정체성의 지역적 사례가 아니며, 얼스터 민족주의가 실제로 발달한 것은 아니지만 이론상으로는 독자성을 가질 수 있었고, 연합왕국의 구성부분으로서 동등성을 원하였으며, 자치 위기 때에 제국 문제가 아니라 얼스터 지방 문제에 집착한 것이었다는 주장(Alvin Jackson), 얼스터 프로테스탄트는 자신만의 민족주의를 발달시킬 필요가 없었는데, 그 이유는 처음부터 통일된 아일랜드 민족이 존재하지 않았고, 아일랜드 합방주의는 더 광범한 영국적 애국심과 양립하였으며, 합방주의자가 보기에 아일랜드는 "충성파"와 "불충파"로 구분되어 있었기 때문이라는 주장(D. G. Boyce),[30] 얼스터 프로테스탄트 정체성의 핵심은 프로테스탄트 가정(假定)과 가치라는 "문화"로서, "매우 응집력이 강한" 이 이데올로기는 가톨릭과 프로테스탄트 사이의 차이 및 얼스터와 나머지 아일랜드 사이의 차이를 명료화하였고, "경건=훌륭한 시민=영국적 삶의 방식에 대한 충성"이라는 에토스가 자치 반대로 표현되었다는 주장(David Hempton)[31]이 그것이다.

그러나 위에서 열거한 여러 해석 가운데 어느 것이든, 비록 얼스터 프로테스탄트 정체성이 존재했다 하더라도 그 정체성 자체가 당시에 과연 실질적인 저항력을 가졌고 그 때문에 법안을 부결시킬 정도로 강력하였는가는 또 다른 문제이다. 만약 그렇지 않다면, 얼스터 문제가 법안 부결의 중요한 요인이었다는 후대의 빈번한 주장은 1922년에 얼스터가 아일랜드에서 분리되었다는 (아니면 그보다 앞서 3차 자치법안에 대해 실질적인 저항을 하였다는) 사실에 근거한 후방투사(後方投射)적 판단에 불과하다.

첫째, 자치 지지자 뿐 아니라 영국의 합방주의자도 현실적으로 얼스터의 저항을 크게 우려하지 않았다. 의회 토론에서 존스턴은 얼스터 프로테스탄트는 자치 의회에 대표를 보내지

---

30) 이 요약은 Graham Walker, "Empire, Religion and Nationality in Scotland and Ulster before the First World War," Ian S. Wood ed., *Scotland and Ulster* (Edinburgh, 1994), pp. 101-102. 밀러의 "계약론", 잭슨의 "얼스터 민족론", 보이스의 "충성파론" 에 대한 러프린의 비판은 James Loughlin, *Ulster Unionism and British National Identity since 1885* (London, 1995), pp. 33-34, 36.

31) David Hempton, *Religion and Political Culture in Britain and Ireland: from the Glorious Revolution to the Decline of Empire* (Cambridge, 1996), pp. 108, 109-12.

않을 것이고 얼스터인은 의회의 명령에 대해 "총"으로 저항할 것이라고 위협하였지만,[32] 이것은 다분히 수사 차원의 반대라고 해야 할 것이다. 1886년이나 1893년에 얼스터 합방주의자의 내란 위협을 진지하게 고려한 사람은 거의 없었다. 물론 1912-14년에 오렌지단을 중심으로 얼스터는 무장 저항을 시도하였다. 그러나 잭슨의 지적대로, 글래드스턴 시대에 이들의 무장 저항 선언은 잉글랜드에서 큰 관심을 끌지 못했으며, 보수당 의원 다수가 오렌지주의에 대해 동정심이 없었고, 그 편협함에 실망하였으며, 그들의 영국과의 연계에 대한 충성심을 의혹의 눈길로 바라보았다.[33]

둘째, 영국의 합방주의와 아일랜드 합방주의는 성격이 달랐다. 잭슨에 따르면, 얼스터 합방주의자들은 잉글랜드인을 자신들의 자연스러운 협력자라고 간주하였지만, 정작 잉글랜드인

32) Hansard 304 (4/9): 1231.

33) Jackson, *Home Rule*, pp. 124-29. 지리적 근접성 때문에 얼스터 프로테스탄트가 많이 이주하였던 서부 스코틀랜드에서는 오렌지단이 외래의 유입물이라는 생각이 널리 퍼졌다. 그 결과 스코틀랜드에서는 대중 차원의 자치법안 반대 운동이 약했다는 점도 얼스터 프로테스탄트주의를 대변하는 오렌지단에 대한 영국인의 거부감을 설명한다. Elaine Mcfarland, "A Mere Irish Faction: The Orange Institution in Nineteenth-Century Scotland," Ian S. Wood ed., *Scotland and Ulster*, p. 78. 워커는 1885, 1886년의 총선이 현대 아일랜드 정치 상황의 근원으로서 "민족주의자-가톨릭" 대 "합방주의자-프로테스탄트"라는 특정 종교 집단에 근거하여 민족, 국가, 주권에 관해 매우 대립된 견해를 갖는 두 개의 뚜렷이 다른 정치적 운동을 출현시켰다고 주장하였다. 그런데 그는 이 종파적 구분 형성에서 오렌지단이 중요한 역할을 했으며, 가톨릭이 민족당 조직에서 차지하는 정도만큼이나 오렌지단이 합방당 조직에서 큰 비중을 차지하였다고 본다. Brian Walker, *Dancing to History's Tune: History, Myth and Politics in Ireland* (Belfast, 1996), pp. 24, 30, 33. 그러나 자치법안 반대 청원운동에서 오렌지단의 역할은 그리 크지 않았다. 1886년에도 그러했지만, 1893년에는 그 역할이 오히려 훨씬 더 작았다. 김기순, 『신념과 비전의 정치가 글래드스턴』, 377, 382-84쪽.

은 독자성을 요구한 얼스터 프로테스탄트를 근본적으로 이질적인 존재로 여기고 있었다. 그리고 1893년에 얼스터에 관한 잉글랜드 보수당의 관심은 1886년보다 오히려 더 약했다. 솔즈베리, 밸퍼, 처칠 같은 보수당 정치가들과 체임벌린에게 얼스터 충성파와의 유대는 정치적 목적을 위한 수단의 성격을 가졌을 뿐 아니라 수사적 성격이 강했다. 더욱이 잉글랜드는 말할 것도 없고 얼스터만 보더라도, 보수당 정치가들의 얼스터 방문과 선동에도 불구하고 대중들의 반응은 직접적인 폭력성을 띠지도 않았다.[34] 다수 잉글랜드 보수당 정치가들은 제국 문제에 대한 관심, 말하자면 자치가 제국의 통일성을 위협하고 나아가 제국의 해체로 귀결할 것이라는 우려가 더 컸기 때문에 아일랜드 합방주의자들을 크게 고려하지 않았다. 반면 아일랜드 합방주의자들에게는 제국의 통일성이라는 더 광범한 차원의 관심이 부족하였다.[35]

이러한 해석은 글래드스턴의 자치 정책을 신랄하게 비판한 수뇌부정치 학파의 주장에 의해서도 뒷받침된다. 이 학파는 솔즈베리를 포함한 보수당 지도부가 얼스터 합방주의자를 말썽꾸러기이자 신뢰할 수 없는 동맹자로 간주하였고, 1885년 말 이후 런던에서의 얼스터파의 빈번한 집회도 당 지도부와 언론의 주목을 받기는커녕 오히려 조롱의 대상이었으며, 얼스

34) Alvin Jackson, *The Ulster Party: Irish Unionists in the House of Commons 1884-1911* (Oxford, 1989), pp. 116-19.

35) Jackson, *The Ulster Party*, pp. 119-24. 3차 자치법안 위기(1912-14)까지 얼스터 합방주의자는 두 가지 어려운 문제를 안고 있었다. 하나는 얼스터에서 합방주의를 지속적으로 유지하지 못한 점이고, 다른 하나는 영국인에게 자치를 거부하는 자신들의 정당한 결의를 확신시키는 문제점도 극복하지 못한 점이다. Buckland, *Ulster Unionism and the Origins of Northern Ireland*, pp. 43-44.

터의 무장 저항도 승인을 받은 것도 아니었으며, 무엇보다도 자유당과 마찬가지로 보수당은 얼스터에 대해 "생각하지 않기로" 한 점에서 "우호적 합의"에 있었다고까지 주장하였다.[36] 글래드스턴의 자치법안을 계기로 영국 헌정에 대한 아일랜드 프로테스탄트의 믿음은 큰 충격을 받았다. 물론 프로테스탄트는 연합왕국 전체에서는 소수파가 아니라 다수파였다. 그렇지만 그들은 아일랜드 민족당의 요구에 동정적이었던 "상당수 영국인" 때문에 좌절감을 느꼈다.[37] 1886년에 (그리고 그보다 덜하지만 1893년에) 아일랜드 "충성파"는 아일랜드 자치가 제국 전체에 대해 갖는 의미보다는 자치가 자신들의 고국을 본국적(metropolitan) 지위로부터 "식민지"의 지위로 격하시킬 것이라는 점을 더 우려했던 것이다. 이런 이유로 그들은 법적으로 영국과 연계되는 자치보다는 차라리 완전 독립이 더 낫다고까지 여겼다. 이처럼 아일랜드 충성파를 영국의 보수당에 연결한 것은 제국의 운명에 관한 공유한 신념도 제국 의회에 대한 적극적인 애정도 아니었다. 오히려 수적으로 압도적인 민족주의자들의 "전제"에 대한 두려움이 그 이유였다. 보수당과 얼스터 합방주의 세력의 동맹의 비실체성의 한 가지 중요한 이유가 여기에 있었다. 보이스의 지적대로, 글래드스턴의 자치 정책에 대한 가장 큰 장애물은 잉글랜드가 연합왕국의

---

36) Cook & Vincent, *The Governing Passion*, pp. 159-60. 쿡과 빈센트는 자치 정책의 난점이 법안 통과의 "기제", 말하자면 상원의 존재에 있었고, 따라서 "순전히 전술적 견지에서 보자면, 1886년은 예비경주였다"고 주장하였다. 물론 이 주장은 글래드스턴 자신의 판단(법안이 하원을 통과하면 상원은 상당한 정치적 피해를 감수하지 않는 한 거부할 수 없을 것)을 부정한다(pp. 162-63).

37) D. George Boyce, "The Marginal Britons: The Irish," R. Colls & P. Dodd ed., *Englishness: Politics and Culture 1880-1920* (London, 1986), pp. 232-33.

한 구성 부분이면서도 실질적으로는 연합왕국 그 자체이자 웨스트민스터 의회는 잉글랜드 의회의 확장이었다는 구조였다. 문제는 얼스터가 아니라 잉글랜드의 여론에 있었다.[38]

셋째, 영국의 합방주의자 일부가 얼스터에 특별한 지위를 부여할 것을 주장하였지만, 이 시기 아일랜드 합방주의의 단일구조와 남부 합방주의의 전반적인 중요성을 고려한다면 얼스터의 특별한 지위 주장은 북아일랜드에서조차 널리 지지받지 못하였다.[39] 아일랜드 남부와 북부의 합방주의자의 성격도 달랐다. 전자는 더 넓은 전망과 이중적 정체성(아일랜드인이면서 잉글랜드인)을 갖고서 영국 합방주의 동맹자들에 대한 믿음을 가졌지만, 후자는 명확한 영역 경계와 인구 집중으로 더 독자적일 수 있었다. 그 결과 그들은 왕권이라는, "감정, 공통가치, 정치적 충성을 결합하는 상징"에 초점을 맞추었다. 왕권은 가시적이고 실제적인 대상이자 "충성인 채 있으면서 필요시에는 영국 정부와 의회를 거부할 수 있는" 것이었다. 19세기에 얼스터 프로테스탄트는 스스로를 아일랜드인이라고 간주하였다.[40] 이를테면 합방당의 지도자 손더슨은 영국이라는 국가에 대한 "계약론적 협박"을 암시하였다. 충성주의는 프로테스탄트 가치 방어를 조건으로 하는 것이었다. 그런데 얼스터 프로테스탄트는 점차 영국인과 아일랜드 민족주의자 모두에게 "괴이하고 예측할 수 없는 족속"으로 간주되었다. 그들이 보기에 얼스터 프로테스탄트의 충성주의는 "반란적인" 충성주의였다.[41] 따라서 글래드스턴이 얼스터에 특별한 지위를 인정하

38) Boyce, "The Marginal Britons," p. 234.

39) Jackson, *Home Rule*, p. 62.

40) Boyce, "The Marginal Britons," p. 233.

지 않은 것이 비판의 대상이 되기는 어렵다. 그가 얼스터를 포함하여 아일랜드 전체를 하나의 자치 대상으로 간주한 것은 여전히 타당하기 때문이다. 그렇다면 그가 아일랜드 합방주의를 진지하게 고려하지 않았다는 식으로 비판하면 어떤가? 이 경우에도 아일랜드 인민 대다수의 의견이 자치였고, 더군다나 얼스터 9개 군 가운데 5개 군은 가톨릭이 다수파였으며, 얼스터 합방주의의 중심지인 벨파스트에서도 가톨릭은 수가 많은 불만 집단이었음을 감안하면, 얼스터의 의미는 더욱 퇴색한다고 할 것이다.

넷째, 얼스터 프로테스탄티즘은 단선적이지만은 않았다. 교파간, 계급간의 긴장에 더하여 소수이긴 하지만 자치를 지지했던 프로테스탄트 집단이 있었다. 종교적으로는 온건하고 자유주의적인 개혁 노선을 지지한 이들의 영향력은 얼스터에서는 그리 강하지 못했지만 글래드스턴에게는 별다른 의미를 갖는 것이었다. 아일랜드 프로테스탄트 자치협회(Irish Protestant Home Rule Association)의 벨파스트 지부의 집행부가 글래드스턴에게 전달한 자치 지지 청원은 글래드스턴이 보기에 "프로테스탄트=자치 반대"라는 고정 관념을 배격하는 것이었다. 그런데 러프린은 그들이 자치법안을 지지한 것은 민족주의가 아니라 "더 나은 정부의 필요성에 대한 합리적 믿음" 때문이었고, 따라서 글래드스턴이 아일랜드 프로테스탄트가 자치를 지지한다고 고무된 것은 근거가 없었으며, 글래드스턴은 "아일랜드 프로테스탄트는 본질적으로 민족주의자이다"라는 "자기기만"의 함정에 빠졌다고 주장하였다.[42] 그러나 글래드스턴

---

41) Hempton, *Religion and Political Culture in Britain and Ireland*, p. 115.

42) James Loughlin, "Irish Protestant Home Rule Association," *Irish*

은 물론이거니와 영국과 아일랜드의 자치 지지자 역시 자치를 합리적 정부라고 간주하였다. 따라서 합리적 정부에 대한 믿음을 기준으로 삼는 러프린도 프로테스탄트 민족주의를 부정하는 자기기만에 빠진 셈이다.

다섯째, 결과론적으로도 글래드스턴이 얼스터에 특별한 지위를 인정하지 않았던 것은 정확한 판단이었다. 왜냐하면 1920년 분리법에 규정된 아일랜드위원회(Council of Ireland)는 실현되지 않았기 때문이다. 그것은 본래 특정 사안을 남북 아일랜드 대표가 공동으로 처리한다는 취지에서 만들어졌다. 그러나 1921년 이후 두 나라는 한 번도 공동사를 공동으로 처리한 적이 없었다. 따라서 만약에 아일랜드 자치가 1886년에(아니면 1893년에라도) 이루어졌다면 그것은 얼스터의 독자성을 인정하지 않았을 것이고, 그리하여 아일랜드위원회 같은 기구는 불필요했을 것이다. 한마디로 그것은 아일랜드에 두 개의 정부를 인정하지 않는 것이었다. 더군다나 두 개의 정부 구성의 결과로 등장한 북아일랜드에서 분리주의자와 합방주의자의 대립이 극심하다는 현실을 고려한다면, 차라리 애초에 두 개의 정부를 구성하지 않는 것이 더 나았을 것이다. 글래드스턴의 자치법안은 두 개가 아닌 "하나의 아일랜드"를 원리로 삼고 있었다.

글래드스턴에게 자치는 민족의 문제이지 지방의 문제가 아니었다. 그는 근본적으로 아일랜드 민족을 하나로 파악하였다. 현실적으로도 글래드스턴은 얼스터를 별개로 취급할 수 없었다. 그 경우 글래드스턴의 목표 자체가 좌절하기 때문이다. 글래드스턴은 영국의 아일랜드 통치에서 아일랜드인의 의사를

Historical Studies 29 (1985), pp. 349, 358-60.

감안해야 한다고 믿었으며, 얼스터 프로테스탄트의 반대에도 불구하고 자치법안이 통과된다면 아일랜드의 여타 지역 뿐 아니라 얼스터에서도 자치는 작동했을 것이라고 믿었다. 비아지니는 1880년대에 얼스터의 정치는 여전히 "명사들"에 대한 존경과 권위에 대한 존중이라는 정치문화의 영향을 받고 있었으며, 자치법안 위기 때에 대중의 소요나 무장 저항도 없었을 뿐더러, 자치가 실행되었다면 소요는 일어났겠지만 별다른 문제는 없었을 것이라고 주장하였다.[43] 결국 얼스터 문제는 법안 통과와 직결되는 중차대한 문제는 아니었다.

43) E. F. Biagini, *Gladstone* (London, 2000), pp. 101-102. 1886년이나 1893년과는 달리 3차 자치법안 시기에 자치 반대 얼스터 프로테스탄트의 저항은 영국 보수당(합방당)의 공식 승인을 받았다는 점도 지적할 필요가 있다. Patricia Jalland, *The Liberals and Ireland: The Ulster Question in British Politics to 1914* (New York, 1980), p. 56.

5장 유비론

자치법안 제안 연설에서 글래드스턴이 구사한 역사적 논증은 두 부분으로 구성되었다. 하나는 이미 살핀 제3장의 역사적 논증으로서 자치의 정당성을 아일랜드 역사로부터 도출하는 것이다. 다른 하나는 영국의 식민지였다가 자치령이 된 캐나다와 유럽의 여러 국가들의 경험과 사례로부터의 유비에 의한 추론을 통해 자치가 원리적으로 정당하고 두 나라의 유대를 강화한다는 것이다.

글래드스턴의 유비론에 대한 의회 토론에서 자치 반대자들은 자치가 영국과 아일랜드의 분리를 초래할 뿐 아니라 결국 제국의 통일성을 파괴할 것이라고 주장하였는데, 이는 아일랜드 자치가 끼칠 부정적인 영향을 제국 차원에서 고려한 결과였다. 이를테면 솔즈베리는 아일랜드에 자치를 허용하면 유사한 일들이 식민지에서 계속 일어남으로써 제국이 와해된다는 일종의 도미노 이론에 근거하여 자치를 반대하였다. 그러나 글래드스턴은 영국의 자치령 식민지와 많은 외국 사례를 들어 자치 허용이 오히려 제국의 유대를 강화한다고 제시하였다. 그런데 이 유비는 필연적으로 과연 거론된 사례들이 영국-아일랜드의 관계와 "일치"하느냐를 따지는 논란을 유발하였다. 자치 지지론과 반대론 모두 이런 입장을 취했다. 그러나 역사에서 일치하는 두 사례란 존재하지 않는다. 문제는 유비의 대상이 어느 정도 유사하느냐에 머물지 않고, "어떤 점"이 비교의 중심이어야 하느냐이다. 그러므로 영국-아일랜드 관계와 다른 나라의 사례들의 일치 여부를 따진 치열한 의회 토론은 부분적으로 정곡을 벗어난 것이었다.

자치법안 연구에서 유비론을 본격적으로 다룬 예는 없다. 글래드스턴의 역사적 논증("역사의 정치화")에 주목한 러프린도 그것이 또한 외국의 사례에 근거한 것임을 간과하였다. 그 밖의 여러 연구도 글래드스턴이 캐나다와 오스트리아-헝가리 사례를 염두에 두었고 특히 캐나다 사례가 중요했다고 지적하면서도, 글래드스턴의 논증이나 의회 토론에서의 논쟁 자체를 본격적으로 다루지 않았다. 의회에서 유비론이 핵심 쟁점의 하나였다는 것은 『의사록』을 보면 확연히 드러난다. 글래드스턴의 네 차례 연설 뿐 아니라 자치 자지자와 반대자 사이의 논쟁에서도 유비론은 빈번히 거론되었다. 그럼에도 아일랜드 장관 몰리마저 유비론의 의의를 간과하였다. 몰리는 식민지와 외국의 사례에 관한 모든 유비가 확신을 주지 못했고 "당시의 실제 정치에서 역사적 유비는 본질적이라기보다는 다분히 장식적이었다"고 폄하하였다.[1)]

글래드스턴은 쇼-르페브르의 도움을 받아 유비 사례들에 관한 풍부한 자료를 접하고, 효율적 의회정부는 지방적 입법부를 통해 가능하다는 힐(Frank Hill)의 주장을 수용하여 자신의 원리에 대한 확신을 갖게 되었다.[2)] 글래드스턴의 네 차

1) Morley, *The Life of William Ewart Gladstone*, v. 2, p. 416.

2) Kendle, *Ireland and the Federal Solution*, pp. 41-42. 그러나 힐은 자치법안 제안 이후 자치 반대론으로 선회하였다. 힐은 1869-86년에 자유당과 글래드스턴을 지지한 영향력 있었던 『데일리 뉴스』의 편집인이었다. 힐은 글래드스턴의 제안을 "분리"와 동일시하였고, 대안으로 일종의 연방제(잉글랜드 의화와 스코틀랜드 의회로 구성되는 영국의회 및 아일랜드 의회에 더해 제국의회를 구성함)를 통해 입법부의 합병을 유지할 것을 주장하

례 연설에서 유비론은 역사적 논증과 함께 자치 원리의 정당성에 관한 글래드스턴의 신념 및 자치법안의 성격과 직결되는 중요한 요소였다. 그것은 자치 문제를 아일랜드 뿐 아니라 제국 차원에서 인식한 결과였다.

1. 캐나다

자치법안 제안 설명에서 글래드스턴은 아일랜드를 위한 법은 "좋은 법"이어야 할 뿐 아니라 "그들 자신의 법"이어야 한다는 논리로 자치를 정당화하였다. 그는 자신의 제안은 아일랜드에만 예외적으로 해당하는 것이 아니라 영국의 식민지 통치 방식을 혁명적으로 변화시킨 원리라고 강조하였다. 영국의 통치 방식이 식민지에서 변화한 그대로 아일랜드에 적용되어야 한다는 것이다.[3] 그렇지만 이 제안 연설에서 글래드스턴은 식민지의 자치와 제국의 통일성의 연관성을 지적하면서도 직접적으로 캐나다를 거론하지는 않았고, 오스트리아-헝가리, 스웨덴-노르웨이 사례를 더 강조하였다. 오히려 제안 연설에 후속한 토론에서 자치 지지자와 반대자가 빈번히 캐나다 사례를 거론하였다. 그렇지만 1독회 종결 연설, 2독회 제안 연설, 2독회 종결 연설에서 유비 반대론에 대한 글래드스턴의 재반론은 캐나다를 매우 비중 있게 다루었다.

1850년대 무렵 캐나다, 오스트레일리아, 뉴질랜드 같은 영국 식민지에서는 권한이양(devolution) 체제가 진행되고 있었다. 그것은 중앙 의회의 주권, 특정 권한의 이양, 이 영역에서

였다.

3) Hansard 304 (4/8): 1081.

의 자치라는 홈룰(home rule)의 형태를 띠었다. 글래드스턴은 캐나다 사례에 관한 자료들을 읽고서 이 원리를 아일랜드에도 적용할 수 있다고 판단하였다. 글래드스턴의 유비론은 1870년대 이래 아일랜드 문제가 지방적이고 섬나라의 차원에서 제국의 문제로 전환하였던[4] 상황을 반영하였다. 그런데 자치령 식민지의 독립(dominion independence)은 자유당 정부가 아일랜드 자치의 의미로 이해한 것은 아니었다. 아일랜드 민족주의는 다른 식민지보다 훨씬 더 강력한 것이었기 때문이다. 그러므로 영국 정부는 아일랜드의 자치가 독립에 근접한 것이 되어서는 안 된다고 보았다. 자치법안에서 영국과 아일랜드의 재정적 통일성을 견지한 것이 이러한 인식을 반영하였다.

캐나다 사례는 이중적인 의미를 갖고 있었다. 하나는 영국과 캐나다의 관계이고, 다른 하나는 캐나다 내부에서 상부 캐나다와 하부 캐나다의 관계이다. 프랑스와의 7년전쟁(1756-63)에서 승리함으로써 영국은 캐나다에서 지배권을 확립하였다. 1830년대에 캐나다는 퀘벡 분할(1791년)의 결과 성립한 상부(서부) 캐나다와 하부(동부) 캐나다 및 노바 스코시아, 뉴 브런즈위크 같은 지방(province)으로 분리되어 별개의 행정부에 의해 통치되고 있었다. 하부 캐나다에서는 주민 다수가 프랑스계 가톨릭이었지만, 상부 캐나다에서는 영국계 프로테스탄트가 다수였다. 1837-38년 하부 캐나다에서 영국 국왕이 임명한 행정관들의 전제에 대항하여 반란이 일어났다. 멜번(Viscount Melbourne)의 휘그 정부는 더럼(Lord Durham)을 총독으로

4) H. V. Brasted, "Irish Nationalism and the British Empire in the Late Nineteenth Century," Oliver MacDonagh, W. F. Mandle & Pauric Travers ed., *Irish Culture and Nationalism 1750-1950* (London, 1983), p. 84.

파견하여 사태를 조사토록 하였다. 보고서(Durham Report)는 상부 캐나다와 하부 캐나다를 통합하고 자치를 부여함으로써 영국령 북아메리카 식민지를 재조직할 것을 제안하였다. 이 보고서에 따라 1840년 영국 정부는 통합법(Act of Union)을 제정하여 상부 캐나다와 하부 캐나다를 통합하고, 선거제의 하원과 임명제의 상원으로 구성되는 입법부(의회)를 설치하였으며, 행정부가 이 입법부에 책임을 지도록 하였다. 이 조치는 인구 규모가 작은 프랑스계 주민을 흡수하고 동화시키려는 것이었다. 그러나 프랑스계 인사들은 영국계 개혁주의자들과 합세하여 저항하였다. 1858년 캐나다는 영국 상품에 대한 관세권을 확보하였다. 1867년 영국 의회가 제정한 영국령 북아메리카법(British North America Act)은 동화정책을 포기하였다. 이 법에 따라 상부 캐나다와 하부 캐나다는 다시 분리되었고, 여기에 노바 스코시아와 뉴 브런즈위크를 더해 캐나다 자치령(Dominion of Canada)이 수립되었다. 자치령을 구성한 네 지방은 연방제 안에서 광범한 자치를 부여받았다.[5)]

영국의 식민지였다가 자치로 나아간 캐나다 사례에서 보듯이 자치와 제국의 통일성 유지가 가능하다는 글래드스턴의 유비론에 대한 논란은 다양하였다.

(1) 그래튼의 경구를 인용하면서 글래드스턴은 영국과 아일랜드 사이의 지리적 근접성을 이유로 합방을 거부하였고, 영국과 북아메리카 사이의 거리를 들어 아일랜드의 분리를 거부하였다. 처칠이 합방 폐지의 "가장 독창적인 근거"라고 비꼰 이 지리적 논증이 단순한 수사가 아니었음은 자치 반대자인 하팅턴의 주장에서 알 수 있다. 하팅턴은 영국과 아일랜드와

5) 캐나다 연방의 결성에 대한 상세한 연구로는 Ged Martin, *Britain and the Origins of Canadian Confederation 1837-67* (Vancouver, 1995).

의 거리는 60마일에 가깝지만, 가장 가까운 자치령 식민지의 경우 3,000마일이라는 사실을 글래드스턴이 언급하지 않았다고 지적하였다. 캐나다처럼 거리가 아주 멀다면 자치를 허용할 수 있으나, 아일랜드는 너무 가까우므로 단순히 지리적 거리의 다름이 식민지와의 유비를 허용하지 않는다는 것이다. 더군다나 그가 보기에 영국과 식민지 사이에는 "자발적 연계"가 존재하였으므로 영국은 식민지에 "실질적인 독립"을 허용하였다.[6] 그렇지만 글래드스턴은 영국과 프랑스를 가르는 도버 해협의 거리는 20마일에 불과하지만 영국과 아일랜드의 거리는 60마일이라고 응수하였다. 글래드스턴에게 이보다 더 중요한 점은 이 물리적 거리의 차이는 자치에 따른 "심리적" 유대에 비하면 결정적일 수 없다는 것이었다. 실질적으로 영국의 자치령들이 독립적으로 되었으므로 하팅턴의 주장은 아일랜드의 분리에 대한 우려를 반영하였다. 그렇지만 글래드스턴이 염두에 둔 것은 자치령에서 보는 영국과의 유대였다.

(2) 그러나 고센은 식민지에 독립을 허용했다고 해서 아일랜드에도 그렇게 해야 할 이유는 없다고 주장하였다. 그는 아일랜드라는 "새로운 식민지"는 전적으로 새로운 상황에 처해 있다고 보았다. 예컨대 아일랜드 노동자의 이민, 아일랜드에 정주한 잉글랜드인, 잉글랜드 자본의 이동, 아일랜드의 식량을 잉글랜드에 제공하는 것 따위는 아일랜드와 잉글랜드의 이해관계가 불가분리라는 증거였다.[7] 그러나 글래드스턴은 오히려 이 긴밀한 유대 때문에 자치 아일랜드가 독립적으로 행동할 수 없다고 반박하였다. 한편 하팅턴은 제국 정부가 자치식민

6) Hansard 304 (4/9): 1254.

7) Hansard 304 (4/13): 1466.

지의 국내 문제에 대해 전혀 실질적인 권위를 행사하거나 간섭하지 않으며, 거부권이나 식민지에 대한 법 제정권도 실제로는 명목적인 것에 불과하며, 제국은 식민지의 분리 주장에 대해 무력으로 제압하려 하지 않는다는 이유를 들어 아일랜드와 식민지 사이에는 아무런 유사성이 없다고 주장하였다.[8] 하팅턴의 이 주장은 자치법안에서 여러 금지규정과 배제규정으로 아일랜드 의회의 권한을 제약한 점을 염두에 둔 것이었다.

(3) 2독회에서 충성과 불충의 개념을 둘러싸고 캐나다 유비론 공방은 더욱 치열하게 전개되었다. 이 논란은 제국의 통일성 문제와도 직결되는 것이었다. 자치 반대자는 캐나다는 충성과 만족을 보인 반면 아일랜드는 불충하고 불만이라고 주장하였다. 2독회 제안 연설에서 글래드스턴은 이 문제를 집중적으로 언급하였다. 글래드스턴은 1840년대 문화적 민족주의 운동인 청년 아일랜드(Young Ireland) 운동을 주도하였던 더피(Charles Gavan Duffy)를 인용하여 대답하였다. "캐나다에 자치를 허용하기로 결정했을 적에 캐나다는 정확히 아일랜드에 귀속되는 기질을 갖고 있었다. 캐나다는 충성하고 우호적이었기에 자치를 가진 것이 아니라 자치를 가졌기에 충성하고 우호적으로 되었다." 당시 캐나다의 자치를 반대한 부류는 자치를 부여하면 제국의 통일성이 파괴된다고 주장하였다. 글래드스턴도 캐나다가 제국의 통합에 커다란 위협이었음을 인정하였다. 그렇지만 그는 캐나다 자치를 반대한 사람들에게 위협으로 간주된 것은 캐나다인의 불행 자체가 아니라 "불행에 대한 치유책"이었으며, 캐나다에게 자치를 부여하면서도 제국의회의 우월성은 포기되지 않았다고 반박하였다. 글래드스턴

8) Hansard 304 (4/9): 1254-55.

이 보기에 바로 이 점에서 캐나다와 아일랜드는 정확히 일치한다. 그래서 그는 제국에 대한 위협이라는 반대 목소리는 "치유책에 대한 것이 아니라 불행에 대한 것이어야 한다"고 권고하였다.[9]

글래드스턴이 아일랜드와 캐나다의 사례가 정확히 일치한다고 본 이유는 두 나라의 민족주의의 원리의 유사성 때문이었다. 앞서 살폈듯이, 글래드스턴은 아일랜드에서 인종적·종교적 차이에도 불구하고 민족적 자유 요구는 동일하다고 보았다. 그가 보기에 19세기 말 가톨릭 아일랜드의 자치 요구와 18세기 말 프로테스탄트 아일랜드의 입법적 독립은 모순이 아니었다. 다시 말하자면, 글래드스턴은 가톨릭과 프로테스탄트 모두 아일랜드 민족주의에 속한다고 파악하였다. 그렇다면 캐나다는 어떠했는가? 1837-38년 당시 자치를 요구한 캐나다인은 "반란자"라고 비난받았다. 하부 캐나다인 일부는 잉글랜드/스코틀랜드계 프로테스탄트였고, 대다수는 프랑스계 가톨릭이었다. 그런데 글래드스턴이 보기에 프랑스계 가톨릭이 영국에 대항해서 반란을 일으킨 것은 단지 그들이 프랑스계 가톨릭이었기 때문은 아니었다. 왜냐하면 상부 캐나다의 영국계 캐나다인도 반란을 일으켰기 때문이다. 이 대목에서 글래드스턴은 오코널의 연설을 들어 자신의 주장을 정당화하였다. 당시 반란의 주역은 프랑스계 캐나다인 파피노(Papineau)였는데, 오코널은 "사태는 아일랜드와 정확히 같다. 다만 차이점은 캐나다의 경우 그 선동가는 자신의 이름의 첫 부분이 아니라 끝 부분에 'o' 발음을 갖고 있다는 점이다"라고 말하였다.[10] 글

9) Hansard 305 (5/10): 585-86.

10) Hansard 305 (5/10): 586.

래드스턴은 이렇게 두 사례의 일치를 지적한 다음, 영국의 군사적 개입 이후에 어떤 일이 일어났는가에 주의를 환기하였다. 2년 뒤 영국은 캐나다에 "완전한" 자치를 허용하였다. 결국 글래드스턴이 캐나다의 사례에서 본 "역사의 교훈"은 그 자신이 불충자에서 충성자로 전향했던 더피의 말대로 "캐나다는 충성하고 우호적이었기에 자치를 얻은 것이 아니라 그와는 정반대였다"는 사실이었다.[11]

그러나 글래드스턴의 이러한 주장에 대해 자치 반대자는 캐나다 사례가 "사실적으로" 아일랜드와는 다르다고 응수하였다. 킹(H. S. King)은 두 가지를 지적하였다. 하나는 더럼 시대의 영국-캐나다 관계는 지금의 영국-아일랜드 관계와는 달랐다는 점이다. 당시 캐나다는 제국의회에 대표자를 보내지도 않았으며, 제국의회가 부과하는 관세도 적용받지 않았다. 입법부의 결합도, 정치적 견해와 정서의 상호교환도 존재하지 않았다. 다른 하나는 캐나다 연방제에서는 모든 문제에 대한 "일반적" 권한을 "일반적" 정부와 의회에 보존한다고 선언함으로써 주의 "주권"과 동시에 연방권을 보존한 [킹이 보기에는 아일랜드 자치법안과 유사한] 미국과는 다른 계획을 채택한 점이었다. 그런데 킹은 글래드스턴의 자치법안이 아일랜드의 "독립"이라는 전제하에 만들어졌다고 비난하였다. 캐나다 자치령에서 연방 정부의 권위에 위임된 모든 문제들이 자치법안에서는 아일랜드 의회에게 주어지며, 따라서 자치법안 제37조의 제국의회의 권한에 관한 규정[아일랜드 입법체가 입법하거나 폐기할 수 없다고 명시한 사안은 오직 제국의회만이 갖는다]은 알맹이가 없다는 것이다.[12]

---

11) Hansard 305 (5/10): 587.

한편 웨스트레이크(J. Westlake)는 1840년 법으로 하나의 입법부에 의해 결합된 상부 캐나다와 하부 캐나다는 "얼스터와 나머지 아일랜드의 관계와 동일"하였지만 결국 실패하였고, 그 결과 1867년 다시 분리되었다고 지적하였다. 웨스트레이크는 1840년 법의 실패를 들어 책임정부 원리를 거부하였고, 중앙의 권위를 전제한 1867년의 연방제가 캐나다 실험이 성공한 요인이라고 보았다. 그가 캐나다 사례에서 본 "진정한 교훈"은 "사회적·도덕적 공통성"을 갖지 못한 사람들에게 공통의 책임을 지라고 강제하는 방식으로는 난점을 치유할 수 없다는 점이었다.[13)]

이 두 반론이 연방제에서 중앙의 권위가 강해야만 성공한다는 것이었다면, 워드하우스(E. R. Wodehouse)의 반론은 캐나다에 주어진 자치정부는 "분리의 원리"인 민족주의를 인정해서 부여된 것은 아니라고 주장하였다. 왜냐하면 더럼은 하부 캐나다 반란의 원리인 민족주의를 인정하지 않았고, 자치정부는 하부 캐나다에는 적합하지 않다고 지적하였으며, 오히려 캐나다 다른 지역들과 하부 캐나다를 병합하고 "입법적 통일"에 의한 효과적인 정부에 의해서 영국인 다수의 강력한 지배에 종속시켜야만 하부 캐나다의 민족주의를 제어할 수 있다고 보았기 때문이다. 그런데 워드하우스는 이런 통일은 글래드스턴의 아일랜드 정책과는 반대라고 주장하였다. 그가 보기에 더구나 영국에 충성하는 캐나다의 프랑스계 주민은 "매우 특이한" 지위에 있었다. 그들은 모국 프랑스로부터 철저히 분리된 채 앵글로 색슨인에 의해 포위되어 있었다. "슬라브계 주민

12) Hansard 305 (5/17): 1191-92.

13) Hansard 306 (5/25): 74-75.

에 의한 흡수에 대한 공포 때문에 헝가리가 오스트리아에 기울듯이, 프랑스계 주민은 미국에로의 흡수에 대한 두려움 때문에 영국에 기대는 것이다. 그렇지만 만약 영국이 프랑스계 가톨릭의 민족성을 인정한다면 이들은 자치령을 파괴할 것이다."[14]

캐나다 유비론에 대한 이런 반론들이 아일랜드와 캐나다가 서로 "다르다"는 점에 근거해서 전개된 것이었다면, 체임벌린의 주장은 두 사례의 다른 점 뿐 아니라 자치가 오히려 아일랜드를 캐나다와 "같게 만들 것"이라는 점에 근거하였다. 자치법안을 분리법안으로 간주한 체임벌린의 주장의 핵심은 자치가 아일랜드를 캐나다처럼 실질적으로 독립국으로 만들 것이라는 데 있었다. 그래서 체임벌린은 자치 대신 토지 개혁과 연방제를 제안하였고, 식민지가 아니라 연방제를 채택한 외국(독일, 미국)의 사례가 더 적합한 모델이라고 주장하였다. 그는 연방제의 원리는 원심성이 아니라 "구심성"이라고 이해하였다. 나아가 그는 식민지와 본국 사이에는 현재 "강력한 연계"가 있지만, 이 연계는 "감상적인" 것에 불과하다고 보았다. 그는 하나의 연방 속에서 식민지와 제국 사이의 유대를 더욱 강화하려는 오늘날 글래드스턴이 이 감상적인 연계에 눈을 돌리는 것은 "자못 기이하다"고 비판하였다. 또한 그는 파넬이 어느 때나 캐나다인의 의사에 따라 해체될 수 있는 본국-식민지 연계를 대신하는 어떤 제안에도 완전히 만족하지 않을 것이라고 보았다.[15]

그러나 힐리는 캐나다가 제국 재무부에 아무런 기여도 하지 않는 점이 본질적인 차이라고 지적함으로써 자치가 아일랜드

14) Hansard 306 (6/3): 916-17.

15) Hansard 304 (4/9): 1204-1206.

를 캐나다와 같게 만들지 않을 것이라고 하였고,[16] 레드먼드도 자치법안에 규정된 아일랜드의 부담과는 달리 캐나다는 국채 부담, 제국정부의 과세, 제국의회가 부과하는 관세, 제국의회가 결정한 선거법을 갖지 않으며 군대와 해군을 보유하고 있다고 반박하였다.[17]

(4) 실질적인 독립을 이룬 캐나다를 염두에 둔 체임벌린은 다른 논점을 제기하였다. 그는 자치법안에 제국의회의 우위성을 "명시"할 것을 요구하였다. 이것은 종전의 비판과는 달리 캐나다와 "같은" 자치법을 요구함으로써 글래드스턴이 제시한 자치법안을 거부하는 방식이었다. 상부 캐나다와 하부 캐나다가 다시 분리되었을 때, 두 지방은 자치령 의회의 권위에 종속하는 각각의 자율성을 부여받았다. 그런데 체임벌린은 상부 캐나다와 하부 캐나다가 자치령 의회에 완벽한 대표성을 갖는다는 점, 자치령 의회는 지방의 입법부에 절대적이고 효과적인 우월권(거부권과 동시적 입법권)을 행사한다는 점, 자치령 의회가 형법과 소송절차법을 관장한다는 점, 총독이 판사를 임명한다는 점을 들어 캐나다와 아일랜드는 다르다고 주장하였다. 결국 그의 관심은 제국 권위의 실질적인 유지에 있었다.[18]

이에 브라이스는 제국의회의 권한을 명시적으로 표현할 필요는 없다고 반박하였다. 그는 자치법안은 영국이 식민지에 부여한 것과 정확히 일치한다고 지적하였다. 예컨대, 영국령 북아메리카법에서는 제국의회의 입법권을 명시적으로 표현하

16) Hansard 304 (4/9): 1217.

17) Hansard 305 (5/13): 968.

18) Hansard 306 (6/1): 694-97.

지 않았지만, 제국의회는 상선법이나 판권법을 제정하였고, 이는 자치령에서 통용되었다.[19] 재무장관 하코트도 거들었다. 만약 체임벌린이 주장하듯이 자치가 제국의회의 우위성을 파괴하므로 아일랜드 의회가 다루는 모든 사안에 대한 제국의회의 우위성, 그것도 "실제적인" 우위성을 주장한다면, 도대체 왜 아일랜드에 의회를 부여해야 하는가? 이런 허수아비 같은 아일랜드 의회는 왜 필요한가? 나아가 하코트는 자치령 의회와 제국의회와의 관계가 아니라 자치령 의회와 캐나다 지방의회와의 관계에 주목하였다. 이 경우 자치령 의회는 매사에서 지방의회에 대해 우월한 것은 아니다. 영국령 북아메리카법 제91조는 각각 자치령 의회와 지방의회의 "배타적" 권한을 규정하였다. 더욱이 지방의회는 지방의 헌법을 수정할 권한을 갖고 있고, 직접적 과세, 지방정부 관직의 설립과 임용기간, 재산과 시민권, 사법에 대해 배타적 권한을 갖는다. 따라서 하코트가 보기에 캐나다의 예를 들어 아일랜드 자치를 거부한다면 그것은 자가당착인 셈이다. 결국 자치법안은 체임벌린이 주장하는 바보다 훨씬 더 웨스트민스터 의회의 우위성을 견지한다.[20]

칠더스는 영국이 자치령 캐나다에 양보한 것은 "좋은 책임정부"였다는 주장으로 논쟁의 수준을 한 차원 더 높였다. 이는 자치가 입법적 자율성 뿐 아니라 행정적 자율성을 포함한다는 글래드스턴의 주장을 재확인하는 것이었다. 칠더스가 보기에 더럼 시대에 캐나다에는 입법부에 제한적인 인민 대표성이 존재했지만 대의정부는 없었다. 행정부는 영국이 지명하였

19) Hansard 305 (5/17): 1219.

20) Hansard 306 (6/1): 767-69.

고, 입법부의 권한은 정부가 제안한 예산의 일부를 거부 혹은 제한하는 정도였다. 그 결과 두 차례 반란이 발생하였고, 이는 영국에게는 커다란 골칫거리였다. 영국 여론 다수는 캐나다 의회의 자율성을 반대하였고, 캐나다인이 "무지와 편견"에 사로 잡혀 있으며 양보의 결과는 "공화국"의 수립이라고까지 주장하였다. 그러나 결국 영국 정부는 더럼의 조언을 따라 식민지의 입법권을 부여하였다.[21)]

물론 글래드스턴은 캐나다는 아일랜드의 경우와 일치하지(parallel) 않으며, 자치법안은 캐나다법과 여러 중요한 면에서 다름을 알고 있었다. 그렇지만 그가 보기에 두 경우는 "엄밀히 그리고 근본적으로 유사하였다." 그것은 "캐나다 역시 영국 정부의 통치를 받았다"는 점이었다.[22)] 그에게 캐나다 사례는 자치가 해체가 아니라 통합의 방법임을 보여주는 주목할 만한 것이었다. 그는 유사한 "원리"가 아일랜드에 그대로 적용된다고 생각하였다. 첫째, 1830-40년에 영국과 캐나다 사이에 존재했던 심각한 차이는 책임정부의 수립으로 완전히 치유되었고, 이것은 지금 아일랜드에게 제시하는 것과 같다. 둘째, 하나의 입법부를 가진 통합된 지방들이었던 퀘벡과 온타리오에 자치라는 통합의 확장(extension of union)을 통해 정치적 조화를 이루고 변화하는 상황에 대처할 수 있었는데, 이 경우 제국의회의 우위성은 견지되었다.[23)]

---

21) Hansard 305 (5/21): 1750-51.

22) Hansard 305 (5/10): 585.

23) Hansard 306 (6/7): 1229-30. 캐나다와 미국의 차이는 다음과 같았다. 캐나다에서는 영국적 의회정부의 체계가 보존되었고, 지방의 권한은 이후 확대되었지만 지방보다는 자치령 정부의 권력에 무게가 실리는 더 강력한 정부가 존재하였으며, "지방 차원의 연방주의"를 제국적 맥락의 자치와 결합시켰다. Kendle, *Ireland and the Federal Solution*, p. 6.

2. 외국

글래드스턴의 자치론은 아일랜드를 넘어서는 훨씬 더 광범한 차원을 갖고 있었다. 제안 연설에서 아일랜드 역사로부터 자치의 정당성을 논증한 글래드스턴은 이어 외국의 사례들을 소개하였다. 글래드스턴은 영국의 식민지처럼 외국의 경우도 자치 허용이 제국의 통일성 혹은 두 나라의 통일성을 강화한다고 주장하였다.

(1) 자치법안에 관한 글래드스턴의 네 차례 연설에서 모두 언급된 중요한 유비 사례는 오스트리아-헝가리, 스웨덴-노르웨이였다. 첫째, 글래드스턴은 스웨덴-노르웨이를 "자치의 긍정적 기능이 가장 현저한 예"로 들었다. 나폴레옹 전쟁 이후 열강은 엄격한 입법적 독립과 동격(co-equality)의 원칙 아래 스웨덴과 노르웨이를 통합하였다. 여기서는 두 나라 가운데 더 강한 나라가 강압책을 쓸 여지가 없으며, 완전히 별개의 입법과 행정이면서도 통합되어 있다. 합방 이후 노르웨이 의회는 헌정적·의회적 근거에서 스웨덴 국왕과 심각한 논쟁을 하였지만, 이는 스웨덴과의 논쟁은 아니었다. 오히려 합방 이후 두 나라 사이에 불화, 동란, 평화 위협, 증오, 거부보다는 동정이 계속 증진되었다.[24] 둘째, 글래드스턴에게 오스트리아-헝가리는 "가장 주목할 만한" 사례였다. 이 경우는 권력의 "완전한 이원성"의 예로서, 빈과 부다페스트에 각각 오스트리아 국왕의 의회와 헝가리 국왕의 의회가 설치되었다. [물론 동일한 합스부르크 왕가의 황제이다.] 입법부의 이러한 분리는 유대와 안정의 조건이 되었다.[25]

24) Hansard 304 (4/8): 1046-47; 306 (6/7): 1227.

25) Hansard 304 (4/8): 1047; 306 (6/7): 1228.

그런데 고센은 하여간 외국과의 유비를 하려면 유사성을 지적하지 않고서는 어떠한 논증도 불가능하다고 강조하였다. 그는 오스트리아-헝가리는 행정부의 "혼합"이지 입법적 자치가 아니라고 반박하였다. 그 근거는 오스트리아-헝가리의 경우 제국은 국왕과 세 명의 공동장관의 권력과 권위에 의해 결합하였고, 이들은 어떤 의회에도 책임지지 않는다는 점이었다. 그가 보기에 영국-아일랜드와 오스트리아-헝가리의 "특별한" 차이점은 영국에 관한 사안이 제국적이자 동시에 지방적이라는 데 있지만 자치법안은 이를 무시하였다.[26] 그러나 글래드스턴이 보기에 고센의 주장은 "완전한 오류"이다. 오스트리아-헝가리의 경우 "지방적 사안에 관한 한" 행정부의 혼합은 없기 때문이다. 두 나라의 공동 사안은 다른 문제이지만, 지방적 사안에 관해서는 오스트리아와 헝가리 사이에는 완전한 독립이 존재한다. 따라서 복수민족국가는 오직 지방적 자치에 의해서만 결합되며, 지방적 자치를 파괴하는 것이 오히려 제국의 "사망증명"이다.[27]

한편 얼스터 합방주의자 루이스(C. E. Lewis)는 노르웨이 관리인 스웨덴인의 편지를 인용하여 스웨덴-노르웨이와 잉글랜드-아일랜드에는 대응 관계(parallel relation)가 없다고 하였다. 노르웨이-스웨덴에는 인종적 증오심, 종교의 차이, 억

26) Hansard 304 (4/13): 1465.

27) Hansard 306 (6/7): 1228. 글래드스턴은 합스부르크 제국 내부의 다른 사례도 마찬가지라고 지적하였다. 예컨대, 이중제국의 갈리시아에는 폴란드인이 살며 오스트리아는 이 가운데 일부 지역을 관할하고 있다. 이는 러시아 치하의 폴란드나 프로이센 치하의 폴란드와 유사하다. 그럼에도 오스트리아-갈리시아의 경우 난점이 없는 것은 오스트리아가 갈리시아 문제에 대해서는 갈리시아에게 완전한 실제적 권한을 부여하고 있기 때문이다(1229).

압과 유혈의 기억이 없고, 보기에는 조화를 이루고 이해의 갈등이 없는 것 같지만, 두 나라의 결합은 "매우 미묘하므로" "외견상의 유사성을, 그러나 본질에서는 다른 유사성을 따르는" 데에는 매우 조심해야 한다는 경고였다.[28] 이 주장은 아일랜드와 외견상 유사성이 전혀 없음을 지적하면서도 비록 외견상의 유사성이 있더라도 추론에 신중해야 한다는 의미였다. 얼스터의 해밀턴(Lord Ernest Hamilton)도 자치는 노르웨이나 헝가리에서는 잘 작동하겠지만 아일랜드에서는 신속히 패배할 것이라고 단언하였다. 왜냐하면 귀족과 농민, 신교도와 가톨릭이 합심해서 단결한 헝가리에서는 진정한 민족운동이 존재하였지만, 아일랜드에서는 민족운동이 거의 전적으로 한 계급과 한 종교로 구성되어 다른 계급에 대해 "집요한" 투쟁을 벌이기 때문이다.[29]

그런데 글래드스턴의 의도는 이들 사례에서 아일랜드와의 일치를 입증하려고 한 것이 아니었다는 점이 중요하다. 글래드스턴의 의도는 물리적·물질적 수단에 의한 합방과 도덕적 수단에 의한 합방을 대비시키려는 것이었다. 글래드스턴에게 오스트리아-헝가리, 스웨덴-노르웨이 사례는 오직 도덕적 수단만이 사용되었고 이 수단들이 완벽하게 성공하였음을 보여주는 증거였다. 오스트리아의 경우는 제국의 중심이 주민 다수가 아니라 소수와 결부된 경우이면서 동시에 수적으로 훨씬 많은 헝가리를 대면해야 했던 경우인데, 이 경우 역시 자치를 통해 커다란 상대적 선과 상대적 성공을 이루었다.[30] 그렇다

---

28) Hansard 305 (5/10): 673.

29) Hansard 304 (4/13): 1496.

30) Hansard 304 (4/8): 1047.

면 영국의 경우도 이 사례들과 일치하는가? 글래드스턴은 "역설적으로" 영국의 경우 더 유리하다고 주장하였다. 이 대목에서 그는 합방주의의 대표적인 이론가였던 법학자 다이시를 인용함으로써 오히려 자신의 주장을 강화하였다. 『영국헌정의 법』에서 다이시는 영국 헌정의 특징을 의회의 절대적 수위권으로 탁월하게 묘사하였는데, 글래드스턴은 바로 이 논점을 이용하여 아일랜드에 별개의 의회가 허용되어도 제국의회의 수위권이 있기에 문제가 되지 않으며, 이 이점을 다른 나라들은 갖지 못한다고 했던 것이다.[31]

글래드스턴의 유비론을 집중적으로 공격한 합방주의자가 휘그의 지도자인 하팅턴이었다. 그는 하나의 자치 "모델"을 선택하기에 앞서 영국-아일랜드와 다른 나라들 사이에 유사성이 있는지 먼저 검토해야 한다고 주장하였다. 그의 반론에 따르면, 근본적으로 아일랜드의 경우는 다른 나라의 예에서 보는 것과 같은 대등한 힘이 없다. 말하자면 글래드스턴이 거론한 사례들은 모두가 자치를 얻은 쪽의 힘이 자치를 허용한 쪽의 힘과 대등했기에 가능하였다. 우선 오스트리아-헝가리의 경우에 존재하는 것과 같은 권력의 평등은 아일랜드의 경우에는 존재하지 않았다. 전자의 경우 균형 잡힌 동등한 권력은 균형 잡힌 이중적 헌정을 가능성 뿐 아니라 필연성으로 만들었다.[32]

글래드스턴은 하팅턴이 자신의 견해를 완전히 곡해했다고 지적하였다. 자신은 이 유비가 그대로 꼭 들어맞는 것이라고 말한 적이 없으며 정확히 대응하는 것이라고 말하지도 않았다

31) Hansard 304 (4/8): 1048.

32) Hansard 304 (4/9): 1253.

는 것이다. 이들의 경우 "상황"이 그러했다는 것이며, 훨씬 더한 이점을 갖고 있는 영국도 그래야 한다고 주장했을 따름이라는 것이다. 영국의 어려움은 제국의회가 있으면서 동시에 수많은 하위의 지방의회를 갖는다는 하팅턴의 주장에 대해 글래드스턴은 스웨덴의 경우 노르웨이에 대한 스웨덴 의회의 우위성이 없다고 반박하였다. 그가 보기에 이 경우 실질적인 지방적 독립성은 오히려 통합의 가능성을 증대시켰다. 오스트리아 역시 헝가리 의회에 대한 우위성을 주장하지 않는다. 즉, "우월한 의회 없이도" 이들 나라들은 문제점을 해결했다.[33] 글래드스턴의 이 답변은 스웨덴-노르웨이 경우보다 영국-아일랜드 경우는 자치가 더 유리하다는 점을 강조하기 위한 것이었다. 왜냐하면 자치법안에서 제국의회는 명백히 수위권을 갖기 때문이다.

(2) 하팅턴은 글래드스턴의 제안 연설에서 언급되지 않았던 미국의 사례를 추가하였다. 하팅턴은 다음과 같이 주장하였다. 미국의 경우 국가(주)가 여럿이기에 연방 권위의 압박을 한 주가 다른 주에 가하는 압박으로 간주하지 않는다. 그러나 이 연방 권위는 모든 주의 "집단적 권위"이다. 그런데 한 주의 다른 주에 대한 압력이 아니라 균형 잡힌 주장이 주 사이에 일어났을 때(노예제 문제) 헌정은 무너지고 내란에 의지하게 되었다. 따라서 영국-아일랜드와 미국 사이에는 아무런 유사성이 없다. 더 강한 국가가 덜 강한 국가에 강제하는 압력이라고 느끼지 않을 권위, 혹은 아일랜드에 적용되는 집단적 권위라는 본질을 가진 연방적 성격의 어떠한 권위도 영국-아일랜드의 경우에는 존재하지 않는다. 미국 헌법에는 영국의 제

33) Hansard 304 (4/13): 1540-41.

국의회가 행사하는 주권적 권위를 닮은 어떠한 권위도 없다. 주권적 권위는 행정부, 의회, 개별 주에도 없다. 주의 권력은 평등하게 균형 잡혀 있으며, 대법원의 통제 아래에 있다.[34)]

이에 대해 글래드스턴은 미국에서는 남북전쟁 시기에 북부의 주더러 유니언을 유지할 것을 주장하지 말라는 조언들이 많았지만, 주들은 유니언을 주장하고 이를 관철하였다고 지적하였다. 글래드스턴에게는 북부에 의한 유니언의 관철 그 자체보다는 유니언 이후 북부의 주들이 어떻게 했냐는 점이 더 관심거리였다. 그는 북부는 남부의 주들을 굴복시키고 피정복 국가로 다룰 수 있었지만 오히려 완전한 자율성을 부여하였고, 이 자율성은 영국이 현재 아일랜드에 주려는 것보다 훨씬 더 완전한 것이라고 지적하였다.

그렇다면 일단 영국이 아일랜드에게 자율성을 주면 그 뒤 계속해서 양보하게 되지 않겠는가? 그러나 글래드스턴은 자치법안은 차후의 요구를 오히려 중단시키는 것이라고 답변하였다. 독립 당시 영국과 미국의 화해를 반대한 사람들은 미국이 추가 요구를 할 것이라고 우려하였지만, 화해 거부는 추가 요구의 도래로, 이는 다시금 유혈, 희생, 국가 부채의 증가, 영국의 위신의 손상이라는 대가를 치르고서 요구를 승인하는 것으로 귀결하였다. 그리고 애초의 이러한 거부와 타결 과정은 미국에게는 선의 대신에 깊은 증오와 분개를 남겼다. 글래드스턴이 보기에 이러한 사태는 아일랜드와 비슷하였다. 그는 아일랜드와의 전쟁의 가능성은 부인하였지만, 자율성 부여는 영국의 영예와 위신 뿐 아니라 인도주의, 정의, 속죄의 문제라고 인식하였다. 양보는 또 다른 양보를 낳는다는 반론에 대해

---

34) Hansard 304 (4/9): 1253-54.

그는 "오늘의 상황에 적용할 수 있는" "정치적 지혜의 금광"인 버크를 인용하였다. "인민이 더 많고 좋은 자유의 상태를 소유할수록 인민은 헛되이 그것을 더 많이 만들려는 모험을 덜 하는 법이다."[35]

다른 자치 반대자들도 미국 내란을 자치 반대의 주요한 근거로 거론하였다. 이 경우는 유비론을 인정하면서 동시에 자치 반대의 근거로 삼는 특이한 방식이었다. 이를테면 리텀(E. A. Leatham)은 어떤 위기가 있을 때 그 위기를 극복하는 "방법"이 장차 그 국가의 지위를 결정한다고 역설하였다. 그런데 리텀이 보기에 오스트리아-헝가리, 스웨덴-노르웨이보다 "더 유익한 예"인 미국은 위기를 연합제주에 별개의 의회를 설치하는 법안 제안으로 극복한 것이 아니라 수많은 전투에서 법이 유지되어야 함을 선언함으로써 극복하였다.[36] 그러나 미국의 정치제도에 관한 권위자였던 브라이스는 미국의 예는 민주주의 시대에 한 국가가 다른 국가를 강압으로 통치하는 것이 불가능함을 보여준다고 지적하였다. 그에게 문제는 민주주의의 시비를 가리는 것이 아니라 민주적 "원리"에 의한 통치이며 자치는 곧 이 원리를 적용한 것이었다. 자치 반대자들은 미국의 경우 위기 때에 북부가 취한 행동을 들어 영국이 아일랜드를 제압해야 한다는 근거와 선례로 거론하였다. 그렇지만 브라이스가 보기에 난점은 전쟁에 있지 않았다. 처음에 북부는 남부의 주들을 군사적으로 점령하여 통치하였지만 이 방식은 곧 무너졌다. 그리고 전쟁 때에 유니언 반대자의 선거권을 박탈하고 흑인과 북부의 모험가들에게 정부를 위임하였는데

35) Hansard 304 (4/13): 1544-45.

36) Hansard 305 (5/13): 1019.

이 또한 체제 붕괴로 이어졌다. 결국은 원래의 원리로 되돌아와 남부의 주들에게 자치를 허용하고 모든 시민의 선거권을 회복시켰다. 나아가 전쟁에 참여한 사람들에 대한 국가의 보복을 폐지함으로써 소요를 종식시키고 신속한 번영과 법 존중을 이루었다. 이렇듯 브라이스에게 미국의 사례는 민주적 체제가 그 자체로서 진리이며 오직 그래야만 성공한다는 점을 보여주었다.[37)]

자유당 합방파의 자치 반대를 분석한 허논에 따르면, 합방주의자가 거론한 미국 내란에서 주의 권리는 아일랜드 민족주의와, 남부의 분리 요구는 아일랜드가 완전 분리로 나아갈 것이라는 예상과, 내란 직전의 미국의 상황은 1886년의 연합왕국과 아일랜드의 상황과, 글래드스턴 같은 인사들의 남부 지지는 아일랜드 자치 지지와, 나아가 재건기 남부의 자치에 대한 급진 공화주의자의 견해와 아일랜드 자치에 대한 자유당 내부의 반대파의 견해는 유비관계에 있었다.[38)] 이러한 유비의 결과 자유당 합방파는 제국의 통일성을 보존해야 한다는 결론과 북부가 노예제에 반대해서 싸웠듯이 자신들은 비합리적인 아일랜드인의 야만과 미신에 대항해서 싸운다는 도덕적 결론을 도출하였다. 결국 합방은 유지되어야 했다.[39)] 그러나 허논은 아일랜드 민족주의와 미국 남부의 주 권리 주장을 결부시키는 데는 한계가 있었다고 지적하였다. 영국의 급진주의자가 미국 내란에서 노예제 폐지를 커다란 도덕적 이슈로 본 것을

---

37) Hansard 305 (5/17): 1229-30.

38) Joseph M. Hernon, "The Use of the American Civil War in the Debate over Irish Home Rule," *American Historical Review* 69 (1964), p. 1022.

39) Hernon, "The Use of the American Civil War," pp. 1024-25.

잘못이라고 할 역사가는 드물지만, 아일랜드 자치 반대론에는 미국과 유사한 이슈가 있다는 자유당 합방파의 견해에 동조할 역사가는 거의 없을 것이기 때문이다. 허논의 판단에 따르면, 미국의 주의 권리에 비유되는 아일랜드 민족주의의 이념은 더 매력적으로 되었지만, 반면 노예제라는 도덕적 이슈는 남부의 실패와 남부의 주 권리에 대한 불신에 크게 기여하였다.[40)]

(3) 의회에서 외국 사례를 둘러 싼 유비 논쟁의 범위는 광범했다. 주로 글래드스턴과 하팅턴 사이에 벌어진 유비 논쟁의 대상은 오스트리아-헝가리, 스웨덴-노르웨이, 미국이었지만, 그 밖에도 수많은 사례들이 토론에서 거론되었다.

브라이스는 상당히 다양한 사례들을 거론하였다. 브라이스의 자치론의 기반은 “인간사의 거대한 힘”인 민족주의였다. 민족주의의 야누스적인 양면성 가운데 글래드스턴처럼 선한 측면에 주목한 브라이스는 민족주의의 구체적인 표현이 자치라고 여겼다. 그는 의회 토론에서는 별로 언급된 적이 없는 독일의 경우를 고려할 가치가 있다고 지적하였다. 인구가 아일랜드와 거의 비슷한 바이에른에서는 종교와 관습이 프로이센과 매우 달랐지만, 1870년 이후 자치를 통해 프로이센과 화합할 수 있었다. 아이슬란드도 자치의 정당성을 입증하는 근거였다. 아이슬란드는 덴마크 국왕에 저항하며 입법부의 독립을 요구하였다. 아이슬란드는 덴마크가 아이슬란드에게 덴마크 의회(Diet)에 참석하는 권한을 주자 거부하였다. 그 이유는 덴마크 의회에서 소수파로 전락할 것이라고 우려했기 때문이다. 더욱이 덴마크 의회는 아이슬란드 문제에 무관심했다. 결국 1874년 덴마크 정부는 굴복하였고, 아이슬란드 의회에 입

40) Hernon, “The Use of the American Civil War.” p. 1026.

법적 독립을 허용하였다. 행정부가 여전히 코펜하겐에 있다는 것이 불만이지만 아이슬란드는 자치를 통해 덴마크와 원만한 관계를 유지하고 있다. 이 경우 지리적 거리는 아무런 문제가 아니다.[41)]

브라이스는 다른 사례도 들었다. 1830년 이전 홀란드와 벨기에 사이에는 지속적인 투쟁이 있었다. 벨기에의 민족성 요구를 홀란드가 거부함으로써 결국 홀란드는 벨기에 전체를 상실하였다. 덴마크-슐레스비히/홀스타인 공국들의 관계도 마찬가지이다. 공국들은 자신의 독특성을 인정할 것을 덴마크에게 요구하였지만, 덴마크는 “한 민족”이라는 이유로 이 요구를 거부하였고, 결국 두 공국은 독일에 기울게 되었다. 영국-아일랜드의 경우는 간섭할 강대국이 없다지만, 덴마크는 온건했더라면 보존할 수 있었을 것조차 상실하게 되었다. 한편 러시아-폴란드/핀란드를 보면, 러시아는 핀란드에 자율을 허용하였고, 이 나라가 러시아의 수도에 근접해 있지만 반란의 기미는 보이지 않는다. 그런데 러시아는 폴란드에 대해서는 핀란드와 동일하게 취급하기를 거부하였고 폴란드의 요구를 힘으로 분쇄하였다. “영국은 이런 식으로 아일랜드를 다루어서는 안 된다.”[42)]

그렇지만 자치 반대자들은 완강했다. 애쉬미드-바틀리트(E. Ashmead-Bartlett)는 합방이 힘이고, 모든 번영하고 강력한

41) Hansard 305 (5/17): 1223-24.

42) Hansard 305 (5/17): 1225. 라부셰가 브라이스를 거들었다. 그에 따르면, 러시아는 이른바 “두 개의 아일랜드”(폴란드와 핀란드)를 갖고 있다. 폴란드에서는 모든 양보가 거부되었지만, 핀란드에게는 자율권을 부여하였고, 핀린드는 러시아에 충성하게 되었다. 이는 소국과 대국의 관계에서 소국에게 지방적·자율적 정부를 부여한 증거로서 분리 대신에 애정의 유대를 초래하였다. Hansard 305 (5/18): 1334.

국가들은 자치라는 치명적인 해체의 노선을 정면으로 반증한다고 주장하였다. 그는 글래드스턴이 제시한 터키, 노르웨이, 오스트레일리아 같은 "적용될 수 없고 불행한 선례들"은 합방을 유지하자는 영국민에 대한 경고인 반면, 독일, 이탈리아, 미국은 통일의 원리에 힘입어 번영과 진보로 나아간다는 증거라고 주장하였다.[43] 제국의 해체를 "도덕적 불가"라고 주장한 홀(A. W. Hall)도 아일랜드 문제는 곧 제국 문제라고 생각하였다. 그는 아일랜드 인민을 다루기를 "동서남북으로 다니면서 오스트리아, 크로아티아, 헝가리, 캐나다, 아이슬란드를 통해 분열된 제국의 사례들을 찾느냐"고 반문하면서 독일의 예를 들었다. 비스마르크는 상이한 법과 종교를 가진 여러 작은 영방국가들을 하나의 조화를 이룬 전체로 혼합하고 프로이센 국왕을 정점에 올려놓았지만 자유당의 정책은 이것과 정반대이다.[44]

2독회 종결 연설에서 글래드스턴은 외국의 사례들을 재론하며 자치가 통일성을 강화한다고 역설하였다. 그는 자치법안은 통합으로 나아가고 오히려 반대자의 정책이야말로 분리로 나아간다고 보았다. 글래드스턴에 따르면, "강화하는 속박은 빈번히 파열하지만 완화하는 속박은 오히려 내구력을 준다." 그는 입법부의 분리가 종종 두 나라의 통일성이고 입법부의 "절대적인" 통합이 오히려 두 나라의 분리라고 주장함으로써 한 국가의 강력함에 관한 통념적인 기준으로부터 인식과 발상의 전환이 필요하다고 강조하였다.[45]

43) Hansard 305 (5/10), 648-49.

44) Hansard 305 (5/17): 1237, 1239.

45) Hansard 306 (6/7): 1224-25.

글래드스턴은 지방적 독립성이 두 나라의 단절로 나아간 사례로 자치 반대자가 거론한 투르크-세르비아의 사례는 제3국의 간섭에 따른 것이라고 반박하였으며, 반면 속박을 강화하는 시도가 결국 완전한 분리를 초래한 부정적인 사례는 많다고 지적하였다. 영국과 미국, 벨기에와 홀란드, 덴마크와 쉴레스비히/홀스타인 공국이 그것이다. 그렇다면 지방적 독립과 입법부의 분리를 통해 유대가 강화된 긍정적인 사례는 어떤가? 글래드스턴의 판단으로는 외견상 반론의 강력한 근거처럼 보이는 투르크조차도 자치가 통일성을 강화한다는 원리에 부합하였다. 투르크의 속령 크레타, 레바논, 사모스 섬의 경우 각각 콘스탄티노플로부터의 속박 완화와 자율성 확대가 두 나라의 관계를 크게 개선함으로써 만성적 반란이 사라졌다. 또한 덴마크와 아이슬란드의 경우, 덴마크 국왕과 아이슬란드 의회 사이에 어려움이 있고 덴마크 국왕은 덴마크 의회와 곤란한 관계에 있지만, 덴마크 의회와 아이슬란드 의회 사이에는 아무런 난점도 없다. 그런데 브라이스가 덴마크-아이슬란드 관계를 언급했을 때 자치 반대자는 그 경우는 "두 나라 사이의 거리가 너무 멀기 때문"이라고 예외로 치면서 자치론을 부정하였다. 글래드스턴은 지리적으로 멀다는 그 이유가 바로 덴마크로 하여금 무력으로 아이슬란드를 장악하는 것을 어렵게 만들었고, 따라서 무력이 아니라 평화적인 방법이 필요했다고 지적하였다. 지리적으로 근접한 반대의 경우(러시아-핀란드)도 마찬가지였다.[46]

****

46) Hansard 306 (6/7): 1225-27.

이처럼 글래드스턴의 유비론을 둘러싼 수많은 논란이 있었다. 이런 종류의 논란에서 유념할 것은 동일한 역사적 사실이란 존재할 수 없다는 지극히 상식적인 관점이다. 그러므로 왜 영국이 아일랜드에게 자치를 부여해야 하는가를 역사적 사실로부터 도출할 때, 문제는 두 개의 사례의 "동일성"에 있는 것이 아니라 권력과 통치의 어떤 "원리의 유사성"이 있는지 여부이다. 하팅턴의 반론에서 뚜렷하게 나타났지만, 반대자들의 공격은 글래드스턴의 입장을 곡해하였다. 그들은 글래드스턴이 아일랜드는 캐나다나 외국과 유사하다고 인식한 것으로 이해하였다. 그러나 사실 글래드스턴의 자치법안은 캐나다나 외국의 사례들에 근거하긴 하였지만, 그 사례들과 일치하지는 않았음을 다시 강조할 필요가 있다.[47)]

쇼-르페브르에 따르면, 자치법안의 틀로서 두 개의 선택지가 있었다. 하나는 "연방" 원리에 근거한 것으로서, 이에 따르면 아일랜드인은 순전히 아일랜드에 관련된 사안을 다루는 아일랜드 의회를 가지면서도 여전히 제국의회에 대표자를 보낸

47) 근자에 던은 당시 영국에는 합방주의와 자치론이라는 제국에 대한 두 가지 상반된 입장이 있었으며, 아일랜드가 실제로는 "종속자"라는 사실에 대한 "새롭고 솔직한 견해"가 자치파와 합방파 양진영에서 등장한 점이 흥미롭다고 지적하였다. 아일랜드 자치가 식민 제국의 해체를 유발한다는 솔즈베리의 도미노 이론이 전자를 대변한다면 자치가 제국을 강화한다는 글래드스턴의 주장은 후자를 대변하였다. 글래드스턴의 유비론을 부정한 합방주의자는 아일랜드와 캐나다가 지위가 다르다는 점에 근거한 것이 아니라 [이들이 보기에 둘 다 종속국이다] "상황"이 다르다는 점에 근거하였다. 나아가 던은 캐나다보다는 인도가 더 상황이 유사하였다고 하였다. Tom Dunne, "*La trahison des clercs*: British Intellectuals and the First Home-rule Crisis," *Irish Historical Studies* 23 (1982), pp. 157-58, 159. 이 주장은 인도의 사례를 거론한 점에서 매우 시사적이다. 그렇지만 던 역시 글래드스턴의 유비론을 "상황의 유사"에서 봄으로써 글래드스턴의 관심이 "자치의 원리"였음을 간과하였다. 문제는 캐나다냐 아니면 인도냐가 아니라 원리인 것이다.

다. 다른 하나는 "식민지" 원리에 근거한 것으로서, 이에 따르면 아일랜드는 아일랜드 사안을 다루는 아일랜드의회를 갖지만 제국의회에 참석하지 않는다. 쇼-르페브르는 실제 법안은 식민지 모델을 따랐다고 기록하였다.[48)]

그러나 이것은 정확한 판단이 아니다. 글래드스턴이 거론한 오스트리아-헝가리, 스웨덴-노르웨이의 예는 "자치 이념 스펙트럼의 극단에 위치하는 것들"로서 상호조정적 입법부의 개념을 적용한 것이었다. 그런데 자치법안에서는 이러한 구상이 존재하지 않았으므로, 이들 외국 사례와 비교하면 글래드스턴이 제안한 아일랜드 자치는 "온건한" 것이었다. 그렇다면 그의 제안은 캐나다 사례를 따른 것인가? 매튜의 지적대로, 아일랜드는 정확히 캐나다와 일치하지도 않았다. 왜냐하면 아일랜드가 연합왕국 재정체계의 한 부분으로 존속한다는 점에서, 국방은 통합된다는 점에서, 그리고 매년 제국 유지 부담금을 지불한다는 점에서 캐나다와는 다르기 때문이다. 실질적으로 영국과 분리된 캐나다와는 달리, 자치법안의 의도는 아일랜드를 견고하게 연합왕국에 결박하려는 것이었기에 차라리 캐나다 선례의 "희석판"(diluted version)이었다. 한편 연방제 해법은 아일랜드에서 되는 것이면 어느 것이나 스코틀랜드에서도 된다는 글래드스턴의 기준에서 찾을 수 있지만, 그것은 힌트 이상의 것이 되지는 않았다. 더욱이 잉글랜드와 스코틀랜드에서는 연방주의 요구도 없었다. 스코틀랜드의 경우 입법 차원이 아니라 행정 차원의 권한 이양(administrative devolution)이었고, 웨일스의 경우를 글래드스턴은 단순히 무시했다. 나아가 자치법안에서는 아일랜드 대표를 제국의회에서 배제함으로

---

48) George Shaw-Lefevre, *Gladstone and Ireland: The Irish Policy of Parliament from 1850-1894* (London, 1912), p. 301.

써 연방제와는 크게 달랐다.[49)]

글래드스턴이 식민지나 외국 사례와의 비교 혹은 유비에서 특정한 "모델"을 도출하려고 한 것은 아니었고, 따라서 글래드스턴의 아일랜드 자치 구상은 그 어떤 모델과도 일치하지 않았다. 모델의 부재나 특정 모델과의 불일치성은 자치 반대자들의 비판이 정당하다는 것을 뒷받침하는 것이 아니라 오히려 반대자들이 글래드스턴의 구상의 핵심을 간과했다는 것을 드러낸다. 즉 자치 반대자들이 흔히 제기한 양보의 전제 조건으로서의 힘의 균형이나 양보의 결과로서의 동등한 의회의 설립 같은 논점은 글래드스턴이 제국의회의 수위권을 보존하고 일종의 하위 의회로서 아일랜드 의회를 상정하였다는 점을 무시한 것이다. 바로 이 점이 글래드스턴 스스로 아일랜드 경우는 다른 경우들과 일치하지 않는다고 언급한 대목이었다. 그러므로 문제는 유비의 일치성 여부가 아니라 일치하지 않은 아일랜드 사례에서, 더군다나 수위권이 보존되는 상태에서 얼마나 더 긍정적인 효과를 기대할 수 있느냐는 것이었다. 결국 글래드스턴이 수많은 사례와의 비교 혹은 유비로부터 도출하려고 한 것은 의외로 단순하였다. 입법부의 분리가 통일성을 강화한다는 것, 즉 자치 원리의 정당성이었다.[50)]

---

49) Matthew, *Gladstone*, p. 502.

50) 2007년 10월 9일 나는 펜실베이니아대학 도서관에서 슈뢰더(Deryck M. Schreuder)가 쓴 짤막한 글("Lacality and Metropolis in the British Empire," J. A. Benyon, C. W. Cook, T. R. H. Davenport & K. S. Hunt ed., *Studies in Local History* [London, 1976], pp. 48-58)을 발견하였다. 이 글에서 슈뢰더는 캐나다 사례로부터 글래드스턴이 권한이양의 "원리"(principle)를 수립하고 상황의 "발전 가능성"(potentialities)에 주목했다고 지적하였다(pp. 51-52).

6장 헌정론

아일랜드 사안만을 다루는 별개의 독립적 입법부를 더블린에 설치한다는 제안은 매우 다양한 논란거리를 내포하였다. 그것이 합방법, 제국의 통일성, 의회 주권, 제국의회에서의 대표성 같은 영국 헌정의 기본 토대와 관련되기 때문이다. 따라서 법안의 헌정적 성격을 둘러싼 공방은 의회 논쟁의 핵심을 차지하였다. 자치법안 찬성 혹은 반대 토론에서 주도적으로 발언한 칠더스, 브라이스, 헨리 제임스는 법안의 요점을 합방법 폐지 여부, 제국 통일성 문제, 의회 주권 문제, 대표성 배제 문제로 파악하였고, 체임벌린은 연방제를 대안으로 제시하였다. 그런데 합방법으로 영국과 아일랜드가 통일되었으므로 합방법 폐지 여부와 제국 통일성 문제는 동전의 양면에 해당한다고 보겠다.

1. 합방법과 제국 통일성

글래드스턴과 파넬 모두 자치를 "지방적 자율성" 혹은 "아일랜드의 자율성"으로 이해하였다. 1독회 제안 연설에서 글래드스턴은 민족적 독립, 입법적 독립, 독립적 의회, 연방제 같은 용어들은 자신의 의도를 잘못 표현한 것이며 논의할 필요도 없는 개념들이라고 일축하였다.[1)] 1독회 종결 연설에서 그는 하팅턴이나 힉스-비치가 주장하는 강압이나 "영국이 소망하고 만족하는 수준의 자치" 허용은 "원리적으로" 정당하지 않다고 지적하였다.[2] 2독회 제안 연설에서도 그는 아일랜드 인민 대다수의 자치 요구는 합헌적이고 파넬이 자치와 통일성의 양립을 주장하였음을 상기시켰다. 글래드스턴에 따르면, 역사적으로 자율성의 개념은 "그 말이 적용되는 영역에 관한 사안을 운영함을 의미하며" "제국 통일성의 완전한 유지와 양립한다."[3]

(1) 자치론자들은 자치가 분리에 이른다는 것을 부정하였다. 그들은 민족성과 일정 정도의 민족주의를 인정하였다. 아일랜드 문제의 원천이 "아일랜드의 억압된 민족성"에 있다는 주장, 자치는 "제국 안에서 민족으로 인정받는" 것일 따름이라는 주장, "스스로 다스리고 자신의 운명을 스스로 만드는 것은 신으로부터 받은 권리"라는 주장, "민족성은 개성이며 그것은 존중을 요구한다. 연합왕국은 여러 민족성의 집합이고 ····· 민족성을 인정하는 자치는 두 나라 사이의 영원한 도덕적 통일을 이룰 것"이라는 주장이 그것이다.[4] 민족주의를 "인간사의 거대한 힘"으로 본 브라이스도 "그 자체가 선"인 자치는 "영국이 생각하기에 아일랜드에 필요한 것을 하는 것"이 아니라 "아일랜드인이 원하는 것", "아일랜드인의 감정과

1) Hansard 304 (4/8): 1049-50.

2) Hansard 304 (4/13): 1545.

3) Hansard 305 (5/10): 576-77. 법무장관 러슬도 자율성이란 개념이 통상 정치가들에게 "자치정부"의 권리를 의미한다고 하였다. Hansard 306 (5/25): 54.

4) Hansard 305 (5/18): 1366, 1377; 306 (5/28): 388-89; 306 (5/31): 539, 542; 305 (5/17): 1187, 1189.

공감하는 것"이어야 한다고 주장하였다.[5]

열변가 카우언(J. Cowen)은 통일과 중앙집중을 구별하여 자치를 정당화하였다. 그가 보기에 합방법은 입법부를 결속하였지만 인민을 분할한 반면, 자치법안은 입법부를 분할하되 인민을 결속하는 것이다. 또한 그는 제국을 "도덕적 인격"으로 봄으로써 영제국의 힘과 권력과 효율성이 자비와 신뢰와 일치된 행동에 근거를 둔다고 지적하였다. "국민의 애정이 소외되고 동포 정신이 무관심에 자리를 내줄 적에, 혹은 목표의 충돌이 증오로 변할 적에, 양피지 위에 쓰인 통일은 인위적이고 일시적이다. 우리는 법률상의 결합만 추구하는 것이 아니라 정신과 목적의 혼합, 감정과 갈망의 동질성을 원한다."[6] "사기와 부패에 의한 합방"이나 "인민을 분할하는 합방"이 아니라 "상호적인 권리, 이해, 존경, 신조에 토대를 둔 합방"을 지지한다는 점에서 스스로를 "합방주의자"로 천명한 파울러(Henry H. Fowler)처럼[7] 자치 지지자들은 자치와 제국의 통일성을 의심하지 않았다.

쇼-르페브르는 보다 실제적인 차원에서 자치와 분리의 연계를 부인하였다. 그는 자치가 제국의 해체에 이른다는 주장은 합방 이후 인구와 부에서 더욱 격차가 벌어진 잉글랜드와 아일랜드의 상대적인 지위를 간과하였다고 비판하였다. 쇼-르페브르는 이 "심대한" 차이 때문에 제국의 무게는 영국에 있고, 따라서 아일랜드가 잉글랜드로부터 분리되는 것은 버크의 지적처럼 "자연의 질서와 법"을 역전시키는 것이라고 보았

5) Hansard 305 (5/17): 1225-26.

6) Hansard 306 (6/7): 1194-95; 306 (6/7): 1195-96.

7) Hansard 306 (5/31): 522-23.

다.[8] 더블린 시장 설리번(T. D. Sullivan)도 자치를 분리와 동일시한 반론들이 "어떻게" 분리가 가능한지는 언급하지 않았다면서, 육군, 해군, 관세와 물품세 부과권을 갖지 않는 (더구나 소수이지만 충성파가 있는) 아일랜드가 어떻게 분리될 수 있느냐고 반문하였다.[9]

그러나 체임벌린이 보기에 자치법안은 더블린에 "매우 큰 권한"을 갖는 의회를 수립함을 의미하였다. 그 이유는 제국의회에서 아일랜드 대표를 배제함으로써 오히려 아일랜드 의회를 동등한 권위를 가진 독립적 의회로 만들고 행정과 사법을 포함한 아일랜드 사안에 대한 전권을 부여하기 때문이다.[10] 말하자면 체임벌린은 제국의회가 아일랜드 사안에 대해 입법권을 갖지 않는다는 것을 기준으로 삼았다. 이것은 물론 자치원리 자체의 거부였다. 그래서 그는 "여러 복잡한 장치를 갖는 계획보다는 차라리 순수하고 단순한 분리안에 찬성표를 던지겠다"면서, 글래드스턴의 구상은 결국 분리에 이를 것이라고 공격하였다.[11] 글래드스턴 2차 내각 때 아일랜드 장관을 역임한 트리벨리언도 법과 질서의 견지에서 강압의 결과 농촌범죄가 크게 감소했음을 들어 "전적인 분리와 제국의 통제 사이에는 중간 지점은 없다"고 역설하였다.[12]

자치 반대자에게는 특히 파넬이 불신의 대상이었다. 파넬은 "우리 자신의 일을 조정하고 우리의 땅을 하나의 민족으로

8) Hansard 305 (5/18): 1314-15.

9) Hansard 305 (5/18): 1349.

10) Hansard 304 (4/9): 1190-91.

11) Hansard 304 (4/9): 1199.

12) Hansard 304 (4/8): 1107, 1114.

만들 때까지 결코 쉬지 않을 것"이라고 말한 적이 있었다. 비록 파넬은 관세, 제국 유지 분담금, 경찰, 아일랜드 상원의 거부권 따위에 대해서는 법안의 결함을 지적하였지만, 자치 이후 민족주의자들이 물리적 강제력으로 반란 혹은 분리를 도모하지 않을 것이라고 약속하였다. 글래드스턴은 민족당이 자치를 최종 타결로 수용한다는 것을 "명백히" 천명하였으므로 이들을 신뢰해야 한다고 주장하였다.[13)]

그러나 힉스-비치와 하팅턴은 자치법안은 민족적 독립과 절대적 분리를 추구하는 파넬을 만족시킬 수 없고, 글래드스턴이 파넬로부터 받은 확약도 불만족스럽고 불완전한 것이라고 주장하였다. 하팅턴은 글래드스턴이 자치가 어떤 결과를 초래할지 심사숙고하지 않았다고 비판하였다. 그가 보기에 글래드스턴의 시도는 정치적 "실험"이었다. 글래드스턴에게 실험은 중대한 원인 "없이" 중대한 문제를 다루는 것이었지만, 하팅턴에게 실험이란 중대한 이유에서 중대한 문제를 다루는 것이지만 "중대하고 성숙한 고려 없이"다루는 것이었다.[14)] 체임벌린도 파넬이 "영국의 헌정을 충분히 위협할만한 소질을 가진 인물"이라고 불신하였다. 즉 "완전한 국가"를 지향한다는 파넬의 목표는 배제규정과 금지규정의 법안에서는 불가능할 것이므로 아일랜드인은 여전히 불만족 상태에 있게 되고 결국 제국의 통일성은 불가능하다는 것이다.[15)] 해밀튼도 민족

---

13) Hansard 304 (4/13): 1546.

14) Hansard 304 (4/13): 1523, 1528; 305 (5/10): 604, 609.

15) Hansard 304 (4/9): 1195-96. 체임벌린의 이 주장은 자신이 제기한 반대 이유, 말하자면 아일랜드 의회가 "매우 큰 권한"을 갖는다는 주장과 모순이다. 그러니까 그는 영국 입장에서 아일랜드 의회 권한이 크다고 하면서 짐짓 아일랜드 입장에 서서 더블린 의회가 작은 권한을 가지므로 파넬이 수용하지 않을 것이라고 주장한 셈이다. 의회 토론에서 이런 식의

당이 원하는 것은 “궁극적이고 절대적인 합방 폐지”라고 주장하였다.[16] 얼스터 합방주의를 대표한 손더슨은 파넬이 1885년 『프리먼즈 저널』에 실린 논설에서 “외부의 통제에서 자유롭게 하는 온전하고 완전한 것이 아닌 어떤 것도 절대로 수용하지 않을 것”, 즉 완전한 독립과 완전한 분리를 천명하였음을 상기시켰다.[17] 자치를 “정치적 쿠데타”로 규정한 홉하우스(H. Hobhouse)도 “근래의 경험에 비추어 볼 때” 아일랜드 의회의 월권 가능성은 매우 높고, 그 필연적 결과는 제국의회와 아일랜드 의회의 갈등이며, 따라서 법안은 “연합왕국의 해체”이며 “제국의 와해”라고 주장하였다. 나아가 그는 자치 이후 아일랜드는 “민족적 사안에 대한 절대적인 통제권”을 확인하기 위해 법안의 제한 조치들 — 종파 교육 불허, 국교회 수립 불허, 제국 유지 분담금 납부 — 을 무시할 것이라고 예측하였다. “제대로 된” 국가 권력이라면 법안의 제한 조치들을 수용할 수 없다는 것이 그 이유였다.[18] 매키버(L. McIver)는 글래드스턴의 자치법안이 민족당에 대한 불신으로 점철되었다고 지적하였다. 그가 보기에 법안의 금지규정과 배제규정 자체는 제국의회의 수위권을 희생시킨 결과 필연적으로 나타날 수밖에 없는 불신의 표현이었다.[19]

민족당 의원들은 이런 불신을 불식하고자 했다. 그들은 자치 이후 법과 질서의 확립, 최종 타결로서의 자치법안, 자치

이중적인 반론은 자주 등장하였다.

16) Hansard 304 (4/13): 1496-97.

17) Hansard 304 (4/12): 1382.

18) Hansard 304 (4/13): 1509-10; 305 (5/17): 1206.

19) Hansard 305 (5/21): 1719.

이후 정직과 신의에 의한 아일랜드 통치, 자치 이후 아일랜드의 번영을 약속하였다. 파넬은 현재 아일랜드 인민은 절망적이고 "사랑할 어떤 것도 없는" 상태에 있지만, 일단 자치가 주어지면 "그것을 잃지 않기 위해 균형감 있게 신중해질 것이다. 모든 격렬한 언사, 모든 범죄적 행동은 그들의 헌정의 관 속으로 수많은 못질로 닫힐 것이다. 당신들은 현재 소유하고 있는 모든 보장을 가질 것"이라고 약속하였다. 그는 심지어 "자치 이후 아일랜드는 경찰 없이 통치될 것이다"고 장담하였다. 파넬은 관세권 포기와 제국 유지 분담금 액수에 대해 법안의 결함을 지적하였지만, 법안이 두 나라 사이의 오랜 논쟁의 해결로서 아일랜드의 번영과 평화, 그리고 잉글랜드의 만족을 결과할 것이라고 다짐하였다.[20] 티론에서 프로테스탄트의 지지로 당선된 오브라이언(William O'Brien)도 자치법안은 "정직, 충성, 제국에 대한 후의의 정신에서 받아들여질 것"이라고 하였다. 따라서 그가 보기에 문제는 "여러분이 우리를 믿느냐이다." 오브라이언은 법안은 물론 만병통치약이 아니고 적대 감정 제거에는 오랜 시간이 걸릴 것이고 오해가 한 쪽에만 있지 않지만, 법안은 "아일랜드 사회를 재창조할, 이전에는 존재한 적이 없는 놀라운 계획"이라고 강조하였다.[21]

최종 해결로 수용한다는 파넬의 말이 반대론의 전제인 근본적인 불신을 해소할 수 없었음은 물론이다. 반대자들은 또한 글래드스턴이 아일랜드인을 불신하였다고 지적하였다. 그들은 불신이란 개념을 민족당과 글래드스턴 모두에게 적용하였다. 이 근본적인 불신과 비교하면 다음과 같은 주장은 차라리 체

20) Hansard 304 (4/8): 1129, 1130-34.

21) Hansard 305 (5/10): 627, 632.

통 있는 것이었다. 고셴은 아일랜드 민족성에 대한 우호적인 호소와 열변이 많았지만 아일랜드 민족성보다 더 가치 있게 고려할 점은 "더 광범한 연합왕국의 민족성"이며, 이 민족성은 두 나라 사이의 입법부의 통일과 불가분리라고 주장하였다.[22]

(2) 자치의 성격을 둘러싼 다소 추상적인 논란보다 더 구체적으로 다루어진 것이 바로 자치와 합방법의 관계였다. 1800년의 합방법은 분명 연합왕국 통일성의 법적 토대였다. 이를 염두에 둔 글래드스턴은 자신의 제안이 합방의 폐지가 아니라 수정이며 따라서 제국의 통일성을 파괴하지 않는다고 역설하였다. 글래드스턴에 따르면, 합방의 본질은 두 개의 독립적이고 별개인 동격의 "의회"가 합방법으로 하나로 통일된 것이다. 그런데 합방법이 규정한 제국의회의 수위권은 자치법안에서도 여전히 유지되므로 자치는 그래튼 의회의 복원이 아니며 따라서 합방법의 폐지가 아니다. 글래드스턴은 자치가 합방법의 수정이라는 근거로 억압적인 법들을 제거하는 것이 합방을 구하는 길이라고 한 1830년대 머콜리의 주장을 인용하면서 "당시에는 추론의 문제였던 것이 이제는 지식의 문제가 되었다"고 강조하였다.[23]

---

22) Hansard 306 (6/7): 1167. 그러나 같은 연설에서 고셴은 그래튼 의회가 자치법안의 의회보다 훨씬 더 독립적이었다는 주장을 부정하면서 당시 아일랜드 행정부가 독립적이었냐고 반문하였다. 그가 보기에 두 나라가 연결된 것은 행정부에 의해서였다. Hansard 306 (6/7): 1161. 따라서 고셴의 이 지적은 연합왕국 민족성이 두 나라의 입법부의 합일과 불가분리라는 주장과는 모순이다.

23) Hansard 304 (4/8); 1049; 305 (5/10): 582. 합방법에서 의회와 교회가 합방의 "본질적이고 근본적인 부분"으로 규정된 점은 주목할 만하다. 왜냐하면 1869년 아일랜드 국교회 폐지로 이 본질적이고 근본적인 부분 가운데 남은 것은 의회였기 때문이다. 이 사실은 글래드스턴에게는 합방의 "수정"의 근거였지만, 자치 반대자에게는 합방의 "폐지"의 근거였다.

그러나 하팅턴은 연합왕국의 성격을 거론함으로써 자치법안의 근본 전제, 즉 "공통의 최고권, 제국의 통일성, 이를 위한 의회의 권위"에 종속하는 글래드스턴의 자치 개념 자체를 부정하였다. 하팅턴은 연합왕국(United Kingdom)은 영제국(British Empire)과 다르다고 주장하였다. 영제국은 별개의 입법부의 존재와는 무관하게 존속하지만 연합왕국은 "합방법"이라는 특별한 법의 결과 성립하였고, 연합왕국이란 말 자체가 합방 이전에는 존재하지 않았다는 것이다. 그가 보기에 합방법의 주요한 특징은 하나의 주권적 입법부의 창설이며 이 입법부는 영국과 아일랜드의 왕국"들"을 위한 유일한 입법부이다. 하팅턴은 "영국과 아일랜드 연합왕국"의 의미는 "입법적으로 통일된" "왕국들"이라고 보았다.[24] 이처럼 하팅턴은 합방의 폐지를 제국의 해체와 동일시하였다. 그러나 하팅턴의 주장이 설득력을 가지려면, 그가 자치는 제국의 해체가 아니라 연합왕국의 해체라고 일관되게 주장했어야 했다. 왜냐하면 그가 애써 연합왕국과 영제국을 구별하면서도 자치가 제국의 해체라고 주장하기 때문이다. 글래드스턴과 자치 지지자 및 다수의 반대자가 자치와 제국 통일성의 연관성을 언급하였을 때, 그것은 연합왕국과 제국을 동일시한 것이었다. 결국 하팅턴의 주장은 독립적인 아일랜드 의회를 수립하는 자치는 연합왕국을 구성한 "왕국들"의 토대에 해당하는 단일한 입법부를 해체하는 셈이므로 영제국의 해체라는 것이었다.

처칠도 법안의 원리는 합방의 폐지라고 단정하였다. 합방법은 "연합왕국은 하나의 동일한 의회 속에 대표된다"고 규정하였으므로, 아일랜드 대표를 웨스트민스터 의회에서 배제하는

24) Hansard 304 (4/9): 1243.

자치법안은 합방의 폐지라는 논리였다. 축자적으로 보면, 의회 설치는 합방법과 배치된다. 그래서 현실적으로 글래드스턴은 제국의회의 수위권을 보장하는 규정들을 만들었다. 그런데 처칠이 보기에 그것은 "온갖 모순과 불합리와 우스꽝스러움의 덩어리"였다. 처칠의 주장을 따르면, 합방법의 본질은 영국과 아일랜드 왕국들이 하나의 왕국[영국과 아일랜드 연합왕국]으로 통일된 점에 있다. 따라서 연합왕국의 통일성이라는 의미는 잉글랜드와 아일랜드와 관련되는 "모든 실제적 목적"을 위한 통일이다. 처칠은 글래드스턴이 아일랜드 대표자를 배제하는 "가장 독특하고 이상한 방식으로" 제국의 통일성을 유지하려고 한다고 비판하였다. 이를테면, 왕위계승 문제가 발생하면 아일랜드는 이 중요한 사안에 대한 발언을 할 수 없고, 이것을 제국의 통일성 유지라고 볼 수는 없다.[25)]

그러나 러슬은 배제규정에 제시된 제국의회 수위권 보존(이를테면 외교권)을 들어 처칠의 합방 폐지론을 "어불성설"이라고 반박하였다. 그가 보기에 자치법안은 합방법에 의해 결정된 "입법적 연계"를 수정하는 것이었다. 그는 아일랜드 의회 설치가 곧 합방법의 폐지라면 합방법 이전 상태의 재현, 즉 그래튼 의회의 재현이어야 하는데, 그래튼 의회가 가졌던 제국의 권위(전쟁 선포와 평화조약 체결권, 세출 표결 거부권, 교역과 항해에 관한 권리와 조약 체결권) 가운데 어느 것도 자치법안에서 제시되지 않았다고 지적하였다. 그렇다면 연합왕국의 통일성의 진정한 가늠자는 무엇인가? 러슬이 보기에 그것은 하나의 왕권 아래, 그리고 하나의 수위권 아래 있는 것을 뜻했다. 그런데 법안에서는 단일한 왕권과 더불어 제국

25) Hansard 304 (4/12): 1319, 1327, 1327-28, 1328.

의회가 보존되므로 자치는 합방의 폐지가 아니다. 이것은 합방법에 따른 구조는 "입법 차원에서" 연합왕국이 어떻게 규정되는가를 적시하는데, 만약 이 구조가 특정한 "제한적 권위"를 "지방적 의회"에 부여한다고 해서 이것이 더 이상 연합왕국이 아니라고 말할 수는 없다는 논리였다. 왜냐하면 법안에서는 웨스트민스터 의회가 일부 입법권을 행사하지 않음에도 불구하고 여전히 "제국의 목적"을 위한 유일한 권위로서 규정되어 있기 때문이다.[26)]

(3) 글래드스턴은 다른 각도에서도 자치와 합방의 관계를 다루었다. 이것은 자치 자체의 내용을 기준 삼아 자치가 합방을 폐기할 정도로 아일랜드 의회에 큰 권한을 부여하지 않음을 논증함으로써 합방 폐지론에 대응하려는 것이었다. 이것은 양면적인 기능을 하였다. 하나는 지방정부 개혁 수준으로 아일랜드의 요구에 대처해야 한다는 자유당 합방파와 보수당의 주장을 물리치는 것이고,[27)] 다른 하나는 자치가 그래튼 의회

26) Hansard 304 (4/12): 1353, 1354.

27) 2독회 제안 연설에서 글래드스턴은 특별히 하팅턴의 주장을 염두에 두었다. 하팅턴은 1885년 11월 벨파스트 연설에서 "아일랜드 정부의 재구성 주장에서 후퇴하지 않겠다"고 천명했는데, 이에 글래드스턴은 "입법의 원리가 없는 정부의 재구성은 마술에 불과하다"고 반박하였다. 장기간에 걸쳐 점진적으로 토대를 구축한 뒤 상부구조를 세워야 한다는 하팅턴의 제안에 대해 글래드스턴은 "문제는 단번의 조치가 옳으냐가 아니라 실행하는 것이 과연 옳으냐"라면서 하팅턴이 과거에는 실행이 옳다(자치가 제국의 통일성과 양립한다)고 했다가 이제는 그르다고 한다고 비난하였다. 글래드스턴에게 자치는 제국 통일성과 양립하였다. 또한 글래드스턴은 하팅턴의 점진적 상부구조론은 의회의 시간을 낭비하고 다른 공공사를 뒷전에 두는 것이자 아일랜드인이 거부하므로 문제를 현명하게 다루는 방법이 될 수 없다고 주장하였다. 그는 "이제 과감하고 유일하게 안전한 길을 선택할 시점에 다다랐다"고 선언하면서, 중대한 아일랜드 문제를 "정치라는 로또"에 내던지지 말고 "인민의 마음과 애정을 영제국의 고매한 구조와 결합하여" 700년간의 논란을 종식시켜야 한다고 주장하였다. Hansard 305 (5/10): 600, 601, 601-603.

의 한계를 극복하면서도 그래튼 의회보다 더 제국의회의 수위권 아래 있음을 제시하여 폐지론과 분리론에 대응하려는 것이었다. 글래드스턴은 아일랜드에 국내 사안을 다루는 입법부를 부여함이 없이 행정부를 재구성하는 것은 무의미하며, 그것이 근본적인 해결이 될 수 없기에 아일랜드인이 원치 않을 뿐 아니라, 자치 반대자의 주장대로 그런 개혁은 또 다른 양보의 전초가 된다고 지적하였다. 그는 또한 자신의 구상은 "진정한 해결이 아니었던" 1782년의 타결을 극복하는 것이자 그래튼의 "중대하고 심오한" 경구의 의미를 실현한다고 주장하였다. 글래드스턴에 따르면, "해협은 합방을 금지하고, 대양은 분리를 금지한다"는 그래튼의 경구의 의미는 "아일랜드 의회의 굴복을 반대하면서 동시에 아일랜드 의회의 존재가 두 나라의 완전한 통일을 방해하지도 않는다"는 것이다. 글래드스턴에게 두 나라 사이의 해협은 부인될 수 없는 것이었다.[28]

이에 자치 반대자들은 자치법안에서 제시된 아일랜드 의회가 그래튼 의회보다 더 강력한 권한을 갖는다는 이유로, 말하자면 법안의 "급진성"을 들어 자치가 합방법의 폐지를 넘어서는 것이라고 주장하였다. 더블린대학의 플런키트(D. R. Plunket)는 글래드스턴의 법안은 합방 폐지보다 더 "혁명적이고 원대한 것"이라고 비난하였다. 첫째, 그것은 훨씬 더 독립적인 의회 설치

28) Hansard 304 (4/8): 1048, 1050-51, 1051, 1054, 1082. 처칠은 글래드스턴의 "가장 독창적인" 근거인 해협의 존재를 언급하였다. 처칠이 보기에 지리적 논증은 지금껏 국가 방어 혹은 합방의 근거였는데, 이제 처음으로 "합방 폐지"의 무기가 되었다. 처칠은 합방 당시인 "1800년에 런던과 더블린의 교통에는 날씨 여건이 좋은 경우 6주" 걸렸지만 현재는 "철도와 전보의 발달로 이 거리는 좁혀졌다"고 봄으로써 해협의 존재가 무의미해졌고 따라서 해협의 존재에 근거한 글래드스턴의 논증 역시 무의미하다고 역설하였다. Hansard 304 (4/12): 1336-37. 그러나 글래드스턴은 처칠이 언급한 바로 이 가까워진 거리를 근거로 자치를 허용해도 분리로 나아가지 않는다고 할 수 있었다.

를 규정하고 있다. 둘째, 그래튼 의회 시기에는 아일랜드 의회에 대한 제국의회의 거부권과 법 시행의 전제인 국새가 있었다. 셋째, 가장 중요한 점은 아일랜드 행정부가 아일랜드 의회의 제정법에 전적으로 의존한다는 것으로서 이는 그래튼 의회 시절과는 완전히 다르다. 넷째, 아일랜드 의회가 견제를 거부한다면 제국의회의 주권을 어떻게 강제할 수 있는가?[29]

그러나 이 주장은 반대자들의 논리 자체의 모순을 드러낸다. 왜냐하면 그들은 종종 자치가 합방의 폐지이고 합방의 폐지는 그래튼 의회로의 복귀라고 주장했기 때문이다. 더군다나 마찬가지의 논리로 자치법안이 제시한 아일랜드 의회는 그래튼 의회보다 더 권위가 작다는 점을 지적할 수 있으므로 그래튼 의회와 관련된 반대자들의 논점이 그리 설득력을 가진 것은 아니었다. 왜냐하면 그 의회가 행정부를 통제한다는 주장에 대해서 그 의회는 그래튼 의회와는 달리 제국 사안을 다룰 권위를 갖지 못한다고 반박할 수 있기 때문이다.

역설적이지만, 이처럼 그래튼 의회는 자치 지지자와 반대자 모두에게 근거로 이용되었다. 당시 법안 반대자들 다수가 글래드스턴의 제안이 그래튼 의회를 복원하는 것으로 간주하였다. 이것은 그럴싸했다. 왜냐하면 글래드스턴은 아일랜드 역사로부터 독자적 의회의 정당성을 추론하였기 때문이고, 이 추론에서 그래튼 의회는 매우 중요한 위치를 차지했기 때문이다. 앞서 살폈듯이, 하팅턴은 “프로테스탄트” 그래튼 의회로부터는 어떠한 유비도 도출될 수 없다고 비판하였다. 그러나 글래드스턴은 그래튼 의회 시절보다 계급적 배타성, 선거권 제약, 종교적 차별이 거의 사라진, 그래튼 의회 이후 100년이 지난

29) Hansard 304 (4/8): 1134, 1135, 1136.

1880년대 중반에 그래튼 의회가 재현될 수 있다고 여기지 않았다. 글래드스턴에게 그래튼 의회의 유비적 가치는 "의회의 분리"가 오히려 인민의 마음을 연결함으로써 연합왕국으로부터의 분리를 방지한다는 자치 원리의 논증에 있었다.[30)]

(4) 자치와 제국 통일성의 관계도 헌정론의 주요 쟁점이었다. 글래드스턴은 지방적 자율성 혹은 아일랜드의 자율성을 요구한 파넬이 아일랜드인 대다수의 의견을 대변한 것으로 인정하였다. 글래드스턴에게 자치는 제국의 통일성 파괴나 분리와는 무관하였다. 아니, 자치는 제국 통일성과 양립하였다. 왜냐하면 제국의회의 주권적 권위는 보존되며, 법안의 "본질적 조건들"— "전체의 복지와 안녕이 부분의 그것보다 우선해야 하며" , "제국의 구성 부분들은 법적으로 완전한 평등이며", "제국 부담을 균등하게 분배하는 것"— 이 제국의 통일성을 보존하기 때문이다.[31)] 법안은 제국 사안과 아일랜드 사안을 구분하였다. 글래드스턴이 제국의 통일성을 언급했을 때 논점은 제국의회가 "제국" 사안을 관장한다는 것이었다.

사실, 별도의 아일랜드 의회가 존재했던 폭스와 피트 시대에도 그것이 제국의 통일성과 배치된다고 여기지는 않았다. 그래튼이 아일랜드인의 "권리선언"을 하였다고 본 하코트는 그래튼 의회가 제국의회의 우위에 영향을 끼친 것이 사실이지만 제국을 약화시킨 것이 아니라 오히려 강화했고, 아일랜드는 "외국"이 아니었으며, 제국의회는 광범한 권한을 가졌다고 지적하였다.[32)] 파넬은 1885년 10월 집회 연설에서 자치가 주

30) Hansard 304 (4/13): 1539

31) Hansard 304 (4/8): 1052; 304 (4/13): 1539; 305 (5/10): 576-77.

32) Hansard 306 (6/1): 756-66.

어졌을 때의 혜택보다 자치를 거부했을 때의 위험을 더 강조하는 방식으로 지방적 자율성을 요구하였다.[33] 글래드스턴은 파넬이 요구하는 지방적 자율성은 제국의 해체가 아니라고 단언하였다. 즉 제국의 해체란 그 전제가 "국가적 독립", "입법적 독립", "독립적 의회" 혹은 "연방제"인데, 자치법안은 이 가운데 어느 것에도 해당하지 않으므로 제국의 해체란 "잘못된 이름"이다.[34]

그러나 자치 반대자는 자치를 부여하면 제국의 통일성과 제국 의회의 우위성 보존이라는 두 가지 원리 모두를 상실한다고 주장하였다. 하팅턴은 자치 이후 아일랜드에 대해 제국 정부가 거부권을 비롯한 "실질적인" 견제권을 행사할 수 없다고 보았다. 설사 "하나의 주권"이 존재하더라도 "하나의 주권적 권력", 말하자면 "제국의회의 권력"은 존재하지 않을 것이라는 예상이었다. 하팅턴이 문제 삼은 것은 제국의회의 권한이 명목적인가 아니면 실질적인가라는 점이었다. 아일랜드 의회와 대립할 경우, 제국의회의 권위를 강제할 어떠한 법적·헌정적 수단도 없으며, 제국의회나 제국 정부가 사법권과 행정권을 행사할 수 없으면서도 군대를 관장한다는 것은 내란을 요청하는 것과 다를 바가 없다는 것이다. 더군다나 하팅턴의 판단으로는 설사 대외적으로는 통일성이 유지되더라도 "내부적 지위에 관한 한" 제국의 통일성은 종식된다. 아일랜드에는 "완전히 다른 원리에 따른 상이한 법"이 존재할 것이기 때문이다.[35]

---

33) Boyce, *Nationalism in Ireland*, p. 216 재인용.

34) Hansard 304 (4/8): 1049.

35) Hansard 304 (4/9): 1259, 1260, 1261; 305 (5/10): 614-15.

헨리 제임스의 반론도 하팅턴의 논리와 유사했다. 다만 그는 제국의 통일성을 영국과 아일랜드의 통일성으로 본 점에서 하팅턴과 달랐다. 제임스는 다음과 같이 주장하였다. 제국의 통일성의 원천은 하나의 왕권이 세 왕국에서 지배적인 점이지만, "실질적으로는" 통일성은 그 "법의 통일성", 말하자면 "단일성"에 달려 있다. 그런데 자치법안이 통과되면 상이한 법 "들"이 존재하게 된다. 즉 실질적 통일성은 하나의 왕권이 아니라 (합방 이전에 왕권의 결합이 있었지만, 영국과 아일랜드는 연합왕국을 형성하지 않았다) 두 의회의 결합의 결과였다. 따라서 합방 이전에 연합왕국은 존재하지 않았다. 합방법은 연합왕국이 "하나의 동일한 의회"에 의해 대표된다고 명시하였다. 따라서 연합왕국의 의회를 제거할 경우 두 왕국을 결합한 의회도 제거된다. 비록 나머지 조항들은 존속하더라도, 자치에 의해 합방법의 규정은 폐기되고, 더 이상 잉글랜드와 아일랜드의 연합 의회는 존속할 수 없다. 따라서 자치는 합방의 변개가 아니라 폐지이다.[36)]

그러나 제임스의 주장은 많은 비판을 받았다. 스탠스펠드(J. Stansfeld)는 법안의 원리인 자율성이 왕국의 통일성과 제국의회의 최고권과 양립한다고 주장하였다. 그의 주장의 특징은 제국의회가 단지 입법권 일부를 이양했을 뿐 아니라 이를 "환수"할 수 있다는 것이었다. 법안은 제국의회의 입법권의 "특정한 제한된 부분"을 아일랜드 입법부에 주려는 것이지만(위임:delegation), 동시에 어느 때나 그 위임을 "재고"할 수 있도록 규정하였다. 스탠스펠드는 이것은 단지 주권의 일부분의 행사를 "유예"하는 것이지 그것을 포기하거나 방기하는 것

---

36) Hansard 305 (5/13): 916-17.

은 아니라고 보았다. 제국의회는 여전히 최고의 주권으로 남기 때문이다.[37] 칠더스는 제임스가 연합왕국의 통일성과 제국의 통일성을 혼동했다고 비판하였다. 연합왕국이 제국이지만, 전자는 그 구성 부분의 복수성을 강조한 것이므로, 아일랜드가 독립적 입법권을 갖게 되면 "연합"의 성격은 달라질지라도 제국 권위의 보존에 착안한 후자의 개념은 여전히 존속한다는 것이다. 얼핏 보기에 칠더스의 이 구분은 현학적인 것이지만, 나름대로 근거가 있었다. 칠더스는 "영국과 아일랜드는 하나의 제국을 이룬다. 그들은 불가분리로 연결되어 있다"는 피트의 말(1796년)을 들어 그래튼 의회는 제국 통일성과 양립했다고 지적하였다. 나아가 그는 "이것이 두 의회 사이의 절대적 구분이라면[규정상 그래튼 의회는 제국 사안에 대해서도 독자적 권위를 행사할 수 있었다], 영국 의회가 여전히 제국의회인 자치법안의 경우 [제국 통일성에 관한] 얼마나 더 강력한 사례인가?"라고 반문하였다. 그는 합방법에 따른 최고권 보존, 그래튼 의회의 권한과 자치법안상의 권한의 심대한 차이를 들어 법안이 합방법을 폐지하지 않는다고 지적하였다. 자치법안에는 그래튼 의회 시절보다 "아일랜드에 훨씬 더 가치 있는" 조항들[이를테면 의회에 대한 행정부의 책임]이 있으며, 유보된 권한들은 자치의 권한보다 훨씬 덜 중요한 것들이기 때문이다. 따라서 법안은 합방의 폐지가 아니라 합방법의 일부를 수정하고 그래튼 의회보다 더 나은 "권력의 균형"을 수립하려는 것이었다.[38]

반론들이 독립적 의회 설치가 제국 통일성의 파괴라고 주장

37) Hansard 305 (5/17): 1181-82.

38) Hansard 305 (5/21): 1741, 1743, 1744.

한 것은 무엇보다도 언급되는 “제국”, 즉 “연합왕국”이 영국과 아일랜드 “입법부의 병합”의 결과로서 출현하였기 때문이다. 따라서 이들이 보기에 제국 사안이든, 아니면 자치법안의 규정처럼 아일랜드 자체 사안이든 일단 독자적인 입법권을 갖는 의회의 출현이라면 입법권의 분할이며, 따라서 입법권의 통일에 근거한 제국의 통일성이 파괴된다는 것이었다.

이에 대해 지지자들은 “계약론”으로 맞섰다. 브라이스는 “누구도 1800년 이전에 인도와 자치령과 그래튼 의회의 아일랜드에서 제국의 통일성이 없었다고 하지는 못할 것”이라면서, 미국의 예에서 보듯이 통일성의 기준이 “법 제정권의 통일성”은 아니라고 지적하였다. 또한 그는 오히려 궁극적인 입법권을 제국의회에 남겨 둔 채 “우리 스스로 입법권을 행사하려고 의도하지 않는 입법권”을 아일랜드에게 주는 것이라면 영국이 식민지에 한 것과 정확히 일치한다고 강조하였다. 식민지와는 달리 자치법안에서는 아일랜드에 부여되는 입법권을 “명시적으로” 규정하지 않았다는 반론에 대해서도 브라이스는 영국령 북아메리카법에서는 제국의회의 입법권이 명시적으로 유보되지 않았음에도 불구하고 제국의회는 상선법이나 저작권법을 제정하였고 이는 자치령에서 통용되었음을 상기시켰다. 브라이스의 해석을 따르면, 더군다나 자치법의 변개는 오직 아일랜드 대표가 참석하는 경우로 한정하였으므로[제39조], 이는 아일랜드 의회더러 실정법에 반하는 행위를 하지 않도록 “도덕적 의무”를 부과하는 효력을 갖는다. 즉 “의회적 계약”인 자치법안은 영국에게는 자치법을 폐지 혹은 변개하지 말도록 강제하며, 동시에 아일랜드에게는 자치법을 신실하게 존중하라고 강제한다는 것이다. 만약 아일랜드가 이 법을 위반하면 계약이 파기되므로 영국은 의무로부터 면제되고 "완전한 법적 권리"를 행사하게 된다.[39] 사이먼(Sir John Simon)도 이를테면 오스트레일리아나 캐나다의 결혼법은 영국과 다르고, 이것은 입법권 분리의 "가장 현저한" 예이지만, 그 때문에 영국과 식민지의 통일성이 없다고 할 수 없다면서, 통일성을 "법의 통일"로 보는 제임스의 주장을 반박하였다.[40]

연합왕국의 통일성이 법의 동일성(identity)에 있는 것이 아니라 법 제정소의 통일성(단일성: manufactory of law)에 있다는, 말하자면 두 나라에 관한 법을 제정하는 "하나의" 의회가 있어야 한다는 제임스의 주장은 현실적으로 본국과 식민지에 상이한 법이 존재하면서도 영제국의 통일성이 유지되었던 사실에 부합하지 않았다. 리그비(J. Rigby)의 지적대로, 따라서 만약 법이 "하나의 공장"에서 만들어진다고 주장한다면 현재의 제국의 통일성은 더 이상 존재하지 않는 셈이 된다. 리그비는 사태는 연합왕국의 경우에도 동일하다고 지적하였다. 그가 보기에 "진정한 통일성"은 종속 기구들에게 권한을 위임하는 "제국의회의 지속적인 동일성"에 있었다.[41]

결국 반대론은 제국의 통일성 기준을 제국의회가 아일랜드 사안에 대해 입법할 수 없다는 점에, 지지론은 배제규정과 금지규정에 의해 제국의회의 권위가 보존된다는 점에 두었던 것이다.[42] 그런데 반대론이 더 강했던 것처럼 보인 이유가 있었

39) Hansard 305 (5/17): 1217, 1219; 305 (5/17): 1220-21.

40) Hansard 305 (5/21): 1695-96; 305 (5/21): 1699; 305 (5/21): 1703.

41) Hansard 306 (5/28): 357-58.

42) 자치법안 토론에서 동일한 주제에 대해 양면적인 논의가 가능했던 예를 종종 볼 수 있다. ①크로스(Sir R. A. Cross)는 스코틀랜드는 아일랜드처럼 잉글랜드와 이해관계가 긴밀하지만 통일을 유지하고 있으며, 동시

다. 아일랜드가 제국을 파괴하고 왕국을 분할한다고 주장하거나 법안의 보호책들이 아일랜드인에 대한 커다란 불신에 근거한다고 보는 자치 반대자들은 러슬이 지적한 이른바 "이중적 잣대"를 구사할 수 있었기 때문이다. 그것은 찬성과 반대 어느 경우에도 적용될 수 있는 것이었다. "우리가 아일랜드 의회는 제국의회에 종속한다고 말하면 그들은 법안이 아일랜드를 만족시키지 못한다고 반대하며, 종속하나 동등하다고 말하면 그들은 제국의 통일성과 의회의 우위성을 파괴한다고 주장한다."[43)]

이처럼 자치와 합방법, 자치와 제국의 통일성과의 연관을 따진 논의는 치열하였다. 반대자들은 글래드스턴의 시도를 "정치적 쿠데타"로 규정하고 "분리의 사악한 원리를 매장하자"는 비난에서부터 자치는 영제국을 해체하고 영국을 이류국가로 강등시킬 뿐 아니라 아일랜드에게 그래튼 시대의 자코뱅주의, 아나키, 유혈 반란 같은 고통을 다시 초래할 것이라는 주장, 그리고 자치와 합방 및 제국의 통일성의 연관성에 관한 정교한 논의를 거쳐 "왜 아일랜드인은 트라팔가와 워털루를

에 개성 또한 상실하지 않았다는 점을 이유로 자치를 반대하였다. Hansard 305 (5/17): 1173-75. 그런데 통일과 개성이 양립한다면 역시 자치와 통일성도 양립한다. ②법안이 아일랜드의 분리를 조장한다고 본 하팅턴은 영국의 곤란은 두 나라의 이해관계가 너무도 긴밀하기 때문이라고 하였다. 긴밀하기에 별개의 의회를 허용할 수 없다는 논리였다. 이에 글래드스턴은 만약 두 나라가 얽혀있다면(이것은 진실이다), 그 사실 자체 때문에 아일랜드는 그 같은 얽힘을 무시하면서 마치 완전히 독립적인 존재처럼 행동할 수 없다고 반박하였다. Hansard 304 (4/13): 1541. ③다이시의 의회 주권론은 주권의 단일성이라는 측면에서는 반대론의 근거로 이용되었지만, 제국 사안에 관한 유일한 최고권이라는 측면에서는 자치와 통일성이 양립한다는 근거로 이용되었다. 이처럼 자치법안의 논의에는 어느 한 쪽이 일방적으로 옳다고 할 수 없는 측면들이 많았다.

43) Hansard 306 (5/25): 58-59.

자신의 것으로 여기듯이 마찬가지로 맨체스터와 버밍엄을 자신의 것으로 느끼지 않는가?"라는 다분히 감상적인 발언에 이르기까지 매우 다양하게 개진되었다.[44] 힉스-비치는 자치가 국가의 자원을 강화하는 "역사적 추세"와 증기선과 전기에 의해 시간과 거리가 소멸하는 시대 흐름에 역행하는 "퇴보"라고 주장하였다.[45] 존스턴도 자치는 모든 나라들이 권력 집중으로 나아가는 추세와 어긋난다고 비난하였다.[46] "자치=합방폐지=제국해체=분리"라는 인식은 반대론의 원론에 해당하였다. 쇼-르페브르의 지적대로, 이런 원론 차원의 합의 때문에 법안을 반대한 자유당 내부의 두 진영[하팅턴의 휘그와 체임벌린의 급진파]은 반대의 "공통의 기반"이 없었지만 자치가 통일성과 배치된다는 점에서는 인식을 같이 하였다.[47]

그러나 글래드스턴은 언제나 단일 권위의 중앙 집중에 의한 민족적 통일성의 성취가능성에 대해 의문을 제기하였다. 그가 대안으로 제시한 것은 권한이양이 민족적 통일성을 약화하지 않고 오히려 강화할 수 있다는 원리에 근거하였다. 그것은 중앙의 권한이 최소한으로 축소되어야 제국을 강화할 수 있다는 발상이었다. 그래서 그는 "대(大) 국가에서 별개의 부분들의 특성들의 인식" 을 요청하였다. 보그다노는 이 주장은 결함이 있었지만 올바른 것이었다고 평가한다.[48] 그러나 1880년대 영국에서는 남아프리카 사태 같은 예에서 보듯이 제국의 통일성

---

44) Hansard 305 (5/17): 1204; 304 (4/12): 1396; 306 (5/25): 75-77; 305 (5/10): 641.

45) Hansard 304 (4/13): 1519.

46) Hansard 304 (4/9): 1233.

47) Hansard 305 (5/18): 1302.

48) Bogdanor, *Devolution in the United Kingdom*, p. 298.

에 대한 관심이 고조하였기에 제국 강화의 방법이 중앙 정부의 약화라는 글래드스턴의 논리는 많은 반대를 받았다.[49]

2. 의회 주권론

글래드스턴은 아일랜드에 독자적 의회를 설치하는 것은 의회 주권이라는 영국 헌정의 원리와 상치하지 않는다고 생각하였는데, 그 이론적 근거를 다이시로부터 빌렸다. 그는 다이시가 『영국헌정의 법』에서 영국 헌정의 특징이 "의회의 절대적 우위"임을 "탁월하게" 논증하였다고 칭찬하였다.[50] 애덜리-존스(L. Atherley-Jones)도 다이시를 인용하여 의회 주권은 의회가 제정한 어떤 법에 의해서도 손상되지 않으며 최대의 자치권이 주어진 식민지의 경우조차도 왕권에 절대적인 거부권이 보류되어 있으므로 왕권은 제국의회와 동일하다고 주장하였다[51] 아크랜드(Sir Thomas Acland)도 다이시에 기대어 영국이 원하는 것이 제국의회의 최고권에 의해 유지되는 통일된 제국이라면 그 방법은 자치법안에서 제시한대로 실질적으로 독립적인 의회를 설치하면서도 "커다란 권력"을 여전히 제국의회에 남기고 제국의회의 실질적인 거부권을 규정하는 것이라고 주장하였다.[52]

이들은 법안이 다이시의 주장을 반영하면서도 그 이상으로 의회 주권을 확인하였다고 판단하였다. 이런 이유로 자치 지

49) Kendle, *Ireland and the Federal Solution*, p. 44.

50) Hansard 304 (4/8): 1048.

51) Hansard 306 (5/28): 375-76.

52) Hansard 306 (5/28): 383-85.

지자는 스스로를 기꺼이 "합방주의자"라고 하였다. 이를테면, 다이시를 인용한 "합방주의자" 파울러는 아일랜드 의회의 입법이 제국의회를 무력화하지 않는다는 점, 추밀원은 의회의 법을 해석하는 것이지 입법하는 것이 아니기에 제국의회를 제약하지 않는다는 점, 그리고 국왕의 거부권을 들어 자치를 지지하였다. 나아가 그는 왕권의 최고성, 제국의 통일성, 제국의회의 최종적 권위라는 법안의 세 조건에 대해 왕권의 최고권에는 논란의 여지가 없으며, 제국 전체 시민이 동등한 권리를 갖는 사안을 두 개의 별개의 의회가 별도로 심의하거나 최고 권위를 분할하는 경우가 아니므로 통일성의 와해나 최종적 권위의 와해는 근거가 없다고 지적하였다.[53] 픽턴(J. A. Picton)은 법안의 원리가 "다양성 안에서의 통일성"이라면서 "다양성이 클수록 통일성이 더 크다"고 주장하였다. 그는 제국의회의 우위성이 모든 식민지에 적용된다는 다이시의 주장을 빌어 직·간접적으로 식민지의 헌법은 제국의회의 실정법에 의존한다고 보았다. 이를테면 제국의회는 식민지의 헌법을 폐지할 수 있으며, 식민지에 영향을 주는 법을 제정해 왔고, 식민지 의회는 제국의 이해와 관련되는 모든 면에서 제한을 받는다. 그런데 제국의회가 아일랜드의 입법을 변개할 수 있으므로 제국의회의 우위권은 포기되지 않았다.[54]

2독회에서 법안을 최종적인 해법으로 수용한다고 다시 천명한 파넬도 자치법안이 그래튼 의회보다 제국의 통일성에 더 유리하다고 주장하였다. 그것이 제한적이고 제국의회에 종속하는 의회를 상정하였기 때문이다. 달리 말하자면 제국의회는

53) Hansard 306 (5/31): 510-11; 306 (5/31): 517-18.

54) Hansard 305 (5/21): 1775-76.

"궁극적인 우위와 궁극적인 주권"을 갖는다. 파넬에게도 그래튼 의회와의 차이점으로 종종 언급된, 의회의 행정부 통제는 "매우 중요한" 차이점이었다. 그러나 그는 입법과 행정의 분리는 완전한 정부 체제일 수 없다는 폭스의 주장을 인용하면서 법안의 "가장 유용한 부분은 아일랜드의 질서 유지의 권한을 아일랜드 의회에 부여한 것"이고, 만약 아일랜드 의회가 권력을 오용하면 제국의회가 간섭할 것이라고 확인하였다. 파넬은 "피츠윌리엄의 소환 이래 아일랜드인이 최초로 마시는 냉수 컵을 엎지르지 말라"고 경고하였다.[55)]

그러나 자치가 합방법을 폐지하는 것이라고 주장한 처칠은 그것이 또한 의회 주권을 침해한다고 주장하였다. 그의 논리는 늘 단순했다. 법안에서 언급되는 웨스트민스터 의회[제국의회]가 아일랜드 의회에 대한 입법권이 없다고 한다면 이것이 바로 의회 주권의 침해가 아니고 무엇인가? 이를 부인하는 것은 "아프리카 흑인들의 사려 없음과 맹목적인 경신"이다.[56)] 다른 비유도 있었다. 해밀턴(Lord George Hamilton)에 따르면, "큰 병에 든 술을 작은 병에 나누어도 용량은 동일"하다지만, 이 경우 술의 "효능"뿐 아니라 "향기"도 모두 잃는다. 나눌 경우 "제국의회"는 어디에 있는가?[57)]

하팅턴 또한 영국 헌정의 토대가 의회 주권에 있으므로 자치가 영국 헌정 자체를 파괴한다고 주장하였다. 그런데 그는 자치법안은 자율성이라는 원리 외에 "헌정의 변개"라는 원리를 갖고 있다고 덧붙였다. 제국의회는 자치 이후 세 나라 아

---

55) Hansard 306 (6/7): 1171-72; 306 (6/7): 1173, 1174, 1181.

56) Hansard 304 (4/12): 1329.

57) Hansard 305 (5/13): 981.

닌 두 나라[잉글랜드/웨일스와 스코틀랜드]의 대표로 구성되며, 그리하여 제국의회의 권한을 제한하기 때문이다. 특히 아일랜드 의회가 다룰 수 없는 사안에 대한 권한을 제국의회에 남긴다는 제37조에 대해서 하팅턴은 아일랜드 의회가 다룰 수 있는 문제들에 대해서는 제국의회가 더 이상 다룰 수 없다는 "추론"을 낳으며, 이는 "새로운 원리"이며, "최초로" 의회 권위의 한계를 인정하는 사법적 권위(추밀원) 수립도 새로운 헌정이라고 강조하였다.[58)]

헨리 제임스의 반론도 유사하였다. 의회 주권은 "전 지역에 통용되는 입법"을 의미하는데, 자치가 실시되면 제국의회가 아닌 영국의회(British Parliament)가 될 것이라는 지적이었다. 제임스는 영국의회가 아일랜드 의회가 제정하는 어떤 법도 폐기할 수 있다면 아일랜드에게 자치법안은 아무런 의미도 없지만, 반면 제국의회가 제정하는 법에 배치되는, 아일랜드 의회가 만든 어떤 법도 제국의회가 제정한 법에 종속한다고 "명시적으로" 규정하지 않았으므로, 아일랜드만이 영국의회가 입법적 통제권을 갖지 못하는 유일한 예가 될 것이라고 비판하였다. 비유컨대, "지붕을 반쯤 덮고서 지붕을 다 덮었다고 말할 수 없듯이" "완전한 입법권" 포기는 영국 의회가 지금껏 행사한 권한의 포기를 의미한다. 이 주장은 명시적 권한 규정이 없으므로 자치 이후 충돌이 불가피하며, 또한 아일랜드 의회가 "주권적 의회", 말하자면 스스로 "자신의 근본적 존재성을 변개할 권리", "자신의 헌정을 재주조할 권리", "어떤 타자의 통제나 결정에도 종속되지 않는 권리"를 갖지 않기 때문에 최종 해결이 될 수 없다는 논리였다. 그는 더군다나

58) Hansard 305 (5/10): 614-65.

국기, 육군, 해군, 외교권, 통상권 따위가 없는 아일랜드가 과연 "아일랜드는 민족이다"는 파넬의 말과 일치하는지 반문하면서, 자치는 결국 "혼란과 무질서"만을 초래할 것이라고 예측하였다.[59]

하팅턴과 제임스는 설사 제국의회의 수위권이 파괴되지 않더라도 자치를 통해 상이한 법이 출현하게 된다는 이유를 들었다. 이 주장은 자치 지지자도 일단 인정하였다. 그런데 쇼-르페브르는 합방이 실패한 것은 오히려 아일랜드에 대해 잉글랜드와 동일한 법을 주장하고 중앙집중화하려고 했기 때문이라고 반박하였다.[60] 리그비는 "의회"라고 불릴 수 있는 것은 "연합왕국과 아일랜드 의회" 뿐이고, 이 의회는 성문헌법(paper Constitution)에 의해 만들어질 수 없으며, 이 의회는 연합왕국, 식민지, 보호령에서 최고권이며 자치법이 제정되어도 그럴 것이므로, 아일랜드 의회 설치는 제국의회의 권위와는 무관하다고 주장하였다.[61] 콜리지(B. Coleridge)도 잉글랜드, 스코틀랜드, 웨일스에는 교회, 결혼, 토지, 범죄 규정, 관습 같은 상이한 법들이 존재하지만 통일성이 존재한다는 사실은 국가들의 법은 상황, 성격, 관습의 산물이고 이 토착적 요소 없이는 법이 존중되지 않음을 의미한다고 주장하였다.[62] 오커너(T. P. O'Connor)는 유예되거나 행사되지 않는다고 해서 권력이 없어지지는 않으며, 실제적 권리와 추상적 권리는 구분할 수 있다고 주장하였다. 그는 제임스의 "반쯤 덮힌 지

59) Hansard 305 (5/13): 918-23; 305 (5/13): 929, 932.

60) Hansard 305 (5/18): 1310.

61) Hansard 306 (5/28): 355-56.

62) Hansard 305 (5/13): 1020-21.

붕" 비유에 대해 "교장이 회초리를 들지 않는다고 해서 교장이기를 중단하는가?"라는 비유로 응수하였다.[63]

그렇지만 반대자가 보기에 아무튼 자치는 "연합왕국 의회"가 아니라 "영국 의회"만을 남기는 것이었다.[64] 이 때문에 제국의회의 수위권에 관한 법안 제37조와 제국의회의 자치법 변개 권한을 규정한 제39조가 특히 논란거리였다. 핀리(R. B. Finlay)는 제37조에 대해서는 아일랜드 의회의 재량권 한도에서 제국의회의 권한과 사법권이 제약되는 것을 부인할 수 없다고 지적하였고, 제39조에 대해서는 브라이스처럼 아일랜드 의원이 소집되는 의회에 의해서만 변개된다고 해석할 것이 아니라 아일랜드 의원이 한 사람도 소집되지 않아도 어느 때고 변개될 수 있는 것으로 해석해야 한다고 주장하였다. 브라이스는 제39조 규정에도 불구하고 영국 의회[제국의회]가 이 법을 바꿀 수 있다고 하였지만, 핀리가 보기에 헌정의 견지에서 영국 의회는 이 법을 규정대로 다룰 수 없다. 아일랜드 의회가 제대로 법 정신을 준수하는가를 영국 의회가 판단할 규정이 없기 때문이다. 핀리는 자율성은 실제로는 독립을 뜻한다고 보았다. 그는 종교, 관세, 교육, 항해, 세금에서 법제정권이 없는데 이를 자율이라고 할 수 없으므로 "나는 이 법안이 아일랜드에 자율성을 부여하지 않는다는 점에 완전히 만족한다"고 비꼬았다. 그에게 두 개의 입법부에 의한 통일이라는 개념은 "샴 쌍둥이"처럼 부자연스러웠다.[65]

이처럼 의회 주권론이 큰 논란거리였으므로 법안 반대자들

63) Hansard 306 (6/3): 850, 852, 853.

64) Hansard 305 (5/17): 1173-75.

65) Hansard 305 (5/21): 1680-83, 1685, 1688.

은 자치법안에 제국의회와 아일랜드 의회의 권한을 명확히 구분해서 규정해야 한다는 주장을 반복하였다. 수위권이란 의회가 제국의 모든 문제에 대해 “최종적 중재자”라는 의미이므로 제국의회와 아일랜드 의회의 권한이 충돌하지 않도록 한계를 명료하게 정해야 한다는 취지였다.66) 힉스-비치는 법과 질서를 유지하기 위해서는 “충분한 권력”이 제국의회의 “실제적인 최고권”에 의해서 유지되어야 한다고 보았다. 그는 아일랜드 의회가 제국의회에 종속한다는 파넬과 오커너의 주장을 “이론”으로 치부하였다. “행사되는” 권력과 “유보되는” 권력을 구분한다지만, “일부러 포기한 권력”[아일랜드 국내 문제를 다룰 권한을 아일랜드 의회에 주는 것]은 유보할 수 없다는 것이었다. 이 경우 제국의회는 아일랜드 사안에 관한 입법을 할 수 없기 때문이다.67)

그러나 제국의회의 실질적인 권한을 강조한 이들 주장은 때로 억설로 나아갔다. 스코틀랜드 휘그를 대표한 고센은 그래튼 의회는 법안보다 훨씬 더 독립적이었지만 행정부는 독립적이지 않았고, 두 나라가 연결된 것은 의회보다는 행정부를 통한 것이었다는 데까지 나아갔으며,68) 매사에 제국의회가 배타적으로 행사할 실제적 권한을 명시해야 한다는 체임벌린의 주장은 하코트로부터 “그렇다면 도대체 왜 의회를 갖는단 말인가?”라는 힐난을 받았다.69)

이 주제에 관한 권위자인 보그다노는 자치법안이 의회 주권

66) Hansard 305 (5/21): 1720-21.

67) Hansard 306 (6/7): 1205-1206; 306 (6/7): 1206-1207.

68) Hansard 306 (6/7): 1159, 1161.

69) Hansard 306 (6/1): 767.

이 단지 상징적인 것이 아니라 실질적인 우위를 견지하는 것을 제시하지 못했다고 비판하였다. 보그다노는 그 이유를 의회 주권 개념의 "모호성"으로 파악하였다. 이 개념은 때로는 연합왕국과 관련해서 의회가 향유한 "실질적인" 권위의 행사를 의미하거나, 때로는 캐나다 같은 자치 식민지에 대해 의회가 향유한 수위권이라는 더 "명목적인" 것을 의미하기도 했다. 이 모호성에서 자유당과 민족당의 서로 다른 자치 개념이 나왔다. 민족당은 제국의회의 "휴지 상태"의 명목적인 권위를, 따라서 아일랜드의 실질적인 자율성을 뜻하였고, 반면 자유당원은 배제 규정과 금지 규정 및 제국 유지비 분담을 뜻하였다. 그렇지만 일단 아일랜드 입법부가 설치되면 영국은 비록 법적으로는 아니나 도덕적으로는 아일랜드 사안에 대해 입법하지 않는 의무를 진다. 자치가 정상적으로 작동하는 한 아일랜드 의회는 국내 문제에 대해서는 종속적인 존재가 아니라 동등한 지위에 있게 된다.[70]

그러나 이미 자치 지지자도 언급한 이 "도덕적 강제"라는 개념이 민족당에게는 명목에 불과했는지는 의문이다. 금지규정과 배제규정을 비롯한 제국의회의 수위권에 관한 법안의 규정은 쌍방 간의 도덕적 강제에 토대를 둔 실제적인 규정이었다. 따라서 문제는 이론과 개념의 애매함이 아니라 제국의회가 "실제로" 거부권 형태로 수위권을 행사할 경우이다. 이 경우에도 분란의 소지는 쌍방적이지 일방적이지는 않다. 그러나 보그다노는 제국의회의 거부권은 민족당이 지배하는 아일랜드 의회에 의존하는 아일랜드 행정부가 우호적인 경우라야 실제적일 것이라고 판단하였다. 따라서 보그다노의 판단으로는 자

70) Bogdanor, *Devolution in the United Kingdom*, pp. 29, 42-43.

치 이후 영국 정부가 아일랜드 정부의 순종을 확보하는 길은 동의 아니면 강제이다. 그런데 보그다노는 자치 이후 동의는 더 어려울 것이라고 판단하였다. 왜냐하면 아일랜드 입법부는 자기가 합법적인 아일랜드 인민의 대표라고 주장할 것이기 때문이다. 더군다나 사법권과 경찰권이 아일랜드 수중에 있다면 실질적인 의회 수위권을 어떻게 확보한단 말인가?[71] 결국 보그다노의 비판 역시 합방주의자들의 논리와 일치하며, 그것은 기본적으로 자치 아일랜드에 대한 불신에 토대를 둔 것이다. 보그다노는 자치 정부가 대체로 자신의 헌법에 만족한, 영국에 적대적이지 않은 영국계 주민의 식민지에서 작동하였다고 강조하였다. 더군다나 그들은 진정 분리를 추구하면 거부되지 않을 것을 알고 있었다. 반면 아일랜드에는 이 조건들이 없다. 그들은 자치로 인한 제한된 자율성에 전혀 만족하지 않으며 재정 조항들의 수정을 요구할 것이고 정치적 힘을 이용하여 추가 양보를 받으려 할 것이다. 따라서 아일랜드는 자신의 요구를 강제하는 힘이 식민지보다 더 강하지만 제국의회는 분리를 전혀 수용하지 않을 것이다.[72]

그러나 보그다노의 이 비판은 다분히 이론적인 것이다. 의회 토론에서 이미 글래드스턴은 법안이 의회의 수위권을 건드리지 않는다고 강조하면서, 캐나다와 오스트레일리아의 예는 실제적인 해법을 시사한다고 환기시켰다. 그는 아일랜드에게 자신의 문제에 관한 “실질적인 권한이양”을 승인하였지만, 제국의회가 간섭해야 할 경우란 “법률가나 학자들이 내린 정의(定義)보다 과거 40-50년간의 실제 정치의 경험에서” 찾을 수

71) Bogdanor, *Devolution in the United Kingdom*, p. 43.

72) Bogdanor, *Devolution in the United Kingdom*, pp. 43-44.

있다고 지적하였다. 예컨대 1849년 캐나다의 반란자들에 대한 보상 결정이 국왕의 권위를 침해한다는 반론에 대해 당시 수상 러슬(Lord John Russell)은 "고전적이고 권위 있는 해답"을 제시하였다. "국왕으로부터 책임 있는 장관에게 주어진 결정권으로 해결할 것"이 그것이다. 글래드스턴이 보기에 이 사례는 문제 해결의 실질적인 양식을 제시한 것으로서, 추상적 논의에서는 어려울지라도 실제적 차원에서는 어렵지 않으며, 이것을 아일랜드의 자율권과 조화시키는 것도 가능하였다.[73] 이처럼 영국 헌정에 대한 글래드스턴의 인식은 추상적 사고보다는 실제적 사고에 토대를 둔, 현저하게 탄력적이고 유연한 것이었다.

의회 주권론을 정립한 다이시의 주장은 의회 토론에서 자치 지지자와 반대자 모두에게 전거로 이용되었다. 글래드스턴은 다이시에 기대어 의회 설립이 주권의 분할이 아니라고 주장하였다. 글래드스턴의 이러한 입장을 이해하기 위해 버지스의 다음과 같은 지적을 염두에 둘 필요가 있다. "다이시는 영국 헌정의 최대 강점과 힘은 의회의 절대적 권능에 있다고 주장하였다. 주로 실정법, 보통법, 관습, 규약에 기초한 불문헌법과 결부된 의회의 지배적인 제도적 지위는 수세기에 걸친 성장의 결실이었다. 그것은 유기적인 성격을 갖고 있다. 그러나 영국의 영토에서 의회가 최고의 입법체라는 분명 옳은 다이시의 주장은 영국의 헌정에서 의회의 지배적인 역할에 대한 그의 더 과장된 주장과는 구별되어야 한다. 후자의 주장은 언제나 현실과는 유리된 것이었다. 그럼에도 의회 주권이라는 환상은 지속하였다. 그리고 다이시의 유산은 생기 있게 작동하

73) Hansard 306 (6/7): 1222-23.

면서도 동시에 해로운 것이었다."[74]

3. 대표성 배제

아일랜드 대표를 제국의회에서 배제하는 규정은 "자치=분리"라는 반대자들이 위구심을 증폭시켰다. 애초에 아일랜드 대표를 제국의회에 유지하려고 했던 글래드스턴은 법안을 마련하던 3월 중순 아일랜드 대표의 배제를 결심하였고, 이는 하코트, 몰리, 스펜서, 그랜빌, 킴벌리의 지지를 받았다. 그런데 보그다노는 자치 이후 아일랜드가 어떻게 제국의회에서 대표성을 견지하는가라는 "수수께끼"에 대한 해법을 찾지 못한 점을 "법안의 가장 심각한 결함"으로 지적하였다.[75] 글래드스턴이 제시한 자치 원리는 "아일랜드는 자신의 사안에 대해 국내적 입법부를 가져야 한다"는 것이었다. 그러나 글래드스턴 스스로 "어떤 것이 아일랜드에 관한 사안인가"를 결정하는 것은 "심대한 딜레마"라고 인정하였다.[76]

글래드스턴은 이 문제를 세 가지 차원에서 다루었다. 첫째, 아일랜드가 국내적 입법부를 갖는다면, 아일랜드 대표가 제국의회에 참석해서 잉글랜드나 스코틀랜드 사안을 다룰 수 없다. 그렇다면, 아일랜드 대표가 제국의회에서 (잉글랜드나 스코틀랜드 사안이 아니라) 제국 사안을 다루는 것이 "실제적"인가? 그는 "원리상" 이를 반대하기는 매우 어렵다고 지적하였다.

---

74) Michael Burgess, *The British Tradition of Federalism* (London, 1995), p. 186.

75) Bogdanor, *Devolution in the United Kingdom*, p. 29.

76) Hansard 304 (4/8): 1055.

그렇다면 이를 수용하는 것은 제국의회에서 "실제적" 목적을 위해 제국 사안과 비제국 사안을 구분하는 데 달려 있다. 글래드스턴은 이 구분에 대해 "심사숙고"했노라고 말하였다. 그는 구분이 가능하리라는 희망을 가졌는데 결국 구분이 불가능하다는 결론에 도달했다고 고백하였다. 글래드스턴이 보기에 이 구분은 "인간의 기지(機智)"를 넘어서는 것이었다. 그런데 그는 제국의회가 "단지" 입법만 하는 곳이라면 구분이 어렵지 않다고 보았다. 실제 그는 자치법안에서 이 구분을 하였다[77]

둘째, 그러나 제국의회는 단지 입법을 하는 곳에 그치지 않고 행정부를 통제하는 곳이다. 이 경우 제국 사안과 비제국 사안의 구분이 불가능하다. 이를테면 아일랜드 대표가 외무부장관의 경질을 요청하는 의회봉답문 토론과 표결에 참여하는 것을 부인할 수는 없을 것이다. 외교정책을 비판하는 것과 외무부장관을 반대하는 것은 구분할 수 없기 때문이다. 만약 경질 요구가 관철되면 집단책임 원리에 따라 정부 자체가 무너진다. 이는 제국 사안만을 논의하기 위해 웨스트민스터 의회에 온 아일랜드 대표가 잉글랜드와 스코틀랜드의 이해를 책임진 정부를 실각시킬 수 있음을 뜻한다. 이처럼 제국 사안과 비제국 사안의 구분은 불가능하다. 따라서 아일랜드 대표는 제국의회에 참석할 수 없다.[78]

셋째, 그렇다면 아일랜드 대표를 제국의회에서 배제할 경우 과세 문제는 어떻게 되는가? 아일랜드는 내국세 과세권을 갖는데, 관세와 물품세 같은 간접세는 제국의회 소관이다. 제국

---

77) Hansard 304 (4/8): 1055-56.

78) Hansard 304 (4/8): 1056-57. 이 대목에서 글래드스턴은 민족당의 의사방해 전술이 초래한 웨스트민스터 의회의 업무 정체를 대표성 배제의 이유로 추가하였다.

의회에서 간접세를 변경하면, 이는 곧 아일랜드의 국내 과세권과 결부된다. 글래드스턴은 영국이 대표 없는 과세를 아일랜드에 강제하지 않을 것임을 천명하였다. 그렇다면 아주 실제적인 문제인 제국의 "재정적 통일성"을 포기한다는 것인가? 그러나 글래드스턴은 재정적 통일성을 포기하는 것이 곧 "제국의 통일성"을 포기하는 것은 아니라고 주장하였다. 제국의 통일성은 재정적 통일성보다 "더 고차원"의 원리인 의회 수위권에 근거하는 것이다. 그렇지만 재정적 통일성을 포기하는 것은 실제로는 영국과 아일랜드 모두에게 커다란 공공적 불편을 초래할 것이므로 재정적 통일성을 포기할 수는 없을 것이다.[79] 글래드스턴은 이 딜레마에서 벗어날 "오직 한 가지" 방책이 있으며, 그것은 만약 아일랜드가 관세와 물품세 부과권을 제국의회에 남기는 것에 동의하는 다음의 세 조건이라면 가능하다고 주장하였다. 그 조건이란 ①관세와 물품세 이외의 일반 과세권을 명백히 아일랜드 입법부에 넘긴다. ②관세와 물품세에서 아일랜드의 의무{분담금과 부채 지불]를 이행한 나머지 액수를 아일랜드 재무부에 보내고, 이를 아일랜드 입법부가 관장하고 아일랜드인의 복리를 위해 사용한다. ③특히 아일랜드 대표가 염두에 둘 것은, 자치법안은 입법과 행정에서 아일랜드 사안을 다루는 의회를 설치하는 "커다란 이득"을 부여한다는 점이다. 그런데 아일랜드 대표를 배제하면 이 특권이 어떻게 될 것인지를 고려해야 한다.[80]

글래드스턴은 대표성 배제는 아일랜드 입법체가 헌정적 권리를 요구하면서 "요청"할 경우 바뀔 수 있다고 인정하였다.

---

79) Hansard 304 (4/8): 1057-58.

80) Hansard 304 (4/8): 1058, 1058-59.

그러나 그는 아일랜드가 국내 의회와 제국의회에 동시에 자리잡는 경우 생길 수 있는 아일랜드 내부의 이견(사안 구분의 어려움과 상대적 지위 차이에 따른 분쟁, 대표자의 규모)과 지방정부에 대한 아일랜드의 일천한 경험을 이유로 "현재로서는 아일랜드가 국내 의회와 제국의회 두 곳에 동시에 대표성을 갖는다는 것은 어렵다"고 강조하였다.[81] 결국 글래드스턴은 두 가지를 천명하였다. 아일랜드 대표를 제국의회에서 배제한다는 것과 제국의 재정적 통일성이 유지되어야 한다는 것이다.

4월 8일 자치법안 제안 당일의 토론에서 대표성 배제 문제는 자치 지지자와 반대자 어느 쪽도 언급하지 않았다. 파넬조차 법안의 "결함들"을 거론하면서도 이 문제를 언급하지 않았고, 플런키트가 대표성 배제와 애국심 소멸의 상관성을 우려한 것이 고작이었다.[82] 둘째 날 체임벌린이 이 문제를 "대표 없는 과세 없다"는 헌정 원리와 결부시켜 비판하였다. 체임벌린의 사직의 변이었던 "4불가론" 가운데 두 가지가 대표성 배제와 관련되었다. 하나는 아일랜드 의회를 제국의회와 "동등한" 권위를 갖는 존재로 만든다는 것이었고, 다른 하나는 아일랜드에서 관세와 물품세를 포함한 제국 과세권을 포기하게 된다는 것이었다. 그런데 법안에서는 과세권을 유지한 채 대표성을 배제하였다. 체임벌린은 이것은 과세와 대표성에 관한 영국 헌정의 원리에 위배된다고 주장하였다. 그는 또한 파넬이 관세와 물품세 부과권 따위가 배제된 아일랜드 의회를 거부해왔으므로 대표성을 배제하면 아일랜드는 큰 불만을 갖게 된다고 지적하였다. 그가 보기에 결국 대표성 배제는 "완전한

81) Hansard 304 (4/8): 1059-61.

82) Hansard 304 (4/8): 1138.

국가"를 지향하는 파넬을 더욱 부추기며, 따라서 제국의 통합을 파괴할 것이었다.[83)]

체임벌린의 이 주장에 다른 자치 반대자들이 가세하였다. 그들은 아일랜드의 제국 유지비 분담과 제국의회에서 대표성 배제는 서로 모순이며 분리를 초래할 것이고,[84)] 아일랜드가 과세의 대상이면서도 대표성을 갖지 못함은 아일랜드를 영국의 속국으로 전락시키는 것이며,[85)] 아일랜드 대표가 배제된 상태에서 모든 대외정책과 식민지 정책이 이루어지고 그럼에도 아일랜드가 제국 유지비를 분담한다는 것은 "공정"하지 않다고 지적하였다.[86)] 처칠은 대표성 배제를 합방 폐지 및 제국 통일성 파괴와 직결시켰다. 예컨대 왕위계승 문제에서 대표성이 배제되면 제국의 통일성 유지를 부정하게 되고, 연합왕국이 하나의 동일한 의회 속에 대표된다고 규정한 합방법을 폐지하게 된다.[87)]

그러나 러슬이 지적하였듯이, 체임벌린의 주장은 일관성을 갖지는 못했다. 자치를 지지하던 1870년대 전반에 체임벌린은 제국의회는 아일랜드 대표가 없으면 더 원활하게 작동할 것이라고 말했기 때문이다. 대표성과 과세의 관계에 대해 러슬은 "정해진 할당량을 항구적으로 납부하도록 의회 차원에서 계약하는 것은 대표 없는 과세 없다는 원리를 침해하는 것이 아

---

83) Hansard 304 (4/9): 1190-91, 1191-92, 1195-96. 판사와 행정장관의 임명을 포기하는 것과 배제규정과 금지규정 이외의 사안에서 아일랜드 의회에 "전권"을 부여한다는 것이 나머지 두 가지 이유였다.

84) Hansard 304 (4/9): 1223.

85) *Hansard* 304 (4/9): 1237.

86) Hansard 304 (4/9): 1258.

87) Hansard 304 (4/12): 1327-28.

니다"고 주장하였다.[88] 그렇지만 "영국인의 무관심과 실정"이 현재의 아일랜드 상황을 초래했다고 본 브래들로(Charles Bradlaugh) 같은 비판적 지지자에게도 대표성 배제는 법안의 큰 난점이었다.[89] 비록 몰리는 아일랜드 대표를 제국의회에서 배제하더라도 자치가 성공적으로 작동한다면 일정 기간 뒤에 다시 불러들일 수 있을 것이라고 유연하게 발언하였지만,[90] 대표성 배제는 글래드스턴의 의도와는 달리 필연적으로 제국의회의 주권, "대표 없는 과세 없다"는 원리, 물리적 부재에 따른 분리에 대한 의구심과 결부되었기 때문에 매우 어려운 문제였다.

4월 13일 1독회 종결 연설에서 글래드스턴은 대표성 문제를 재론하였다. 그런데 글래드스턴이 이 문제를 "중요하고 본질적인" 것으로 간주하지 않았음을 염두에 두어야 한다. 관세와 물품세 부과권도 마찬가지였다. 그는 대표성 배제가 법안의 다섯 가지 본질적 조건들(제국 통일성, 구성 부분들의 정치적 평등성, 제국 유지비의 균등한 부담, 소수파 보호, 최종 타결)과 부합한다고 주장하였다.[91] 글래드스턴의 논점은 아일랜드 대표가 지금처럼 잉글랜드, 스코틀랜드, 아일랜드, 제국의 모든 문제에 대해 제국의회에서 논의하고 표결하는 것이 "아마도 지속할 수 없다"는 점, 제국 사안과 비제국 사안을 구분하려고 애썼지만 그것이 불가능하다는 결론에 이르렀다는 점, 잉글랜드는 대표 없는 과세를 아일랜드에 강제하지 않을 것이

88) Hansard 304 (4/12): 1355, 1356, 1357.

89) Hansard 304 (4/12): 1377.

90) Hansard 304 (4/9): 1277.

91) Hansard 304 (4/13): 1536.

라는 점, 아일랜드 대표가 제국의회에서 배제되는 것은 아일랜드 자신의 동의에 달렸다는 점이었다.[92] 또한 그는 법안 제안 이후 제시된 다양한 제안들(아일랜드 대표의 권한을 제한해서 참석케 하는 방안, 대표의 숫자를 제한해서 참석케 하는 방안, 대표성을 일정기간 배제하고 필요시 소환하는 방안)을 언급하면서 “사안의 중요성을 감안할 적에 토론 초기에 이 문제에 관한 논의를 마감할 수는 없다”고 예봉을 비켜갔다.[93]

5월 10일 2독회 제안에서 글래드스턴은 대표성 배제 문제를 다시 언급하였다. 이 단계에서 아일랜드 대표가 사안에 따라 제국의회에 참석한다는 이른바 “들고 나는” 문제(in-out question)가 제기되었다. 글래드스턴은 대표성 배제에 대한 반론들이 두 가지 원리에 근거한다고 요약하였다. 대표 없는 과세 없다는 “명백한 진리”와 제국의 통일성에 대한 “상징적 표현”의 소멸이 그것이다.[94] 이에 대해 글래드스턴은 다음과 같이 반론을 전개하였다. 첫째, 아일랜드는 반대자가 생각하는 것만큼 제국 사안으로부터 완전히 배제되지는 않는다. 이를테면 제39조[제국의회가 제정한 법에 대해 아일랜드가 동의하지 않을 경우 아일랜드 대표를 제국의회에 소환함]에 포함된 원리는 실제로는 거의 실행되지 않더라도 조항에 담긴 원리는 중요하다.[95] 둘째, 아일랜드 “입법체”의 소관 이외의 재정 문제에 관해 아일랜드 의회가 표결할 수 있는 특정 사안들이 있다. 이를테면 전시에 국왕이 아일랜드 입법체로 하여금 자유

---

92) Hansard 304 (4/13): 1537. 이 다섯 조건들은 2독회 제안 연설에서 다시 강조되었다. Hansard 305 (5/10): 587.

93) Hansard 304 (4/13): 1537-38.

94) Hansard 305 (5/10): 589-90.

95) Hansard 305 (5/10): 590.

롭게 전비에 관해 표결하도록 할 수 있다. 이는 과거 독립적 입법부(그래튼 의회)가 있었을 때에도 그랬다. 1790년 영국 선박이 스페인 군대에 의해 나포되었을 때 아일랜드 대표는 자금 지출에 대해 표결하였고 그 결과 지출이 이루어졌다. 1795년 대불전쟁 전비 지출 때도 그랬다. 다만 글래드스턴은 자치법안에서 국왕의 요청에 의해 아일랜드 입법체가 전비 지출에 관해 표결하는 조항을 넣지 않은 것은 실수였다고 인정하였다.[96]

이어 그는 가능한 대안을 좀 더 구체적으로 제시하였다. 첫째, 관세와 물품세 변경의 경우 아일랜드 대표가 참여하는 위원회(Committee)에서 다룬다. 둘째, 외교와 통상 같은 아일랜드와 영국 간의 공통의 이해과 관련된 문제에서는 외국[스웨덴-노르웨이]에서 채택하고 있는 "행정부" 간의 협의를 통해 다룰 수 있다. 또 다른 방법은 [오스트리아-헝가리처럼] 두 나라 "의회"의 합동위원회(Joint Commission)를 적절한 비율로 사안이 있을 때마다 구성해서 의회 회기 중에 운영하는 것이다. 왕권 이외의 문제, 이를테면 통상조약 같은 문제는 이 방식으로 다룰 수 있다. 셋째, 아일랜드 대표가 "원할 경우" 제국의회에 소집되는 방식도 있다. 이 방식의 "원리"는 부정할 수 없지만, "실제적" 난점은 더 검토해야 한다.[97] 결국 글

96) Hansard 305 (5/10): 591-92.

97) Hansard 305 (5/10): 594-96. 스티븐슨(F. S. Stevenson)이 헝가리-크로아티아의 예를 들어 글래드스턴의 이 주장을 뒷받침하였다. 크로아티아는 특정한, 전적으로 크로아티아에 관한 문제만을 다루는 별개의 기구를 갖고 있다. 그럼에도 대표자를 헝가리 의회(Diet)에 보낸다. 이는 공동 문제를 표결하기 위함이다. 어떤 사안이 과연 공동 이해에 관한 것인가는 의회가 결정하면 된다. Hansard 306 (5/31): 535. 글래드스턴은 5월 5일 내각 논의에 대비한 장문의 비망록에서 이를 구체화하였다. 첫째 대안의 경우, 아일랜드 대표가 예산안 문제로 내각을 무너뜨릴 수 있는 "약간

래드스턴은 대표성 배제를 규정한 법안 제24조를 삭제하지 않으면서 "들고 나는" 문제를 실제적으로 해결할 수 있으리라는 생각을 하고 있었다. 글래드스턴에게 대표성 배제라는 원리 자체는 타당한 것이었다.[98)]

그러나 대표성 배제를 거부한 하팅턴과 체임벌린은 글래드스턴의 융통성을 받아들이지 않았다. 하팅턴에 따르면, 만약 완전히 배제하면 아일랜드 의회와 정부에 필연적으로 대규모의 입법적 독립을 허용하게 된다. 이 경우 제국의회는 아일랜드를 위해 입법을 할 수 없다. 그러나 만약 대표를 제국의회에 유지하면 아일랜드 사안에 대해 아일랜드 의회가 완전한 입법권을 가져야 할 필요가 없게 되고, 따라서 제국의회는 아일랜드 사안을 논의할 수 있게 된다. 하팅턴은 아일랜드가 자신의 모든 사안을 다룰 의회를 가져야 하는지를 먼저 결정하는 것, 말하자면 제국의회에 아일랜드 대표가 항구적으로 유지되는지, 일시적으로 유지되는지, 숫자가 제한되는지를 알아

의 불편"이 있지만, 이런 "최악의 사태"는 1852년과 1885년 오직 두 차례만 있었다. 둘째 대안의 경우, 왕위와 국방, 외교와 식민지, 특허와 저작권 같은 과세 이외의 영역에서 왕위와 국방은 대표성 문제와 관련해서 더 이상 수정의 여지가 없지만, 다른 두 사안에 대해서는 영국과 아일랜드 행정부 간에 정기적인 회동(스웨덴-노르웨이 식)이 가능하나 현재 이를 수용하기에는 이르다. 셋째 대안의 경우, 상설위원회 설치는 의회 회기 중 활동하며 영국의 양원과 아일랜드 양원의 대표를 3:1 비율로 구성할 수 있다. 더군다나 이 안은 제국 통일성의 상징에 대한 갈망의 "감정"을 만족시킬 수 있다. *Diaries* 11 (5/5/1886), pp. 544, 545-46. 이에 외무장관 로즈베리는 외교와 식민지 문제에서 대표단을 구성하는 대안을 반대하였고, 글래드스턴은 아직 논쟁 수준은 아니라면서 합동위원회 안은 일리 있게 수용될 수 있을 것으로 예상하였다. Gladstone to Lord Rosebery (5/7/1886), *Diaries* 11, p. 547. 체임벌린과 하팅턴은 웨스트민스터 의회에 아일랜드 사안을 다룰 "중재기구"를 설치하자고 제안하였는데, 글래드스턴과 파넬 모두 이를 거부하였다.

98) Gladstone to J. Morley (5/12/1886), *Diaries* 11, p. 552; *Diaries* 11 (5/25/1886), p. 561.

야 한다고 주장하였다.[99] 고센도 "들고 나는" 문제를 비판하면서 "여러분은 수많은 일탈과 불의에 개입하지 않고서는 아일랜드를 잉글랜드나 스코틀랜드와는 다르게 다룰 수 없다"고 하였다. 그가 보기에 대표성 배제는 자치 구상에 치명적이었다.[100] 매키버도 대표성 배제는 실질적으로 아일랜드 의회의 수위권을 허용하게 된다고 보았다.[101]

5월 17일 여왕이 2독회 표결 이후의 과정에 대해 궁금함을 전하자 글래드스턴은 여왕의 비서 폰손비(Sir Henry Ponsonby)와의 대담에서 만약 법안이 2독회를 통과하면 이를 철회하고 가을에 새 법안을 제안하는 방식이 검토되고 있음을 알리면서, 사견을 전제로 "제국 사안에서 구성 국가들의 공통 관심을 유지하기 위해서는 대표성 유지에 대해 합리적인 조정이 가능할 것"이라고 말했다. 글래드스턴 자신이 이 문제를 본질적인 것으로 판단하지 않았음을 말해주는 대목이다. 그는 "합방은 본질적으로 현재의 법안에 의해 유지된다"고 판단하였다.[102] 글래드스턴의 이러한 판단에 문제가 있었던 것은 사실이다. 쇼-르페브르 같은 지지자도 대표성 배제는 자치와 통일성의 일치라는 법안의 원리를 훼손한다고 판단하였다.[103]

보그다노의 지적대로 대표성 배제 문제에는 "논리적으로 피할 수 없었던 난점"이 있었다. 첫째, 대표성을 배제하면 아일

99) Hansard 305 (5/10): 611-12.

100) Hansard 304 (4/13): 1467, 1468.

101) Hansard 305 (5/21): 1722-25.

102) Gladstone, "Conversation with Sir Henry Ponsonby: The Progress of the Home Rule Bill," *The Prime Ministers' Papers*, v. 4 (London, 1981), p. 79.

103) Hansard 305 (5/18): 1302.

랜드는 웨스트민스터 의회가 결정하는 외교와 관세정책을 용납하지 않을 것이다. 결국 대표 없는 과세는 미국의 예처럼 불가피하게 분리로 이어질 것이다. 둘째, 대표성을 유지하면 외견상 의회 주권과 제국 통일성을 유지할 수 있지만, 잉글랜드, 스코틀랜드, 웨일스 대표는 아일랜드의 국내 사안에 대해 논의할 수 없지만 아일랜드 대표는 잉글랜드, 스코틀랜드, 웨일스의 국내 사안을 논의할 수 있게 된다. 대표자 수를 줄이더라도 이 딜레마는 그대로이다. 더군다나 대표성 유지는 웨스트민스터 의회에서 아일랜드 사안을 배제하는 이점도 상실한다. 글래드스턴은 이처럼 "이중적 딜레마"에 처했다.[104]

대표성 배제 문제의 선결을 주장한 하팅턴처럼 자치 반대자에게 이 문제는 자치법안의 핵심으로 간주되었다. 그러나 글래드스턴은 1독회 종결과 2독회 제안 때 이 문제를 거론한 반론들에 답변하였지만, 2독회 종결 연설에서는 이 문제를 언급하지 않았다. 그는 오히려 역사적 논증과 유비론에 대한 재반론에 더 관심을 기울였다. 이는 글래드스턴이 대표성 배제 문제를 법안의 원리라기보다는 기술적인 문제로 간주하였음을 뜻한다. 그것은 만약 법안이 2독회를 통과한다면 위원회 단계에서 더 정밀한 논의를 통해 해결될 문제였다. 사안의 중요성에 비추어 볼 때, 물론 글래드스턴의 이 판단은 옳은 것이 아니었다. 그렇지만 대표성 문제는 제국 사안과 관련되는 것이었기에 아일랜드 사안을 다룰 의회의 설치와 비교하면 실질적으로 기술적인 해결의 여지가 없지는 않았다.

104) Bogdanor, *Devolution in the United Kingdom*, pp. 42-44.

4. 연방론

글래드스턴의 자치법안은 연합왕국의 본질과 구조에 관해 예전에 볼 수 없었던 새로운 차원의 논의의 시발점이 되었다. 근자에 특히 영국에서 연방제에 관한 여러 연구가 나왔다. 이는 웨일스와 스코틀랜드에 상이한 수준에서 각각 자치가 허용된 상황을 예기하거나 혹은 반영한 결과라고 여겨진다. 글래드스턴은 얼스터 문제처럼 연방제 문제를 비중 있게 다루지 않았다. 그렇지만 당시는 영국에서 연방론이 이미 본격적으로 논의되던 시점이었으므로 이 문제는 글래드스턴의 자치법안 제안 설명에서 언급되었다. 글래드스턴의 자치법안은 "제국의 통일성을 입법의 다양성"과 조화시키려는 것이었다. 그런데 그가 보기에 입법의 다양성이란 "동격의" 입법부를 설치하는 것이 아니었다. 그는 합방의 본질은 "하나의" 의회이기에 자치는 합방의 폐지가 아니라 수정이라고 하였다. 이 때문에 제안 연설에서 그는 자치를 민족적 독립, 입법적 독립, 독립적 의회, 연방제와 구별하여 논의할 필요도 없는 것으로 일축하였다.[105] 사실 연방제는 "더 합리적이지만 정치적으로는 덜 호소력 있는" 대안이었으므로[106] 글래드스턴이 상황을 오판하였다고 보기는 어렵다.

의회 토론에서 연방제의 거의 유일한 옹호자는 체임벌린이었다. 그는 연방제를 분리되는 민족/국가의 통일을 이루는 것으로 이해하였다. 그래서 그는 아일랜드 문제가 모종의 연방제 형태로 추구되어야 한다고 생각하였다. 체임벌린은 연방제는 제국의 통일성을 유지하고 전국적인 차원의 지방정부에 관

105) Hansard 304 (4/8): 1049-50.

106) Matthew, "Gladstone, O'Connell and Home Rule," p. 24.

한 요구와 화해할 수 있다고 보았다. 그런데 그는 영국의 헌정은 외국과 상황이 다르지만, 자치 식민지 모델이 아니라 외국 모델을 따라야 한다고 주장하였다.[107] 체임벌린은 본국-식민지 유비에 근거한 글래드스턴의 구상을 오류라고 간주하였다. 그가 보기에 식민지-본국의 유대란 “감상적인” 애정에 불과하며, 이를테면 캐나다-본국의 유대는 어느 때고 “캐나다의 뜻”에 따라 해체될 수 있는 것이다. 반면 더 굳건한 유대란 제국의회에 대표성을 유지하여 아일랜드가 단지 지방으로 전락하는 것을 막는 연방제에 의해서만 달성된다. 연방제는 “원심적”인 것이 아니라 “구심적”이기 때문이다. 체임벌린은 식민지가 아니라 외국의 사례를 들어 자신의 주장의 근거로 삼았다. 그는 글래드스턴이 언급하지 않은 통일 이탈리아의 연방제는 이전에는 분리된 국가를 연합해서 하나로 통합한 것이고, 독일도 연방제 통일이었고, 미국은 유니언과 지방적 차이를 동시에 달성하였다고 주장하였다.[108]

그러나 체임벌린의 연방제 주장은 많은 비판을 받았다. 파넬과 민족당에게 연방제는 “훨씬 덜 긴박한” 스코틀랜드나 웨일스에서의 민족주의 문제와 결부시킴으로써 “아주 긴박한” 아일랜드 문제를 부정하려는 시도로 보였고, 다른 자치 지지자에게 연방제는 논리적 맹점을 내포하였다. 힐리는 1876년에 체임벌린이 버트의 연방제안을 반대하였음을 상기시키면서, 체임벌린의 연방론은 건물의 토대(기초공사) 이전에 지붕을 쌓는 격이라고 하였다. 인민의 동의에 의한 의회의 존재가 연방제의 토대이기 때문이다.[109] 하코트와 리그비는 연방의 조건

107) Hansard 304 (4/9): 1205-1206.

108) Hansard 304 (4/9): 1204-1206.

은 연방할 독립체의 존재이기에 독립적 입법체의 수립이라는 전제를 부인함은 연방제 자체를 부인하는 것이고, 독립적인 국가가 연방의 전제이므로 제국의 해체 없이는 연방제가 불가능하다고 보았다.[110] 자치 반대자 보이드-키니어(J. Boyd-Kinnear)는 연방제의 본질적 조건인 연방하는 국가들 간의 평등은 제국의회에서 아일랜드 대표를 배제하였으므로 존재하지 않는다고 하였으며, 골웨이의 놀란(J. Nolan)은 제국의회는 어느 때고 아일랜드에 적용되는 법을 바꿀 권리를 유보하기 때문에 잉글랜드와 아일랜드 사이에는 협약이 불가능하다고 주장하였다.[111]

그렇지만 법안을 찬성한 몰튼(J. F. Moulton)은 자치가 바로 연방제라고 주장하였다. 그는 연방제를 한 국가의 구성 부분들이 각각 지방적 사안을 다루는 지방적 의회를 갖고, 동시에 공동 관심사는 모두가 대표를 보내는 중앙 의회 수중에 놓은 국가 조직이라고 정의하였다. 따라서 몰튼은 오스트리아, 독일, 미국, 캐나다에서 보듯이 오직 홈룰(자치)만이 연방제라고 보았다. 몰튼의 이 견해는 글래드스턴의 자치 구상이 바로 연방제이기에 체임벌린이 자치의 "대안"으로 연방제를 제시한 것은 오류라는 것이었다. 그런데 몰튼은 자치법안이 "비대칭적인" 연방제라고 보았다. 아일랜드 사안과 제국 사안을 구분한 점에서는 대칭적이지만, 제국의회가 동시에 영국 의회임을 감안하면 잉글랜드, 웨일스, 스코틀랜드는 지방적 사안과 제국 사안의 구분 없이 제국의회를 구성하기 때문에 비대칭적이다.

---

109) Hansard 304 (4/9): 1210.

110) Hansard 304 (4/12): 1444; 306 (5/28): 356.

111) Hansard 305 (5/13): 976; 306 (6/3): 925.

그는 완전한 연방제는 대칭적이어야 한다고 보았다. 몰튼의 판단으로는 아직 그런 조건이 마련되지 않은 상태에서 문제는 아일랜드에게 지방적 사안을 다룰 권리를 주는지 여부였다.[112)]

글래드스턴 역시 연방을 갖기 위해서는 연방을 이룰 상대가 있어야 하며 그 상대는 인민을 대표하는 입법부 외에는 없다고 지적하였다. 즉 연방의 전제는 인민을 대표하는 두 개의 입법부의 존재이다. 그런데 그가 보기에 체임벌린의 제안은 "자치법안보다 더 나아가는 것"이었다. 왜냐하면 그것은 국내 사안을 다룰 입법부 뿐 아니라 본국 의회가 일부 권한을 떼어주는, 그럼으로써 제국의 다른 부분들과 공유하는 체제이기 때문이다.[113)] 이런 이유에서 그는 연방제가 영국과 식민지의 적극적인 연대를 수립하는 방편이 될 수 있고, 나아가 현재의 법안은 잘잘못을 떠나서 분명히 연방제 방향으로의 중요한 단계라고 하였다. 연방제의 전제는 입법부의 분할과 다룰 사안의 분할인데, 자치법안은 이 두 가지를 목표로 삼기 때문이다. 그러나 그는 연방제는 자치법안의 범위를 넘어선다며 체임벌린의 주장을 일축하였다. 또한 그는 잉글랜드, 스코틀랜

112) Hansard 306 (6/4): 1101-1102. 자치론자가 미국의 연방주의를 주에 자치를 준 것으로 해석한 반면, 합방주의자는 주를 강력한 중앙의 권위에 긴박한 것으로 해석하였다. 특히 체임벌린이 자치에 대한 대안으로 미국의 연방주의를 구상하였다. 미국의 연방주의는 일부 글래드스턴주의자와 자유당 합방파 간의 논쟁의 대상이었다. 이는 미국의 정치적 경험이 영국 정치에 갖는 유용성에 대한 상이한 관점을 반영하였다. 글래드스턴은 미국식 연방주의를 법안에서 완전히 거부하였다. 글래드스턴은 미국의 경험 가운데 오직 한 가지만을 인정하였다. 그것은 "잉글랜드인은 아일랜드에게 재건기에 남부에 주어진 것과 유사한 완전한 자율성을 주어야 한다"는 것이다. Murney Gerlach, *British Liberalism and the United States: Political and Social Thought in the Late Victorian Age* (New York, 2001), pp. 101, 103, 105, 108.

113) Hansard 304 (4/13): 1548.

드, 웨일스, 아일랜드의 필요와 소망은 동일하다는 전제를 뒷받침할 아무런 증거도 없다고 주장하였다.114)

보그다노의 해석에 의하면, 아일랜드 민족주의의 요구와 의회 주권론을 조화시키는 방법으로 제시된 연방제의 문제점은 다시 개념의 모호성이었다. 그것은 미국이 채택한 "주권의 법적 분할"이 아니라 "전반적인 권한이양" 혹은 "자치의 전국적 확대"를 뜻했다. 그것은 스코틀랜드, 웨일스, 아일랜드, 잉글랜드 혹은 잉글랜드 지역들이 각자 입법부를 갖는 방안이었다. 물론 이 경우에도 이들 각각의 입법부들은 제국의회에 종속하기 때문에 의회 수위권은 견지된다. 이런 이유에서 보그다노는 연방제는 이름을 잘못 붙인 경우라고 지적하였다.115)

보그다노는 권한이양으로서의 연방론이 "겉보기에는" 자치법안의 세 난점을 해소하는 듯했다고 평가하였다. 하위 입법부들을 창설하고 웨스트민스터 의회는 연방의회가 됨으로써 아일랜드는 연합왕국의 다른 부분과 동일한 조건으로 대표자를 보내게 되어 대표성 문제를 해소할 수 있고, 또한 각 입법부는 동일한 과세권을 가짐으로써 재정 부담의 균등한 분할이 가능해지며, 나아가 아일랜드는 다른 부분들이 갖지 못하는 것은 절대로 갖지 못하기 때문에 연합왕국의 통일성을 보존하고 분리주의를 방지할 수 있을뿐더러, 더욱이 얼스터에 별개의 입법부를 창설함으로써 얼스터 문제도 해결할 수 있을 것이었다.116)

---

114) Hansard 306 (6/7): 1221, 1233. 이 점에서 글래드스턴은 자치와 연방제가 같지 않고 단계상으로는 자치에서 연방제로 나아가는 것으로 본 듯하다.

115) Bogdanor, *Devolution in the United Kingdom*, p. 44.

116) Bogdanor, *Devolution in the United Kingdom*, pp. 44, 45.

그러나 의회 주권론처럼 연방론도 논리적 문제점을 안고 있었다. 보그다노는 연방헌법은 자치에 대한 충성만큼이나 연방에 대한 충성을 요구할 것이고, 이 경우 영국과 아일랜드 간의 갈등은 감소하지 않고 오히려 증대할 것이라고 판단하였다. 아일랜드는 당연히 연방의회를 "확대된 잉글랜드 의회"로 간주할 것인데, 왜냐하면 잉글랜드는 연방 안에서 매우 강력한 지배력을 구사할 것이기 때문이다. 이 경우 아일랜드는 자치 이전에 그랬듯이 의사방해 전술로 정부를 마비시킬 것이다. 따라서 자치론자는 연방제가 국면 전환용이라고, 대부분의 합방주의자는 아일랜드 문제를 해소지 못하고 오히려 연합왕국 정부를 약화시킬 것이라고 생각하였다. 솔즈베리는 국민이 "피를 흘릴" 정도로 심대하고 긴급한 불만이 있는 경우가 아니라면 연방제를 수용하지 않는다고 하였다. 그런 조건이 없는 상황에서 연방제는 비실제적인 미래의 주장이었다.[117)]

그럼에도 19세기 말 영국에서 연방론은 중요한 정치 담론이었다. 1884년 7월에 창립된 제국연방동맹(Imperial Federation League)이 "연방에 의해 제국의 항구적인 통일성을 확보함"을 천명하고 1886년 1월에 이 단체의 기관지(Imperial Federation)가 창간됨으로써 글래드스턴의 자치법안 제안과 연방제의 본격적인 논의는 시기적으로 일치하였다.[118)] 밀(J. S. Mill), 프리먼(E.

117) Bogdanor, *Devolution in the United Kingdom,* pp. 47, 50.

118) Michael Burgess, "The Federal Plan of the Imperial Federation League 1892: Milestone or Tombstone?," Andrea Bosco ed., *The Federal Idea: The History of Federalism from Enlightenment to 1945*, v. 1 (London, 1991), pp. 139, 152; Kendle, *Ireland and the Federal Solution*, pp. 52-56. 그러나 연방제 원리에 대한 이견(통상 차원의 통일 대 자유무역주의 기조 위의 방위적 통일; 제국 관세동맹 대 제국 전쟁동맹)과 연방 개념의 모호성 때문에 제국연방동맹은 1893년 12월에 와해되었다. 그런데 버지스는 이 와해의 가장 큰 요인으로 1892년 6월에 마련된 동맹의

A. Freeman), 액튼(Lord Acton), 브라이스, 시지윅(Henry Sidgwick) 같은 자유주의자/자유당 지지자 모두 연방제를 영국의 정치적 현안의 해법으로 제시하였다. 그렇지만 연방제와 아일랜드 자치의 연관성에 대해서는 제각기 다른 입장을 취했다. 연방주의를 지지하나 아일랜드 자치는 반대하는 입장(J. R. Seeley), 연방제를 거부하나 아일랜드 자치를 지지하는 입장(E. A. Freeman), 그리고 양자 모두를 지지하는 입장(W. T. Stead)이 그것이다.[119] 결국 영국에서 연방주의는 정치적 토론과 실천에서 중심 역할을 하지는 못했다. 첫째, 어떤 연방주의 이념도 연합왕국에서 잉글랜드의 지배를 조정하고 변개하는 방식으로 순전히 잉글랜드의 관점에서 등장할 수밖에 없었고, 연방론은 주로 제국주의 성향의 지식인들의 관심에 머물렀다. 둘째, 의회의 최고권에 토대를 둔 정치적 안정이라는 오랜 전통에서 영국은 단순히 헌정의 변개를 원치 않았다.[120]

제안을 글래드스턴이 "화려하나 비실제적인 것"으로 일축한 결과로 본다. Burgess, "The Federal Plan of the Imperial Federation League 1892," p. 151, p. 153, n. 24.

119) John Pinder, "The Federal Idea and the British Liberal Tradition," Andrea Bosco ed., *The Federal Idea: The History of Federalism from Enlightenment to 1945*, v. 1, pp. 99-119.

120) Kenneth O. Morgan, "Federalism in the Modern United Kingdom: England, Wales, Scotland, and Ireland 1815-1920," Adolf Birke & Hermann Wentker ed., *Főderalismus im deutsch-brittischen Meinungsstreit: Historische Dimension und Politische Aktualität* (München, 1993), pp. 82-83. 영국이 잉글랜드의 확대판으로 간주된 상황에서 연방제를 비롯한 그 어떤 헌정 변개도 잉글랜드의 지배적인 지위를 위협하는 것이었고 잉글랜드 유권자의 지지를 얻지 못할 것이었다. Powell, *Nationhood and Identity*, p. 79.

****

이처럼 자치법안은 영국 헌정의 구조 변화와 직결되는 문제였다. 그것은 과거에서 현재까지의 영국 헌정의 전통에 대한 재검토와 동시에 영국 헌정이 변화하는 시대 상황에 어떻게 적응할 것인가라는 미래를 포함하고 있었다. 19세기 후반 아일랜드 문제는 아일랜드에만 관련된 것이 아니라 더 포괄적인 차원에서 영국 헌정의 틀을 변개하는 문제였던 것이다. 그렇다면 헌정론의 세 가지 쟁점들에 대해 어떻게 평가할 것인가?

첫째, 자치가 합방법을 폐지하고 제국의 통일성을 파괴하며 분리에 이른다는 주장은 과장된 것이 사실이다. 물론 자신의 구상이 합방법을 폐지하는 것이 아니라 수정하는 것이라는 글래드스턴의 주장에는 한계가 있었다. 본질적으로 독자적인 아일랜드 의회를 설치한다는 것은 합방의 근본 전제, 즉 그래튼 의회의 폐지와 두 나라 입법부의 병합이라는 사실과 배치되기 때문이다. 그렇지만, 합방법의 실질적인 폐기가 곧 제국 통일성의 와해인가는 의문이다. 글래드스턴의 구상의 보수적인 성격을 감안하다면, 그리고 배제규정과 금지규정의 성격을 감안한다면, 자치가 제국의 통일성의 파괴는 아니기 때문이다. 한편 미래에 대한 우려에 근거해서 자치를 제국 통일성의 파괴와 동일시한 반론은 어떤가? 물론 미래에 대한 우려는 나름대로 근거가 있을 수 있지만, 마찬가지로 미래에 관한 낙관 역시 나름대로 근거가 있었다. 따라서 미래에 대한 전망의 차원에서 자치와 제국 통일성의 파괴를 동일시한 반론은 그리 타당하지는 않다고 보아야 할 것이다. 애덜리-존스의 주장처럼 자치가 제국의 통일성을 파괴하고 본국과 식민지 사이에 순전히 "감상적 유대"만을 남긴다는 주장이나, 합방의 폐지라는 주장이 "실제로는 그렇지 않다고 증명된" 것은 아니더라도 자치가 제국의 해체를 의미한다는 반론은 과장된 우려였던 것은 사실이다.[121] 오히려 자치가 분리를 가장 효과적으로 방지할 수 있었던 것은 아니었을까?[122]

둘째, 의회 주권의 포기라는 반론 역시 과장된 것이다. 글래드스턴의 구상은 기본적으로 국내 사안에 관해 일정 정도의 입법권을 부여하는 것이었다. 그것은 입법적 권한이양(legislative devolution)이었다.[123] 그것은 행정적 권한이양을 능가하는 것이지만, 그렇다고 주권국가의 권한을 인정한 것은 아니었다. 이 점에서 본다면, 글래드스턴이 다이시를 빌어 자신의 주장의 근거를 제시한 것은 상당히 현명한 선택이었다. 자치 반대자도 다이시에게 의지하였기 때문이다. 이 문제에서 자치론자와 합방론자의 차이란 의회 주권의 핵심을 어떻게 보느냐는 것이었다. 만약 다이시와 합방론자처럼 의회 주권을 기계적이고 축자적으로 해석하면 입법적 권한이양은 그것이 어떤 정도이든 의회 주권의 침해일 수밖에 없다. 그러나 배제규정과 금지규정을 보면, 과연 이것을 의회 주권의 침해로 보아야 하는지는 의문이다. 물론 모든 법이 엄밀성을 전제해야만 법 해석 자체에 관한 논란을 불식할 수 있지만, 그리고 법의 특성인 일반적 강제성을 확보할 수 있지만, 이는 어디까지나 이론일 뿐이다. 현실의 법은 가능한 한 엄밀하고자 하지만, 우리의 현실세계에서 법을 포함한 그 어떤 것도 완전하게 엄밀할 수는 없는 것이다. 이 점을 감안한다면, 글래드스턴의 자치 사고의 추

121) Hansard 306 (5/28): 375-76.

122) Hansard 306 (5/25): 84.

123) 권한이양은 흔히 행정적 권한이양이다. 그러나 이 개념이 반드시 행정권과 결부될 이유는 없다.

상성을 탓할 것이 아니라 오히려 글래드스턴의 판단의 현실성을 평가하고 의회 주권 고수론자들의 사고의 추상성과 경직성을 지적하는 것이 더 타당할 것이다.

셋째, 대표성 배제 문제가 딜레마였던 것은 사실이다. 반대론은 모두 일리 있었다. 그렇지만 몇 가지 점은 고려해야 한다. ①글래드스턴의 원래의 구상에서는 대표성 배제는 존재하지 않았다. 글래드스턴은 자치를 허용하면서도 아일랜드 대표를 제국의회에 유지하려고 했다. 몰리와 하코트가 배제를 강력하게 주장하였지만, 또 다른 차원에서 이것이 현실적으로 반대자들의 주장처럼 생사의 문제였던 것은 아니었다. 글래드스턴과 파넬이 제국 유지비 분담을 논의하면서 파넬은 분담비율을 축소하는 대가로 대표성을 포기한 것이다. 이것은 파넬과 글래드스턴의 "정치적" 타협이었다. ②2독회에서 이 문제가 논의된 점에서 보듯이 법안이 제안되고 논의되던 초기에는 이 문제가 그리 중요하게 다루어지지 않았다. 이는 대표성 배제가 이론상으로는 "대표 없는 과세 없다"는 원리와 직결되는 중차대한 문제인 듯하지만, 현실적으로는 "기술적인" 문제였음을 뜻한다. 아일랜드 민족당 자신이 "대표 없는 과세 없다"는 원리를 기꺼이 포기할 태세였다면, 합방주의자가 이 원리를 고수한 것은 물론 아일랜드를 고려한 것이 아니라 사실은 지극히 현실적인 전략 차원에서 제기된 것이다. ③앞서 언급한 두 쟁점을 포함하여 대표성 문제에 관한 논란을 평가할 적에 염두에 둘 점이 있다. 그것은 영국 헌정에 관한 글래드스턴의 사고가 매우 유연하고 탄력적이었다는 점이다. 그는 헌정을 다이시처럼 특정한 추상적 원리에 입각해서 수미일관한 것으로 파악하지 않았다. 글래드스턴이 보기에 헌정이란 추상이 아니라 역사적 현상이었다.

그것은 시효(時效)의 산물이었다. 그런 생각이 더 현실적임은 누구도 부인하기 어려울 것이다. 보그다노의 지적처럼, 배제론이든 "들고 나는" 구상이든 아니면 유지론이든 헌정적 논리에서 중대한 약점이 있었고, 이 약점은 권한을 왕국의 한 부분에 이양하면서 다른 곳에서는 근본적으로는 통일된 헌정을 유지하려는 시도의 산물로서 원리상 피할 수 없었다. 따라서 자치 이후 아일랜드가 웨스트민스터 의회에 어떻게 대표되는가에 관한 해법을 찾지 못한 것은 "논리적으로" 불가피했다. 그런데 보그다노는 이렇게 부언하였다. "그렇지만 이것이 문제에 대한 해법이 실제로 가능하지 않았다는 것을 뜻하지는 않는다. 왜냐하면 헌정 조정의 성공은 그것의 논리적 정합성에만 의존하거나 혹은 주로 거기에 의존하지는 않기 때문이다."[124]

---

124) Bogdanor, *Devolution in the United Kingdom*, p. 34.

7장 재정론

자치와 합방법의 관계, 자치와 제국 통일성의 양립 여부, 의회 주권 개념, 아일랜드 대표를 제국 의회에서 배제하는 문제, 아일랜드 의원이 사안에 따라 제국 의회에 "들고 나는" 문제는 일차적으로 헌정 차원의 문제였다. 그리고 이 문제들이 독자적인 아일랜드 의회를 설치한다는 자치법안의 핵심과 직접적으로 관련되기에 의회 토론이 이 문제에 집중된 것은 당연하였다. 그러나 자치법안에서 재정 문제도 매우 중요했다. 왜냐하면 그것이 자치의 실현 가능성과 직결될 뿐 아니라, 영국과 아일랜드의 과세의 공평성이나 "대표 없는 과세 없다"라는 영국 헌정의 원리와도 긴밀히 연계되기 때문이다. 글래드스턴 자신도 자치법안의 본질적 조건으로 제국 통일성, 민족 평등성, 제국 유지비의 균등 부담, 소수파 보호, 최종 타결을 들면서 재정 문제의 중요성을 지적하였으며, 법안의 주무자인 아일랜드 장관 몰리도 만약 파넬과 민족당이 재정 조항에 동의하기를 거부한다면 자치법안이 부결될 공산이 크다고 판단하였다.[1)]

그러나 그 중요성에도 불구하고 의회 토론에서는 이 문제가 양적으로 큰 비중을 차지하지는 못했다. 이른바 "반아일랜드 7인방"[2)] 가운데 솔즈베리, 하팅턴, 고센, 헨리 제임스는 주로

---

1) Hansard 304 (4/13): 1536; Shaw-Lefevre, *Gladstone and Ireland*, p. 300.

법안의 헌정 차원의 문제점을 거론하였으며, 법안을 지지한 하코트, 러슬, 몰리, 브라이스도 재정 문제를 거의 언급하지 않았던 것이다. 물론 파넬, 체임벌린, 처칠, 트리벨리언은 재정 자체의 중요성을 인식했을 뿐 아니라 재정 문제를 헌정 문제와 결부시켜 논의의 수준을 제고하였다.

의회에서 이 문제가 그리 심도 있게 논의되지 못한 이유를 몇 가지 들 수 있을 것이다. 첫째, 영국 하원의 토론 절차에서 법안은 1독회에서는 대개 상정 절차의 완료와 더불어 통과되며, 2독회는 법안의 "원리"를 심의하며, 상임위원회에서는 축조심의를 하고, 3독회에서는 법안에 대한 전반적인 재검토가 이루어진다. 그런데 자치법안은 유례가 드물게도 나흘에 걸친 1독회 토론부터 법안의 원리 뿐 아니라 세부 사항에 대한 논란이 치열했고, 이어 열이틀에 걸친 2독회에서도 사태는 마찬가지였다. 그렇지만 재정 조항은 독자적인 의회를 설치한다는 헌정적인 문제보다 상대적으로 세부 조항의 성격이 더 강했다. 따라서 헌정에 관한 토론에 비해 재정에 관한 토론이 양적으로 더 적었다. 물론 법안이 2독회 이상 논의되었더라면 재정 조항은 토론에서 큰 비중을 차지했을 것이다. 특히 파넬과 민족당이 재정 조항을 문제 삼으면서 상임위원회 단계에서 "강력하게 반대하고 심대하게 수정을 요구하겠다"고 공언했기 때문이다.[3)]

둘째, 재정 조항은 수치와 자금의 복잡한 이동 때문에 법안의 원리를 검토하는 단계에서 정교하게 논의되기가 쉽지 않았

---

2) 재무장관 하코트가 자치법안 반대를 주도한 의원들을 지칭한 것으로서 처칠, 솔즈베리, 트리벨리언, 하팅턴, 체임벌린, 고센, 헨리 제임스를 가리킨다. Hansard 304 (4/13): 1455.

3) Hansard 304 (4/8): 1130.

다. 이를테면, 처칠은 자기 같은 "보통 사람"은 "숫자와 재정의 달인"인 글래드스턴이 제시한 140만 파운드라는 액수가 과연 어떤 근거에서 나온 것인지 여간해서 알 수 없다고 비꼬았다.[4] 그런 처칠은 법안 부결 이후 성립한 솔즈베리 2차 내각 벽두에(1886년 7월-12월) 재무장관을 역임하였다. 처칠 같은 인물이 당혹스러워할 정도로 자치법안의 재정 조항은 상당히 복잡하였다. 그리고 글래드스턴의 논증을 반박하기 위해서 더 근거 있는 자료를 제시하기도 쉽지 않았다.

자치법안에 관한 후대의 연구들도 재정 문제를 그리 중요하게 여기지 않았으며, 그 결과 재정 문제가 법안 부결의 한 요인이었다는 점을 파악하지 못했다. 오직 근래에 들어서야 보그다노, 러프린, 그리고 매튜의 연구가 이 공백을 메웠다. 보그다노는 자치법안이 세 가지 중대한 결함을 가졌다고 주장하였다. 즉 자치 이후 아일랜드가 제국에 어떻게 대표되느냐는 난제를 풀지 못했고, 의회 주권이 상징적이지 않고 실질적으로 존속하도록 만들지 못했으며, 연합왕국을 구성하는 각 부분들 사이의 균등성과 아일랜드의 재정적 독립을 결합하는 방식으로 과세권을 구분하지 못했다. 앞의 두 결함이 헌정 차원에 해당한다면, 마지막 결함은 재정 차원에 해당한다. 한편 러프린은 재정 문제가 자치법안에서 별개의 부분(12-20조)을 구성할 정도로 비중이 있었고 토지법안 3부(25-35조)도 이와 긴밀히 관련되었음을 강조하였다. 그러나 러프린은 글래드스턴의 재정 구상이 최종적인 타결이 되기에는 결함이 많았다고 비판하였다. 그 근거는 "나의 재정 구상과 결부된 자치를 택하는지, 아니면 자치란 없다"는 글래드스턴의 경직성, 자치 이

4) Hansard (4/12): 1324-25.

후 아일랜드 정부의 책임에 대한 글래드스턴과 민족당의 이견, 아일랜드에 대한 과세의 공평성 문제, 정보 부족과 글래드스턴의 조급성, 아일랜드에게 실질적으로 제국 유지비 분담을 강제할 수 없었던 점 따위이다. 반면 매튜는 자치법안의 재정 조항이 글래드스턴의 재정관을 잘 보여주는 예이며, 아일랜드의 부담이 고정된 액수였으므로 자치는 아일랜드에게는 "놀라운 축복"[글래드스턴의 표현]이었을 것이고 오히려 아일랜드로 하여금 분리를 거부하게 만들었을 것이라고 전혀 다른 해석을 내렸다.[5)]

1. 글래드스턴의 논증

글래드스턴의 자치법안 제안 연설에서 재정과 관련된 핵심 내용은 과세권 분할과 제국에 대한 아일랜드의 재정적 부담이었다. 첫째, 아일랜드 의회는 관세와 물품세[6)] 이외의 과세권을 갖는다. 관세와 물품세 부과권은 제국 의회만이 갖는다. 연합왕국의 정리공채기금과는 별도의 아일랜드 정리공채기금을 설치한다. 아일랜드 의회가 부과하는 모든 과세와 아일랜드 정부가 관장하는 모든 세수는 아일랜드 정리공채기금에 납부된다[12조].

둘째, 매 재정 회기마다 아일랜드는 연합왕국 정리공채기금

---

5) Bogdanor, *Devolution in the United Kingdom*, p. 29; Loughlin, *Gladstone, Home Rule and the Ulster Question*, pp. 69, 263; Matthew, *Gladstone*, pp. 503-505.

6) 관세가 부과되는 주요 물품은 차, 커피, 담배, 포도주, 위스키이고 물품세(관세와 직접적으로 관련되는 물품에 대한 소비세)가 부과되는 주요한 품목은 위스키와 흑맥주이다.

에 아일랜드 몫의 국채 이자와 운영 기금 146만 6천 파운드, 연합왕국의 육군과 해군 지출비 166만 6천 파운드, 연합왕국의 제국 공무원 지출비 11만 파운드, 아일랜드 경찰과 더블린 경찰 지출비 100만 파운드를 납부한다. 이 부담금은 향후 30년간 증액할 수 없으나, 감소 혹은 중단될 수 있다. 변개되지 않는 한 30년 이후에도 이 부담금은 계속된다. 아일랜드의 국채 부담액은 4,800만 파운드인데, 이 가운데 매년 36만 파운드씩 감채기금으로 납부된다. 만약 육군과 해군 혹은 제국 공무원 지출비가 당초 부담금의 15배보다 적으면 그 부담금의 1/15을 부담금에서 공제한다. 아일랜드의 왕령지 수입에서 연합왕국의 정리공채기금에 납부되는 금액은 아일랜드 정부에 귀속한다. 만약 아일랜드 경찰과 더블린 경찰에 관한 지출이 예상보다 적으면 그 차액만큼 부담금에서 공제한다[13조].

이들 규정과 제안 연설의 내용을 다시 정리하면 다음과 같다. 관세와 물품세 부과와 징수는 영국 재무부가 관장하고 아일랜드 내국세는 아일랜드 의회가 관장함으로써 과세권을 분할한다. 내국세는 아일랜드 재무부로 지불되며, 관세와 물품세는 영국 재무부의 특별계좌로 지불된다. 이 관세와 물품세에서 아일랜드의 제국 유지 분담금이 우선 공제되고, 이어 남은 액수가 아일랜드 재무부로 "재지불"된다. 아일랜드의 재정적 의무는 제국 유지 분담금에 대해서 1/15이라는 정률로 제시되었지만, 제국 유지비용이 정액으로 제시되고 이 정액에 대한 정률이므로 실제로는 고정된 액수이다. 더군다나 이 액수는 자치 실시 이후 30년간 불변이다. 특히 글래드스턴은 아일랜드 정부가 긴축을 통해 추가 잉여금을 마련함으로써 아일랜드 정부가 신용 대부의 기반을 마련할 수 있을 것으로 예상하였다. 이처럼 글래드스턴은 관세와 물품세 부과권을 제국 의회에 남겨 두고 아일랜드가 제국 유지비용을 분담케 함으로써 영국과 아일랜드의 "재정적 통일성"(fiscal unity)을 도모하려고 하였다.

제안 연설에서 글래드스턴은 아일랜드가 공평하게 제국 유지비를 분담한다는 원리를 제시하고서 분담 비율과 분담 토대를 설명하였다.

(1) **비율**: 1885년에 아일랜드는 합방 당시(1801)에 정한 아일랜드:영국=1:$7\frac{1}{2}$의 비율이 아니라 1:12 내지 1:$11\frac{1}{2}$ 정도의 비율로 제국 유지비를 부담하고 있었다. 글래드스턴은 이 비율을 1:14 혹은 1/15로 바꾸고자 하였다. 글래드스턴이 이 비율 산정의 근거로 제시한 것은 "매우 불완전한" 자료인 소득세가 아니라 사망세이다. 글래드스턴에 따르면, 소득세를 기준으로 삼는다면 아일랜드의 부담 비율은 1:19이다. 그런데 아일랜드에서는 지대가 잉글랜드나 스코틀랜드보다 더 낮은 가격으로 산정되어 소득세가 부과되며, 많은 아일랜드인이 배당금이 런던에서 수납되고 소득세를 납부하는 공채를 갖고 있기 때문에, 이 상당한 액수의 소득을 감안하면 비율이 1:19에서 1:17로 상승한다. 따라서 소득세를 기준으로 아일랜드의 분담 비율을 산정하기가 곤란하다.[7]

글래드스턴은 분담 비율 산정에서 "훨씬 더 신뢰할만한" 다른 기준을 제시하였다. 첫째는 사망세인데, 이 경우는 (촌수[寸數]에 따라 매우 변덕스럽게 부과되는) "과세"의 액수가 아니라 사망세목으로 이전되는 "재산"의 액수에 따른 것이다. 지난 3년간 사망세가 부과된 평균 재산액은 영국의 경우 1억

---

7) Hansard 304 (4/8): 1073-74.

7천만 파운드이고 아일랜드의 경우는 1,290만 8천 파운드이므로, 그 비율은 1:13 혹은 1/14이다. 이것이 "비교의 가장 좋은 근거"이다. 둘째는 토지 가치인데, 영국의 경우 1억 6,600만 파운드이고 아일랜드의 경우는 1,383만 3천 파운드이다. 이 비율은 1:12 혹은 1/13이다.[8)]

이 조건에서 글래드스턴은 공평한 부담을 산정하기 위해 다음의 세 가지를 고려한 결과 1/15이 심지어 "관대한" 비율임을 논증하였다. 첫째, 만약 자치 아일랜드의 재정이 세입과 세출이 균형을 이루는 상태에서 출발한다면, 국교회의 잉여금 2만 파운드가 아일랜드 의회에게 주어지는 유일한 여유 자금이 될 것이다. 그렇다면 영국의 납세자에게 부담을 지우지 않은 채 일정정도의 잉여금을 마련하도록 분담 비율을 정해야 한다. 둘째, 아일랜드가 "현재" 부담하는 비율과 비교하면 자치와 더불어 부담할 1:14 혹은 1/15이라는 비율은 상당히 축소된 것이다. 왜냐하면 군비 지출에서 "전쟁세"라 불릴 비용은 제외되기 때문이다. 이를테면 1885년에 의회가 의결한 1,100만 파운드와 유사한 부담은 앞으로는 부과되지 않을 것이다. 셋째, 잉글랜드에서 납세되고 관세가 지불된 상태에서 아일랜드로 수출되어 아일랜드에서 소비되는 (실제로는 아일랜드인이 지불하고 제국 재무부로 납부되는) 물품과 이보다 "더 대규모로" 정반대의 방향으로 이동하는 (실제로는 영국인이 지불하고 아일랜드 재무부로 납부되는) 물품[위스키, 흑맥주, 담배]의 거래에서 손익을 따지면, 아일랜드는 영국보다 자그마치

8) Hansard 304 (4/8): 1074. 이 둘째 기준은 아일랜드 토지가 잉글랜드나 스코틀랜드 토지보다 "훨씬 더 낮게" 평가된 까닭에 오히려 아일랜드의 분담률 1/15이 과도하지 않다고 설득하기 위해 제시된 것으로 보인다. 토지의 실제 가치를 기준으로 삼을 경우 1/13보다 비율이 클 것이지만, 그럼에도 자신은 이보다 더 낮은 1/15의 비율을 선택하였다는 것이다.

140만 파운드를 더 얻게 된다. 만약 두 나라 사이에 재정적 통일성을 유지하고자 한다면, 그리고 "통상적이고 자연스러운 교역에 따라 물품이 자연스러운 길을 따라 이동하게 하려면" 140만 파운드는 잉글랜드와 스코틀랜드의 납세자에게 지우는 부담으로서 아일랜드에게 혜택을 주게끔 지불될 것이며, 이는 아일랜드 몫의 기여액을 지불하는 기금을 구성한다.[9)]

이런 이유로 글래드스턴은 1/14(사망세를 기준으로 애초에 글래드스턴이 염두에 둔 비율)로 산정된 아일랜드 몫의 제국 유지 분담금에서 140만 파운드를 공제하면 아일랜드가 지불할 금액은 1/14이 아니라 1/26이 될 것이고, 이는 "커다란 변화"이고 아일랜드에게는 "큰 이득"이 된다고 강조하였다.[10)]

(2) **토대**: 글래드스턴은 이어 1/14 내지 1/15의 "토대"를 다음과 같이 제시하였다. 제국 지출에 대해 제국 재무부에 납부되는 영국과 아일랜드 각각의 기여는 영국인은 일인당 1파운드 10실링 11페니이고 아일랜드인은 일인당 13실링 5페니이다. 그런데 현재의 부담금은 아일랜드인 일인당 16실링 10페니이므로, 아일랜드인 일인당 부담은 크게 축소된다.[11)]

이 계산에 근거하여 글래드스턴이 제시한 아일랜드의 연간 제국 유지 분담금의 내역은 국채(제국 부채) 2,200만 파운드의 1/15인 146만 6천 파운드, 육군과 해군 유지비 2,500만 파운드의 1/15인 166만 6천 파운드, 제국 공무원 비용 165만 파운드의 1/15인 11만 파운드이다. 그 결과 "본래적" 의미의 제국 유지 분담금은 324만 2천 파운드이다. 여기에 추가로 감채

9) Hansard 304 (4/8): 1074-76.

10) Hansard 304 (4/8): 1076.

11) Hansard 304 (4/8): 1077.

기금 36만 파운드를 납부한다.[12] 그러면 국채, 감채기금, 육군과 해군, 공무원 항목으로 360만 2천 파운드가 된다. 그리고 현재의 경찰력(민병대와 더블린 경찰)이 아일랜드 정부에 이관될 때까지 매년 100만 파운드를 부담한다. 따라서 아일랜드가 제국 유지 분담금 차원에서 부담하는 액수는 460만 2천 파운드이다. 이 액수가 아일랜드가 제국 유지 분담금으로 지불하는 최대치이다. 이를 표로 나타내면 다음과 같다.

〈표 1〉 아일랜드의 제국 유지 분담금(파운드)

부채	…………………………	1,466,000
감채기금	…………………………	360,000
		1,826,000
육군과 해군	…………………………	1,666,000
공무원	…………………………	110,000
		3,602,000
민병대와 경찰	…………………………	1,000,000
		4,602,000

이 액수는 향후 30년간 고정된다. 반면 이 액수는 다음과 같은 두 경우에 축소될 수 있다. 첫째, 만약 육군과 해군 혹은 제국 공무원 유지비가 아일랜드 분담금의 15배 이하인 경우 아일랜드의 분담금도 그 비율만큼 축소된다. 둘째, 만약 민병

12) 글래드스턴은 감채기금 부담의 이유를 이렇게 설명하였다. 그것은 감채기금을 유지하기 위한 것이자 아일랜드의 이익을 위한 것이기도 하다. 아일랜드는 자치와 더불어 대부가 필요할 것이고, 이는 아일랜드 신용의 조건에 달려 있다. 그런데 아일랜드의 공공 신용은 "아직 강보에 싸인 수준"이다. 영국의 "보살핌"은 아일랜드가 의무 이행의 능력이 있음을 증명함에 따라 효능이 입증될 것이다. 따라서 아일랜드는 36만 파운드의 감채기금을 부담한다. Hansard 304 (4/8): 1079.

대와 경찰 유지비가 100만 파운드 이하이면 그 차액이 아일랜드 재무부로 넘어간다.

그렇다면 잉글랜드와 아일랜드의 대차관계는 어떠한가? 아일랜드가 관세와 물품세로 걷는 세수는 매년 618만 파운드(관세 188만 8천 파운드, 물품세 430만 파운드)이다. 이 액수에서 잉글랜드 재무부가 징수액의 4%를 초과하지 않는 한도에서 징수비용을 공제하는데, 그 액수는 24만 7천 파운드(618만 파운드x0.04)이다.

〈표 2〉 잉글랜드와 아일랜드 사이의 대차(파운드)

세 출			세 입		
제국 분담금	··········	3,602,000	관세와 물품세	·····	6,180,000
민병대와 경찰	··········	1,000,000			
관세와 물품세 징수비용	···	247,000			
		4,849,000			6,180,000

그 결과 133만 일천 파운드(618만 파운드-484만 9천 파운드)가 잉글랜드에 의해 아일랜드 재무부로 재지불되는 액수이다. 그리고 이 액수는 아일랜드의 예산에 계상된다. 그렇다면 아일랜드의 세입과 세출은 어떠한가? 아일랜드의 세입은 잉글랜드가 재지불한 133만 일천 파운드, 인지세 60만 파운드, 파운드 당 8페니 소득세 55만 파운드, 우체국을 비롯한 비과세 부문(이를테면 아일랜드 국교회 잉여금 2만 파운드를 더한) 102만 파운드, 도합 350만 일천 파운드이다. 한편 지출 항목으로는 아일랜드 공무원 251만 파운드, 징수비용 58만 7천 파운드, 도합 309만 7천 파운드이다. 따라서 40만 4천 파운드

(350만 일천 파운드-309만 7천 파운드)가 잉여액이다. 이를 표로 나타내면 다음과 같다.

〈표 3〉 아일랜드 정부의 예산(파운드)

세 출		세 입	
아일랜드 공무원 ·······	2,510,000	잉글랜드의 재지불액 ······	1,331,000
징수비용, 기타 ·······	587,000	인지세 ······	600,000
잉여액 ·············	404,000	소득세(8페니) ······	550,000
		우체국, 기타세원 ······	1,020,000
	3,501,000		3,501,000

이 잉여 자금으로 아일랜드 자치정부가 출범한다. 그런데 글래드스턴은 아일랜드 정부의 긴축을 요구하였다. 이는 경제와 재정에서 공공 자금의 낭비와 문란을 죄악으로 인식한 글래드스턴의 "복음주의적" 사고를 잘 보여준다. 글래드스턴에 따르면, 현재 영국에서 일인당 공무원 비용은 8실링 2페니이나 아일랜드에서는 16실링으로서 2배에 가깝다. 아일랜드에서 공무원 비용은 지난 15년간 63% 증가하였는데, 현행 입법과 행정 체제가 지속한다면 이 비용이 끝없이 무한정 증가할 것이다. 따라서 이 부문에서 불필요한 지출을 대폭 줄이면 잉글랜드나 스코틀랜드처럼 거액의 잉여 수입을 확보할 수 있을 것이다. 그 액수는 최소한 30만 파운드 내지 40만 파운드가 될 것이다. 그리고 일정 기간이 지나면 경찰 유지비도 애초의 100만 파운드에서 최소한 20만 파운드 내지 30만 파운드 절감이 가능하다. 결국 적절한 긴축을 통해 아일랜드 정부가 처분할 수 있는 액수는 매년 100만 파운드에 달할 것이 틀림없

다. 이 액수는 공공의 필요와 공공의 개선을 위한 지출 비용을 즉각 대부받을 수 있는 규모이다.[13)]

2. 쟁점들

(1) **과세권 분할**: 법안은 관세와 물품세를 제국의회가 관장하고 나머지 과세는 아일랜드 의회가 관장한다는 과세권 분할론에 근거하였다. 이 문제에 대해 파넬의 입장은 양면성을 갖고 있었다. 파넬은 아일랜드 의회가 관세를 포기하는 것은 아일랜드 재원의 6/8 혹은 3/4을 포기하는 것과 같지만 “매우 공정하게 균형을 취한” 것임을 인정하였다. 그 대가로 영국은 아일랜드에게 140만 파운드를 지불하기 때문이다. 그러나 파넬은 이 액수에서 “우리가 아무런 통제권도 갖지 못하는 아일랜드 경찰을 유지하기 위해서 (하여간 현재로서는) 100만 파운드를 지불한다”는 것이 부당하다고 보았다.[14)] 파넬은 자치법안의 여타 조항들은 대부분 수용하였다. 다만 그는 상원의 거부권과 경찰 관할권에 대해서만 이의를 달았다. 그러므로

---

13) Hansard 304 (4/8): 1078-79. 글래드스턴은 제안 연설에서 이와는 다른 식으로 자치 정부의 잉여액을 계산하였다. 아일랜드의 재무부의 수입은 관세와 물품세 618만 파운드, 인지세 60만 파운드, 소득세 55만 파운드, 우체국을 비롯한 비과세 부문의 세입 102만 파운드, 도합 835만 파운드이다. 이 수입에서 “항구적으로 고정된” 제국 분담금 324만 2천 파운드, “머잖아 매우 효율적으로 감소할” 경찰 비용 100만 파운드, “역시 매우 효율적으로 감소할” 공무원 비용 251만 파운드, 징수비용 83만 4천 파운드, 도합 758만 6천 파운드를 공제하고, 이어 감채기금 36만 파운드를 추가 지불하면, 아일랜드는 총수입 835만 파운드에서 794만 6천 파운드를 지출한다. 그 잉여액은 40만 4천 파운드이다.

14) Hansard 304 (4/8): 1131. 파넬의 이 주장은 관세와 물픔세를 포함하여 아일랜드의 총수입이 835만 파운드라는 글래드스턴의 계산에 근거하였다. 관세와 물품세는 이 총수입의 6/8 또는 3/4에 해당한다.

영국이 자치 이후에도 잠정적으로 경찰을 장악하는 것에 대한 불만은 100만 파운드라는 재정 부담과 맞물려 있었던 것이다.

그러나 과세권 분할에 대한 더 근본적인 비판은 보수당의 처칠이 제기하였다. 재정 문제를 매우 중요하게 여긴 처칠은 글래드스턴이 애초에 관세와 물품세 부과권을 아일랜드 의회에 주려고 했다가 이를 번복한 것을 비판하였다. 관세와 물품세 부과권을 아일랜드에게 주지 않는 것은 아일랜드 대표를 제국 의회에서 배제한다는 조항에 비추어 볼 때 "대표 없는 과세 없다"라는 영국의 오랜 헌정 원리를 위반하는 것이기 때문이다. 그렇다면 아일랜드 의회에게 이 권한을 주면 어떻게 되는가? 아일랜드 의회는 잉글랜드의 상품에게 매우 불리한 관세를 매길 것이다. 그것은 잉글랜드 유권자들에게는 큰 불만이 될 것이고, 선거에서 매우 부정적인 영향을 끼칠 것이다. 따라서 처칠은 재정적 통일성과 "대표 없는 과세 없다"의 모순을 법안의 큰 결함으로 지적하였다. 어느 경우이든 이 조치는 "가능한 최대의 서두름과 경솔과 무사려"의 결과이다.[15)]

그러나 이 과세권 분할 문제는 일단 파넬과 민족당이 수용하였으므로 크게 문제될 것은 없었다. 그리고 경찰 비용 100만 파운드 부담에 대한 민족당의 거부감도 일리가 있지만, 머잖아 경찰권이 완전히 이양된다고 하였으므로 근본적인 문제가 되기는 어려웠을 것이다. 그렇지만, 자유당이나 보수당에게 "대표 없는 과세"는 근본적인 문제로 인식되었다. 보그다노에 따르면, "뜻밖에도" 글래드스턴은 애초에 아일랜드에게 관세와 물품세 부과권을 주려고 하였지만, 내각의 반대에 부딪혀 정반대로 제국 의회가 이 권한을 갖게 되었다. 그것은 영

15) Hansard 304 (4/12): 1322-23.

국이 관세권을 포기하면 아일랜드를 실질적으로 "외국"으로 만드는 것이라는 여론을 의식한 결과였다. 그런데 과세권을 분할하면 아일랜드 의회는 아일랜드 세수의 1/4(인지세, 소득세, 우체국)만 통제하는 셈이 된다. 이 1/4의 1/4에 해당하는 우체국 소득은 "요금 인상이 어려운" 부분이며, 따라서 나머지 3/4 가운데 약 1/2이 소득세로부터 온다. 영국에서는 소득세 인상이 가능할지 모르지만, 아일랜드에서는 의원직 상실과 직결된다. 이런 이유로 보그다노는 글래드스턴이 제안한 이 재정 체계가 아일랜드가 아니라 잉글랜드를 위해 고안된 것이었다고 지적하였다.[16)]

보그다노는 이처럼 과세권 분할을 글래드스턴과 내각의 대립의 결과로 파악하지만, 글래드스턴 자신은 다른 이유를 갖고 있었다. 1885년 말 글래드스턴이 구상 단계의 자치를 파넬과 협의했을 때, 파넬이 집요하게 문제 삼은 것이 바로 아일랜드의 재정 부담이었다. 애초에 글래드스턴은 아일랜드의 제국 분담금 비율을 1/14로 제시하였지만, 파넬은 이를 1/15로 줄여야 한다고 강력하게 주장하였다. 결국 제국 의회에서 아일랜드 대표를 배제하는 것과 제국 의회가 간접세를 관장하는 것이 교환되었던 것이다. 원리상 이는 자치 반대자들이 줄곧 지적한 "대표 없는 과세 없다"는 것과 정면으로 배치되는 것이었지만, 파넬은 대표 없는 과세를 인정하는 대가로 제국 분담금 비율의 축소를 용인할 정도로 재정 부담에 집착하였다.

파넬의 이러한 융통성은 실제로는 다른 정치적 고려의 산물이었다. 자신과 민족당이 아일랜드 의회를 지배하기 위해서는

16) Bogdanor, *Devolution in the United Kingdom*, pp. 36-37.

아일랜드 유권자의 재정 부담을 최대한 줄일 필요가 있었기 때문이다. 이처럼 파넬은 권력을 원칙에 종속시키지 않았다. 사실, 관세와 물품세 618만 파운드 가운데 제국 분담금, 민병대, 징수비용으로 484만 9천 파운드를 공제하면 영국 재무부로부터 아일랜드 재무부로 이관되는 금액이 133만 일천 파운드가 된다. 이 공제 항목들은 여지없이 아일랜드가 지불해야 할 부담이므로 파넬로서는 거래할 만했다. 왜냐하면 만약 아일랜드가 관세와 물품세를 관장하고 경우에 따라 이 세율을 인상한다면, 영국 쪽에서도 아일랜드에서 영국으로 수출되는 주요 물품인 위스키, 흑맥주, 담배에 대해 관세를 인상할 것이기 때문이다. 그렇다면 이 과세권을 양보하는 대신에 제국 분담금을 이 과세로부터 납부하고 아일랜드 수출품에 대해 140만 파운드 정도의 실질적인 무관세 혜택을 받는다면 그리 손해 보는 일이 아닐 것이다. 그리고 618만 파운드 가운데 20% 이상을 환수하는 셈이므로 과세권과 대표권의 모순을 실질적으로 극복할 수 있는 것이다.

(2) **제국 유지비 분담 비율**: 따라서 파넬에게 과세권 분할보다 더 중대한 문제는 아일랜드가 부담하는 제국 유지비의 분담 비율이었다. 그 토대는 글래드스턴이 말한 대로 유산과 상속에 따른 과세 평가의 근거인 재산 액수이다. 파넬에게 이는 "가장 불리한" 기준이었다. 비록 파넬은 글래드스턴이 잉글랜드에게 최대한 유리하게끔 아일랜드로 하여금 가능한 한 많은 기여금을 제국 재무부 납부하도록 하려는 것을 이해할 수 있다고 여겼지만, 그가 보기에 글래드스턴은 아일랜드가 "매우 가난한" 나라임을 간과하였다. 파넬은 아일랜드가 지나치게 과세되고 있다는 기펀의 논문에 근거하여 1/15보다는 1/20이 훨씬 더 공정한 비율이라고 주장하였다.[17)]

---

17) Robert Giffen, "The Economic Value of Ireland to Great Britain," *Nineteenth Century* 19 (Mar, 1886), pp. 329-45. 기펀은 당시의 대표

파넬은 이 문제에 관해서 글래드스턴이 제국 유지비 지출에서 잉글랜드에게 유리하게끔 강경한 입장을 고수함으로써 아일랜드에게 "비의도적인 불의"를 자행한다고 비난하였다. 특히 경찰 관할권 문제처럼 아일랜드 정부가 아무런 통제권도 갖지 않은 대상을 위해 유지비를 내라는 것은 부당하다는 것이다. 파넬은 재정 문제와 상원의 유예 거부권에 관한 규정을 비판하면서 이것이 해결되면 "법안은 아일랜드 의원 뿐 아니라 아일랜드인에 의해 크게 환영 받을 것이고, 두 나라 사이의 오랜 분쟁을 해결함으로써 아일랜드의 번영과 평화, 그리고 잉글랜드의 만족으로 귀결할 것"이라고 주장하였다.[18)]

러프린과 보그다노도 글래드스턴과 파넬의 입장이 크게 다른 대목이 바로 아일랜드의 부담 능력에 대한 판단의 공정성 문제, 즉 제국 유지 분담금의 규모였다고 지적하였다. 그러나 그들은 글래드스턴의 자료가 신빙성이 없었으며, 결국 글래드스턴은 준비가 되지 않은 상태에서 제국 유지 분담금 액수를 파넬과 교섭하였다고 비판하였다. 일종의 "정보론"에 근거하여 그들은 정확한 액수 산정을 위한 "객관적인" 방법이 없는 상태에서 글래드스턴이 말한 재정 부담의 공정하고 균등한 분할은 어려웠다고 주장하였다.[19)] 이런 상태에서 파넬과 민족당

적인 경제학자이자 통계 전문가였다. 기펀은 가난한 아일랜드가 능력 이상으로 과세의 부담을 짐으로써 제 몫의 2배를 낸다고 보았다. 아일랜드의 재원은 연합왕국의 1/20이나 분담금은 1/10 내지 1/11이기 때문이다. 그러나 기펀은 이 세수가 모두 아일랜드에서 소모되므로 제국이 실제로 얻는 바가 없으며, 더군다나 영국은 아일랜드를 통치하기 위해 "불필요한 정도까지" 지출을 감수해왔기에 실제로는 영국이 손해를 본다고 주장하였다. 기펀에 기대어 파넬은 아일랜드의 부담을, 글래드스턴은 잉글랜드의 부담을 강조하였다.

18) Hansard 304 (4/8): 1132-33, 1134.

19) Bogdanor, *Devolution in the United Kingdom*, p. 35; Loughlin,

이 아일랜드의 재정 부담이 과도하다고 주장하였을 때 글래드스턴은 상대방을 설득하기 어려웠다는 것이다.

앞서 살폈듯이, 글래드스턴은 1:11$\frac{1}{2}$이라는 1885년의 제국유지비 분담 비율과 비교할 적에 사망세와 토지가격 산정에 근거해서 자신이 제안한 1/15 내지 1/14이라는 비율이 관대한 것이라고 주장하였고, 더군다나 이 분담 비율이 전시의 부담을 제외한 평상시의 액수라고 강조하였다. 글래드스턴의 계산에 따르면, 실제 아일랜드의 제국 유지 분담금은 360만 2천 파운드보다 적었다. 그것은 글래드스턴이 영국에서 소비되지만 아일랜드에서 징수되는 물품세(위스키, 흑맥주, 담배에 대한 소비세)를 아일랜드 세입에서 공제하지 않기로 작정하였기 때문인데, 그 액수는 140만 파운드로 추정되었다. 따라서 제국 유지 분담금 360만 2천 파운드에서 140만 파운드를 공제한 220만 2천 파운드가 "실제로" 아일랜드가 제국 유지비용으로 분담할 액수이고, 이를 영국의 부담과 비교하면 1:26이 된다.

러프린은 글래드스턴의 이러한 주장이 근거 없고 따라서 아일랜드 문제의 최종적인 해결이 될 수 없었다고 다음과 같이 지적하였다. 당시의 농업 불황 때문에 차지인으로부터 지대를 징수하기 어려운 상황이었으므로, 아일랜드의 세수를 증대하는 "유일한 방책"은 아일랜드 정부가 직접세를 부과하는 것이었다. 연금과 급여의 증가에 대처하기 위해 증세가 필요하다고 예상되었기 때문이다. 민족당의 섹스턴의 계산에 따르면, 이 액수는 125만 파운드이고, 따라서 40만 4천 파운드에 추가로 84만 6천 파운드가 더 필요할 것이다. 이에 러프린은 토지

Gladstone, Home Rule and the Ulster Question, pp. 69-70.

가 상승에 과세하는 다른 방책은 민족당, 특히 지주와 상원이 거부할 것이고, 다른 방책은 세금 인상보다는 제국 유지 분담금의 축소 요구가 될 것이라는 점을 들어 법안의 한계를 지적하였다.[20] 결국 러프린은 대표성 문제와 더불어 재정 문제는 글래드스턴의 계획이 아일랜드 문제의 최종적인 타결이 될 수 없음을 증명한다고 주장하였다. 과세가 대표성 문제와 직결되기 때문에 더욱 그렇다는 것이다.[21]

러프린의 이 주장은 일리 있지만, 글래드스턴이 아일랜드 정부의 재정이 지금까지 크게 낭비되어 왔음을 지적하면서 긴축론을 제기하였고, 체임벌린조차도 이 가능성을 수용하였으므로, 섹스턴이 주장하는 수치에 근사한 정도의 예산을 아일랜드 정부는 확보할 수 있었을 것이다. 더욱이 약 100만 파운드의 잉여 재정이면 능히 신용 대부가 가능했다는 점에서 러프린과 보그다노의 비판이 완전히 타당한 것이라고 보기는 어려울 것이다. 그리고 무엇보다도 아일랜드의 부담이 실제로는 고정된 "분담률"이 아니라 고정된 "분담액"이었다는 점을 간과해서는 안 된다. 이 점은 아주 중요한데, 왜냐하면 아일랜드의 부담이 제국 지출의 증가와는 무관하기 때문이다. 또한 아일랜드가 종국에는 "대표 없는 과세 없다"를 주장할 것이라는 점은 문제가 될 수 없었다. 왜냐하면 파넬이 이를 수용하였기 때문이다. 이보다 더 중요한 점은 영국의 헌정에 관한 글래드스턴의 사고의 유연성이었다. 그가 보기에 영국의 헌정은 시효(時效)에 의한 경험의 산물이었다.

(3) **아일랜드의 부담**: 파넬은 잉여액 40만 파운드로는 아일

20) Loughlin, *Gladstone, Home Rule and the Ulster Question*, p. 74.

21) Loughlin, *Gladstone, Home Rule and the Ulster Question*, p. 76.

랜드가 아무런 대부도 받지 못한다고 비판하였다. 파넬이 보기에, 더군다나 글래드스턴이 제시한 아일랜드의 예산은 아일랜드 뿐 아니라 잉글랜드에서도 현재처럼 위스키 소비율이 높은 상태가 계속된다는 예상에 근거하였다. 그러나 자치가 실시되면 아일랜드 의회가 일요일에 주류 판매를 제한하는 법을 만들 가능성이 있는데, 이 경우 주세에서 상당한 세수 감소를 예상할 수 있다. 따라서 파넬의 판단으로는 글래드스턴의 제안은 아일랜드를 "너무 심하게" 압박하는 것이므로 공정치 못하며, 장차 아일랜드 재무부를 빈한한 상태에 두는 것이므로 "아주 불행한" 일이다. 그래서 파넬은 잉여액이 최소한 140만 파운드가 되어야 한다고 주장하였다. 즉 경찰 유지비를 부담하지 않으면 이 액수가 가능하다.[22] 파넬의 이 주장은 재정적 측면과 동시에 정치적 측면을 갖고 있었다. 그것은 한편으로는 재정 부담의 완화를 노리면서, 다른 한편으로는 아일랜드 경찰권을 자치와 동시에 아일랜드 정부가 장악해야 한다는 고려에서 나온 것이었다.

러프린도 40만 파운드라는 잉여액은 "독립적인 행정부의 예산치고는 황당하다"고 비판하였고, 보그다노 역시 1/15이라는 분담 비율이 대표자를 제국 의회에 보내지 않는 아일랜드가 "불이익을 받지 않도록 보장하는" 것임에도 잉여액 자체는 충분하지 못했다고 비판하였다.[23] 그러나 글래드스턴은 아일랜드 정부가 낭비를 줄임으로써 확보할 수 있는 여유 자금의 최대치가 100만 파운드일 것으로 주장하였다. 그리고 이는 글래드스턴이 제시한 잉여액이 현재의 상황에 비추어보면 매우

22) Hansard 304 (4/8): 1131-32.

23) Loughlin, *Gladstone, Home Rule and the Ulster Question*, p. 72; Bogdanor, *Devolution in the United Kingdom*, pp. 37-38.

취약하다고 공격한 체임벌린도 인정한 논리였다.[24)]

체임벌린은 짐짓 "아일랜드 납세자의 부담"을 들어 법안을 반대하였다. 그러나 그것은 아일랜드의 부담에 대한 동정보다는 민족당의 법안 지지가 마지못한 것임을 증명하기 위한 것이었다. 체임벌린에 따르면 첫째, 아일랜드 재무장관은 해마다 유권자와 의회에게 아일랜드가 "종전에는 의무로서 인식하지 않은" 부채를 갚기 위해, 그리고 아일랜드가 통제하지 못하는 육군과 해군을 위해 매년 325만 파운드를 마련해야 한다고 요청해야 할 것이다. 둘째, 세출이 아니라 세입의 견지에서 보면, 800만 파운드 가운데 600만 파운드가 관세와 물품세에 달려있고, 이 600만 파운드 가운데 상당히 큰 부분이 위스키와 담배에 대한 세금이다. 만약 잉글랜드나 아일랜드에서 위스키 소비가 감소한다면 아일랜드 재무부의 세입이 대규모로 감소할 것이다. 만약 아일랜드에서 위스키 생산이 감소하고 잉글랜드 혹은 스코틀랜드에서 생산이 증가한다면 그 손실은 전적으로 아일랜드 재무부가 감당하게 된다. 이런 상황에서 아일랜드 재무부는 다음의 두 가지 가운데 하나를 취할 것이다. 추가 과세를 하거나 의무 이행을 거부하는 것이다.[25)]

이런 반론과는 달리, 처칠은 색다른 각도에서 이 문제를 거론하였다. 처칠의 주장에 따르면, 파넬은 영국 정부와 영국 의회에게 "자유로운 인민의 양도할 수 없는 권리", 말하자면 대표성과 과세가 함께 한다는 원리와 직결되는 관세와 물품세를 140만 파운드에 "팔았다". 법안에 따르면 아일랜드 대표는 제국 의회에서 배제되기 때문이다. 파넬은 체임벌린의 주장에

---

24) Hansard 304 (4/9): 1198.

25) Hansard 304 (4/9): 1197-99.

대해 140만 파운드는 가치 있는 "대상"(代償; quid pro quo)이므로 자신은 아일랜드 정부에게 대표성과 과세가 병행해야 한다는 요구를 할 생각이 없다고 반박하였다. 그렇지만 처칠이 보기에 파넬과 민족당은 "그 이상"의 일을 저질렀다. 그들은 140만 파운드를 받고서 아일랜드 의회의 "재정권"을 아일랜드 정부에게 "팔았다". 처칠은 그 내역을 이렇게 설명하였다. 아일랜드의 관세와 물품세 액수는 매년 610만 파운드이고 여기에서 350만 파운드는 제국 재무부로 지불되는데, 그 차액은 250만 파운드 이상이다. 이 금액은 제국 관리에 의해 아일랜드 재무부로 다시 지불되는데, 이 금액은 "절대적으로" 아일랜드 의회의 권한 너머에 있다. 이 금액에 대해 아일랜드 의회는 표결권을 갖지 않기 때문이다. 여기에 더해 아일랜드 정부는 비과세 재원 100만 파운드를 갖는다. 따라서 법안대로라면 아일랜드 정부는 실질적으로 아일랜드 의회의 간섭을 받지 않고 매년 300만 파운드 이상을 쓸 수 있다. 처칠은 이것은 "예외적인" 헌정이라고 강조하였다. 아일랜드 정부는 아일랜드 의회의 도움 없이도 독자적으로 상당한 액수의 자금을 갖게 되며, 아일랜드 정부가 아일랜드 의회를 해산하거나 전혀 의회를 소집하지 않을 가능성이 있기 때문이다.[26)]

이처럼 처칠은 헌정 문제와 재정 문제를 결부시켜 재정적 통일성이 아일랜드인에게 지우는 부담을 부각시켰다. 법안에 따르면 아일랜드 의회가 아일랜드 행정부를 통제한다는데, 이것이 이루어질 수 없게 된다는 것이다. 처칠은 또한 이 140만 파운드는 "몹시 환영적이고 불확실한" 금액이라고 비판하였다. 산출 근거가 명확하지 않을 뿐더러 "잠정적이고 불확실

---

26) Hansard 304 (4/12): 1323-24.

한" 것이기 때문이다. 그것은 보세창고에 유치된 위스키가 잉글랜드에 수입되는 것, 물품 세수의 감소, 아일랜드 뿐 아니라 잉글랜드와 스코틀랜드에서의 금주(禁酒) 입법에 따라 변할 수 있다.[27]

(4) **잉글랜드의 부담**: 특히 체임벌린과 처칠이 영국 납세자의 부담을 강조하였는데, 이는 토지법안에 대한 비판의 논리와 동일하였다. 체임벌린은 아일랜드의 부담을 덜게끔 활수(滑手)하게 고려해야 한다는 파넬의 요청보다 우선 고려할 점이 잉글랜드 납세자의 부담이라고 지적하였다. 첫째, 체임벌린은 글래드스턴의 구상이 아일랜드에게 "독립"을 부여하면서도 "아일랜드 정부를 돕기 위해 잉글랜드의 납세자에게 계속해서 대규모의 기여금을 부담시키려고 한다"고 비난하였다. 아일랜드가 제국 지출에 대해 부담하는 비율이 1:12$\frac{1}{2}$에서 1:14[1/15]로 축소되면서 비율 변경에 따른 차액은 추가 과세로부터 나올 수밖에 없으므로 영국 납세자의 부담이 되기 때문이다. 둘째, 체임벌린의 계산으로는 영국은 계속해서 아일랜드 민병대 유지비 가운데 매년 (파넬이 불충분하다고 주장한) 50만 파운드를 지불하며, 영국은 관세와 물품세와 연계해서 아일랜드에 "간접적으로" 140만 파운드를 지불[재지불]하기 때문에, 영국의 납세자는 도합 190만 파운드를 추가로 부담하는 셈이다.[28]

재정적 통일성 때문에 아일랜드의 부담이 크다고 지적한 처칠은 자치에 따른 잉글랜드의 부담은 그보다 훨씬 더 크다고 주장하였다. 처칠은 법안이 실현되면 관세와 물품세가 "고정"

---

27) Hansard 304 (4/12): 1324-25.

28) Hansard 304 (4/9): 1196-97.

되고 잉글랜드 재무장관의 재량권이 크게 위축될 것으로 판단하였다. 왜냐하면 아일랜드는 정해진 분담금 이상을 납부하지 않을 것이기 때문이다. 이 상태에서 만약 잉글랜드 재무장관이 관세와 물품세를 "인하"하면 아일랜드가 납부할 분담금의 재원을 고갈시키거나 감소시키게 되며, 그것도 아일랜드의 대표가 제국 의회에서 배제된 상태에서 이루어진다. 만약 그가 관세와 물품세를 "인상"하더라도 문제는 여전하다. 왜냐하면 그는 아일랜드인이 "원치 않는" 과세와 그들이 "요구하지 않는" 잉여금을 강제하기 때문이다. 이럴 경우 재무장관이 아일랜드 정부 및 아일랜드 의회와 교섭하여 합의를 도출할 수 있을지 모르지만, 이는 영국 정부와 의회가 더블린에 가서 아일랜드 정부와 의회로부터 "허가"를 받아서 처리하지 않는 한 재원을 다룰 아무런 자유도 없음을 뜻한다. 만약 허가를 받는다면, 제국 의회의 "수위권"은 어떻게 되는가? 처칠이 보기에 결국 잉글랜드 납세자가 매년 150만 파운드를 부담한다는 이 법안은 "온갖 불편과 난관과 우스꽝스러움으로 차 있고", 두 나라 사이에 "최대치의 알력과 갈등을, 그리고 최소치의 화합과 협력을 초래할 뿐이다."[29]

보그다노의 비판도 처칠의 논리와 유사하다. 보그다노는 영국 재무부가 관세를 변경하면 필연적으로 아일랜드의 재정을 교란시킨다고 지적하였다. 첫째, 재무장관이 관세를 "인하" 하면 아일랜드의 세수는 감소하면서도 아일랜드는 여전히 고정액의 분담금을 내야하는 "뜻하지 않은" 손실을 입는다. 이 경우 아일랜드 행정부는 지출을 줄이든지 아니면 직접세를 대폭 인상해야 하는데, 이 항목의 세수는 아일랜드 세수 총액의

29) Hansard 304 (4/12): 1325-27.

1/4에 미치지 못한다. 둘째, 재무장관이 관세를 "인상"하면 아일랜드는 "횡재"하지만, 그에 따라 직접세를 인하하면 사회적으로 부작용이 생긴다. 왜냐하면 빈자는 소비품에 대해 더 많은 세금을 내지만 부자는 소득세를 경감받기 때문이다. 따라서 아일랜드는 "원하지 않음에도" 재정 운용을 변경해야 하고 직접세와 간접세의 비율도 변경해야 할 것이다. 아일랜드가 통제하는 것처럼 보이는 직접세는 실제로는 영국이 관장하는 간접세의 변동과 "역비례" 관계에 있기 때문이다. 결국 영국의 예산이 아일랜드의 예산을 지배하는 셈이 된다. 아일랜드에게는 영국이 마치 재정 정책을 통해 아일랜드 예산을 교란하면서 아일랜드더러 제국 분담금을 납부하라고 강제하는 것으로 간주된 까닭이 여기에 있었다.[30]

보그다노는 영국과 아일랜드의 이러한 재정 관계가 사실은 영국의 부담이라고 지적하였다. 만약 영국의 재정 지출이 증가하여 직접세 증세가 요구되더라도 아일랜드는 아무런 부담을 지지 않을 것이기 때문이다. 이 경우 아일랜드로 하여금 세수 증가에 일정 비율로 기여하도록 하겠다면 영국은 관세를 인상해야 하는데, 이는 자유주의와 자유무역주의를 표방하는 영국 정부에게는 "어려운 선택"의 문제가 된다.[31] 러프린도 제국 의회가 관세와 물품세를 관장함으로써 아일랜드 의회의 재정적 자율성을 침해할 수 있고, 그리하여 두 나라의 불화를 영속화할 가능성이 있다고 비판하였다. 그래서 러프린은 글래드스턴의 재정 구상은 최종적인 해법이 될 수 없었고, 과세와 대표성 문제가 직결되었기 때문에 더욱 그러하였다고 주장하

30) Bogdanor, *Devolution in the United Kingdom*, pp. 38-39.

31) Bogdanor, *Devolution in the United Kingdom*, p. 39.

였다.[32]

(5) **예상 사태**: 파넬은 "분담금이 합의되면 아일랜드는 이를 지불할 것"이라고 약속하면서, 잉글랜드 같은 부유한 나라가 100만 파운드 문제를 대범하게 처리함으로써 아일랜드의 여론이 환영하는 "위대한 타결"을 제시해야 한다고 호소하였다.[33] 민족당의 일부 의원과 체임벌린 같은 법안 반대자들이 아일랜드가 국채 부담을 거부하는 경우를 상정하였지만, 파넬은 영국이 관세와 물품세 관할권을 쥐고 있는 상태에서는 그러한 반발이 아무런 효력이 없을 것이라고 판단하였다.

그러나 체임벌린은 파넬이 글래드스턴의 구상을 "적극적으로" 수용하지 않았다고 지적하면서, 영국이 추가 부담과 영국 납세자에 대한 추가 과세를 거부하면 민족당은 이 구상을 마지못해 수용할 것이라고, 그리고 머잖아 분명히 이것을 수정하거나 변개하려고 할 것이라고 예측하였다. 체임벌린은 이에 따른 소요에 무력으로 대처할 수 없다면 "나는 차라리 순수하고 단순한 분리를 찬성할 것이다. 나는 잉글랜드와 아일랜드 사이에 악성 부채로 남아있는 의무를 일소할 것이다. 우리가 아일랜드에 대한 거대한 책무로부터 자유롭게 된다는 조건이라면, 나는 차라리 아일랜드가 이 나라의 모든 요구로부터 완전히 자유롭기를 원한다. 나는 이 구상이 결국 그런 상태로 귀결될 것이라고 생각하며, 차라리 그런 상태를 지금 당장 대면하고 싶다"고 역설하였다.[34]

재정 문제는 처칠의 공격 이후 이렇다 할 논란거리가 되지

32) Loughlin, *Gladstone, Home Rule and the Ulster Question*, pp. 75, 76.

33) Hansard 304 (4/8): 1131-32.

34) Hansard 304 (4/9): 1199.

못하였다. 그러나 2독회 엿새째 날에 트리벨리언이 글래드스턴의 자치 구상이 실현될 경우 예상되는 사태에 관한 더 정교한 주장을 제기하였다. 이날 그는 2독회를 반대하는 이유를 6개 들었는데, 재정적 난점, 파넬의 입장의 불일관성, 토지법안, 판사와 공무원 문제, 제국 의회의 통제권 상실, 얼스터에서의 대립 가능성이 그것이다. 재정 문제는 그가 반대의 근거로 맨 먼저 언급한 주제였다. 트리벨리언의 비판은 다음과 같다.

첫째, 아일랜드는 징수비용을 공제한 순세수 750만 파운드에서 분담금 460만 파운드를 납부한다. 그런데 민족당은 아일랜드가 지금까지 중과세를 통해 매년 230만 파운드를 영국 재무부에 납부했다고 불평하였다. 그렇다면 이제 그 두 배를 납부해야 한다. 그런데 아일랜드 대표가 소수파인 제국 의회에서도 아일랜드의 부담에 대해 그것이 "전제적이고 억압적인" 것이라고 불평한다면, 자치 이후 민족당이 지배하는 아일랜드 의회에서는 이 고정된 부담을 어떻게 생각할 것인가?[35]

둘째, 자치가 아일랜드의 경제 발전을 촉진할 것이라는 낙관론이 있지만, 아일랜드에게 관세권이 없는 상태에서 그 가능성은 오직 대부, 교부금, 장려금, 공공사업으로부터 올 것이다. 이 비용을 마련하기 위해 아일랜드 정부가 증세하면 낙관론 자체가 부정되며, 아일랜드 정부가 "고율의 이자"로 대부받으면 상환하기 어려울 것이다. 그런데 글래드스턴 자신도 영국이 채권자가 되는 것은 잉글랜드와 아일랜드의 관계를 교란하려는 시도에 대처하는 "가짜 프리미엄"(bastard premium)이라고 하지 않았던가? 두 나라의 채무관계는 악감정을 악화할 뿐이다.[36]

---

35) Hansard 306 (5/25): 91-93.

셋째, 자치 이후 두 나라의 관계는 오히려 악화할 것이다. 아일랜드는 기여(contribution)를 공납(tribute)으로 간주할 것이고, 이는 결국 두 나라의 분리를 초래할 것이다. 영국은 북아메리카 식민지더러 고작 10만 파운드를 군비에 지출하도록 요청하였지만, 그 결과는 두 나라의 분리였다. 그리고 "유럽 어디서도 별도의 행정부와 의회를 가진 민족이 그 세수의 대부분을 다른 민족의 재무부 금고에 바치는" 예가 없고, "영제국 어디에서도 별개의 의회를 가진 식민지는 영국 재무부에 한 푼도 내지 않는다." 또한 "두 나라의 관계의 황금시대로 간주되는" 그래튼 의회 시절에 세습 왕령지의 세수에서 80만 파운드에 못 미치는 잉여액을 제국 해군 유지에 사용하자는 제안이 아일랜드를 영국의 조공국으로 만든다는 이유로 거부되었다. "이 의회가 자신들의 안전과 재산을 영국에 의존한 프로테스탄트와 지주의 의회였다면, 영국의 간섭을 극력 싫어하고 영국의 보호에 감사하지 않으며 외교적·군사적 위기에 영국을 동정하지 않을 의회에서는 과연 어떠할 것인가?"[37]

---

36) Hansard 306 (5/25): 94-95. 그러나 트리벨리언은 이 "고율의 이자"가 얼마인지 제시하지 않았다. 그런데 토지법안에서는 지주의 토지를 매입하기 위해 영국 재무부가 대부한 공채 형태의 자금에 대해 토지 매입의 주체인 아일랜드 정부의 국가당국이 4%의 이자율로 영국 재무부에 상환토록 규정하였다. 처칠이 이 4% 이자율을 고율이라고 생각하지는 않았을 것이다. 당시 이자율을 낮은 상태를 유지하고 있었다.

37) Hansard 306 (5/25): 95-98. 법안을 반대한 핸베리(R. W. Hanbury)는 자치는 아일랜드를 "자매국가"에서 "조공국가" 및 "봉신국가"로 떨어뜨릴 것이라고 표현하였다. Hansard 305 (5/18): 1360.

3. 토지법안과 재정 문제

자치 재정을 둘러싼 의회 토론을 더욱 격렬하게 만든 것이 바로 자치법안과 거의 동시에 제안된 토지법안이었다. 글래드스턴은 이미 자치법안 제안 연설에서 토지법안이 자치법안과 더불어 아일랜드 문제를 최종적으로 해결하는 관건임을 밝혔고, 토지법안이 자치법안 통과를 전제로 하였음을 지적하였다. 즉 자치법안이 통과되어 아일랜드 정부가 성립하는 것이 토지법안의 내용을 실천하는 조건이 된다. 그래서 자치법안 토론에서는 종종 토지법안이 함께 언급되곤 하였다. 특히 자치법안 논의에서 제기된 "잉글랜드의 부담" 문제가 토지법안과 결부되어 더욱 강조되기에 이르렀다.

토지법안은 사회적·경제적으로 아주 중요한 의미를 내포하였다. 토지법안은 지주가 자신의 "농업용" 토지를 매각하기를 원하면 차지인이 이를 "구입해야" 하는 강제 구입 원칙을 설정하였다. 이를 위해 영국 재무부의 신용에 토대를 둔 공채를 발행한다. 지주에게 지불되는 가격은 토지위원회가 정하는 20년치 지대이다. 구입 가격이 정해지면 지주는 매각 대금을 받으며 차지인은 즉시 자신의 보유지의 소유자가 되는데, 그 조건은 현금 가치에 대한 연리 4%의 이자로 49년에 걸쳐 상환한다.

토지 구매와 대금 상환은 각각 아일랜드와 영국 차원의 문제로 구별되었다. "토지 구매"와 "지대 징수"를 위해 아일랜드 의회가 임명하는 국가당국(State Authority)을 설치한다. 이는 실제로는 아일랜드 의회이다. 국가당국은 영국 재무부를 대신하여 매각인과 점유인 사이의 중개인 역할을 한다. 국가당국은 영국 재무부가 선불하고 지주가 수령한 현금에 대한 연리 4%에 상응하는 연납액을 영국 재무부에 납부해야 한다. 감채기금을 포함하여 4%의 이자는 200만 파운드이다. 이것은 재무부가 세입징수관을 통해 아일랜드 당국으로부터 매년 받는 현금이다. 이 금액은 아일랜드 차지인으로부터 징수하는 지대로 확보된다. 이 법안에 따른 총 부채액은 5천만 파운드로서, 1887-88년 3월까지 천만 파운드를, 1888-89년 3월까지 2천만 파운드를, 1889-90년 3월까지 2천만 파운드를 발행한다. 영국 재무부가 매각을 신청하는 지주에게 선불하는 금액은 액면가의 3%의 이자로 공채로 발행하여 지급한다. 이 공채는 국가당국에 의해 49년에 걸쳐 재지불됨으로써 상환된다. 한편 아일랜드 차지인으로부터 거둘 구입 대금 상환을 위해 징수총감(Receiver General)을 설치하는데, 이는 실제로는 영국 재무부이다. 영국 정부의 재정 지출의 증가와 잉글랜드 납세자의 부담이라는 우려를 불식해야 하기 때문에 매각 대금을 확실하게 되돌려 받는 것은 매우 중요한 문제였다. 징수총감은 아일랜드에서 어떠한 지대나 세수도 부과하지 않지만(차지인과 직접적인 접촉이 없음), 아일랜드에서 징수된 세금과 지대가 거쳐가는 길목에 해당한다. 이 수납액에서 아일랜드 국가당국이 납부하는 선지급 현금의 이자와 재지불금액과 아일랜드의 제국 분담금을 공제한 다음, 수납액 가운데 남은 금액은 아일랜드 재무부로 이관된다.

글래드스턴은 5,000만 파운드의 공채 발행에 근거한 토지법이 시행될 경우 아일랜드 재정의 대차를 다음과 같이 제시하였다. 앞서 재정론에서 제시되었듯이, 아일랜드의 세수는 관세와 물품세 618만 파운드, 인지세 60만 파운드, 소득세 55만 파운드, 우체국 및 기타 재원(이를테면 아일랜드 교회 잉여금

2만 파운드를 더한) 102만 파운드, 지대 250만 파운드(5,000만 파운드에서 국가당국이 20년에 걸쳐 매년 받을 금액)를 합하면 1,085만 파운드이다. 이에 비해 지출은 다음과 같다. 앞서 자치법안에서 제시한대로 제국 분담금 360만 2천 파운드, 경찰 100만 파운드, 관세와 물품세 징수비용 24만 7천 파운드, 아일랜드 공무원 251만 파운드, 징세비용 58만 7천 파운드를 더하면 794만 6천 파운드인데, 여기에 토지 구입을 위한 선불 대부금 상환 연납금액 200만 파운드, 지대 징수 비용 10만 파운드를 더하면 도합 1,004만 6천 파운드가 지출된다. 따라서 잉여액이 80만 4천 파운드이다. 그리고 공무원과 경찰 등에서의 긴축의 결과 추가 잉여금이 발생할 것으로 기대된다.[〈표4〉][38]

〈표 4〉 토지법안에 따른 아일랜드 재정의 대차(파운드)

지출			세수		
제국 유지비	……	3,602,000	관세와 물품세	……	6,180,000
경찰	……	1,000,000	인지세	……	600,000
관세와 물품세 징수비	……	247,000	소득세	……	550,000
구매선대부 연납금	……	2,000,000	기타 세원	……	1,020,000
아일랜드 공무원 급여	……	2,510,000	지대	……	2,500,000
징세 비용	……	587,000			
지대징수비	……	100,000			
잉여액	……	804,000			
		10,850,000			10,850,000

38) O'Day, *Parnell and the First Home Rule Episode*, Appendices, p. 283.

글래드스턴의 이러한 제안에 대해 여러 반론들이 제기되었는데, 그 가운데 재정론과 직결되는 쟁점은 매입비용과 상환의 확실성 여부였다. 우선 글래드스턴이 제시한 5천만 파운드가 정확치 않거나 부족한 금액이라는 비판이 제기되었다. 스미스(W. H. Smith)는 글래드스턴 자신이 보수당의 토지구매법안(1883)에 대해서는 매입 대금이 3억 내지 4억 파운드가 될 것이라는 이유로 반대하였음을 환기시킴으로써 3년 사이에 토지 가격을 1/6 내지 1/8로 낮게 잡은 글래드스턴의 시도가 전혀 진지함이 없다고 주장하였다. 더군다나 그가 보기에 아일랜드 지주가 반지주적인 의회에 대해 갖는 불안감을 고려한다면 지주가 토지 가격을 5천만 파운드로 간주하지 않을 것이 확실하였다.[39] 토지법안 반대자들은 아일랜드의 토지 가치를 일단 1억 5천만 파운드로 잡았다. 이 경우 글래드스턴이 제시한 금액은 아일랜드 지주의 1/3만을 대상으로 삼는 셈이다. 따라서 그들은 나머지 2/3 지주의 토지 매수는 결국 잉글랜드와 스코틀랜드 납세자의 부담이 될 것이라고 지적하였다.[40]

체임벌린도 매입비용을 따졌다. 그도 아일랜드 전체 토지의 가치를 1억 5천만 파운드로 보았는데, 문제는 아일랜드 차지인의 입장이었다. 체임벌린은 "노선이 온건하고 인격이 훌륭한" 다비트가 5천만 내지 6천만 파운드로 계산한 점을 들어 차지인이 1억 5천만 파운드를 공정한 가격으로 여기지 않을 것이라고 주장하였다. 그가 보기에 글래드스턴이 제시한 수치는 또 다른 문제점을 갖고 있었다. 법안에서 토지 가치는 1885년 납부 시점을 기준으로 향후 20년간의 구매가로 제시되었다. 그러

39) Hansard 304 (4/16): 1825-26.

40) Hansard 304 (4/16): 1830.

나 체임벌린은 대불황기에 농산물 가격이 20-40% 하락하고 외국산 농산물이 시장에 유입되는 상황에서 더 이상의 가격 하락이 없을 것으로 확신하고서 재정 계획을 제시하는 것은 "우스운 일"이라고 비판하였다. 나아가 체임벌린은 법안에서 차지인들에게 현행 지대의 20%를 공제하는 혜택을 주면서도 정리공채 발행액을 1억 2천만 파운드에서 5천만 파운드로 제한하는 것을 비판하였다. 아일랜드의 경작지의 가치가 최소한 1억 5천만 파운드이고 법안의 조건이 글래드스턴의 주장처럼 지주에게 매력적이라면, 법 시행 첫 해에 요구될 1억 5천만 파운드를 어떻게 5천만 파운드로 제한할 수 있는가? 추가로 필요한 경비를 차용증서를 발행해서 확보한다지만, 체임벌린이 보기에 영국의 납세자들에게는 통상적인 부채이든 유동성 부채이든 부담은 마찬가지였다.[41]

체임벌린은 원금 회수가 확실하다는 글래드스턴의 주장도 비판하였다. 즉 차지인은 나중에 지대가 낮춰지더라도 당국에 지대를 납부하기를 망설일 것이고, 제국 유지 분담금에 대한 반감은 지대 징수를 더욱 어렵게 만들 것이다. 그는 차지인이 지대 납부를 거부할 때 과연 아일랜드 의회가 지대 징수를 강제할 수 있을지 의심하였다. 나아가 그는 설사 "아일랜드인의 신의와 호의와 명예에 호소해서" 법안의 의도대로 매입과 상환이 이루어진다 하더라도 영국 납세자의 부담은 그대로라고 강조하였다. 체임벌린은 오히려 매입비용으로 불황기의 실업에 대처하는 것이 더 필요하다고 지적하였다.[42] 상환의 불확

41) Hansard 304 (4/16): 1818-19, 1820-21. 따라서 체임벌린의 주장은 양면적이고 따라서 모순이다. 그는 5천만 파운드 공채 발행을 반대하는 근거로 토지 가치가 1억 천만 파운드라고 주장하면서 동시에 1억 5천만 파운드의 가치 산정을 반대하는 근거로 5천만 파운드가 공정 가격이라는 다비트의 주장을 들고 있기 때문이다.

실성은 자치 재정과 맞물려 제기되었다. 캠벨(Sir George Campbell)이 보기에 선지급에 대한 보증은 관세와 물품세의 잉여분이지만, 상황에 따라 물품세수가 크게 달라질 것이므로 안전한 근거가 될 수 없고, 따라서 소요 경비를 충분히 충당할 수 없으며, 결국 지주에게 토지 가치를 충분히 보상할 수 없는 것이었다.[43] 그리고리(G. B. Gregory)도 정리기금에 대한 아일랜드의 기여에 의존하고 있는 이 계획을 몹시 “허무맹랑한 것”으로 보았다. 그가 보기에 “실질적으로 이 보증금은 아일랜드 차지인으로부터 거두는 지대”이며, 작황이 좋지 않을 경우 20% 이상 공제될 것이고, 만약 징수총감이 원래의 지대 징수를 강제하려고 한다면 의회가 거부할 것이며, 더군다나 수많은 추방에서 보듯이 아일랜드에서 지대는 늘 마지못해 납부되고 차지인은 지대 징수 배후에 잉글랜드가 있음을 알기에 상환의 어려움은 더욱 클 것이었다. 이런 이유로 그리고리는 아일랜드 차지인이 지대를 납부할 것이라는 전제에 선 토지법안은 오류라고 지적하였다.[44]

****

이처럼 재정 문제는 자치법안의 중요한 부분을 이루고 있었고, 의회 토론은 자치 재정의 여러 측면을 예리하게 다루었다. 파넬, 처칠, 체임벌린과 트리벨리언이 제기한 쟁점들은 자치 재정에 대해 각각 민족당, 보수당, 자유당 합방파가 어떤 입장

---

42) Hansard 304 (4/16): 1822-23.

43) Hansard 304 (4/16): 1831.

44) Hansard 304 (4/16): 1840.

에 있었는가를 잘 보여주었다. 민족당이 자치 재정에 대해 유보적 수용의 입장이었다면, 보수당과 자유당 합방파는 자치 재정의 이론과 실제 모두를 근본적으로 반대하는 입장이었다.

그런데 자치 재정에 관한 후대의 비판적 연구들은 당시 의회에서 파넬, 체임벌린, 처칠, 트리벨리언이 제기한 쟁점들과 상당한 유사성을 보인다. 보그다노는 재정적 측면에서 자치가 성공적으로 작동하지 않았을 가능성이 컸다고 결론지었다. 과세권을 분할하면서 동시에 재정적 통일성을 유지하려고 함으로써 영국과 아일랜드의 재정은 “형편없이 뒤엉켰을 것”이고, 영국 재무장관의 재량을 제약하고 아일랜드 의회의 재정적 자율성을 제약함으로써 “이중적으로” 작동하기 어려웠을 것이기 때문이다. 또한 민족당이 이 재정 체계를 최종적인 타결로 여기지 않았기 때문에 두 나라 사이에 알력의 소지가 여전했을 것이다. 보그다노에 따르면, 문제는 아일랜드 경제의 독특한 구조, 특히 아일랜드가 세수 대부분을 관세와 물품세에 의존한 점에 있었다. 따라서 그러한 딜레마를 해결하고 아일랜드의 재정적 자율성을 도모하는 유일한 방법은 글래드스턴이 애초에 생각한대로 아일랜드에 관세권을 주는 것이었다. 그런데 이 방법은 내각과 자유당 지지자가 수용할 수 없었다. 더욱이 아일랜드가 관세권을 갖고 영국 상품에 보호관세를 부과하며 다른 나라와 통상조약을 체결한다면 두 나라는 결별했을 것이다. 그러므로 “자치는 아일랜드를 연합왕국에 더 긴밀히 묶지 못하고 오히려 분리를 재촉했을 가능성이 농후했다.”[45]

매튜도 재정 문제가 글래드스턴과 민족당 사이의 주요한 쟁점이었음을 인정하였다. 그러나 매튜는 당시의 의회 토론이나

45) Bogdanor, *Devolution in the United Kingdom*, pp. 41-42.

후대의 비판적 연구와는 전혀 다른 관점에서 글래드스턴의 자치 재정론의 의의를 검토하였다. 매튜의 재평가에서 가장 중요한 논점은, 아일랜드의 부담 규모가 1885년 말 글래드스턴과 파넬의 교섭에서 "비율"로 논의되고 그 이후 역사가들도 줄곧 비율의 관점에서 "잘못" 검토하였지만, 실제 자치법안에서는 "액수"가 정해지고 그 액수가 30년간 변하지 않는다고 제시되었다는 점이다.[46] 제안 연설에서 글래드스턴이 우선 분담 비율에 대해 논의하였기에 분담 비율이 주목 받은 것은 어찌 보면 당연하였다. 그러나 글래드스턴은 이어 그러한 분담의 토대를 정액으로 제시하였다. 그리고 460만 2천 파운드라는 이 고정 금액은 제국 지출의 증가와는 무관하였다. 더군다나 아일랜드의 부담의 증가의 여지는 없었지만 감소의 여지는 있었다. 매튜는 이를 "화폐 가치의 안정성에 대한 감동적인 신뢰"의 표현이자 "국가 재정의 최소주의"(minimalism)의 반영이라고 지적하였다.[47]

그러므로 의회 토론에서 제기된 여러 쟁점들과 후대의 연구에서 지적된 결함이나 한계들이 제각기 일리 있더라도, "자치가 실제로 이루어졌다면" 과연 재정적으로 아일랜드에게 불만족스럽고 부담을 지우는 것이었을지 더 검토할 필요가 있다. 첫째, 일단 고정된 부담액을 30년간 납부한다는 것과 부담이 오히려 감소할 여지가 있었다는 점에서 보자면 아일랜드로서는 크게 불만스럽지 않았을 것이다. 매튜의 지적에 따르면, 대불황기인 1880년대에 금값이 올랐기 때문에 아일랜드로서는 예상한 바보다 더 많은 부담을 진다고 생각했을 것이지만,

46) Matthew, *Gladstone*, p. 503.

47) Matthew, *Gladstone*, p. 504.

1890년대 후반 이후 경기가 디플레이션에서 인플레이션으로 전환함에 따라 30년의 남은 기간에 아일랜드는 매우 유리한 위치에 있었을 것이다.[48] 만약 정률제였다면, 인플레이션 상태에서 아일랜드의 부담은 더 컸을 것이다. 실제로 2차 자치 법안에서는 대표성 문제와 더불어 중요한 변화가 재정 조항에서 일어났다. 아일랜드가 제국 유지비를 분담하는 것은 동일하지만 그 원천을 관세에 국한시켰고, "고정액"보다는 1/3이라는 "가변액", 즉 "정률제"로 바꾼 것이다.

둘째, 대불황기에 영국 정부의 지출은 증가하였지만, 글래드스턴은 아일랜드에게 국내 지출에서의 긴축을 요구하였다. 그는 아일랜드 행정부의 지나친 낭비를 지적하였을 뿐 아니라 자치 이후 경찰 유지비의 대폭 감소를 예상하였다. 매튜는 글래드스턴이 장래의 아일랜드 자치정부에게 재정 지출의 절감과 반보호무역주의를 요구한 것이 아일랜드 경제가 영국에 대해 갖는 특수한 성격을 무시한 것임을 인정하였다. 그러나 매튜는 만약 30년간 자치가 실시되었더라면 아일랜드에게 자치는 "놀라운 축복"이었을 것이라고 주장하였다. 제안 설명에서 보았듯이 글래드스턴은 국채 2,200만 파운드를 상정하였는데, 매튜는 이 액수가 실제로 1886년에 2,350만 파운드였다가 1910년에 2,080만 파운드로 감소하였으므로 고정액을 부담하는 아일랜드는 약간의 금액을 환급받았을 것이라고 지적하였다. 그리고 역시 고정액이었으므로 증가한 국방비 지출에서도 1910년 무렵이면 아일랜드의 부담이 1/15에서 1/34로 크게 줄어들었을 것이다. 전체적으로 제국 유지비에 대한 아일랜드의 부담은 1910년 무렵이면 1/15에서 1/25로 줄어들었을 것이다.

---

48) Matthew, *Gladstone*, p. 503.

아일랜드의 부담액 460만 파운드는 그대로일 것이지만, 제국 지출이 9,220만 파운드에서 1억 5,600만 파운드로 늘었기 때문이다.[49]

자치가 실현될 경우 분담금을 둘러싼 두 나라의 알력 가능성에 대한 동시대인의 우려와 후대의 비판적 연구에 대해서도 매튜는 정반대의 해석을 제시하였다. 매튜는 자치가 실시되었더라면 오히려 영국이 "30년 규정"을 수정하려고 했을 공산이 컸다고 주장하였다. 달리 말하자면, 아일랜드는 오히려 자치 30년째 되는 1916년에도 아일랜드가 계속해서 고정액을 분담한다고 규정한 1886년의 타결을 고수하려고 필사적으로 애썼을 것이다. 결국 "글래드스턴의 타결은 영국에게는 불만의 대상이었을지라도, 아일랜드가 열렬히 분리를 거부하고 1886년의 타결을 지지하는 가장 강력한 이유가 되었을 것이다."[50]

한편 토지법안에 관한 후대의 연구들은 지주의 이해 보전과 질서 유지라는 글래드스턴의 보수적 이념을 강조하거나 글래드스턴의 시도의 진실성 여부를 검토하는 데 관심을 기울임으로써 토지법안의 재정적 측면을 거의 다루지 않았다.[51] 이미 언급하였듯이, 글래드스턴의 원래 구상에서 재정 규모는 1890년까지 3%의 이자율로 1억 2천만 파운드의 공채를 발행한다는 것이었지만, 체임벌린이 반대하자 6천만 파운드로, 이어 법안에서는 5천만 파운드로 결정되었다. 그런데 매튜는 5천만 파운드는 거액이고 그것이 영국의 납세자들에게 부담을 지운다

49) Matthew, *Gladstone*, p. 504.

50) Matthew, *Gladstone*, p. 504.

51) 이를테면 O'Day, *Parnel and the First Home Rule Episode*; Loughlin, *Gladstone, Home Rule and the Ulser Question*; Roberts, "Gladstone and the Irish Question."

는 반대자들의 지적도 이 규모에 근거하는 것이지만 1885년의 애쉬번 토지법을 확대한 경우와 비교한다면 훨씬 적은 액수였다고 지적하였다. 추정하자면, 5천만 파운드를 발행할 경우 국채 이자 부담은 1886-90년에 매년 1.9%이고 1억 2천만 파운드의 경우 4.5%이다. 그런데 징수총감이 거두므로 영국인 납세자의 부담은 실제로는 거의 제로에 가깝다. 걷지 못하는 경우라도 그것은 1억 2천만 파운드를 발행할 경우 4.0%, 5천만 파운드를 발행할 경우는 1.7% 정도 영국의 예산이 증가하는 효과를 초래할 뿐이다. 당시에 이자율은 여전히 낮았고 정리공채 가격이 상승했기에, 토지 구입용 공채 발행이 어렵고 비용이 많이 들며 영국 경제에 해롭다고 주장할 수는 없을 것이다. 비록 "비생산적인" 분야에 대한 투자이긴 하지만 그 자체로서, 그리고 "선례"로서 유용했을 것이다.[52] 토지법안이 자치법안 부결의 중요한 이유였다고 지적한 쇼-르페브르도 이렇게 회고하였다. "돌이켜 보면 우리는 이제 그들[자치 반대자들]이 토지법안을 받아들이지 않은 것이 얼마나 현명치 못했던가를 알 수 있다. 당시에 제시된 조건들은 이후 그들이 수용하였던 것들에 비해서 무한히 더 나은 것이었다."[53]

제국 지출 비용이 늘어난 상태에서 아일랜드의 자치는 분명 영국에게는 부담스럽고 불만족스러웠을 것이다. 순전히 재정적 부담의 견지에서 본다면 이를 부인하기 어렵다. 그렇지만 글래드스턴의 자치 정책에는 영국의 재정적 부담을 상쇄하는 또 다른 측면이 있었다. 그것은 수세기 동안 영국의 위신과 명예와 도덕성을 실추시킨 아일랜드라는 스핑크스를 과거로

52) Matthew, *Gladstone*, p. 499.

53) Shaw-Lefevre, *Gladstone and Ireland*, p. 305.

돌려보내고 두 나라 사이의 오랜 반목과 갈등과 투쟁을 종식시킴으로써 두 나라의 관계를 새로운 토대 위에 정립하려는 글래드스턴의 비전이었다. 이 비전의 가치는 분명 수백만 파운드 이상이지 않았을까?

결 론

1

이처럼 자치법안을 둘러싼 의회 논쟁은 격렬하였다. 그것은 "아마도 1832년 선거법 개혁과 1914년 전쟁 선포 사이의 기간에 가장 큰 국민적 관심을 불러일으킨 사건"이었을 것이다.[1] 전반적으로 의회 논쟁은 찬반이 팽팽하였고, 그 수준은 상당히 높았다. 논란은 글래드스턴이 자치의 정당성을 증명하기 위해 구사한 역사적 논증과 유비론, 그리고 연합왕국 체제에서 권한이 양된 대의정부를 수립하는 데 따르는 실제적인 문제들을 중심으로 이루어졌다.

비록 글래드스턴이 법안 제안 이후 자신의 시도의 향방에 대해 어떤 생각을 하고 있었는가를 정확히 알 수는 없을지라도, 그는 어느 정도 기대감을 갖고 있었던 것 같다. 글래드스턴은 의회 안보다는 의회 밖의 지지를 확신하고 있었다. 실제로 자유당의 여러 조직들은 글래드스턴을 지지하였다. 수뇌부 정치 학파는 애초부터 법안이 실현될 가능성은 없었다고 하지만,[2] 5월까지는 법안의 운명이 아직 결정되지 않은 상태에 있었다고 할 수 있다. 물론 법안이 2독회를 거쳐 하원을 통과했더라도 상원에서 부결될 공산이 아주 컸지만, 법안의 원리를

1) W. D. Rubinstein, *Britain's Century: A Political and Social History 1815-1905* (London, 1998), p. 207.

2) Cook & Vincent, *The Governing Passion*, pp. 162-64.

채택하는 단계인 2독회를 통과했더라면 그 자체로서 의미가 컸을 것이다. 이 경우 글래드스턴은 상원과 대결할 태세였다. 따라서 5월의 추이는 적어도 자유당 내부에서는 아주 중요하였다. 법안의 부결에 자유당 내부의 이탈표가 결정적으로 작용했기 때문이다. 그런데 휘그의 이반이 기정사실로 간주되고 있었으므로, 글래드스턴과 자치 지지 세력이 보기에 급진파의 향방은 매우 중요했다. 이는 물론 휘그보다 체임벌린파의 이탈이 더 결정적이었다는 것은 아니다.

2독회(5월 10일)가 다가올수록 체임벌린이 결정권을 갖는다는 점이 명백해졌다. 글래드스턴과 체임벌린의 화해를 요청한 움직임도 있었지만, 체임벌린이 1독회 때 자신의 사직과 관련된 편지를 공개하면서 두 사람 사이에 감정의 골이 깊어졌고, 체임벌린의 도전으로 글래드스턴은 상당한 고통을 겪었다. 그러나 글래드스턴은 "우리가 기대할 곳은 '인민' 뿐이다"라면서 체임벌린과의 화해 요청을 일축하였다.[3] 그는 점차 자치 논쟁을 "국민과 계급 간의 투쟁"(nation vs classes)으로 인식하게 되었다.[4] 특히 토지법안과 대표성 배제가 체임벌린과의 이견의 핵심이었는데, 4월 16일 이후 토지법안은 더 이상 논의되지 않았으므로 남은 중요한 쟁점은 대표성 배제 문제였다. 체임벌린의 또 다른 주장인 연방제는 글래드스턴이 논의의 여지

---

3) Gladstone to A. Morley (4/20/1886), *Diaries* 11, p. 535; Gladstone to J. Morley (4/20/1886), *Diaries* 11, p. 536.

4) Gladstone to Lrd Rosebery (4/28/1886), *Diaries* 11, p. 542. 어느 모임에서 아일랜드 문제로 서로 다툰 『스펙테이터』 편집인 허튼에게 글래드스턴은 "의도에서 우리는 합방주의자이지만, 내가 보기에 실천에서 당신은 대단히 비합방주의자"이고 합방주의자 다수는 자신이 점점 더 싫어하는 "계급 정신"에 싸여 있다고 반박하였다. Gladstone to R. H. Hutton (5/24/1886), *Diaries* 11, p. 560.

가 없다고 보았고, 파넬도 이를 완강히 거부하는 상태였으므로 법안 자체를 포기하지 않는 한 수용할 수 없는 것이었다.

제6장에서 살폈듯이, 대표성 배제 문제는 논리적인 딜레마를 안고 있었다. 글래드스턴 스스로 시간을 갖고 검토하더라도 반대파를 설득하기는 어려울 것으로 판단하였다.[5] 그래도 글래드스턴은 실제적인 타결책을 모색하고자 노력했다. 2독회 제안 연설에서 "들고 나는" 해법의 원리와 구체적인 대안을 가능성의 문제로 제시한 것이 이를 증명한다. 그렇지만 그는 2독회가 법안의 원리를 다룬다는 점을 강조하였고, 대표성 문제는 세부사항에 해당하므로 "관행대로" 2독회 이후 얼마든지 논의해서 수정할 수 있다는 입장을 견지했다. 그는 법안의 "틀"을 고칠 생각이 없었다. 그러나 2독회 제안 연설에 대한 반응은 글래드스턴 스스로 보기에도 "제안 때보다 결정적으로 더 나쁜" 것이었고, 2독회 전망은 "아주 어두웠다."[6] 그렇지만 그는 하원 다수파가 법안의 "원리"에 호의적임을 의심하지 않고 있었다.[7]

이 무렵 체임벌린과 하팅턴이 법안 철회를 조건으로 자치지지 결의안(Resolution)을 찬성할 것이라는 소문이 떠돌고 있었다. 글래드스턴은 만약 그것이 사실이라면 "중대한 사건"이라고 보았다. 그렇지만 그는 자유당 내부의 반대파가 찬성할 결의안이 "어떤 것인지" 먼저 확인해야 한다고 생각하였다. 몰리에게 그는 이렇게 말했다. "우리의 의무는 자치 대의와 아일랜드인과 자유당에 대한 것이지 그 밖의 다른 어떤 것

5) Gladstone to Sir W. V. Harcourt (5/1/1886), *Diaries* 11, p. 543.

6) *Diaries* 11 (5/10/1886), p. 549; (5/11/1886), p. 550.

7) Gladstone to Lord Hampden (5/14/1886), *Diaries* 11, p. 553.

에 대한 의무도 아니다."[8] 글래드스턴이 보기에 결의안은 동의에 의한 실질적 해법으로 채택되어야 했다.[9] 사실, 결의안 채택은 하팅턴의 입장과는 모순된 것이었다. 그는 자치 자체를 반대했을 뿐더러 1독회부터 줄곧 6개월 연기안을 제기하였기 때문이다. 글래드스턴은 이를 유례가 없는 제안이라고 거부하였다. 물론 민족당도 결의안에는 반대 입장이었다. 실제 하팅턴은 5월 14일 자유당 합방파 집회에서 결의안 가능성을 거부하였다. 5월 17일 결의안 노선은 무산되었다.

외견상 결의안 방법은 그럴싸했다. 그것은 아일랜드 국교회 폐지에 앞서 1868년 글래드스턴이 국교회 폐지 결의안을 관철시킨 전례를 상기시키는 것이었다. 그렇지만 1868년과는 근본적인 차이가 있었다. 1868년의 결의안은 1869년의 국교회 폐지 법안에 선행하였다. 그러나 1886년 5월에 떠돈 결의안 방법은 이미 자치법안이 제기된 상태에서 "대안"으로 제시된 것이었다. 글래드스턴 자신도 "결의안으로 법안을 대체하는 것은 '무엇보다도' 법안을 명백히 비난하는 것"으로 파악하였다. 그가 보기에 "하나의 정부는 자신이 저지르지 않은 오류를 고백함으로써 스스로를 전락시킬 수는 없다." 그는 자신이 제시한 법안이 "본질적으로" 좋은 것이므로 "어떤 특정 사항에서 결함이 있다면" 위원회에서 수정하면 된다고 확신하였다. 더구나 일부 결의안 지지자가 자치를 반대한다면 "정직한" 결의안이 될 수 없다는 것이 글래드스턴의 판단이었다.[10]

5월 11일 글래드스턴은 만약 법안이 2독회를 통과하면 법안

---

8) Gladstone to J. Morley (5/14/1886), *Diaries* 11, p. 553.

9) Gladstone to A. Morley (5/19/1886), *Diaries* 11, p. 557-58.

10) Gladstone to Sir J. W. Pease (5/21/1886), *Diaries* 11, pp. 558-59.

을 철회하고 아일랜드 대표성에 관한 조항을 재규정해서 가을 회기에 재상정할 것이라고 자유당에 알렸다. 당시 설왕설래하던 또 다른 중요한 논점은 법안 연기론이었다. 2독회는 법안의 변개 없이는 불가하므로 법안을 철회하고 가을에 새 법안을 제시하자는 것이었다. 그러나 5월 15일 글래드스턴은 법안 연기론이 자유당 반대파를 단합시키는 조치를 전제로 하는 것이지만 그럴 시간도 없고 그런 상태를 달성할 희망도 없다는 이유로 거부하였다.[11] 파넬은 물론 연기도 철회도 거부하였다.

5월 25일자 메모에서 글래드스턴은 법안 반대를 공언한 세력의 규모를 체임벌린파 8명, 하팅턴파 66명, 도합 74명으로 잡았다. 그리고 기대를 가질만한 부류가 47명이 될 것으로 짐작하였는데, 이는 "호텐토트인(Hottentots)에게 자유로운 대의정부를 맡길 수 없다"는 솔즈베리의 연설(5월 16일) 이후 자치 지지자가 증가한다고 판단한 결과였다.[12] 5월 27일 글래드스턴은 외무부에서 의원 총회를 열었다. 333명의 자유당 의원 가운데 220명이 참석하였다. 법안의 원리를 지지하는 의원만이 초청되었고, 따라서 하팅턴파는 명확히 배제되었다. 체임벌린은 참석을 거부하였지만 그의 추종자 다수는 참석하였다. 만약 2독회를 통과한다면 법안을 철회하고 제국의회에서의 아일랜드 대표성 문제를 다시 구성해서 가을에 재상정할 것이라는 글래드스턴의 양보에[13] 일부 자유당 부동층의 마음이 바뀐

---

11) Gladstone to Sir J. W. Pease (5/15/1886), *Diaries* 11, p. 554.

12) *Diaries* 11 (5/25/1886), p. 560.

13) 5월 26일 글래드스턴은 회람 메모에서 필요한 부분을 수정해서 새로운 법안을 가을에 제안하거나, 아니면 "필요한 수정을 가해 [이미 제출된] 법안을 새로 제안하는 것"이 표결에 유리하다면 그렇게 하겠다고 약속하였다. *Diaries* 11 (5/26/1886), p. 561.

듯했다.

그러나 이러한 성과는 바로 다음날 의회에서 보수당의 중진 힉스-비치가 법안의 대폭적인 "재구성"(restructuring)을 수용하는 것이냐고 유도하자 글래드스턴이 "절대로 아니다"라고 소리치면서 상실되었다. 글래드스턴은 재구성이 법안 전체에 관한 것이 아니라 웨스트민스터 의회에 아일랜드 대표를 유지하는 문제에만 관련된다고 답변한 것이다. 이는 반대파가 보여준 솜씨 있는 작전의 결과였다. 포이트방거는 글래드스턴의 이러한 원칙 고수가 한편으로는 자치 대의에 대한 확신, 의회 밖의 지지세 확산, 의회를 해산하고 총선을 치를 경우 승리할 것이라는 자신감에 따른 "진심의 오산"이자 다른 한편에서는 "오직 자신이 듣고 싶은 것만을 들었던" 연로한 글래드스턴이 이전 어느 때보다 더 강한 "자기 현혹"(self-delusion)에 빠졌기 때문이라고 평가하였다.[14] 그러나 글래드스턴 정부에 의해 작위를 받은 계관시인 테니슨에게 보낸 편지에 보이는 글래드스턴의 말을 자기 현혹으로까지 평가할 수 있을지는 의문이다. 그는 이렇게 토로하였다. "인간성의 법칙에 따르면, 76세의 나이에 ····· 이 격렬한 파도 속에 나를 던지는 것은 다음의 두 가지가 아니면 어려웠다. 첫째는 명확한 확신이요, 둘째는 강력한 개인적 소명감이다. 나의 공적 삶 54년 가운데 최소한 42년간 아일랜드는 나에게 상당한 지배적인 영향을 끼쳤다 ····· 이 문제에서 나의 노력과 목적은 최고의 의미에서 보수적이라고 확실히 말씀드린다. 만약 불행히도 반대파가 성공한다면 그들은 이윽고 자신들과 나라의 희생을 치르고서야 교훈을 알게 될 것이다."[15]

14) Feuchtwanger, *Gladstone*, p. 241.

5월 31일 체임벌린파의 회합이 있었다. 이 모임에서 체임벌린은 2독회에서 그들이 투표에 기권할지 아니면 반대표를 던질지를 결정해야 한다고 주문하였다. 결정적이었던 것은 급진주의자의 대부인 브라이트가 보낸 편지였다. 이 편지에서 브라이트는 "글래드스턴에 대한 존경심에서 번민 끝에" 표결에서 반대표를 던지겠다는 의사를 분명히 밝혔다. 선거권 확대를 위한 투쟁에서 글래드스턴의 동지였고, 서로를 존경하였으며, 글래드스턴처럼 정치에서 도덕적 힘에 대한 신념을 견지한 브라이트는 자치를 "아일랜드의 모든 프로테스탄트를 공격하는 조치"이자 아일랜드의 독립을 초래할 것으로 간주하였다. 급진파는 의회 표결에서 기권보다는 반대 투표를 하기로 결의했다. 글래드스턴의 패배는 거의 확실했다. 50여명의 급진파가 "기권"하면 법안은 통과될 것이지만, 급진파가 "반대표"를 던지면 부결될 것이었다.

2독회 마지막 날인 6월 7일 글래드스턴은 2독회가 법안의 세부사항이 아니라 아일랜드 문제를 다룰 입법기구를 설치한다는 원리에 관한 논의임을 주지시켰다. 그는 세부사항은 원리의 효과적인 실천과 관련되며 얼마든지 변경이 가능하다고 하였다. 나아가 그는 원리를 보완하는 조항들이 법안에 제시되었으며, 정부는 수정안을 기꺼이 수용하고 제안할 것이라고 하였다.[16] 또한 그는 아일랜드 문제 해결의 역사적 필요성과 당위성을 다시 강조하면서, 자치는 아일랜드의 만성적인 불만을 치유함으로써 두 나라의 유대를 강화할 것이지만 "지울 수 없는 족적"을 남긴 합방을 폐지하는 것은 아니며, 아일랜드를

15) Gladstone to Lord Tennyson (4/26/1886), *Diaries* 11, p. 540.

16) Hansard 306 (6/7): 1218-19.

위한 좋은 법은 아일랜드인이 원하는 것이어야 한다고 역설하였다.[17] 그는 아일랜드 민족의 요구가 무절제하고 안전치 못한 것이 아닌 바에야 중단될 수 없다면, 문제는 자치를 부여하는 "시간과 상황"이라면서 자치는 버크가 말한 식으로 주어져야 한다고 역설하였다. 즉 "진정한 불변의 진실"은 "영국으로부터 오는 모든 것은 유혈과 가혹한 필연의 잔인한 손아귀에서 오는 것이라기보다는 관대함과 선행의 선물이어야"하며, "자유와 위엄에서 주고 이를 감사히 받는 것과 강제에 의해 주는 것은 근본적인 차이가 있다. 지금은 우리 역사의 황금의 순간들 가운데 하나로서, 드물게 다시 돌아오고 그 때가 되면 상황이 어떨지는 아무도 예측할 수 없는 그런 순간이다."[18]

> [자치를 반대하는] 여러분은 권력을, 부를, 신분을, 지위를, 조직을 갖고 있습니다. [자치를 지지하는] 우리는 무엇을 갖고 있습니까? 우리는 인민의 마음을 갖고 있다고 생각합니다. 우리는 미래의 결실의 약속을 믿으며 또 그것을 알고 있습니다. 인민의 마음에 대해서라면 여러분은 이를 논박할 수 있을 것이며, 그것도 완전한 진심에서 그럴 수 있습니다. 이 문제는 스스로 증명되도록 합시다. 그렇지만 미래의 결실에 대해서라면, 저는 여러분이 그처럼 확신하는지 의문이며, 저는 오늘밤 우리를 반대해서 투표하려는 수많은 사람의 가슴 속에는 종국(終局)은 여러분이 예상하는 것이 아니라 우리가 예상하는 것이 될 것이라는 심대한 불안이, 심지어 깊은 확신에 다다르는 불안이 있다고 믿습니다. 그 불안은 여러분과 함께 하는 것은 썰물이고 우리와 함께 하는 것은 밀물이라는 것입니다. 아일랜드는 기대에 부풀어, 희망에 젖어, 거의 탄원하듯이 여러분의 판단 앞에 서 있습니다. 아일랜드의 말은 진리와 진지함의 말입니다. 아일랜드는 과거에 대한 축복받은 망각을 요청하며, 그런 망각 속

17) Hansard 306 (6/7): 1230-32.

18) Hansard 306 (6/7): 1236-38.

에서 우리의 이해관계는 아일랜드의 것보다 더 깊습니다. 고센 씨는 우리가 그 상속자인 전통들을 따르라고 합니다. 그렇지만 어떤 전통들 말입니까? 아일랜드 전통들입니까? 만일 할 수 있다면, 세상 도처에 가서 모든 나라들의 문헌을 샅샅이 뒤져, 단 하나의 목소리라도 단 하나의 책이라도 찾아보십시오. 심지어 저는 당시에 나온 것이 아니라면 아일랜드에 대한 잉글랜드의 행위가 어디에서나 심대하고 맹렬한 비난 없이 다루어진 단 하나의 신문 보도라도 있는지 찾아보라고 말합니다. 그것들이 우리가 견지해야 할 것이라고 충고 받는 전통들입니까? 아닙니다. 그것들은 우리나라의 영광에서 슬픈 예외입니다. 그것들은 이 나라의 역사 위에 찍힌 크고 시커먼 오점입니다. 우리가 하려는 것은 아일랜드와의 관계를 제외한 모든 일에서 우리가 그 상속자인 전통을 따르는 것, 우리와 아일랜드의 관계가 우리나라의 다른 전통들과 일치하도록 만드는 것입니다. 이리하여 저는 제가 과거에 대한 축복 받은 망각이라고 부르는 것에 대한 아일랜드의 요구를 환호하며 맞이하는 바입니다. 아일랜드는 또한 미래를 위한 은혜도 요청합니다. 그리고 만약 우리가 크게 잘못 판단한 것이 아니라면, 미래를 위한 그 은혜는 행복, 번영, 평화의 견지에서 아일랜드에 대한 은혜가 되는 것 못지않게 명예의 견지에서는 우리에게도 은혜가 될 것입니다. 의원 여러분, 이것이 아일랜드의 기도입니다. 여러분이 이 법안을 거부하기에 앞서 잘 생각하시기를, 현명하게 생각하시기를, 지금 당장이 아니라 다가올 때를 위해 생각하시기를 간절히 바랍니다.[19]

6월 8일 오전 1시에 자치법안 2독회를 결정하는 표결이 시작되었다. "의회사에서 그처럼 많은 의원들이 표결에 참여한 적이 없었다. 오직 11명만이 불참하였고, 그 가운데 10명이 자유당 의원이었다."[20] 그 결과는 찬성 313표, 반대 343표였다. 자유당 의원 가운데 227명이 지지하였고, 민족당 의원 86명은

19) Hansard 306 (6/7): 1239-40.

20) Shaw-Lefevre, *Gladstone and Ireland*, p. 310. 방청권은 1,000파운드에 거래되었다고 한다. O'Day, *Parnell and the First Home Rule Episode*, p. 178.

전원 찬성하였다. 자유당 지지표 가운데 급진파 131표, 휘그와 온건파가 96표였다. 보수당 의원 250명이 반대하고, 93명의 자유당 의원(자유당 의원 전체의 28%)이 반대하였다. 자유당 이탈표 가운데 체임벌린파가 32표, 하팅턴파가 61표였다. 30표차는 글래드스턴이 우려한 바보다 더 큰 표차였다.

체임벌린과 그를 추종한 급진파의 이탈은 중요했다.[21] 객관적으로 보자면 그의 급진주의(세속 교육, 토지 개혁, 국교회 폐지, 남자 보통선거권, 의원 세비 지급)는 보수당과 어울릴 수 없었다. 그러나 글래드스턴의 자치 정책을 계기로 체임벌린파의 급진주의적 비전도 떠났다. 반면 대다수 급진주의자 의원과 지방의 자유당 조직들과 전국자유당연맹(Natonal Liberal Federation)은 남았다. 1886년의 표결에 참여한 163명의 급진주의 의원 가운데 찬성 131명(80%), 반대 32명(20%)이었고, 지역별로는 잉글랜드 97:24(80%:20%), 스코틀랜드 19:7(73%:27%)이었다. 헤익에 따르면, 법안을 지지한 급진주의자들은 급진주의 이념에 적합했던 토지법에도 불구하고 민족당의 의회 전술로 아일랜드 문제를 영국 정치에서 배제해야 한다는 인식에 이르게 되었고, 따라서 그들에게는 자치만이 유일한 대안이었다. 표결 무렵이 되면 자치만이 급진주의 강령의 "시금석"으로 간주되었다. 반면 법안을 반대한 급진주의자는 인종주의·반가톨릭주의에 근거해서 아일랜드인의 자치 능력을 불신하였다.[22]

---

21) 체임벌린의 급진주의가 보수주의와 근본적으로 유사했다는 주장은 Alan Hooper, "From Liberal-Radicalism to Conservative Corporatism: The Pursuit of 'Radical business' in 'Tory livery' : Joseph Chamberlain, Birmingham, and British Politics, 1870-1930," Richard Bellamy ed., *Victorian Liberalism* (London, 1990), pp. 193-212.

22) Heyck, *The Dimensions of British Radicalism*, pp. 145, 146-47.

그러므로 법안을 부결시킨 더 결정적인 요인은 휘그의 이반이었다. 1860년대 중반 이후 자유당 내부에서 급진주의와 휘그의 대립이 주로 재산권에 대한 이견에 근거하였다는 점을 고려한다면, 휘그가 자치를 재산권에 대한 침해라는 견지에서 생각하였을 가능성은 낮다. 휘그와 급진파는 상이한 사회·경제적 이념과 기반을 가졌을지라도 자치 반대에서는 동일한 목소리를 냈던 것이다. 그러므로 휘그의 자치 반대와 급진주의의 국가 간섭에 대한 휘그의 우려 사이에는 직접적인 연관이 없었다. 휘그는 가톨릭에 대한 편견 외에도 글래드스턴이 대중의 여론에 굴복하고 권력 유지를 위해 민족당과 결탁함으로써 리더십 책임을 방기하였다고 간주하였다.[23] 한편 루비노는 1886년 의회에서 휘그-온건파 142명 가운데 세습 토지 귀족과 연계된 합방파가 과반 정도였으므로 상당수 휘그가 자치법안을 지지하였고, 따라서 자치법안을 둘러싼 분열은 자유당 지지 세력과 의원들의 사회적 기반을 반영한 것이 아니었다고 주장하였다. 즉 1886년의 의제들에 대한 표결 성향을 보면, 사회적 배경은 전반적인 정치적 태도와 결부되었다. 토지, 정치 개혁, 사회 정책, 외교, 제국 사안에 대해 자유당은 내부적으로 의견이 불일치하였다. 이들 의제에 대한 사회적 배경(계급)은 표결 경향과 결부되었다. 그런데 이 차원에서는 정책의 차이나 사회적 차이가 당을 분열시키지 않았다. 그러나 이데올로기적 대립의 또 다른 차원을 드러낸 자치 문제와 국교회 폐지 문제는 자유당 정책의 주요 의제와 불완전하게 합치하거나 불일치하는 사안들이었고, 이 두 문제 가운데 국교회 폐지 문제만이 사회적 지위와 일치하였다. 자치는 사회 계급과 무

23) J. P. Parry, *Democracy and Religion: Gladstone and the Liberal Party 1867-1875* (Cambridge, 1986), pp. 437-41, 441-44.

관하였던 것이다. 그러므로 사회적 차이가 아닌 정치적 차이가 1886년 자유당 분열의 원인이었다.[24]

해산인가 사임인가? 글래드스턴은 의회 해산이 아닌 내각의 사임은 자치 "대의"를 포기하는 것이자 특히 아일랜드에서는 위험스러운 불확실성의 시기를 재촉할 것으로 보고서, 반대파의 "조직"의 힘에 대항해서 "그 어느 때보다 더 큰 열정"의 힘을 갖고서 자유당은 선거를 통해 자치에 대한 국민의 뜻을 물어야 한다고 판단하였다. 그는 자치라는 단일 이슈를 내걸고 총선을 치르면 "크게 유리하다"고 믿었다.[25] 내각은 의회 해산을 결정하였다. 이제 글래드스턴은 분열된 당을 이끌고 총선에 임하였다. 이미 77살이었던 글래드스턴은 총선에서 분투하였다. 그는 한여름에 스코틀랜드와 랭커셔에서 여러날 대규모 군중집회와 가두 행진에 뛰어들었다. 맨체스터 유세에는 환영 인파가 5마일에 걸쳤다. 글래드스턴의 유세 연설은 민족당의 오커너에 의해 "극적이고 논증적이고 엄숙"한 것이자 "대규모의 숭배자들 가운데 기적을 행하는 성인을 따르는 것과 거의 같은 효과를" 가진 것으로 묘사되었다.[26]

총선 결과 보수당 316석, 자유당 191석, 민족당 85석, 자유당 합방파 78석으로 4당 체제가 등장하였다. 합방주의 세력의 득표율은 52-53%정도(1885년 총선에서의 득표율은 47%)였다. 자유당은 글래드스턴 지지자와 합방주의자로 분열하여 1846년 곡물법 제정에 따른 보수당의 분열과 유사한 경험을 하였다.[27] 자유당은 잉글랜드에서는 소수파로 전락하였지만, 스코

24) Lubenow, "Irish Home Rule and the Social Basis of the Great Separation in the Liberal Party in 1886," pp. 137-38, 139-41.

25) *Diaries* 11 (6/8/1886), p. 567.

26) Feuchtwanger, *Gladstone*, p. 242 재인용.

틀랜드와 웨일스에서는 글래드스턴주의자와 보수당/자유당 합방주의자는 66:38이었다. 선거 결과를 좌우한 요인은 보수당과 자유당 합방파의 선거 공조, 비경합선거가 150석이나 되었고 이 가운데 보수당과 자유당 합방파가 3/4을 차지한 것, 1885년 선거법 개혁으로 처음 선거권을 행사한 시골 선거구의 유권자들의 환멸, 기권표가 보수당보다는 자유당 지지층에서 더 강하게 나타난 점이었다.[28)]

선거 결과에 대한 평가는 그것이 "글래드스턴의 경력에서 가장 파멸적인 것이었고 자유당의 미래를 암흑으로 만들 정도의 실패"라는 주장과 생각보다는 "덜 파멸적"이었다는 주장이 대립하고 있다.[29)] 하여간 어느 당도 다수파를 확보하지는 못했다. 자유당 합방파와 보수당의 공조에도 불구하고 글래드스턴파와 보수당 후보가 겨룬 곳에서는 글래드스턴은 별로 손실을 입지 않았다. 합방파는 보수당의 조직이 강한 곳에서 우세

27) 매튜는 1840년대 이후 글래드스턴의 경력을 필의 영향력이 지속적으로 작용한 과정으로 파악하였다. 이를테면 글래드스턴의 자치 정책은 정부가 입법을 통하여 불만을 교정해야 한다는 필주의자의 신념의 반영이었다. Matthew, *Gladstone*, p. 480. 그러나 1846년 보수당의 분열과 1886년 자유당의 분열이 "근본적으로 다른" 현상이었다는 해석도 있다. 곡물법과 달리 자치는 당의 문제일 뿐 아니라 헌정 문제였고, 필과 달리 글래드스턴은 뒷좌석 의원들을 필사적으로 설득했으며, 보수당의 분열 직후 실질적으로 은퇴한 필과 달리 글래드스턴은 자유당 다수파를 확보하여 1893년에 다시 자치 정책을 추진함으로써 자유당을 자치와 동일시하게 만들었고, 1846년처럼 1886년은 정치를 해체하였지만 그것은 글래드스턴주의자가 아니라 자유당 합방파가 제공한 것으로서 이후의 정치는 해체가 아니라 합방파와 토리의 제휴였다. Peter Ghosh, "Gladstone and Peel," Peter Ghosh & Lawrence Goldman ed., *Politics and Culture in Victorian Britain* (Oxford, 2006), pp. 68-69.

28) Feuchtwanger, *Gladstone*, p. 189.

29) Feuchtwanger, *Gladstone*, p. 243; Matthew, *Gladstone*, p. 507.

했지만 자유당과 보수당의 대결 지역에서는 글래드스턴파의 손실은 적었다. 체임벌린의 아성인 버밍엄을 포함하여 전국자유당연맹의 조직이 강한 곳에서는 흥미롭게도 글래드스턴파가 우세했다.[30] 실제로는 많은 자유당 후보의 득표율이 상승했고, 자유당 조직이 잘 정비된 곳에서는 자치를 지지하는 정서가 강력하였다. 결국 지방의 자유당 지지자의 글래드스턴에 대한 충성은 여전했다. 자치 문제로 자유당의 대중적 지지 기반이 무너지지는 않았던 것이다. 그렇지만 휘그의 이탈로 자유당은 지주 세력과의 오랜 유대를 상실하였다. 그 결과 상원에서 자유당의 세력은 현저히 약해졌고 상원은 보수당의 한 기관으로 전락하였다.

2

글래드스턴의 자치 정책의 패배의 원인은 무엇인가? 다수 연구자들은 글래드스턴의 이념적 한계를 지적하였다. 글래드스턴의 복음주의적 자기 확신, 정치적 정의에 관한 법률주의적 관점, 변화의 필요성에 대한 개인적 확신을 다른 사람도 그렇게 받아들일 것이라는 "순수한 전략"에 대한 과신과 "심리적·물질적 요인의 과소평가", "정치적·사회적 행동의 정직성에 대한 집착과 좋든 나쁘든 그것들의 인간적·물질적 효과에 대한 현저한 경시"가 그것이다.[31] 그러나 이런 판단은 지

30) Pugh, *The Making of Modern British Politics*, pp. 35-36.

31) Erich Eyck, *Gladstone* (New York, 1938), p. 404; Loughlin, *Gladstone, Home Rule and the Ulster Question*, p. 288; Jackson, *Home Rule*, pp. 63-64.

나치게 추상적이어서 글래드스턴의 시도의 원인을 설명하는 데는 적합할지라도 그의 시도가 좌절한 원인으로서는 충분치 않다. 어떤 정책이든 이념적 근거는 갖는다. 그러나 정책의 이념이 그 정책의 성패를 필연적으로 결정하는 것은 아니다. 입법에 성공한 정책이 모두 그 이념이 정당할 수는 없다. 마찬가지로 입법에 실패한 정책이라 해서 그 이념이 그릇된 것은 아니다. 그렇다면 글래드스턴이 자신의 자치 정책을 신, 정의, 역사 같은 이념과 결부시킨 것 자체는 문제가 될 수 없다.

따라서 좀 더 실제적인 차원에서 글래드스턴의 정책이 실패한 이유를 검토할 필요가 있을 것이다. 첫째, 자치 정책의 실제가 자치법안으로 표현되었으므로 이 법안에 어떤 문제점이 있었는지 살피는 것이다. 이미 살폈듯이, 아일랜드 사안을 다룰 별개의 의회를 설치한다는 것은 헌정적 문제, 재정적 문제, 얼스터 문제와 연관되어 많은 논란을 유발하였다. 더군다나 자치법안과 병행한 토지법안은 자치 재정에 관한 논란을 가열시켰다. 이 주제들에 대한 의회 안의 자치 반대자들의 주장과 후대의 비판적 연구들은 글래드스턴의 자치법안에 깃든 난점들을 상세하게 지적하였다. 그렇지만 그것들 어느 것도 자치의 당위성을 부정하기에는 충분치 않았고, 법안에 대한 찬반 논쟁은 어느 한 쪽이 일방적으로 우세하지 않았음을 보여주었으며, 비판적 연구들도 매튜가 대표하는 우호적인 평가를 불식할 정도는 아니었다. 좀 더 장기적인 견지에서 본다면, 오히려 매튜의 논점이 더 설득력이 있다. 물론 자치법안은 자치라는 목표를 달성하기에는 기술적인 난점을 내포하였다. 그렇지만 그것이 원리적인 난점이 아닌 바에야 기술적으로 극복될 수 있을 것이었다.

둘째, 양당의 협조라는 접근법을 채택하기는커녕 보수당은 글래드스턴의 정책에 반대하여 공격적이고 매우 조직적인 선전을 구사하였다. 글래드스턴도 지적하였듯이, 자치 반대에서 보수당은 조직의 힘을 갖고 있었다. 의회에서는 6월 8일 표결 때 단 한 명을 제외한 보수당 의원 전원이 반대표를 던졌다. 그 한 명도 기권한 것이지 찬성한 것은 아니었다. 의회 밖에서는 여론을 주도한 지식인 다수가 자치를 반대하였다. 이들 모두가 보수당 지지자는 아니었지만, 문제는 종래 자유당을 지지한 지식인들이 신문과 잡지에 기고한 논설과 팜플렛을 통해 자치 반대 운동을 전개한 데 있었다. 또한 대중 청원운동 차원에서도 자치 반대는 자치 찬성을 압도하였다. 아일랜드의 프로테스탄트에게 자치 반대를 부추기고 내란 가능성을 선전한 처칠의 이른바 "오렌지 카드"는 다만 빙산의 일각이었다.

셋째, 이 보수당의 조직력과 표리 관계에 있던 것이 자유당 내부에서의 광범한 자치 반대였다. 이 반대는 글래드스턴 이후(post-Gladstone)의 자유당 당권 장악이라는 하팅턴과 체임벌린의 정치적 계산 뿐 아니라, 더욱 중요하게는 이들 모두가 "자치=제국 해체=독립"이라는 고정관념에 지배된 데서 나온 것이었다. 이 점에서 자유당의 이반 세력은 보수당과 다르지 않았다. 그리하여 오랫동안 자유당을 지배했던 휘그의 상당수가 이탈하였고, 체임벌린파의 이탈은 소수이긴 하지만 부결 표차와 거의 같은 규모였다.

넷째, 글래드스턴이 전략상의 실책을 저지르지 않았는지 살펴야 한다. 글래드스턴은 자치를 정당정치를 초월하는 이슈로 삼고자 했고, 만약 정당들 사이에 자치에 대한 공감이 형성되면 성공 가능성이 높다고 보았다. 그래서 그는 총선 무렵에 자신의 결단을 선언하면 보수당의 즉각적인 반발을 초래하는 역효과를 낼 수 있다고 판단하였다. 동시에 그는 자유당 내부의 깊은 분열을 예감하였고, 그리하여 다양한 계파들이 자신과 행동을 함께 하게끔 설득할 시간이 필요했다. 글래드스턴의 말마따나 자치는 "최종 산물을 향한 건전하고 느린 발효를" 요구하는 것이었다.[32] 자치법안은 글래드스턴의 탁월한 지적 업적이었지만, 처칠이 1886년 총선에서 구호로 내세운 "허겁지겁 서두르는 늙은이"(Old Man in a Hurry)라는 표현에는 어느 정도 진실이 있었다. "그는 허비할 시간이 전혀 없었다"는, 글래드스턴에게 헌신한 해밀턴(E. W. Hamilton)의 판단도 이와 그리 다르지 않다. 그렇지만 아마도 그것은 속도의 문제가 아니었을 것이다. 왜냐하면 "자진해서 어려움과 싸우려는" 글래드스턴의 본능은 분명히 옳았기 때문이다. 따라서 "그처럼 새롭고 그처럼 혁명적인 정책을 그처럼 갑작스런 방식으로 그처럼 준비 없이 유권자들에게 제시했다"는 후대의 판단은[33] 과장된 것이다. 더군다나 "잉글랜드에서 어려움에 봉착하느냐 아니면 아일랜드에서 신뢰를 상실하느냐"라는 글래드스턴의 딜레마를 감안하면(잉글랜드에서의 시간 지체는 아일랜드에서의 위험 증가를 의미했다), 해먼드의 지적처럼 "글래드스턴은 누구보다도 더 아일랜드 문제의 성격을 잘 이해했기에 실수했다"고 할 수 있을 것이다.[34] 그러므로 문제는 정치권 수뇌부의 폐쇄적이고 암중모색의 상태에서 그가 솔즈베리의 노선이 명확히 자치 반대로 결정되었다는 사실을 모른

---

32) Agatha Ramm, *William Ewart Gladstone* (Cardiff, 1989), p. 108 재인용.

33) Eyck, *Gladstone*, p. 404.

34) Hammond, *Gladstone and the Irish Nation*, p. 522.

채 양당의 공조를 주장하였고, 나아가 자신의 의도와는 정반대의 상황이 "하워든 연"을 통해 형성된 데 있었다. 이 때문에 글래드스턴이 침묵함으로써 회피하고자 했던 바로 그 두 문제(보수당의 반발과 자유당의 분열)가 가속화하였다. 특히 자유당 내부에서는 정보가 차단된 데 따른 불만이 컸다. 이 점에서 보자면, 글래드스턴이 자치 정국에서 유연성을 충분히 발휘하지 못했다고 보겠다. 이를테면, 글래드스턴이 휘그의 지도자인 하팅턴이나 급진파의 지도자인 체임벌린과 좀 더 공감적인 개인적 유대를 유지했더라면 결과는 달랐을 수 있었다. 이 경우 비록 법안이 하원을 통과했더라도 상원에서 부결될 공산이 아주 컸지만, 적어도 자유당의 분열을 막을 수는 있었을 것이다. 그리고 명백히 자치 반대를 표명한 휘그는 차치하더라도, 글래드스턴이 5월 무렵에 급진파에 대해 더 유연하게 접근하지 못한 것도 실책이라고 할 것이다. 또한 적어도 법안을 마련하던 시점부터 대중 연설이나 팜플렛 같은 수단을 동원하여 자유당과 여론을 "교육하는" 전략을 구사하지 못한 점에서도 글래드스턴은 운영의 묘가 부족했다고 할 수 있을 것이다.

그렇다면 이러한 한계 때문에 글래드스턴의 시도는 실패한 것으로 끝났는가? 19세기에 아일랜드 문제가 영국인에게 관심거리가 아니었고 정치적으로도 아일랜드 민족주의 세력의 최대치가 웨스트민스터 의회에서 1/8에 불과한 상태였음을 감안하면, 사실 글래드스턴의 자치 시도는 파천황적인 것이었다. 생애 막바지인 1897년 9월 글래드스턴은 1885-86년의 3차 내각, 즉 아일랜드 자치 투쟁을 회고하면서 이렇게 적었다. "1886년을 돌이켜보면, 그리고 태고부터 잉글랜드의 전통의 토대를 이루어 왔던 아일랜드에 대한 경멸이 가미된 뿌리 깊은 적대감을 고려할 적에, 전체적으로 나는 우리가 하지 않은 것을 불평하고 의아하게 여기기보다는 우리가 그 당시 그리고 그 이후 성취한 바에 대해 더 감사하는 편이다."[35] 자치법안 표결 결과를 보더라도 글래드스턴이 스스로를 위안한 것이 자기기만이라고 하기는 어렵다.

글래드스턴이 자치를 추진한 배경은 여럿이다. 아일랜드 인민의 권리 인정, 도덕적 이슈에 대한 자유당 의원의 지지를 기대하고서 당을 통제하려는 것, 계급과 대중의 결합을 보존함으로써 휘그와 급진주의자가 재산 문제로 당을 분열시킬 것을 방지함, 파넬파를 포섭해야만 정부 구성이 가능하다는 계산, 국교 폐지로부터 비국교도의 눈을 돌리게 함이 그것이다. 그러나 이 가운데 인민의 권리 인정을 제외한 견해를 인정한다더라도, 글래드스턴이 아일랜드 문제를 해결하기를 진정으로 바라지 않았음을 의미하지는 않는다. 자치 문제는 인민의 권리라는 추상적 원리에 기초했던 바로 그 이유 때문에 정치적 슬로건이 될 수 있었다. 글래드스턴의 주장의 토대인 아일랜드 인민의 자치 권리는 "역사적 권리"이자 "도덕적 권리"로 간주되었다.

글래드스턴이 아일랜드 문제에 집착한 것, 그리고 이후 자유당이 이 문제에 매달린 것이 자유당 몰락의 주요한 원인이었다는 주장은 자주 반복되었다. 잴런드는 글래드스턴이 얼스터 문제에 관심을 기울여야 했고 자유당은 1911년 이후에는

35) Gladstone, "Third Cabinet, 1885-6," *The Prime Ministers' Papers*, v. 1, p. 112. 표결 당일의 일기에서도 글래드스턴은 결과를 "대패"로 표현하면서도 "패배에 대해 실망하기보다 진척에 대해 만족할 더 많은 이유를 갖고 있다. 그러나 그것은 심각한 피해였다"고 하였다. *Diaries* 11 (6/7/1886), p. 566.

사회민주주의에 힘을 경주해야 했다고 주장하였다.[36] 오데이는 글래드스턴의 법안이 그때까지 구체화하지 않았던 자치론에 "명확한 형태"를 부여하였지만, 법안은 시의 적절하지 못했고, 제대로 준비가 되지 않았으며, 영국의 여론은 그러한 실험에 준비가 되어 있지 않았고, 자치는 작동하지 못했을 것이고, 따라서 아일랜드의 요구에 대한 최종적인 해답은 전혀 될 수 없었을 것이라고 주장하였다.[37] 그러나 헤이머와 빈센트를 비롯한 수정주의 학파의 해석을 반복하는 이런 주장은 신빙성이 낮다. 그리고 자치 정책의 실패에도 불구하고 글래드스턴은 여전히 대중적 지지를 유지하였다. 재정가로서의 명성, 마력적인 수사와 연설, 강렬한 눈빛, 도덕주의와 종교적 신념, 전제-반동-어둠에 대항하는 자유-진보-빛의 수호자로 각인된 이미지가 결합된 글래드스턴의 카리스마는 1886년의 자치 법안 투쟁에서 정점에 도달하였다. 대중에게 그는 당대의 정치적 현안에 대한 유일한 도덕적 명령으로 받아들여졌고, 그는 자유당과 동일시되었다. 그는 자치 정책으로 자유당의 몰락을 재촉했다기보다는 오히려 자유당의 몰락을 지연시켰다.[38]

---

36) Jalland, *The Liberals and Ireland*, pp. 261-68.

37) O'Day, *Parnell and the First Home Rule Episode*, pp. 228-29.

38) Graham D. Goodlad, "Gladstone and His Rivals: Popular Liberal Perceptions of the Party Leadership in the Political Crisis of 1885-1886," E. F. Biagini & A. J. Reid ed., *Currents of Radicalism: Popular Radicalism, Organised Labour and Party Politics in Britain 1850-1914* (Cambridge, 1991), pp. 163-83. 또한 E. F. Biagini, *Liberty, Retrenchment and Reform: Popular Liberalism in the Age of Gladstone 1860-1880* (Cambridge, 1992), pp. 416-25; id., *Gladstone* (New York, 2000), pp. 57-74, 90-113; 김기순, 『신념과 비전의 정치가 글래드스턴』, 63-70, 185-217쪽 참조. 19세기 후반 대중적 급진주의의 중심에 자치론이 존재했다는 주장은 Pat Thane,

그렇다면 글래드스턴의 아일랜드 정책은 무엇을 성취하였는가? 첫째, 그는 아일랜드 민족성에 대한 공감을 통해 아일랜드 문제는 아일랜드인으로 하여금 자신의 자존심을 만족시키고 자치 속에서 존엄과 행복을 찾도록 돕는 데 있다고 규정하였다. 아일랜드 민족주의는 줄곧 의회 차원의 자율성과 의회정부를 요구하였다. 글래드스턴의 시도는 바로 이것을 구현하려는 것이었다. 나아가 그는 아일랜드 문제를 순치하였다. 그는 파넬과 민족당을 영국의 헌정틀 안으로 들여오고 자유당에 긴박하였다. 그는 아일랜드 문제를 의회 정치의 산물로 만들었고, 이 틀은 이후 30년간 지속하였다.[39] 이 점에서 글래드스턴의 정책의 본질은 필주의의 확장이자 발전, 혹은 "재각성"이었다. 그러나 그의 정책은 단순히 "평형 유지"가 아니라 "최종적 해결"을 의도하였다.[40] 물론 "아일랜드의 관점"에서 보자면 이것이 최종적 해결이기는 어려웠을지도 모른다. 아일랜드가 결국 독립했기 때문이다. 그러나 이런 주장이 역사적 인식에 근거한 것인지는 의문이다. 이는 소련이 해체되었으므로 1917년 혁명이 보잘 것이 없었다는 주장, 혹은 오늘날 한국 사회의 영어 광풍을 볼 때 15세기 세종의 한글 창제는 별로 중요하지 않았다는 주장과 같은 식이다. 당시 상황에서 자치는 일단 최종적인 해결일 가능성이 컸다. 파넬도 자치법안을 그렇게 받아들였다. 이 점에서 자치법안 제안은 "타이밍"

"Labour and Local Politics: Radicalism, Democracy and Social Reform 1880-1914," Biagini & Reid ed., *Currents of Radicalism*, pp. 244-70. 비국교도의 자치 지지와 글래드스턴 지지에 대해서는 D. W. Bebbington, *The Nonconformist Conscience: Chapel and Politics 1870-1914* (London, 1982), pp. 84-105.

39) Boyce, "Gladstone and Ireland," p. 118.

40) Boyce, *The Irish Question and British Politics*, p. 13.

을 포착하는 글래드스턴의 자질을 여지없이 과시한 것이었다.

둘째, 글래드스턴의 처방의 본질은 아일랜드의 "해방" 이 아니라 "평온"이었고, 이 본질은 1868년 이후 30년 동안 지속적으로 실험되었다.[41] 그러나 그 평온은 "바닷길로 세 시간 떨어진 섬을 영국에게 동화(同化)시키는" 것은[42] 아니었다. 글래드스턴은 두 나라를 똑 같이 만들려고 하지는 않았다. 그것은 아일랜드의 독자성을 인정하면서도 연합왕국의 틀 속에 붙들어 매려는 시도였다. 이 시도는 분명히 보수적이었지만, 그렇다고 그를 "합방주의자"로 부를 수는 없다. 그의 시도가 합방을 수정하려는 것임은 분명하지만, 이것은 합방주의자의 입장과는 근본적으로 달랐던 것이다. 그가 택한 방법은 자치라는 아주 위협적인 것이었다. 필의 아들로서 보수당 의원이었지만 유일하게 자치법안 표결에서 기권하고, 법안 부결 이후 치러진 총선에서 지역구를 옮겨 입후보했다가 패배한 필(Sir Robert Peel)에게 글래드스턴은 이렇게 썼다. "상대 후보 핀리는 의회에서 스코틀랜드가 합방에 만족하므로 아일랜드도 합방에 만족해야 한다고 말한 사람이다 ····· 우리는 313표의 지지를 얻었다. 제정신이 있는 사람이라면 아일랜드가 자신의 사안을 합헌적으로 다룰 수 있는 기구를 확보하기를 원한다는 기대를 저버릴 것이라고 가정할 수 있는가? 아일랜드를 혐오하라. 의회를 마비된 상태로 두어라. 입법이 지체된 상태로 두어라. 문명세계에 충격을 주어라. 강압으로 사회질서를 유지하라. 이것들이 핀리의 만능약인 듯하다. 그는 자신을 자유당 합방주의자라고 하나 이것은 최악의 토리즘으로서, 제국을 해체

41) Matthew, "Gladstone and Ireland," p. 23.

42) Roberts, "Gladstone and the Irish Question," p. 3.

한 토리즘이자 조지 3세와 노스(Lord North)의 토리즘이지 로버트 필과 영원히 결부될 토리즘은 아니다." 43)

셋째, 글래드스턴의 시도는 영국에서 자치론을 확산시켰다. 아일랜드 자치 문제는 아일랜드 헌정 차원을 넘어 연합왕국 전체에 충격을 주었다. 1979년에 『권한이양』을 출간하고 20년 뒤에 이를 개고한 『연합왕국에서 권한이양』 서문에서 보그다노는 다음과 같이 술회하였다. "『권한이양』에서 나는 아일랜드 문제에 대해 글래드스턴이 시도한 해법의 폭과 깊이를 과소평가한 경향이 있었다. 다민족 국가를 견지하는 문제는 19세기에 그랬듯이 오늘날에도 어려운 일이다. 『연합왕국에서 권한이양』을 쓰면서 나는 권한이양에 관한 오늘의 접근이 얼마나 글래드스턴이라는 선례에 빚을 지고 있는가를 깨닫게 되었다. 하원에서 스코틀랜드 법안 3독회가 글래드스턴 서거 백주년[1997]에 일어난 것은 멋진 일치이다."44) 글래드스턴은 아일랜드 민족성이 스코틀랜드나 웨일스의 민족주의처럼 순전히 지방적 애국주의이며 그러기에 영국과의 연계와 완벽히 일치할 수 있다고 믿었다. 아일랜드에서의 민족주의 정당의 대두와 자치 문제의 부각은 (비록 아일랜드와 같은 정도의 힘을 얻지는 못했지만) 스코틀랜드와 웨일스에서의 민족주의와 자치 운동에 특별한 자극을 주었다.45) 글래드스턴은 단일한 권위의 중앙 집중에 의해 국민의 통합을 성취하는 가능성을 회의하였다. 그가 보기에 권한이양은 국민적 통일성을 약화하지 않고 오히려 강화하는 대안일 수 있었다. 그는 복수민족국가

43) Gladstone to Sir R. Peel (6/23/1886), *Diaries* 11, p. 574.

44) Bogdanor, *Devolution in the United Kingdom*, p. vii.

45) Powell, *Nationhood and Identity*, pp. 77-78.

에서 "별개 부분들의 독특한 특성"을 인식할 것을 요청하였다. 보그다노도 이 주장은 결함이 있지만 "정확했다"고 평가한다.

넷째, 글래드스턴의 자치 정책은 민족주의와 제국주의의 시대에 영국의 정체성을 재규정하려는 시도였다. 그의 시도는 자치를 통해 영국과 아일랜드의 관계를 재정립함으로써 복수민족국가로서의 연합왕국의 토대를 재구축하려는 미래지향적인 것이었다. 그는 아일랜드 자치가 영국의 국민정체성과 연관됨을 보았다. 보이스에 따르면, 자유당이 1886-1914년에 켈트적 민족주의의 전위가 된 것은 "역설"이었다. 왜냐하면 자유당은 외교에서는 국제주의적이었고, 국내 문제에서는 범민족적이었기 때문이다. 글래드스턴 시대에 자유당은 특별히 아일랜드 자치 옹호와 동일시됨으로써 예전과는 다른 연합왕국의 이미지를 창출할 필요에 직면하였다. 한마디로 그것은 연합왕국을 복수민족국가로 파악하는 것이었다. 그런데 글래드스턴은 아일랜드인의 민족성(nationality)은 인정하되 주권적 민족국가를 지향하는 민족주의(nationalism)는 인정하지 않았다. 그가 보기에 스코틀랜드와 웨일스는 자신들의 민족성을 영국의 애국주의와 화해시켰고, 민족성의 상징들을 잉글랜드 국민성(nationhood)의 상징들(왕권, 국기)과 화해시켰다. 그러나 "아일랜드에서는 법의 원천이 아일랜드적인 것으로 생각되지 않았다." 따라서 글래드스턴에게는 자치가 "제국의 통일성과 입법의 다양성"을 서로 화해시키는 것이자, 국민정체성의 위기 때에 그것을 재확립하는 것이었다.[46)]

---

46) Boyce, "The Marginal Britons," pp. 234-35; id., "Gladstone and Ireland," p. 112. 보이스는 이 논리에는 한 가지 난점이 있었다고 지적하였다. 파넬은 스코틀랜드와 아일랜드의 민족성을 대비시키면서, 스코틀랜

20세기 초에 자유당의 자치 정책은 잉글랜드 뿐 아니라 정체성과 배타성이 매우 강화된 얼스터에서 강력한 반발에 부딪혔다. 이 얼스터 민족주의는 데인저필드(George Dangerfield)가 말한 "자유주의 영국의 이상한 죽음"(Strange Death of Liberal England)에 기여하였다. 그렇다면 1930년 국왕 조지 5세가 글래드스턴의 자치법안을 수용하지 않았던 영국인의 "어리석음"을 한탄하였다는 사실을 굳이 환기하지 않더라도, 그리고 글래드스턴 시대에 얼스터 민족주의는 아직 맹아기에 있었다는 사실을 감안한다면, 1912년이 아니라 1886년에 자치법안이 통과되었더라면 더 나았을 것이다. 물론 글래드스턴의 의도가 성공했을 것인지 여부를 말하기란 불가능하다. 그렇지만 비록 그가 성공하지 못했고 수많은 곡절 끝에 아일랜드는 결국 독립하였지만, 이 일은 실제보다는 "훨씬 더 행복한" 분위기 속에서 일어났을 것이다. 1886년 이래 2차 세계대전까지 연합왕국의 부분이든 독립국이든 아일랜드는 영국에게 늘 골칫거리였다. 1912년 애스퀴스(H. H. Asquith) 정부의 3차 자치법안도 글래드스턴 시대(1886, 1893)와 마찬가지로 자유당이 단독 처리할 정도로 안정 의석을 확보하지 못한 상황에서 제시되었다. 그런데 그 사이에 자치에 대한 저항은 점차 실질

드는 민족성을 상실하고 실질적으로 잉글랜드에 합체되었지만 아일랜드는 한 번도 그런 적이 없었다고 주장하였다. 더욱이 만약 자치가 작동하면 그것은 아일랜드 민족주의를 위협할 수도 있었다. 아일랜드가 더 광범한 영국적 민족성에 합체될 지도 모르기 때문이다("The Marginal Britons," p. 236). 마찬가지로 아일랜드 가톨릭도 딜레마를 갖고 있었다. 아일랜드 안에서는 그들은 (비록 그 지위가 인정되지 않은) 다수파이지만 아일랜드 프로테스탄트가 영국 프로테스탄트와 합쳐지면 연합왕국 전체에서 "항구적이고 역전시킬 수 없는" 프로테스탄트 다수파가 형성되기 때문이다. 따라서 가톨릭이 영국의 시민권을 획득하는 것은 자신들의 정당한 가톨릭 유산을 박탈당하는 것이었다(p. 247).

적인 형태를 띠고 등장하였다. 반면 합방주의자의 저항은 1886년이나 1893년에는 덜 실제적이었고, 자치가 주어졌더라도 심각한 위기에 직면하지는 않았을 것이다. 1886년 이후 30년간 자치가 수행되어 글래드스턴이 의도한 "마음의 결합"을 이룩했더라면 1912-14년의 얼스터 저항 같은 사태는 모면했을 것이다. 물론 글래드스턴 자신이 아일랜드에 대한 편견과 한계로부터 자유로웠던 것은 아니다. 그렇지만 그는 민족주의를 억압하기란 불가능함을 알았고, 따라서 아일랜드인이 자치를 통해 자신들의 욕구를 충족시키는 것을 조장해야 한다고 보았다. 이것이 글래드스턴의 "대목표"였다.[47] 글래드스턴은 2독회 종결 연설에서 1886년이 드물게 오는 "황금의 순간"이라고 호소하였다. 그런데 이미 1독회 토론에서 법무장관 러슬은 이렇게 지적하였다. "문제는 자치가 주어지느냐 마느냐가 아니라 그것이 지금, 그리고 어떤 형태로 주어지느냐이다. 나중에 억압과 무력이 필요한 시점에 자치가 해결된다면 훨씬 더 나쁜 형태가 될 것이다."[48]

1886년 6월 8일 새벽 1시가 넘어 치러진 표결 분위기는 숨소리조차 나지 않을 정도로 긴장감이 팽배하였다. 표결 결과가 드러나자 보수당과 자유당 합방파 의원들은 자리를 박차고 일어서서 한참이나 모자를 흔들며 열광적으로 환호하였다. 글래드스턴은 거의 기진한 상태에서 아일랜드 의원들의 열렬한 기립 박수를 받았다. 그들은 또한 법안을 부결시킨 체임벌린에 대해

---

47) Boyce, *The Irish Question and British Politics*, p. 34; Ramm, *William Ewart Gladstone*, p. 118; David W. Bebbington, *William Ewart Gladstone: Faith & Politics in Victorian Britain* (Grand Rapids, 1993), p. 222.

48) Hansard 304 (4/12): 1363.

"변절자 유다!"라고 소리쳤다. 이로부터 35년이 지난 1921년 12월 6일 새벽 3시에 자체 의회와 영국 국왕의 정부를 갖는 아일랜드 자유국을 창설하는 문서가 서명되었다. 웨일스 급진주의자로 정계에 입문한 로이드 조지(David Lloyd George), 조셉 체임벌린의 아들 오스틴(Austen Chamberlain), "얼스터 카드"로 자치법안 부결에 혁혁한 공을 세운 랜돌프 처칠의 아들 윈스턴(Winston Churchill)이 영국 쪽 각료에 포함된 인물이었다. 그리고 상대방은 이제 더 이상 아일랜드 의회당이 아니라, 1916년 부활절 봉기를 주도하고 독립전쟁(1919-21)을 치른 공화주의자들이었다. 결국 1886년에 부결된 자치법안은 불과 한 세대만에 정반대의 결과로 이어진 것이다.

그런데 보이스는 "현재 멀리 떨어진 시점에서조차 글래드스턴과 아일랜드에 관해 어떤 명확한 판단을 내리기는 어렵다"고 주장하였다. 그 이유는 글래드스턴이 토지 매입을 싫어했고, 결국 토지법안을 포기했으며, 국교회 폐지로 얻은 아일랜드에서의 자유당 강화는 자치에 먹혔으며, 자치 시도 자체가 두 번이나 패배하였기 때문이다.[49]

그러면서도 보이스는 실패에도 불구하고 글래드스턴이 영국에 남긴 "지속적인 흔적"을 지적하였다. 글래드스턴이 남긴 "아일랜드에 정의를", "아일랜드 이념에 따른 아일랜드 정부", "잘, 현명히 생각하라"는 언어는 새로운 정치적 맥락과 사고방식을 창출하였다. 그것들은 정치적 "현실주의"를 무색케 하였다. 그는 아일랜드 민족주의와 그것의 요구에 자유주의적·민주적 특성과 의회주의 전통을 부여하였다. 이는 당권 유지나 정권 장악 같은 그의 정책의 직접적인 맥락을 초월하

49) Boyce, "Gladstone and Ireland," pp. 121-22.

였다. “오직 그만이 아일랜드 문제에 도덕적 차원을 부여할 수 있었다.”[50]

글래드스턴에게는 디즈레일리를 능가하는 경쟁자였던 솔즈베리는 1885년 말 글래드스턴이 초당적으로 아일랜드 문제를 해결하기 위해 보수당의 주도권을 요청했을 때 “그의 위선은 나를 메스껍게 만든다”고 말하였다. 글래드스턴이 사망하자 의회 연설에서 솔즈베리는 글래드스턴의 성품과 업적에 대해 다음과 같이 말하였다. “우리는 그가 취한 모든 조치에서 그리고 그가 한 모든 노력에서 고매한 도덕적 이상 — 그것이 그릇된 생각에 따른 것이든 그렇지 않은지는 문제가 되지 않는다 — 에 의해 인도된 한 인간을 본다.” 그래서 솔즈베리는 글래드스턴을 “위대한 기독교인 정치가”라고 평가하였다. 글래드스턴은 당대의 대표적인 지식인 아널드(Matthew Arnold)를 존경하면서도 그와는 견해가 크게 달랐던 점이 있었다. 아널드는 인간의 행위 가운데 75% 정도만이 도덕적인 것이라고 한 적이 있었고, 이에 글래드스턴은 그 주장을 “완전히 허튼소

---

50) Boyce, “Gladstone and Ireland,” p. 122. 자유당 의원들의 글래드스턴 지지를 애국심이 아니라 “미쳐버린” 영웅숭배에 불과하다고 공격한 베케트(E. W. Beckett)는 “아일랜드에 정의를”이라는 글래드스턴의 구호에 대해 “정의는 언제나 한손에 저울, 다른 한손에 칼을 든 여성으로 묘사된다. 의원들은 빈번히 칼을 간과하였다. 칼은 진정한 정의에 필수 요소이다”라고 강변하였다. Hansard 306 (5/25): 365, 368. 오데이는 “아일랜드에 정의를”이라는 글래드스턴의 취지를 “신화”로 부정하였다. 글래드스턴의 제안이 관철되었더라면 잉글랜드-아일랜드 관계가 달랐을 것이라는 관점은 지금까지의 아일랜드 사태로 증명되지만, 이 추정은 “사실”에 근거하지 않았다는 것이다. O'Day, *Parnell and the Fisrt Home Rule Episode*, p. 179. 그러나 이 주장은 글래드스턴적 자유주의의 핵심 개념인 정의를 과소평가한 것이다. 글래드스턴은 국가에서 서로 상충하는 이해의 평형과 화해를 달성하는 것이 정치의 요체라고 보았다. 그 조화의 기준은 기독교가 아닌 이교도(아리스토텔레스)의 정의의 원리—공동체의 모든 계급 각각에게 응분의 몫을 주는 것 — 이다. Bebbington, *The Mind of Gladstone*, p. 285.

리"라고 매도하였다. 내 생각에는 그런 아널드라도 글래드스턴의 아일랜드 자치 정책을 이 75%에서 제외했을 법하지는 않다. 글래드스턴의 아일랜드 자치 정책이 갖는 항구적인 의미는 여기에 있다.

참 고 문 헌

1. 1차 자료

1) 의사록

Hansard's Parliamentary Debates, 3rd series, vols. 304, 305, 306 (London, 1886).

2) 글래드스턴의 저술

Brooke, John & Mary Sorensen ed., *The Prime Ministers' Papers: W. E. Gladstone*, 4 vols. (London, 1971–1981).

Gladstone, W. E., *Special Aspects of the Irish Question: A Series of Reflections in and since 1886* (London, 1892).

Matthew, H. C. G. ed., *The Gladstone Diaries with Cabinet Minutes and Prime-Ministerial Correspondence*, vols. 9, 10, 11 (Oxford, 1986, 1990).

Ramm, Agatha ed., *The Political Correspondence of Mr. Gladstone and Lord Granville 1876–1886*, 2 vols. (Oxford, 1962).

3) 동시대인의 저술

Agg-Gardner, Sir James, *Some Parliamentary Recollections* (London, 1927).

Argyll, Duke of, *Autobiography and Memoirs*, 2 vols. (New York, 1906).

Asquith, H. H., *Fifty Years of British Parliament*, 2 vols. (Boston, 1926).

———, *Memories and Reflections 1852–1927*, 2 vols. (Boston, 1928).

Bahlman, Dudley W. R. ed., *The Diary of Sir Edward Walter Hamilton 1880–1885*, 2 vols. (Oxford, 1972).

———, *The Diary of Sir Edward Walter Hamilton 1885–1906* (Hull, 1993).

Bailey, John ed., *The Diary of Lady Frederick Cavendish*, 2 vols. (New York, 1927).

Briggs, Asa ed., *Gladstone's Boswell Late Victorian Conversations* (Brighton, 1984).

Bryce, James, *William Ewart Gladstone* (New York, 1898).

Chamberlain, Joseph, *Home Rule and the Irish Question* (London, 1887).

Collier, E. C. F. ed., *A Victorian Diarist: Extracts from the Journals of Mary, Lady Monkswell 1873–1895* (London, 1944).

Cooke, A. B. & John Vincent ed., *Lord Carlingford's Journal: Reflections of a Cabinet Minister* (Oxford, 1971).

Dicey, A. V., *England's Case against Home Rule* (London, 1886).

Eversley, Lord (George Shaw–Lefevre), *Gladstone and Ireland: the Irish Policy of Parliament from 1850–1894* (London, 1912).

Gathorne–Hardy, Alfred E. ed., *Gathorne–Hardy, Earl of Cranbrook: A Memoir*, 2 vols. (London, 1910).

Gordon, Peter ed., *The Red Earl: The Papers of the Fifth Earl Spencer 1835–1910*, 2 vols. (Northampton, 1981, 1986).

Hamilton, Lord Edward W., *Mr. Gladstone: A Monograph* (New York, 1898).

Hamilton, Lord Frederick, *The Days before Yesterday* (New York, 1920).

Hamilton, Lord George, *Parliamentary Reminiscences and Reflections 1886–1906* (London, 1922).

Hawkins, Angus & John Powell ed., *The Journal of John Wodehouse, First Earl of Kimberley for 1862–1902* (London, 1997).

Johnson, Nancy ed., *The Diary of Gathorne Hardy, later Lord Cranbrook 1866–1892: Political Selections* (Oxford, 1981).

Kilbracken, Lord Arthur Godley, *Reminiscences of Lord Kilbracken* (London, 1931).

Lecky, William E. H., *A History of Ireland in the Eighteenth Century* (Chicago, 1972).

McCarthy, Justin, *Reminiscences*, 2 vols. (Lonson, 1899).

MacKnight, Thomas, *Ulster as It Is*, 2 vols. (London, 1896).

Moody, T. W. & R. A. J. Hawkins ed., *Florence Arnold-Forster's Irish Journal* (Oxford, 1988).

Morley, John, *The Life of William Ewart Gladstone*, 2 vols. (London, 1908).

Tuckwell, Rev. W., *Reminiscences of a Radical Parson* (London, 1905).

West, Sir Algernon, *Recollections 1832 to 1886*, 2 vols. (London, 1900).

Williams, R. H. ed., *Salisbury-Balfour Correspondence 1869-1892* (Ware, Herts., 1988).

2. 보조자료

Annual Register: A Review of Public Events at Home and Abroad for the Year 1886 (London, 1887).

Cannon, John ed., *The Oxford Companion to British History* (Oxford, 1997).

Connolly, S. J. ed., *The Oxford Companion to Irish History* (Oxford, 1998).

Craig, F. W. S. ed., *British Electoral Facts 1832-1987*, 5th ed. (Aldershot, 1989).

Eccleshall, Roger & Graham Walker ed., *Biographical Dictionary of British Prime Ministers* (London, 1998).

Kelly, Richard & John Cantrell ed., *Modern British Statesmen 1867-1945* (Manchester, 1997).

Kinnear, Michael, *The British Voter: An Atlas and Survey since 1885*, 2nd ed. (London, 1981).

Matthew, H. C. G. & Brian Harrison ed., *The Oxford Dictionary of*

National Biography, 60 vols. (Oxford, 2004).
Mitchell, B. R. ed., *British Historical Statistics* (Cambridge, 1988).
Stenton, Michael ed., *Who's Who of British Members of Parliament*, 2 vols. (Hassocks, 1976, 1978).
Walker, Brian M. ed., *Parliamentary Election Results in Ireland 1801–1922* (Dublin, 1978).

3. 연구물 (단행본)

Adelman, Paul & Robert Pearce, *Great Britain and the Irish Question 1800–1922*, 2nd ed. (London, 2001).
Akenson, Donald H., *Small Differences: Irish Catholics and Irish Protestants 1815–1922: An International Perspective* (Montreal, 1988).
Barker, Michael, *Gladstone and Radicalism: The Reconstruction of Liberal Policy in Britain 1885–94* (Hassocks, 1975).
Bebbington, David W., *The Nonconformist Conscience: Chapel and Politics 1870–1914* (London, 1982).
———, *William Ewart Gladstone: Faith & Politics in Victorian Britain* (Grand Rapids, 1993).
———, *The Mind of Gladstone: Religion, Homer and Politics* (Oxford, 2004).
Bentley, Michael, *Politics without Democracy 1815–1914* (London, 1984).
———, *The Climax of Liberal Politics: British Liberalism in Theory and Practice 1868–1918* (London, 1987).
Bew, Paul, *Land and the National Question in Ireland 1858–82* (Atlantic Highlands, 1979).
———, *Conflict and Conciliation in Ireland 1880–1910: Parnellites and Radical Agrarians* (Oxford, 1987).
———, *Ideology and the Irish Question: Ulster Unionism and Ulster Nationalism* (Oxford, 1994).

Biagini, Eugenio F., *Liberty, Retrenchment and Reform: Popular Liberalism in the Age of Gladstone 1860–1880* (Cambridge, 1992).

———, *Gladstone* (New York, 2000).

Bogdanor, Vernon, *Devolution in the United Kingdom* (Oxford, 1999).

Boyce, D. George, *The Irish Question and British Politics 1868–1986* (New York, 1988).

———, *Nationalism in Ireland*, 2nd ed. (London, 1991).

Bradley, Ian, *The Optimists: Themes and Personalities in Victorian Liberalism* (London, 1980).

Buckland, Patrick, *The Anglo-Irish and the New Ireland 1885–1922* (Dublin, 1972).

———, *Ulster Unionism and the Origins of Northern Ireland 1886–1922* (Dublin, 1973).

Bull, P., *Land, Politics and Nationalism: A Study of the Irish Land Question* (London, 1996).

Bulpitt, Jim, *Territory and Power in the United Kingdom: An Interpretation* (Manchester, 1983).

Burgess, Michael, *The British Tradition of Federalism* (London, 1995).

Clark, Samuel, *Social Origins of the Irish Land War* (Princeton, 1979).

Clarke, Peter, *A Question of Leadership: Gladstone to Thatcher* (London, 1991).

Comerford, R. V., *The Fenians in Context: Irish Politics and Society 1848–82* (Dublin, 1998.).

Cooke, A. B. & John Vincent, *The Governing Passion: Cabinet Government and Party Politics in Britain 1885–86* (New York, 1974).

Cowling, Maurice, *Religion and Public Doctrine in Modern England*, v. 2: *Assaults* (Cambridge, 1985).

Crosby, Travis L., *The Two Mr. Gladstones: A Study in Psychology and History* (New Haven, 1997).

Curtis, L. P., *Coercion and Conciliation in Ireland 1880–1892: A Study in Conservative Unionism* (Princeton, 1963).

Eyck, Erich, *Gladstone* (New York, 1938).

Feuchtwanger, E. J., *Gladstone* (New York, 1975).

Gardiner, John, *The Victorians: An Age in Retrospect* (London, 2002).

Gerlach, Murney, *British Liberalism and the United States: Political and Social Thought in the Late Victorian Age* (New York, 2001).

Gibbon, Peter, *The Origins of Ulster Unionism: The Formation of Popular Protestant Politics and Ideology in Nineteenth-Century Ireland* (Manchester, 1975).

Girvan, Brian, *From Union to Union: Nationalism, Democracy and Religion in Ireland: Act of Union to EU* (Dublin, 2002).

Grainger, J. H., *Character and Style in English Politics* (Cambridge, 1969).

Hamer, D. A., *Liberal Politics in the Age of Gladstone and Rosebery: A Study in Leadership and Policy* (Oxford, 1972).

Hammond, J. L., *Gladstone and the Irish Nation*, 2nd ed. (Hamden, 1964).

——— & Michael R. D. Foot, *Gladstone and Liberalism* (New York, 1966).

Harvie, Christopher, *The Lights of Liberalism: University Liberals and the Challenge of Democracy 1860–86* (London, 1976).

Hawkins, Angus, *British Party Politics 1852–1886* (London, 1998).

Heyck, Thomas W., *The Dimensions of British Radicalism: The Case of Ireland 1874–95* (Urbana, 1974).

Hilton, Boyd, *The Age of Atonement: The Influence of Evangelicalism on Social and Economic Thought 1785–1865* (Oxford, 1988).

Howe, Stephen, *Ireland and Empire: Colonial Legacies in Irish History and Culture* (Oxford, 2000).

Hughes, Judith M., *Emotion and High Politics: Personal Relations at the Summit in Late Nineteenth-Century Britain and Germany* (Berkeley, 1983).

Jackson, Alvin, *The Ulster Party: Irish Unionists in the House of Commons 1884-1911* (Oxford, 1989).

———, *Home Rule: An Irish History 1800-2000* (Oxford, 2003).

Jalland, Patricia, *The Liberals and Ireland: The Ulster Question in British Politics to 1914* (New York, 1980).

Jenkins, Roy, *Gladstone: A Biography* (London, 1975).

———, *The British Liberal Tradition: From Gladstone to Young Churchill, Asquith, and Lloyd George—Is Blair Their Heir?* (Toronto, 2001).

Jenkins, T. A., *Parliament, Party and Politics in Victorian Britain* (Manchester, 1996).

———, *Gladstone, Whiggery and the Liberal Party 1874-1886* (Oxford, 1988).

Kee, Robert, *The Green Flag: A History of Irish Nationalism* (London, 1972).

Kelly, Robert, *The Transatlantic Persuasion: The Liberal-Democratic Mind in the Age of Gladstone* (New York, 1969).

Kendle, John, *Ireland and the Federal Solution: The Debate over the United Kingdom Constitution 1870-1921* (Montreal, 1989).

———, *Federal Britain: A History* (London, 1997).

Lebow, Richard N., *White Britain and Black Ireland: The Influence of Stereotypes on Colonial Policy* (Philadelphia, 1976).

Lee, Joseph, *The Modernisation of Irish Society 1848-1918* (Dublin, 1973).

Loughlin, James, *Gladstone, Home Rule and the Ulster Question 1882-93* (London, 1986).

———, *Ulster Unionism and British National Identity since 1885* (London, 1995).

Lubenow, W. C., *Parliamentary Politics and the Home Rule Crisis: The British House of Commons in 1886* (Oxford, 1988).

McCaffrey, Lawrence J., *The Irish Question: Two Centuries of*

Conflict, 2nd ed. (Lexington, 1995).

McLean, Iain, *Rational Choice and British Politics: An Analysis of Rhetoric and Manipulation from Peel to Blair* (Oxford, 2001).

McMinn, J. R. B., *Against the Tide: A Calendar of the Papers of Rev J. B. Armour, Irish Presbyterian Minister and Home Ruler 1869–1914* (Belfast, 1985).

McRaild, Donald M., *Irish Migrants in Modern Britain 1750–1922* (New York, 1999).

Magnus, Philip, *Gladstone: A Biography* (New York, 1954).

Mansergh, Nicholas, *The Irish Question 1840–1921*, 3rd ed. (Toronto, 1975).

Martin, Ged, *Britain and the Origins of Canadian Confederation 1837–67* (Vancouver, 1995).

Matthew, H. C. G., *Gladstone 1809–1898* (Oxford, 1997).

Meisel, Joseph, *Public Speech and the Culture of Public Life in the Age of Gladstone* (New York, 2001).

Morton, Grenfell, *Home Rule and the Irish Question* (Harlow, 1980).

O'Callaghan, Margaret, *British High Politics and a Nationalist Ireland: Criminality, Land and the Law under Forster and Balfour* (Cork, 1994).

O'Day, Alan, *Parnell and the First Home Rule Episode 1884–87* (Dublin, 1986).

———, *Irish Home Rule 1867–1921* (Manchester, 1998).

Parry, J. P., *Democracy and Religion: Gladstone and the Liberal Party 1867–1875* (Cambridge, 1986).

———, *The Rise and Fall of Liberal Government in Victorian Britain* (New Haven, 1993).

Partridge, Michael, *Gladstone* (London, 2003).

Peatling, G. K., *British Opinion and Irish Self-government 1865–1925: From Unionism to Liberal Commonwealth* (Dublin, 2001).

Powell, David, *Nationhood and Identity: The British State since 1800* (New York, 2002).

Prill, Felician, *Ireland, Britain and Germany 1871–1914: Problems of Nationalism and Religion in Nineteenth–Century Europe* (Dublin, 1975).

Pugh, Martin, *The Making of Modern British Politics 1867–1939*, 2nd ed. (Oxford, 1993).

Ramm, Agatha, *William Ewart Gladstone* (Cardiff, 1989).

Robbins, Keith, *History, Religion and Identity in Modern Britain* (London, 1993).

Rubinstein, W. D., *Britain's Century: A Political and Social History 1815–1905* (London, 1998).

Schreuder, D. M., *Gladstone and Kruger: Liberal Government and Colonial 'Home Rule' 1880–85* (London, 1969).

Shannon, Richard, *Gladstone and the Bulgarian Agitation 1876*, 2nd ed. (Hassocks, 1975).

———, *Gladstone*, v. 2 (Chapel Hill, 1999).

———, *Gladstone: God and Politics* (London, 2007).

Smith, Jeremy, *Britain and Ireland: From Home Rule to Independence* (Harlow, 1999).

Southgate, Donald, *The Passing of the Whigs 1832–1886* (London, 1962).

Stansky, Peter, *Gladstone: A Progress in Politics* (New York, 1979).

Stapleton, Julia, *Political Intellectuals and Public Identities in Britain since 1850* (Manchester, 2001).

Stewart, R. T. Q., *The Narrow Ground: Aspects of Ulster 1609–1969* (London, 1977).

Vaughan, W. E., *Landlords and Tenants in Ireland 1848–1904* (W. Tempest, 1984).

———, *Landlords and Tenants in Mid–Victorian Ireland* (Oxford, 1994).

Walker, Brian, *Dancing to History's Tune: History, Myth and Politics in Ireland* (Belfast, 1996).

Walker, Graham, *Intimate Strangers: Political and Cultural Interaction between Scotland and Ulster in Modern Times*

(Edinburgh, 1995).

Ward, Alan J., *The Irish Constitutional Tradition: Responsible Government and Modern Ireland 1782–1992* (Washington, DC, 1994).

Ward, John Manning, *Colonial Self-Government: The British Experience 1759–1856* (Toronto, 1976).

Winstanley, Michael J., *Ireland and the Land Question 1800–1922* (London, 1984).

———, *Gladstone and the Liberal Party* (London, 1990).

4. 연구물 (논문)

Anderson, James, "Regions and Religions in Ireland: A Short Critique of the 'Two Nations' Theory," *Antipode* 12 (1980), 44–53.

———, "Ideological Variations in Ulster during Ireland's First Home Rule Crisis: An Analysis of Local Newspapers," Colin H. Williams & Eleonore Kofman ed., *Community Conflict: Partition and Nationalism* (London, 1989), 133–166.

Archer, J. R., "The Unionist Tradition in Ireland," *Éire–Ireland* 15:2 (1980), 47–59.

Bebbington, D. W., "Gladstone and the Nonconformists: A Religious Affinity in Politics," *Studies in Church History* 12 (1975), 369–382.

Belchem, John & James Epstein, "*The Nineteenth–Century Gentleman Leader Revisited*," *Social History* 22 (1997), 174–193.

Bentley, Michael, "Party, Doctrine, and Thought," Michael Bentley & John Stevenson ed., *High and Low Politics in Modern Britain* (Oxford, 1983), 123–153.

Berrington, Hugh, "Partisanship and Dissidence in the Nineteenth–Century House of Commons," *Parliamentary Affairs* 21 (1968), 338–374.

Bew, Paul, "The Land League Ideal: Achievements and Contradictions," P. J. Drudy ed., *Ireland: Land, Politics and People* (Cambridge, 1982), 77–92.

———, "The National Question, Land, and 'Revisionism'," D. George Boyce & Alan O'Day ed., *The Making of Modern Irish History* (London, 1996), 90–99.

Boal, F. W., "Two Nations in Ireland," *Antipode* 12 (1980), 38–44.

Boyce, D. George, "The Marginal Britons: The Irish," R. Colls & P. Dodd ed., *Englishness: Culture and Politics 1880–1920* (London, 1986), 230–253.

———, "Federalism and the Irish Question," Andrea Bosco ed., *The Federal Idea*, v. 1 (London, 1991), 119–138.

———, "Gladstone and Ireland," Peter J. Jagger ed., *Gladstone* (London, 1998), 105–122.

———, "Ulster Unionism: Great Britain and Ireland, 1885–1921," Patrick J. Roche & Brian Barton ed., *The Northern Ireland Question: Nationalism, Unionism and Partition* (Aldershot, 1999), 30–46.

———, "In the Front Rank of the Nation: Gladstone and the Unionists of Ireland, 1868–1893," David Bebbington & Roger Swift ed., *Gladstone Centenary Essays* (Liverpool, 2000), 184–201.

Brasted, H. V., "Irish Nationalism and the British Empire in the Late Nineteenth Century," Oliver MacDonagh, W. F. Mandle & Pauric Travers ed., *Irish Culture and Nationalism 1750–1950* (London, 1983), 83–103.

Buckland, Patrick, "The Unity of Ulster Unionism, 1886–1939," *History* 60 (1975), 211–223.

Burgess, Michael, "Lord Rosebery and the Imperial Federation League, 1884–1893," *New Zealand Journal of History* 13 (1979), 165–181.

Chadwick, Mary E. J., "The Role of Redistribution in the Making of the Third Reform Act," *Historical Journal* 19 (1976), 665–683.

Chapman, J. K. & C. J. Littlejohn, "Home Rule Revisited: An Essay in Historiography," *Historical Reflections* 3 (1976), 27–47.

Claydon, Tony, "The Political Thought of Charles Stewart Parnell," D. George Boyce & Alan O'Day ed., *Parnell in Perspective* (London, 1991), 151–170.

Coakley, John, "Typical Case or Deviant? Nationalism in Ireland in a European Perspective," M. Hill & S. Barber ed., *Aspects of Irish Studies* (Belfast, 1990), pp. 29–35.

Cosgrove, Richard A., "The Relevance of Irish History: The Gladstone-Dicey Debate about Home Rule, 1886–87," *Éire-Ireland* 13:4 (1978), 6–21.

Dewey, Clive, "Celtic Agrarian Legislation and the Celtic Revival: Historicist Implications of Gladstone's Irish and Scottish Land Acts, 1870–1886," *Past and Present* 64 (1974), 30–70.

Dorrity, Daniel T., "Monkeys in a Menagerie: The Imagery of Unionist Opposition to Home Rule, 1886–1893," *Éire-Ireland* 12:3 (1977), 5–22.

Dunne, Tom, "*La trahison des clercs*: British Intellectuals and the First Home-Rule Crisis," *Irish Historical Studies* 23 (1982), 134–173.

———, "Responses to Gladstonian Home Rule and Land Reform," *Irish Historical Studies* 25 (1987), 432–438.

Fair, John D., "Party Voting Behaviour in the British House of Commons, 1886–1918," *Parliamentary History* 5 (1986), 65–82.

———, "From Liberal to Conservative: the Flight of the Liberal Unionists after 1886," *Victorian Studies* 29 (1986), 291–314.

Feuchtwanger, Edgar J., "Gladstone's Irish Policy: Expediency or High Principle?," *Modern History Review* 3:2 (1991), 21–23.

Fitzpatrick, David, "A Curious Middle Place: The Irish in Britain, 1871–1921," Roger Swift & Sheridan Gilley ed., *The Irish in Britain 1815–1939* (London, 1989), 10–59.

———, "Ireland and the Empire," Andrew Porter ed., *The Oxford History of the British Empire*, v. 3: *The Nineteenth Century*

(Oxford, 1999), 494–521.

———, "The Orange Order and the Border," *Irish Historical Studies* 33 (2002), 52–67.

Foot, Michael R. D., "Morley's Gladstone: A Reappraisal," *Bulletin of the John Raynolds Library* 52 (1969), 368–380.

———, "The Hawarden Kite," *University of Leeds Review* 29 (1986/7), 79–90.

Foster, R. F., "History and the Irish Question," *Transactions of the Royal Historical Society*, 5th ser., 33 (1983), 169–192.

Fraser, Peter, "The Liberal Unionist Alliance: Chamberlain, Hartington, and the Conservatives, 1886–1904," *English Historical Review* 77 (1962), 53–78.

Ghosh, Peter, "Gladstone and Peel," Peter Ghosh & Lawrence Goldman ed., *Politics and Culture in Victorian Britain* (Oxford, 2006). 45–73.

Girvan, Brian, "The Making of Irish Nationalism: Between Integration and Independence," Patrick J. Roche & Brian Barton ed., *The Northern Ireland Question: Nationalism, Unionism and Partition* (Aldershot, 1999), 1–29.

Goodlad, Graham D., "The Liberal Party and Gladstone's Land Purchase Bill of 1886," *Historical Journal* 32 (1989), 627–641.

———, "Gladstone and His Rivals: Popular Liberal Perceptions of the Party Leadership in the Political Crisis of 1885–1886," E. F. Biagini & Alastair J. Reid ed., *Currents of Radicalism: Popular Radicalism, Organised Labour and Party Politics in Britain 1850–1914* (Cambridge, 1991), 163–183.

Goodman, Gordon L., "Liberal Unionism: The Revolt of the Whigs," *Victorian Studies* 2 (1959), 173–189.

Greene, Thomas R., "The English Catholic Press and the Home Rule Bill, 1885–86," *Éire–Ireland* 10:3 (1975), 18–37.

Hamer, D. A., "The Irish Question and Liberal Politics, 1886–1894," *Historical Journal* 12 (1969), 511–532.

———, "Understanding Mr Gladstone," *New Zealand Journal of*

History 6 (1972), 115–128.

———, "Gladstone: The Making of a Political Myth," *Victorian Studies* 22 (1978), 29–50.

Harvie, Christopher, "Ideology and Home Rule: James Bryce, A. V. Dicey and Ireland, 1880–1887," *English Historical Review* 91 (1976), 298–314.

———, "Gladstonianism, the Provinces, and Popular Political Culture, 1860–1906," Richard Bellamy ed., *Victorian Liberalism: Nineteenth-Century Political Thought and Practice* (London, 1990), 152–174.

Hawkins, Richard, "Gladstone, Forster, and the Release of Parnell, 1882–8," *Irish Historical Studies* 16 (1969), 417–445.

Hempton, David, "'For God and Ulster': Evangelical Protestantism and the Home Rule Crisis of 1886," Keith Robbins ed., *Protestant Evangelicalism: Britain, Ireland, Germany and America c. 1750–c. 1950* (Oxford, 1990), 225–254.

Hernon, Joseph M., "The Use of the American Civil War in the Debate over Irish Home Rule," *American Historical Review* 69 (1964), 1022–1026.

Hennessey, Thomas, "Ulster Unionist Territorial and National Identities, 1886–1893: Province, Island, Kingdom and Empire," *Irish Political Studies* 8 (1993), 21–36.

Herrick, Francis H., "Gladstone and the Concept of the 'English-speaking Peoples'," *Journal of British Studies* 12:1 (1972), 150–156.

Heyck, T. W., "Home Rule, Radicalism, and the Liberal Party, 1886–1895," *Journal of British Studies* 13:2 (1974), 66–91.

Hilton, Boyd, "Gladstone's Theological Politics," Michael Bentley & John Stevenson ed., *High and Low Politics in Modern Britain* (Oxford, 1983), 28–57.

Howard, C. H. D., "Joseph Chamberlain, Parnell and the Irish 'Central Board' Scheme, 1884–5," *Irish Historical Studies* 8 (1953), 324–361.

Hurst, Michael C., "Parnell in the Spectrum of Nationalisms," D. George Boyce & Alan O'Day ed., *Parnell in Perspective* (London, 1991), 77–106.

Hutchinson, John, "Irish Nationalism," D. George Boyce & Alan O'Day ed., *The Making of Modern Irish History* (London, 1996), 100–119.

Huttman, John P., "Fenians and Farmers: The Merger of the Home-Rule and Owner-Occupancy Movements in Ireland, 1850–1915," *Albion* 3:4 (1971), 182–197.

Jackson, Alvin, "Irish Unionism," D. George Boyce & Alan O'Day ed., *The Making of Modern Irish History* (London, 1996), 120–140.

———, "Irish Unionists and the Empire, 1880–1920: Classes and Masses," Keith Jeffery ed., *'An Irish Empire'? Aspects of Ireland and the British Empire* (Manchester, 1996), 123–148.

———, "Irish Unionism, 1870–1922," D. George Boyce & Alan O'Day ed., *Defenders of the Union: A Survey of British and Irish Unionism since 1801* (London, 2001), 115–136.

Jay, Richard, "Nationalism, Federalism and Ireland," Murray Forsyth ed., *Federalism and Nationalism* (London, 1989), 209–249.

Langlands, Rebecca, "Britishness or Englishness?: The Historical Problem of National Identity in Britain," *Nations and Nationalism* 5 (1999), 53–69.

Lebow, Richard N., "British Historians and Irish History," *Éire-Ireland* 8:4 (1973), 3–38.

Little, Tony, "The Evolution of Devolution," *Liberal Democrat History Group Newsletter* 13 (1996), 7–9.

Loughlin, James, "The Irish Protestant Home Rule Association and Nationalist Politics, 1886–93," *Irish Historical Studies* 24 (1985), 341–360.

———, "Some Comparative Aspects of Irish and English Nationalism in the Late Nineteenth Century," M. Hill & S. Barber ed., *Aspects of Irish Studies* (Belfast, 1990), pp. 9–15.

——— , "Joseph Chamberlain, English Nationalism and the Ulster Question," *History* 77 (1992), 202–219.

——— , "Imagining 'Ulster': The North of Ireland and British National Identity, 1880–1921," S. J. Connolly ed., *Kingdoms United?: Great Britain and Ireland since 1500* (Portland, 1999), 109–122.

——— , "Nationality and Loyalty: Parnellism, Monarchy and the Construction of Irish Identity, 1880–5," D. George Boyce & Alan O'Day ed., *Ireland in Transition 1867–1921* (London, 2004), 35–56.

Lubenow, W. C., "Irish Home Rule and the Great Separation in the Liberal Party in 1886: The Dimensions of Parliamentary Liberalism," *Victorian Studies* 26 (1983), 161–180.

——— , "Irish Home Rule and the Social Basis of the Great Separation in the Liberal Party in 1886," *Historical Journal* 28 (1985), 125–142.

——— , "Radicals and Moderates in the Liberal Party in 1886: The Processes of Political Assimilation in the House of Commons," *Parliaments, Estates and Representation* 6 (1986), 181–201.

——— , "The Liberals and the National Question: Irish Home Rule, Nationalism, and Their Relationship to Nineteenth-Century Liberalism," *Parliamentary History* 13 (1994), 119–142.

Lyons, F. S. L., "The Political Ideas of Parnell," *Historical Journal* 16 (1973), 749–775.

Lyons, Michael J., "British Liberals and Irish Land: The Late Victorian Transformation," *Historian* 45 (1983), 167–185.

Mcfarland, Elaine, " 'A Mere Irish Faction' : The Orange Institution in Nineteenth-Century Scotland," Ian S. Wood ed., *Scotland and Ulster* (Edinburgh, 1994), 71–87.

McLaughlin, Jim, "Industrial Capitalism, Ulster Unionism and Orangeism: An Historical Reappraisal," *Antipode* 12 (1980), 15–28.

McMinn, Richard, "Presbyterianism and Politics in Ulster,

1871–1906," *Studia Hibernica* 21 (1981), 127–146.

Marsh, Peter, "Tearing the Bonds: Chamberlain's Separation from the Gladstonian Liberals, 1885–6," Brice L. Kinzer ed., *The Gladstonian Turn of Mind* (Toronto, 1985), 123–153.

Matthew, H. C. G., "Gladstone and Ireland," *Journal of Liberal Democrat History* 20 (1998), 23–25.

———, "Gladstone, O'Connell and Home Rule," R. V. Comerford & Enda Delaney ed., *National Questions: Reflections on Daniel O'Connell and Contemporary Ireland* (Dublin, 2000), 11–29.

Moody, T. W., "The New Departure in Irish Politics, 1878–9," H. A. Cronne, T. W. Moody & D. B. Quinn ed., *Essays in British and Irish History* (London, 1949), 303–333.

Morgan, Kenneth O., "Federalism in the Modern United Kingdom: England, Wales, Scotland, and Ireland, 1815–1920," Adolf M. Birke & Hermann Wentker ed., *Föderalismus im deutsch–brittischen Meinungsstreit: Historische Dimension u. politische Aktualität* (München, 1993), 71–86.

O'Brien, C. C., "The Machinery of the Irish Parliamentary Party, 1880–1885," *Irish Historical Studies* 5 (1946), 55–85.

O'Day, Alan, "The Irish Problem," T. R. Gourvish & Alan O'Day ed., *Later Victorian Britain 1867–1900* (New York, 1988), 229–249.

———, "The Political Organization of the Irish in Britain, 1867–90," Roger Swift & Sheridan Gilley ed., *The Irish in Britain 1815–1939* (London, 1989), 183–211.

———, "Home Rule and the Historians," D. George Boyce & Alan O'Day ed., *The Making of Modern Irish History* (London, 1996), 141–162.

———, "Gladstone and Irish Nationalism: Achievement and Reputation," David Bebbington & Roger Swift ed., *Gladstone Centenary Essays* (Liverpool, 2000), 163–183.

———, "Defending the Union: Parliamentary Opinions, 1869 and 1886," D. George Boyce & Alan O'Day ed., *Defenders of the Union: A Survey of British and Irish Unionism since 1801*

(London, 2001), 90–111.

O'Donovan, Teresa, "Ulster and Home Rule for Ireland, to 1914," *Éire–Ireland* 18:3 (1983), 6–22.

Tuathaigh, G., "Religion, Nationality and a Sense of Community in Modern Ireland," G. Ó Tuathaigh ed., *Community, Culture, and Conflict: Aspects of the Irish Experience* (Galway University Press, 1986), 64–81.

———, "From United Kingdom to Divided Ireland: Aspects of the Irish Experience, 1850–1922," T. Bartlett, C. Curtin, R. O'Dwyer & G. Ó Tuataigh ed., *Irish Studies* (Dublin, 1988), 126–151.

Parry, J. P., "Liberalism and Liberty," Peter Mandler ed., *Liberty and Authority in Victorian Britain* (Oxford, 2006), 71–100.

Pearce, Edward, "Times and Tides," *History Today* 47 (Oct. 1997), 6–8.

Pilling, Norman, "Lecky and Dicey: English and Irish Histories," *Éire–Ireland* 16:3 (1981), 43–56.

Pinder, John, "The Federal Idea and the British Liberal Tradition," Andrea Bosco ed., *The Federal Idea,* v. 1 (London, 1991), 99–118.

Powell, J. Enoch, "Kilmainham—The Treaty That Never Was," *Historical Journal* 21 (1978), 949–959.

Quinault, Roland, "Lord Randolph Churchill and Home Rule," *Irish Historical Studies* 21 (1979), 377–403.

———, "Victorian Prime Ministers and Ireland," Roger Swift & C. Kinealy ed., *Politics and Power in Victorian Ireland* (Dublin, 2006), 54–68.

Ramm, Agatha, "Gladstone's Religion," *Historical Journal* 28 (1985), 327–340.

Roach, John, "Liberalism and the Victorian Intelligentsia," *Cambridge Historical Journal* 13 (1957), 58–81.

Roberts, Matthew, "Gladstone and the Irish Question," *Journal of Liberal Democrat History* 26 (2000), 3–10.

Romani, Roberto, "British Views on Irish National Character,

1800–1846. An Intellectual History," *History of European Ideas* 23 (1997), 193–219.

Russell, Conrad, "Liberalism and Liberty from Gladstone to Ashdown," *Journal of Liberal Democrat History* 20 (1998), 4–11.

Savage, Donald C., "The Origins of the Ulster Unionist Party, 1885–6," *Irish Historical Studies* 12 (1961), 185–208.

——— , "The Irish Unionists, 1867–1886," *Éire–Ireland* 2:3 (1967), 86–101.

Schreuder, Deryck M., "Locality and Metropolis in the British Empire: A Note on Some Connections between the British North America Act(1867) and Gladstone's First Irish Home Rule Bill(1886)," J. A. Benyon, C. W. Cook, T. R. H. Davenport & K. S. Hunt ed., *Studies in Local History* (London, 1976), 48–58.

——— , "Gladstone and the Conscience of the State," Peter Marsh ed., *The Conscience of the Victorian State* (Syracuse, 1979), 73–134.

Shannon, Richard, "Gladstone and Home Rule, 1886," British Academy, *Ireland after the Union* (Oxford, 1989), 45–59.

——— , "Matthew's Gladstone," *Parliamentary History* 15 (1996), 245–251.

Smith, Jeremy, "Conservative Ideology and Representations of the Union with Ireland, 1885–1914," Martin Francis & Ina Zweiniger–Bargielowska ed., *The Conservatives and British Society 1880–1990* (Cardiff, 1996), 18–38.

Solow, Barbara L., "A New Look at the Irish Land Question," *Economic and Social Review* 12 (1981), 301–314.

Steele, E. D., "Gladstone and Ireland," *Irish Historical Studies* 17 (1970), 58–88.

Stephens, Hugh W. & David W. Brady, "The Parliamentary Parties and the Electoral Reforms of 1884–85 in Britain," *Legislative Studies Quarterly* 1 (1976), 491–510.

Stephens, Hugh W., "The Changing Context of British Politics in the

1880s: The Reform Acts and the Formation of the Liberal Unionist Party," *Social Science History* 1 (1977), 486–501.

Swift, Roger, "The Outcast Irish in the British Victorian City: Problems and Perspectives," *Irish Historical Studies* 25 (1987), 264–276.

———, "Heroes or Villains?: The Irish, Crime, and Disorder in Victorian England," *Albion* 29 (1997), 399–421.

Thane, "Labour and Local Politics: Radicalism, Democracy and Social Reform, 1880–1914," E. F. Biagini & A. J. Reid ed., *Currents of Radicalism: Popular Radicalism, Organised Labour and Party Politics in Britain 1850–1914* (Cambridge, 1991), 244–270.

Thompson, Francis, "The Landed Classes, the Orange Order and the Anti-Land League Campaign in Ulster, 1880–81," *Éire–Ireland* 22:1 (1987), 102–121.

Thornley, David, "The Irish Home Rule Party and Parliamentary Obstruction, 1874–87," *Irish Historical Studies* 12 (1960), 38–57.

Vaughan, W. E., "Landlord and Tenant Relations in Ireland between the Famine and the Land War, 1850–1878," L. M. Cullen & T. C. Smout ed., *Comparative Aspects of Scottish and Irish Economic and Social History 1600–1900* (Edinburgh, 1977), 216–226.

———, "An Assessment of the Economic Performance of Irish Landlords, 1851–81," F. S. L. Lyon & R. A. J. Hawkins ed., *Ireland under the Union: Varieties of Tension* (Oxford, 1980), 173–199.

Vincent, John, "Gladstone and Ireland," *Proceedings of the British Academy* 63 (1977), 193–238.

———, "Mr. Gladstone: A New Picture Takes Shape," *Nineteenth–Century Prose* 19 (1992), 128–135.

Walker, Graham, "Empire, Religion and Nationality in Scotland and Ulster before the First World War," Ian S. Wood ed., *Scotland and Ulster* (Edinburgh, 1994), 97–115.

Warren, Allen, "Gladstone, Land and Social Reconstruction in Ireland, 1881–1887," *Parliamentary History* 2 (1983), 153–173.

———, "Forster, the Liberals and New Directions in Irish Policy, 1880–1882," *Parliamentary History* 6 (1987), 95–126.

———, "'The Return of Ulysses': Gladstone, Liberalism and Late Victorian Politics," *Parliamentary History* 9 (1990), 184–196.

색 인

ㄹ

ㅁ

ㅂ

글래드스턴과 아일랜드: 자치법안 정치사 연구
Gladstone and Ireland: Politics of the Irish Home Rule Bill, 1886

초판인쇄 | 2009년 4월 15일
초판발행 | 2009년 5월 8일
지 은 이 | 김기순
발 행 인 | 이영선
발 행 처 | 한림대학교출판부
인 쇄 | 고려출판사
주 소 | 강원도 춘천시 옥천동 한림대학길 39
출판등록 | 제48호(1983. 3. 10)
전 화 | 033-248-2875~6
팩 스 | 033-248-2879
e-mail | press@hallym.ac.kr
Printed in Korea

ISBN 978-89-87086-99-6
정가 / 15,000원